BAEDEKER

T

TOSKANA

»

Ja, ja der Chianti-Wein,
da sagt uns keiner nein.

«

Ralph Maria Siegel

baedeker.com

DAS IST DIE TOSKANA

TOUREN

LEGENDE

Baedeker Wissen
● Textspecial, Infografik & 3D

Baedeker-Sterneziele
★★ Top-Reiseziele
★ Herausragende Reiseziele

ZIELE VON A BIS Z

HINTERGRUND

ERLEBEN UND GENIESSEN

PRAKTISCHE INFOS

ANHANG

PREISKATEGORIEN

Restaurants
für ein Hauptgericht

€€€€	über 25 €
€€€	18–25 €
€€	12–18 €
€	bis 12 €

Hotels
für ein Doppelzimmer

€€€€	über 150 €
€€€	100–150 €
€€	70–100 €
€	bis 70 €

MAGISCHE MOMENTE

ÜBERRASCHENDES

Am Abend verwandeln sich die Straßen und Plätze toskanischer Städte wie Pienza zum lebhaften Laufsteg und geben eine »Bella Figura« ab.

D
DAS IST…

… *die Toskana*

Die großen Themen
rund um die »schönste Region Italiens«.
Lassen Sie sich inspirieren!

Hereinspaziert auf die schönste öffentliche »Bühne«
der Toskana, die Piazza del Campo in Siena. ►

DAS LEBEN IST SCHÖN

... auf der Piazza Grande. Nahezu jeder toskanische Ort besitzt ein solches urbanes Herz, an und auf dem sich das örtliche Leben oft seit Jahrhunderten in all seinen Facetten zeigt und abspielt. Als Ort von Macht und Märkten, tumultuösem Alltagstheater oder Bühne leidenschaftlicher Gefühle – und natürlich auch als Schaufenster für ihre Besucher.

Im Alltag der Gefühle auf der Piazza Grande von Arezzo ▶

DIE Toskaner mögen die große Bühne. Montepulciano hat sie, Livorno natürlich auch! Lucca kennt sie ebenso, ja selbst der kleinste Flecken in der toskanischen Provinz. Sie mögen unterschiedlich heißen, das eine Mal Piazza del Duomo, das andere Mal Piazza Napoleone oder eben Piazza Grande, stets aber ist der zentrale Platz im Herzen der Altstadt nicht nur Mittelpunkt des städtischen Lebens, an dem fleißig geplaudert und getratscht wird, sondern oft auch Schauplatz kleiner und großer Dramen.

Ort der Emotionen

Mit »ihrer« Piazza verbinden viele Toskaner denn auch Ureigenes, oft in früher Kindheit Erlebtes, das mit der Familie, mit Nachbarn und Freunden geteilt wurde. Hier öffnet sich der Raum für lärmendes Gedränge zu Großereignissen, für perfekt und farbenfroh durchorchestrierte Kundgebungen, abrupt zusammenströmende, mäandernde Menschenmassen oder auch uralte Wettkämpfe – man denke nur an Sienas großen Platz, die **Piazza del Campo**, und die geballten Emotionen zum Palio. Aber die zentrale Piazza ist ebenso ein Ort der einsam Flanierenden und der Tristesse: an Winterabenden, verhüllt in wabernden Nebel, während des Frühjahrsregens, wenn die Tropfen wie Bindfäden aufs Pflaster prasseln. Die Piazza Grande ist **Gesellschaftslaufsteg** beim Abendcorso, hier halten Politiker Reden, treffen sich die Damen am Markttag, preisen gestikulierende Händler ihre Waren an, genießen aufgeregt plaudernde Jugendgruppen ihr Eis, erleben manche gar die erste große Liebe. Auch Babys werden getröstet, Liebeskummer ertränkt, Bettler versorgt und Streithähne getrennt. Manchmal sorgt eine ehrwürdig schreitende Beerdigungsgesellschaft mit Pomp und Tamtam sogar dafür, dass alles wie vom Blitz gerührt stillsteht. Der große Platz ist ein buntes Kaleidoskop toskanischen und italienischen Lebensgefühls! Pur!

Ein Lied für alle Plätze

Lucio Dalla (1943–2012) traf 1972 mit dem Welthit »Piazza Grande« genau dieses Gefühl, das Lied wurde zur heimlichen Hymne! Dallas Piazza Grande

BAEDEKER DAS IST …

LEUTE GUCKEN, DAZU EIN APERITIVO

Küssende Liebespärchen, fotografierende Touristen, spielende Kinder und dösende Hunde – Vasaris Loggia ist ideal zur Beobachtung des vielfältigen Lebens auf Arezzos Piazza Grande. Entschleunigen Sie also Ihren Tag, steuern Sie eines der Cafés unter den Arkaden an und genießen Sie bei einem Cappuccino oder Aperitivo das bunte Treiben auf einem der schönsten Plätze der Toskana. (▶ S. 57)

Perfekt zum Leute gucken: Vasaris Loggia an der Piazza Grande von Arezzo

war die Piazza Cavour in seiner Heimatstadt Bologna. Doch Wehmut und Leidenschaft sind übertragbar. Romantik und Nostalgie, oft grandioses Kunst-, Architektur- und Kulturerbe, Geschichte und Geschichten, Legenden und Kapriolen schenken jedem großen Platz ihren Mythos.

Auch Italiens großer Komiker, Schauspieler und Regisseur **Roberto Benigni**, geboren 1952 in einem Ortsteil von Castiglion Fiorentino, erlebte die 15 km entfernte Piazza Grande in Arezzo schon früh als »große, weite Welt«. 1997 setzte er ihr in »Das Leben ist schön« ein cineastisches Monument. Unvergesslich seine haarsträubenden Fahrradfahrten über den großen Platz, unvergesslich Benignis Freude, Witz und Energie, die auf dem großen Platz des Lebens selbst Faschismus und Konzentrationslager trotzen.

FORM-VOLL ENDET

Klopfen wie Donatello oder Michelangelo wäre ein Traum, der – mit einer gewissen Bescheidenheit – durchaus realisierbar ist. Denn »Do it yourself«-Kurse bieten arrivierte Kunstschaffende in der Toskana auch ambitionierten Laien an.

Alles eine Frage der Geduld: Stetes Klopfem formt den Marmor. ►

Es muss ja nicht gleich eine Venus sein! Bei den Kursen tastet man sich zunächst an einfachere Formen heran.

MIT HAMMER UND MEISSEL

Das deutschsprachige Team im Campo dell'Altissimo besteht aus zehn erfahrenen Künstlern. In zauberhaftem Ambiente – unter Kastanienbäumen oder vor der Kulisse eines romanischen Kirchleins – erlernen die Kursteilnehmer Schritt für Schritt, das weiße Gold von Carrara zu verarbeiten. Und bei gemeinsamen Drei-Gänge-Menüs kommt auch das italienische Lebensgefühl nicht zu kurz. Die Kurse finden zwischen April und Oktober statt. (Via Martiri del Lavoro 609, I-55047 Azzano di Seravezza, Tel. 0584 77 32 81, www.campo-altissimo.com)

KUNST ist der rote Faden. Egal, wohin Sie in der Toskana reisen, die Meisterwerke aus Gotik und Renaissance verfolgen Sie auf Schritt und Tritt. Hier Michelangelos monumentaler David, dort Botticellis anmutige Venus. Vor allem in Quattrocento und Cinquecento – dem 15. und 16. Jh. – verwandelten großzügig von den Medici gesponserte Genies die Toskana in eine einmalige Kunstschatzkammer, die sie noch heute ist.

Einmal von den Skultpuren und Gemälden in den Bann gezogen, keimt bei manchem der Wunsch, sich einmal an den Werkstoffen Holz, Metall oder Stein oder auch mit Pinsel und Palette an einem Gemälde zu versuchen. Es muss nicht beim Wunsch bleiben!

Kunst kommt von Können

Nun ist aber nicht jeder mit dem Talent all der genialen toskanischen Großmeister gesegnet. Und selbst für diese galt, dass Lehrjahre keine Herrenjahre sind. Viel Schweiß wurde vergossen, in der acht, zehn oder gar zwölf Jahre währenden Ausbildung; bis zum Architektenrang brauchte es gar 20 Berufsjahre. Nun hat nicht jeder – noch zumal im Urlaub – so viel Zeit! Und das Budget für sündhaft teuren Carrara-Marmor sprengt jede Dimension. Doch keine Angst: Es reichen Unbekümmertheit und ein wenig Mut des David, um einen Anfang zu wagen: am besten gleich mit Carrara-Marmor, am besten in oder nahe dem Städtchen **Pietrasanta**.

Dort, in der Künstlerhochburg am Fuße der Apuanischen Alpen unweit der gewaltigen Marmorbrüche Carraras, bieten zahlreiche Künstler und Bildhauerstudios Kurse an. Schön, wenn dann ein Atelier sogar in den Bergen öffnet, etwa im **Campo dell'Altissimo** in Azzano di Seravezza, 600 m über dem Meeresspiegel. In dörflicher Atmosphäre finden hier Steinbildhauer-, Mal-, und Zeichenkurse für jedermann auf Grund-, Intensiv- und Spezialkursniveau statt. Man werkt im Freien und überdacht, in geselliger Runde üben die Kursteilnehmer den Umgang mit dem Bildhauerwerkzeug und erlernen, wie eine Skulptur entsteht, von der groben Formarbeit übers Bossieren bis hin zum Glätten und Polieren der Oberfläche. Mit Hammer und Meißel oder – gänzlich unhistorisch – mit Pressluftgerät und Schleifmaschine rücken sie dem Marmor zu Leibe, der in bester Qualität gestellt wird. Manch begehrter Rohling wird sogar – von der Natur vorgeformt – aus dem Wildbach geklaubt! Und stets gilt die Maxime: »Das natürliche Maß für das eigene Vorhaben ist das, was man auch selber heben oder bewegen kann: Formate von 15 bis 30 kg.«

Das eigene Kunstwerk

Was dabei in den ein- oder zweiwöchigen Kursen entsteht, bestimmen individuelle Fantasie, Kreativität und kontemplatives Werken. Die Dozenten um Leiter Peter Rosenzweig helfen mit Knowhow und manchem Trick über Probleme hinweg. Exkursionen zu Steinbrüchen und in Pietrasantas Werkstätten oder ausgedehnte, lehrreiche **Wandertouren in die Marmorwelt** mit dem Niederländer Jan Langewouters entspannen das Programm auch für diejenigen, die sich mal auf den Daumen klopfen. Und am Schluss ziert das Eigenwerk womöglich das heimische Wohnzimmer oder die Terrasse. Und erinnert mit gebührendem Respekt an die Meisterinnen und Meister der Toskana.

DUFTE HEIL-MITTEL

Olfaktorischen Genuss und so manche Geheimrezeptur für Gesundheit und Wohlergehen erwartet Sie in den Klosterapotheken der Toskana, die uraltes Heilkundewissen hüten und bewahren. Zu Destillaten, Extrakten oder Tees, Pomaden, Balsamen und Tinkturen verarbeitet, pflegen und hegen die Kräuter Leib und Seele. Pioniere auf ihrem Gebiet waren stets die Dominikanermönche in Florenz.

Das Reich der Essenzen, Salben und Extrakte: die Apotheke von Santa Maria Novella ►

ES waren Apotheker von Santa Maria Novella, die den ratlosen Ärzten aus der Patsche halfen. Für den reichen Kranken Dardano Acciaioli fanden sie keine Diagnose, empfahlen aber – wohl, um sich aus der Affäre zu ziehen – schwer erhältliche »Uva ursina«, Echte Bärentraube, als Therapie. Doch die geschulten Mönche hatten das Erica-Gewächs in ihrem **Giardino dei Semplici**.

Von der Klosterapotheke zum Weltimperium

Der Name des Gartens war schon im Mittelalter Programm: Da stand das lateinische »Medicina simplex« für – »Heilpflanze«! Denn mit der Klostergründung 1221, die mit der Eröffnung eines Krankenhospizes einherging, wurde auch die Einrichtung von Kräutergarten und Kräuterapotheke nötig. Und die Florentiner schätzen ihr medizinisches Kräuterparadies im Orto Botanico mit seinen die Sinne betörenden Düften bis heute: Dank Crowdfunding konnten 2014 im Nu Schäden beseitigt werden, die ein Sturm angerichtet hatte. Wer indes die Grande Sala di vendita, den prächtigen Laden der **Officina Profumo Farmaceutica di Santa Maria Novella** betritt, erkennt sofort, dass die Heilung des Dardano Acciaioli und anderer Patienten in den dazwischen liegenden Jahrhunderten höchst erfolgreich war. »Uva ursina« gibt es übrigens immer noch: in Tees, die in der Tisaneria mit lauschigem Hofcafé verkauft oder ausgeschenkt werden.

Natürlich waren und sind auch die berühmten historischen Klosterapotheken von Vallombrosa, Camaldoli oder La Verna Experten in der lange geheimen Heilkunst, beraten fachkundig etwa bei der Wahl von Bio-Kräutertees, kennen die Wirkung von Goldrute, Sternanis, Lindenblüte, Malve und Minze, Zichorie, Eisen- oder Habichtkraut. Doch die Florentiner genießen Weltruhm. Ihr ältestes Rezept, Rosenwasser gegen grassierende Epidemien, ist für 1381 verbürgt. Die ab 1612 als Unternehmen geführte Apotheke ist inzwischen ein »Bio-Imperium« mit weltweitem Filialnetz und Partnerläden.

BAEDEKER DAS IST ...

TAUSENDUNDEIN HEILKRAUT

Für jedes Anliegen das passende Kräutchen. Museumsladen, Grüner Saal und Spezieria der »Officina Profumo – Farmaceutica di Santa Maria Novella« begeistern mit Nahrungsergänzungs- und Diätmitteln von Ananas bis Löwenzahn, Sirup für die Atemwege, Ginseng, Ginkgo und Guaraná, aber auch Taschentuchessenzen, Shampoos, Mundwässern, Gesichts-, Körper- und Sonnenlotionen, Seifen oder Raumdüften. Bio-Olivenöl, Gewürzmischungen, Honig und Propolis, Kekse und Konfekt sind ebenso zu haben wie der hauseigene Alkermes- und der berühmte Medici-Likör. (▶ S. 167)

Aus den unterschiedlichsten Kräutern produziert die Officina Profumo allerlei Essenzen und Wässerchen, die im Florentiner Stammhaus ins rechte Licht gerückt werden.

GUCCI

MADE IN TUSCANY

Bambus-Handtäschchen sind elegante Accessoires auf den Flaniermeilen dieser Welt. Doch sie sind auch Aushängeschilder der Wiege der modernen Haute Couture und Beleg für die Kreativität der jahrhundertelang dominierenden toskanischen Textil- und Lederwirtschaft. Grund genug, dem zeitlosen Klassiker und seinem Schöpfer ein Denkmal zu setzen.

◄ Gucci ist das Aushängeschild der toskanischen Modelandschaft.

FLORENZ erlebte 1951 den ersten Laufsteg, die Florentiner Modemessen setzen alljährlich den globalen »Pitti-Trend«, Ferragamo, Pucci, Cavalli oder Coveri sind Stilikonen. Doch alle überstrahlt der Schöpfer der Bambus-Handtasche: **Gucci**!

Aus der Not geboren

Wer hätte gedacht, dass Mode-Tycoon **Guccio Gucci** (1881 – 1953) seine Karriere kurz nach 1900 in Londons Savoy Hotel startete – als Lift Boy! Der Junge war vom eleganten Reisegepäck der Hotelgäste so begeistert, dass er 1921 in seiner Heimatstadt eine Sattlerei für Reitzubehör und Taschen gründete. Das Gucci-Logo, zwei ineinander verschachtelte »G« für Guccio Gucci, die an zwei Steigbügel erinnern, zitiert die Anfänge, prangte allerdings erst Mitte der 1960er-Jahre auf den Produkten der Firma. Da lag Guccis Geniestreich bereits rund 20 Jahre zurück: In Zeiten knapper Rohstoffe nach dem Zweiten Weltkrieg formte er 1947 jenen wunderbaren **Bambusgriff**, der zur Legende wurde. Günstig, leicht und widerstandsfähig war das Bambusrohr, das schnell zum exotischen Markenzeichen zahlreicher Taschenkreationen aus dem Hause Gucci wurde.
Liz Taylor und Grace Kelly stolzierten mit ihr über rote Teppiche, auch Jackie Kennedy kam nicht ohne ihre Gucci-Schultertasche aus! Gucci war und ist dank des Bambus seither Kultlabel der Modebranche, längst produziert das rund 10000 Menschen beschäftigende Florentiner Unternehmen auch Bekleidung, Schuhe und andere Accessoires: Gucci-Mokassins zieren New Yorks Metropolitan Museum of Art. Guccis »Genius Jeans« mit Floral-Motiv war im Jahr 2005 teuerste Jeans der Welt – der Preis betrug stolze 3142 US-Dollar!
Ein Glücksfall war Guccis Wahl des 1308 erbauten Palazzo della Mercanzia an der Piazza Signoria als Standort des **Firmenmuseums**. Nicht zuletzt, weil der Platz auch Laufsteg jener Töchter ist, für deren neue Pelzmäntel die Familie zur Volljährigkeit traditionell zusammenlegt. In dem Palazzo lenkte einst die Tribuna di Mercanzia, die Marktaufsicht, den Florentiner Handel. Unter dem Wappen der Florentiner Lilie legten die Seidenweber, Pelz- und Wollhändler der Arnometropole den Grundstein der toskanischen Modewelt und schufen mit Manufakturen und Banken die Grundlagen für den Glanz der Renaissance. Mode war hier daher nie »nur Mode«: Hier wetterte Savonarola gegen die Laster, loderten 1497 in zwei »(Fege-)Feuern der Eitelkeiten« anzügliche Gewänder, Kosmetika, Schmuck, gar Gemälde Sandro Botticellis.

Wertvolles Label

Tumulte und Aufstände sind passé! 2016 setzte allein Gucci 4,3 Mrd. US-Dollar um, wurde 2015 mit 12,4 Mrd. US-Dollar auf Rang 38 der wertvollsten Labels taxiert. In toskanischer Hand ist dieses jedoch schon länger nicht mehr. Seit 2004 gehört Gucci dem französischen Luxusgüterkonzern Kering. Nicht Mode, sondern Eifersucht führte zum Ende von **Maurizio Gucci**, dem Enkel des Firmengründers, der 1995 in Mailand ermordet wurde. Ex-Gattin Patrizia Reggiani war Auftraggeberin und wanderte als »schwarze Witwe« hinter Gitter.

Zeitloser Klassiker: Auch auf der Mailänder Fashion Week 2017 präsentierte Gucci die berühmte Tasche mit Bambusgriff.

AUGENSCHMAUS AUF DREI ETAGEN

Die Herzen von Modeliebhabern werden schneller schlagen. Im firmeneigenen Museum präsentiert das Modeunternehmen seine fast 100-jährige Geschichte, von den Anfängen als Kofferproduzent bis zu Tom Fords Damenmode mit »provokativer Sinnlichkeit«. Natürlich muss da auch dem Grundstein des Erfolgs ausreichend Raum geboten werden: Die Kollektion rarster Gucci-Bambushandtaschen von 1949 bis 2016 ist zu Recht Höhepunkt am Ende des Rundgangs. Und danach locken im Gucci Shop sowie im Goldenen Dreieck zwischen Via de' Tornabuoni, Via della Vigna Nuova und Via Strozzi die neuesten Kreationen all der großen italienischen Modelabels. (▶ S. 152 & 165)

GENUSS MIT GE-SCHICHTE

Ob in mondänen Kurorten von Weltruf, in kleinen und feinen Spas mit exzellentem Service zu günstigen Preisen oder in Naturheilbädern unter freiem Himmel – in der Toskana mit ihren üppig sprudelnden Thermalquellen wartet ein umfangreiches Wellnessangebot. Lassen Sie sich verwöhnen!

◂ Wellness mit Wildnischarakter in der Cascata del Mulino in der Maremma

WASSER STATT WEIN

Montepulciano ist vor allem Weinfreunden ein Begriff. Sollte es da überraschen, dass in den nahen Thermen von Sant'Albino und Chianciano Terme Gesichts- und Körpermassagen mit Weintrauben angeboten werden? Damit nicht genug: Auf dem »Sentiero del Benessere«, dem »Weg des Wohlbefindens«, erwartet Sie ein Rundum-Verwöhnprogramm mit Salzwasserbecken, Kaskaden, Chromotherapie und Hydro- und Regenerationsmassagen. (► S. 249)

DEN segensreichen Nutzen des Blasenblubberns im vulkanischen Untergrund am Monte Amiata und anderswo in der Toskana entdeckten schon die Etrusker für sich: etwa in den wohl ältesten europäischen Thermen von **Saturnia**. Die Römer schließlich perfektionierten den Badegenuss, der Körper wie Geist befreit und Lebensqualität garantiert, sie bauten Aquädukte und prächtige Thermen und verehrten das kostbare Nass in Quellheiligtümern. Das gesundheitsfördernde Füllhorn der Natur schätzten selbst die gern als Bademuffel verrufenen Menschen des Mittelalters; so zog es etwa die berühmte Canossa-Gräfin Mathilde von Tuszien in die Thermen der Versilia. Und auch die Renaissancepäpste und spätere Potentaten sorgten mit viel Geld für mondänen Glanz, Kunst und Kultur. Natürliches Heilwasser, viel Sonnenlicht und gesunde Küche bilden seither die magische Trias für eine garantiert erfolgreiche Kur.

Ein Tagesbesuch im legendären Wellness-Nonplusultra **Montecatini Terme** ist nahezu Pflicht. Dem Kurort der Reichen und Schönen hat der russische Bildhauer Aidyn Zeinalov zwei neue Denkmäler gestiftet, die berühmte Kur- und Wellnessfreunde rühmen: 2015 Giuseppe Verdi mit der Statue vor dem gleichnamigen Theater, 2016 Giacomo Puccini mit einer auf einer Parkbank sitzenden Bronzestatue vor dem Cinema Imperiale. Verdi entdeckte sein »achtes Weltwunder« gleich nebenan, in Monsummano Terme. Aufmerksamkeit verdienen auch historische Bäder wie Bagni di Lucca, wo berühmte »Kurlauber« ihre Visitenkarten abgaben. U.a. kurierte hier Heinrich Heine sein Nierenleiden.

LINKS: Bad im schwefelhaltigen Wasser der Bagni San Filippo RECHTS: Ayurvedische Massage in Bagni di Lucca

Vom Kurbad zum Spa

Seitdem hat sich das Angebot in der Badelandeschaft stark gewandelt. Vor allem kleinere Traditionsbäder wie Gambassi Terme, San Casciano Terme oder Montepulciano Terme entpuppen sich als Newcomer mit alternativer und auf Nachhaltigkeit bedachter Heilmedizin. Anti-Stress und Anti-Aging, Ayurveda oder Yoga sind die Zauberworte für Erholungssuchende im 21. Jahrhundert. Ganzheitlichkeit, Schönheit und körperliche Fitness zählen an den Naturbecken im Grünen, in dampfenden Grotten, an Kaskaden und Sinterterrassen.

Dabei bilden der **Vulkanismus** und der **Mineralreichtum** der Toskana stets die Basis für Heilerfolge besonders bei Erkrankungen der Atemwege, bei Rheumabeschwerden, Haut- und Muskelleiden. Kein Bad aber kommt heute auch ohne ein Centro Benessere aus: ein Wohlfühl- bzw. Wellnesscenter, wo Körper und Geist in ein harmonisches Gleichgewicht gelangen.

T

TOUREN

Durchdacht, inspirierend, entspannt

Mit unseren Tourenvorschlägen lernen Sie die besten Seiten der Toskana kennen.

Auf solche Sträßchen freut man sich in der Toskana. ▶

UNTERWEGS IN DER TOSKANA

So abwechslungsreich die Toskana ist, so unterschiedlich sind die Tourenvorschläge. Einige führen in die großen und kleinen Städte, die jede Menge Kunst und Kultur bieten, andere durch die einmalig schönen Landschaften. Am besten bringt man genügend Zeit mit, um sie alle auszuprobieren!

Das richtige Verkehrsmittel

Dass die meisten Urlauber die Toskana mit eigenem Auto oder Mietwagen bereisen, hat gute Gründe: Das Bahnnetz ist nicht gerade engmaschig, viele attraktive kleine Städtchen und Dörfer, besonders in den Bergen, sind nur per PKW zu erreichen. Aber auch mit Bus oder Bahn kann die Toskana-Traumtour gelingen, erfordert dann aber etwas mehr Planung, Zeit und Geduld.

Badefreuden und Kulturgenuss

Wer vor allem der Badefreuden wegen in die Toskana fährt, muss natürlich an die Küste oder auf eine der Inseln. In Viareggio und in den meisten Orten an der Versilia-Küste sind die Preise allerdings sehr hoch. Wer Baden und Kunstgenuss verbinden will, ist aber gerade an diesem nördlichen Küstenabschnitt der Toskana genau richtig, denn Städte wie Pisa, Lucca, Pistoia oder selbst Florenz sind von der Küste aus über die Autobahn schnell zu erreichen. Man kann sich also ein Quartier am Meer suchen und Tagesausflüge zu den Kultur-Highlights unternehmen.

Für Naturliebhaber

Naturliebhaber fühlen sich vielleicht wohler an der Küste südlich von Livorno, der sogenannten Etruskischen Riviera mit ihren langen Sandstränden und ausgedehnten Pinienwäldern. Schnelle Autobahnverbindungen ins »Hinterland« gibt es in der südlichen Toskana aber nicht, sodass man für Ausflüge ins Chianti oder nach Siena viel Fahrtzeit auf zum Teil kurvenreichen Landstraßen in Kauf nehmen muss.

Im Herzen der Toskana

Florenz, Siena und das dazwischen liegende Chianti-Gebiet bilden geografisch und kulturell das Herz der Toskana und sind so auch Spitzenreiter bei Hotel- und Restaurantpreisen. Geld, Zeit und Nerven bei der Parkplatzsuche spart, wer etwa Florenz von Prato, Pontassieve oder vom Mugello aus besichtigt und Bahn oder Bus nutzt. Im Nu ist man in der Arnostadt. Auch Siena kann mühelos von einem Ausgangspunkt direkt außerhalb oder weiter westlich von der SS 2 aus problemlos besucht werden.

Unbekanntere Ziele

Für Erholung und Entspannung eignen sich die »Randgebiete« der Toskana besonders gut: Im Casentino und Pratomagno im Nordos-

ten, der Garfagnana im Nordwesten, der Maremma im Südwesten oder in den Hanggebieten des Monte Amiata im Süden finden sich zudem auch viele ländliche und preisgünstige Unterkünfte – nicht zuletzt für Gäste, die länger bleiben wollen.

BÄDER, STÄDTE, HÜGELLAND

Start: Viareggio | **Ziel:** Florenz | **Länge:** ca. 180 km | **Dauer:** 3 – 7 Tage

Tour 1

Das mondäne Viareggio ist Ausgangspunkt dieser Route, auf der mit Pisa, Lucca, Pistoia, Prato und Florenz vor allem großartige Stadtarchitekturen mit pulsierendem Leben auf dem Programm stehen. Mit von der Partie sind aber auch moderne Kunst, die inspirierende Heimat Puccinis, prächtige Landresidenzen, Thermen von Weltruf und sogar die legendäre Holzfigur Pinocchio.

Altes Seebad und Karnevalshochburg

Allein für das relativ städtische Seebad 1 **Viareggio** mit seinen Jugendstilvillen und alteingesessenen Hotels kann man einen vollen Tag einplanen, wollte man alles Sehenswerte kennenlernen – Badevergnügen am Strand nicht eingerechnet! Kunstfreunden ist unbedingt die Galleria di Arte Moderna e Contemporanea (GAMC) mit hochrangiger Kunst des 20. Jh.s zu empfehlen, Viareggios berühmter Karneval wird auch im Museum der Cittadella del Carnevale lebendig. Opernfans pilgern ins nahe **Torre del Lago**, wo Puccini in seiner Villa am See komponierte. Sein Domizil ist nun Museum. Und im Grande Teatro »Giacomo Puccini« am Seeufer erklingen unter freiem Himmel und vor fantastischer Kulisse Puccinis Werke.

Mehr als nur der Schiefe Turm

Gut 20 km sind es nach 2 ★★ **Pisa** mit seinem legendären Schiefen Turm, Dom, Baptisterium und Camposanto am Platz der Wunder, dem sehenswerten historischen Zentrum am Arno-Ufer und dem Universitätsviertel. Wichtigste Einkaufs- und Flaniergasse in der Altstadt ist der berühmte Borgo Stretto. Kunst gibt es in Pisa allerorten: Die bedeutendste Sammlung findet man im Nationalmuseum, zeitgenössische Kunst bietet der Palazzo Blu in spektakulären Sonderausstellungen, Pisas aktuelles Kulturleben pulsiert im Centro Espositivo San Michele degli Scalzi (Centro SMS) am Stadtpark Parco delle Piagge.

Gesamtkunstwerk Lucca

Ein Muss in 3 ★★ **Lucca** ist der Spaziergang auf der Stadtmauer, auch den Dom San Martino und das Nationalmuseum in der Villa Guinigi sollten Sie nicht versäumen. Der Bummel auf der Via Fillungo führt Puccini-Fans auch zum Lieblingscafé des Opernkomponisten, der in Lucca geboren wurde. Auch sein Geburtshaus ist zu besichtigen. Moderne Kunst präsentiert das Lu.C.C.A (Lucca Center Of Contemporary Art). Das flache Umland Luccas ist auch gut zum Radfahren geeignet. An der Piazza Santa Maria mit Touristeninformation verleiht Cicli Bizzarri (Nr. 32, www.ciclibizzarri.net) günstig Zweiräder sowie Mountainbikes und Pedelecs für längere Exkursionen.

Pinocchios Geburtsort

Auf der SS 435 geht es flott in den Geburtsort der spitznasigen Holzpuppe Pinocchio, ❹ **Collodi**. Im Familienpark locken das Korsarenschiff und Skulpturen wie die sprechende Grille, »Mörder« und ein Carabiniere. Glanzpunkt im benachbarten Giardino Garzoni ist das Schmetterlingshaus. In der Taverna dei Miracoli (Via Lucchese 74) gibt's anschließend lokale Spezialitäten.
Wer ein Faible für Zitrusgewächse hat, macht auf der Fahrt in das 4 km entfernte Pescia einen Abstecher von der SS 435 und besucht das Hesperidarium Il Giardino degli Agrumi in Castellare di Pescia (www.giardinodegliagrumi.it). Etwas weiter wartet in der Fattoria Il Poggio (Via San Piero 39, www.fattoriailpoggio.net) eine Verkostung des erstklassigen DOC-Weines aus Montecarlo. In ❺ **Pescia** lädt die schöne Piazza Mazzini zum Bummeln ein.

Berühmter Thermenort

Von Pescia führt die Panoramastraße über Vellano und Marliana nach Montecatini Terme durch eine Landschaft mit sattgrünen Tälern, die mit der Schweiz verglichen und deshalb auch »Svizzera pesciatina«

Kuren mit Stil und Eleganz – im mondänen Thermalort Montecatini ist's möglich!

genannt wird. Nach dem Kurparkspaziergang im weltberühmten Thermalbad 6 ★**Montecatini Terme** sollte der Aussicht wegen auch die Fahrt mit der Standseilbahn nach Montecatini Alto im Programm sein. Die Wagen »Gigio« und »Gigia« sind nicht nur für Kinder eine Attraktion. Paolo Bargilli verkauft Montecatinis berühmte Oblaten, am besten schmecken sie mit Eis (Cialde di Montecatini, Viale P. Grocco 2, www.cialdedimontecatini.it).

In Italiens Kulturhauptstadt 2017, 7 ★**Pistoia**, parkt man am besten auf dem Parcheggio Pertini (Viale Antonio Pacinotti) oder dem kostenfreien Parcheggio Cellini, wo Shuttlebus »M« abfährt. Die Piazza della Sala und die Piazza del Duomo mit dem Dom San Zeno, Kampanile, Baptisterium und Palazzo Pretorio sind ebenso Pflicht wie das Museo Civico, San Giovanni Fuorcivitas und Sant'Andrea. Wirklich ausgefallen wird es jedoch im Untergrund. Auf rund 650 m erkundet man das »Unterirdische Pistoia«, beginnend im mittelalterlichen Ospedale del Ceppo. Echte Muße bietet hingegen die Cafetteria im Hortensienkreuzgang des Museo Marini (Corso Silvano Fedi 30, www.facebook.com/MuseoMarinoMariniPistoia) – es gilt ganz offiziell als stressfreie Zone.

Vor den Toren von Florenz

Von Pistoia sind es nur noch ca. 40 km bis Florenz – auf der Schnellstraße. Abwechslungsreicher ist der Umweg durch die Hügel nach Vinci. Auf dem Weg liegt das Dörfchen **Lamporecchio**. Es ist be-

rühmt für die süßen Brigidini, die auf keinem Toskana-Fest fehlen. Aus dem Handkarrengeschäft um die Leckerei aus Eiern, Mehl, Zucker, Salz, Vanille und Anissamen erwuchs eine veritable Industrie. Die Pasticceria Carli an der Piazza Francesco Berni 20 stellt sie noch original her.
In 8 ★**Vinci**, dem Geburtsort Leonardos, begeistern außer dem Museo Leonardiano die von Mimmo Paladino gestaltete Piazza dei Guidi und der Skulpturenweg. Ein Rad- und Wanderweg führt zum etwa 3 km entfernten Geburtshaus Leonardos.
9 ★★**Poggio a Caiano** besitzt Italiens einziges Museum für Stillleben, das in einer der schönsten Renaissancevillen der Medicis eingerichtet ist. In 10 ★★**Prato** erwartet Sie ein volles Besichtigungsprogramm, fleißige Stadtrundgänger besuchen das Castello dell'Imperatore, das Museo del Tessuto, den Dom Santo Stefano samt Fresken von Filippo Lippi, das Dommuseum und das Centro per l'Arte Contemporanea Luigi Pecci. Doch sparen Sie noch ein wenig Energie – schließlich lockt schon bald 11 ★★**Florenz** mit seinen grandiosen Weltattraktionen.

KLÖSTER, BURGEN, APENNIN

Start: Florenz | **Ziel:** Arezzo | **Länge:** ca. 200 km | **Dauer:** 1 – 3 Tage

Tour 2

Diese Route bietet Ihnen einen wunderbaren Kontrast zu einer Sightseeingtour in Florenz, wo Ihre Fahrt nach Arezzo zugleich auch beginnt. Im Casentino, dem Quellgebiet des Arno, sind in wunderbar bewaldeter und idyllischer ruhiger Berglandschaft gleich vier einsam gelegene Klöstern das Ziel. Pilgerpfade locken zu Wanderungen, Klausuren zur Kontemplation. Kleine Ort wie Poppi bieten Erstaunliches, im lebhaften Arezzo warten Meisterwerke von Piero della Francesca und andere Kunstschätze.

In die Berge

Wer 1 ★★**Florenz** nach Osten über die SS 67 verlässt, sollte einen ersten Kurzstopp in Pontassieve einlegen, wo man die hier in den Arno mündende Sieve überquert. Auf der SS 70 geht es dann kurvenreich zum 2 **Passo della Consuma** hinauf. Die frische Luft in 1058 m Höhe verdient eine Pause in der Bar Chalet il valico.

Klosterruhe

Vom Passo della Consuma bietet sich ein Abstecher zum Kloster 3 **Vallombrosa** an, das abgeschieden in den Wäldern der Reserva

Naturale di Vallombrosa liegt. Man kann auf dem Kapellenweg spazieren gehen oder einfach die angenehme Kühle an der Teichanlage genießen. Die Klosterapotheke veräußert Delikatessen, Kosmetika, mächtige Holzkreuze, kleine Madonnen und winzige Engel.

Romanisches Kleinod

Auf der serpentinenreichen Panoramastraße SS 70 geht es weiter in Richtung Poppi. Nach etwa 10 km zweigt eine Straße nach Pratovecchio bzw. Stia ab. An der Strecke steht inmitten idyllischer Landschaft die romanische ④ **Pieve di Romena**, in der man sich vor allem die Kapitelle genauer anschauen sollte; diese zeigen u. a. Szenen aus dem Leben des Apostels Petrus. Im benachbarten Castello di Romena

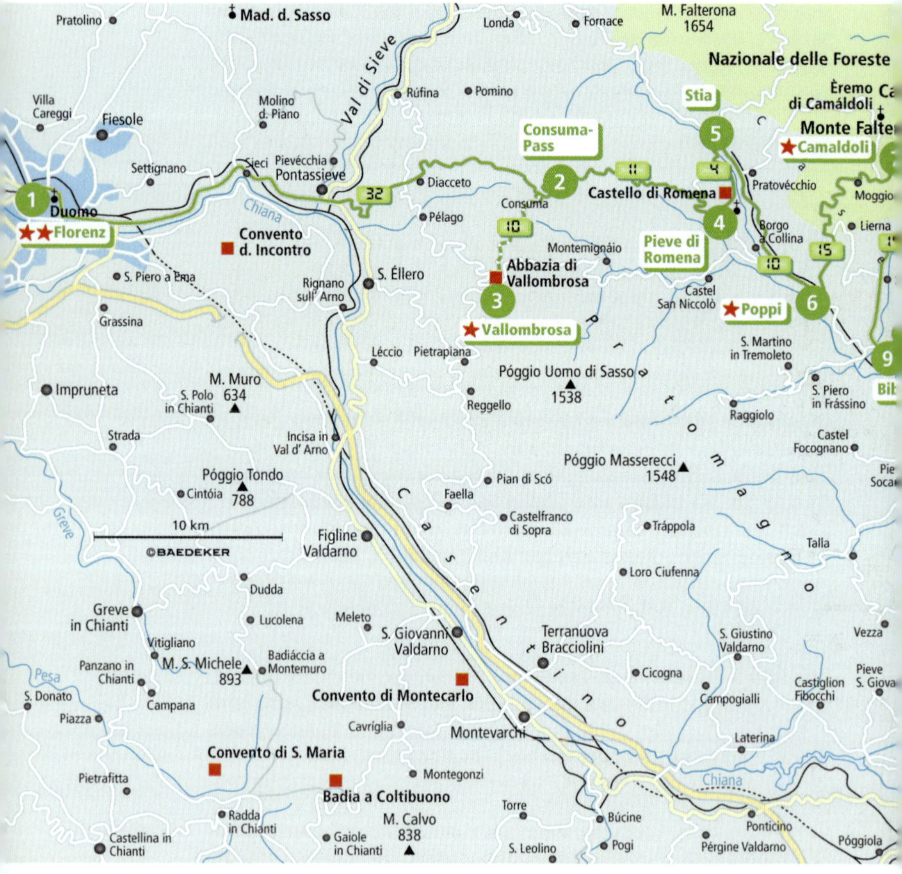

fälschte ein Maestro Adamo 1281 Florentiner Goldflorine. Er wurde erwischt und hingerichtet. Die nahe Örtlichkeit Omomorto erinnert ebenso an ihn wie Dante, der hier auch Gast war und den armen Adam in der »Göttlichen Komödie« (Inferno, 30. Gesang) doch noch unsterblich machte.

Typische Casentino-Städtchen

5 **Stia** besitzt eine kleine, ausgesprochen hübsche Altstadt. Lohnend ist ein Besuch der alten Wollmanufaktur mit dem Museo dell'Arte della Lana. Stia ist traditionell Standort der Wollproduktion, die hier erzeugten Wollwaren sind überregional bekannt. Sehr gut speist man im Ristorante Falterona Gliaccaniti (Piazza Tanucci 9).

Rund 14 km entfernt liegt 6 ★**Poppi**, ein typisches Casentino-Städtchen mit stimmungsvollem Altstadtkern, in dem vor allem die Arkadengänge ins Auge fallen. Oberhalb des Zentrums ragt der Turm der Burg auf.

Zu den Mönchen in Camaldoli

Der imposante Klosterkomplex 7 ★**Camaldoli** ist das Mutterhaus der benediktinischen Kamaldulenser. Er geht auf ein zu Beginn des 11. Jh.s gegründetes Kloster des Eremitenordens zurück. Weniger turbulent ist es oberhalb in der Stille des Eremo di Camaldoli mit seinen 20 Mönchszellen, die jeweils einen kleinen Garten besitzen. Klares, eiskaltes Bergquellwasser sprudelt aus einem Hahn über einem kleinen Becken am Tor zur Einsiedelei. Der Eremo wurde vom heiligen Romuald von Camaldoli noch nach dem Klosterbau eingerichtet – ihm mangelte es schon damals an Ruhe im neuen Kloster.

Pilgerwege

Bei gutem Wetter ist die schöne Strecke über den Passo Fangacci (1233 m) nach Badia Prataglia zu empfehlen, ansonsten nimmt man die Straße durch den Luftkurort Serravalle. In 8 **Badia Prataglia** lohnt die alte Abteikirche. Das Dorf erwacht gerade aus dem Dornröschenschlaf, was es auch der Lage am neuen Assisi-Pilgerweg zu verdanken hat. 2012 kam die EU-geförderte Pilgerstraße Via Teutonica hinzu. Eine gute Einkehrmöglichkeit in Badia Prataglia ist die Pizzeria La Foresta gegenüber der Kirche.

An der Via Teutonica liegt auch das wenig touristische 9 **Bibbiena**, heute das industrielle Zentrum des Casentino, das eine sehenswerte Altstadt besitzt. Das Theatermuseum präsentiert Europas antike wie barocke Theatergeschichte, Seidenkostüme und Perücken. Welturaufführungen von noch nie gespielten Opern, deren Partituren das Museum besitzt, werden im Teatro Dovici in Bibbiena veranstaltet.

Franziskus-Wallfahrtsstätte

Gut 25 km sind es bis zur wunderbar gelegenen Wallfahrtsstätte 10 ★★ **La Verna** mit der Cappella delle Stimmate. Das Kloster geht auf eine Gründung des hl. Franziskus von Assisi zurück, der hier der Überlieferung nach 1224 die Wundmale Christi erhielt. Jedes Jahr am 14. September, dem Tag des Wunders, ist La Verna Ziel zahlreicher Pilger. Im Kloster kann man günstig übernachten und speisen.

Geburtsort eines Genies

Von Chiusi della Verna lohnt ein Abstecher in den Geburtsort von Michelangelo Buonarroti, 11 ★ **Caprese Michelangelo**. Bis 1875 behauptete man in Chiusi della Verna, Michelangelo sei dort geboren. Als man aber eine Kopie der Geburtsurkunde fand, stellte sich Caprese als Geburtsort heraus. In dem wenig bekannten, aber durchaus reizvollen kleinen Ort dreht sich mit einem Museumskomplex, der Michelangelo-Bibliothek und Werkkopien alles um den bedeutenden Renaissance-Künstler. Top ist der Skulpturenpark mit Werken des 20. Jahrhunderts.

Nach Arezzo

Landschaftlich reizvoll ist die Strecke quer durch das Catenaia-Massiv über Chitignano nach Rássina. Von dort schlängelt sich die SS 71 durch das Arnotal nach 12 ★★ **Arezzo**. Neben der Piazza Grande sind vor allem die Fresken von Piero della Francesca in der Kirche San Francesco ein Muss.

THERMEN, WEIN, VULKANISMUS

Start & Ziel: Siena | **Länge:** ca. 230 km | **Dauer:** 3 – 5 Tage

Tour 3

Ab Siena geht es auf dieser Genießertour für alle Sinne durch die klassische Toskana mit ihren sanft gewellten Hügeln und Zypressenalleen, ins urbane Meisterwerk Pienza, zu Badevergnügen in Thermen, in winzige Bergnester am höchsten erloschenen Vulkan der Region und in zwei weltberühmte Weinorte.

Start- und erster Glanzpunkt

Für 1 ★★ **Siena** sollte man viel Zeit einplanen! Denn die Kunst- und Architekturmetropole besitzt nicht nur herausragende Baudenkmäler. Sie ist außerdem ein verführerisches Einkaufsparadies und beeindruckt mit der großartigen lokalen Sieneser Küche.

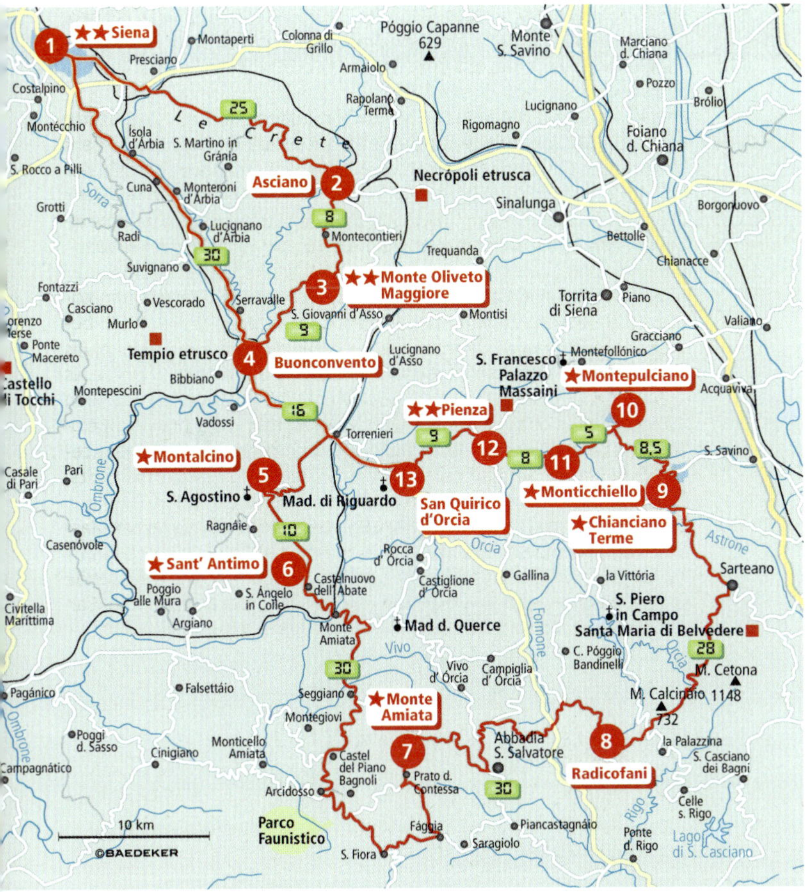

Auf dem Weg nach Asciano beleben Schafherden die herbe Schönheit der von Wind und Wetter modellierten, oft wüst und karg wirkenden ★ **Crete Senesi**. Das Städtchen ❷ **Asciano** ist ein Zentrum der Pecorino-Käseherstellung. Jeden zweiten Sonntag im Monat findet der Mercationo delle Crete statt, an den Ständen wird Bioware und Kunsthandwerk angeboten. Liebhaber des weißen und schwarzen Goldes der Toskana biegen dann zu Italiens erstem Trüffelmuseum im Kastell von San Giovanni d'Asso (http://museotartufo.museisenesi.org) ab, wo im Odorama sensorische Erlebnisse die Sinne betören.

Berühmter Freskenzyklus

Etwa 8 km hinter Asciano taucht hinter Zypressen das Kloster 3 ★★ **Monte Oliveto Maggiore** auf, der Hauptsitz der Olivetaner. Die Benediktinerabtei aus dem frühen 14. Jh. war bald geistliches wie kulturelles Zentrum dieser Region. Im Kreuzgang ist der großartige restaurierte Freskenzyklus zu besichtigen, der Szenen aus dem Leben des hl. Benedikt von Norcia darstellt. Die schattige Terrasse der Bar La Torre am Eingang zur Abtei bietet Erfrischungen und Klostermuße.

Backstein-Kleinod

Die romantische kleine Backsteinstadt 4 **Buonconvento**, die im 14. Jh. von einer Ziegelmauer umbaut wurde, ist wichtiger Knotenpunkt an der vielbefahrenen Via Cassia. Jeden letzten Sonntag im Monat treffen sich Bauern und Produzenten aus der Umgebung zum Mercato Agricolo della Filiera Corta. »Zero Chilometro« (Null Kilometer) heißt hier das Motto – Käse, Honig, Öl und Wein sind lokale Produkte und entsprechen dem Öko-Gebot kurzer Wege.

Edle Weine

Die gepflegten Weinberge bei 5 ★ **Montalcino** kündigen den edlen Tropfen des rubinroten Brunello di Montalcino an. Der Nobelmarke der Toskana wie dem mittelalterlichen Städtchen muss man seine Referenz erweisen. Angebote nun auch für Bio-Brunello oder Grappa di Brunello finden sich zuhauf. Führungen mit Degustation bieten viele Brunello-Weingüter.

Im Val d’Orcia (im Hintergrund der Monte Amiata) lohnt es sich, das Auto auch mal stehen zu lassen und die Bilderbuchlandschaft mit dem Rad zu erkunden.

Romanisches Kirchenidyll

Von Montalcino geht es zu der Abteikirche 6 ★ **Sant'Antimo**, einer der eindrucksvollsten und größten romanischen Landkirchen der Region, die umgeben von Wiesen und Olivenhainen in magischer Stille in einem Talschluss liegt. Sant'Antimo war im Hochmittelalter eines der wichtigsten und reichsten Klöster der Toskana. Zu Andachten und Messen ertönen in der Kirche gregorianische Gesänge.
Auf dem Weg zum Monte Amiata lohnt ein Besuch des **Skulpturengartens von Daniel Spoerri**, der eigene Arbeiten und Werke internationaler Künstler auf seinem parkähnlichen Anwesen ausstellt. Bei Spoerri kann man auch übernachten (www.danielspoerri.org). Bei Lella und Roberto Rossi im »Il Silene« (www.ilsilene.it) kann man sehr gut essen.

Stolzer Vulkan

Weithin sieht man den 1738 m hohen Gipfel des 7 ★ **Monte Amiata**, eines erloschenen Vulkans, der oft bis spät ins Frühjahr schneebedeckt bleibt. Die Bergstraße zum Gipfel zieht sich durch Nadel-, Misch- und Hochwälder bis auf alpine Höhen. Auf Serpentinen geht es durch Kastanien- und Buchenwälder zur **Abbadia San Salvatore**. Die sehenswerte Abtei, die der Siedlung den Namen gab, liegt oberhalb der Ortschaft; eindrucksvoll ist vor allem ihre fünfschiffige Krypta aus vorromanischer Zeit. Wer ein Quartier sucht, sollte das Hotel Kappa Due – K2 (Via del laghetto 15, www.hotelk2.net) ansteuern. Gut schmeckt das Amiata-Bier »Bastarda Rossa«.

Mitten im Nichts

Die extrem kurvenreiche Strecke nach Radicofani bietet schöne Ausblicke in eine dünn besiedelte Berglandschaft. Gutshöfe auf Hügelkuppen prägen das Bild. 8 **Radicofani** oberhalb der alten Römerstraße Via Cassia ist dann wegen des hochaufragenden Kastellturms schon von Weitem zu sehen. Um 1296 sorgte hier der »Gentleman-Dieb« und frühe Robin Hood Ghino di Tacco für Aufregung, Boccaccio rühmt ihn im »Decameron« als »guten Banditen«, Dante verbannt den Räuber ins Fegefeuer (6. Gesang, 13–14). Amiata-Würste und -Schinken stellen die Metzgermeister Alfideo Rossi (Via Dei Forni 14, www.macelleriarossi.it) und Sandro Porfirio (San.di., Via Renato Magi 5a, www.macelleriasandi.it) her.

Wein und Wellness

9 ★ **Chianciano Terme**, der größte Kurort in der Toskana, ist heute eine mondäne Wellnesswelt. Überraschenderweise besitzt die Stadt, die mit ihren riesigen Hotelkomplexen auf den ersten Blick nicht sehr einladend wirkt, ein apartes historisches Zentrum.
Eine Alternative für Wellnessfans ist 10 ★ **Montepulciano**, wo zudem der Vino Nobile di Montepulciano probiert werden kann; eine gute Anlaufstelle ist z. B. die Enoteca des Consorzio del Vino Nobile. Sehr interessant ist auch die Kellertour samt Etruskergrab und Notkirche des Zweiten Weltkriegs in der Cantina Talosa (www.talosa.it) in der Altstadt, die zu den eindrucksvollsten der Toskana zählt.

Sehenswerte Orte bei Pienza

Nächstes Kleinod ist 11 ★ **Monticchiello**, das geradezu als mittelalterliches Gesamtkunstwerk gelten darf. Berühmtheit erlangte das sommerliche Straßentheaterfestival Teatro povero, das von den Dorfbewohnern in den 1970er-Jahren initiiert wurde. Sie selbst stehen auch auf der Bühne. Ein Museum informiert über die ungewöhnliche Theatergeschichte.

Das 8 km entfernte 12 ★★ **Pienza** ist nicht nur für Renaissance-Liebhaber ein Muss: Die am Reißbrett entstandene Stadt überragt die wunderbar geformte Hügellandschaft. Mit dem quasi benachbarten San Quirico d'Orcia wurde Pienza zum UNESCO-Weltkulturerbe erklärt. Unzweifelhaft der Glanzpunkt Pienzas ist die Piazza Pio II. mit dem Dom, dem Palazzo Borgia und dem Palazzo Piccolomini. Gleichauf mit der Kultur steht der Käse aus Pienza. Der Pecorino gilt als einer der besten Italiens, bei Zazzeri (Corso Rossellino 6, www.zazzeri-pienza.com) wird er verkauft; im September findet das Käsefest statt.

Letzter sympathischer Ort auf dieser Tour ist das in traumhafter Umgebung gelegene 13 **San Quirico d'Orcia** mit einem wunderbaren italienischen Garten und einer romanischen Kirche, an deren Portalen jede Menge Figuren zu studieren sind. Die SS 2 führt zurück nach Siena.

SONNE UND SAND AN DER RIVIERA

Start: Livorno | **Ziel:** Populonia | **Länge:** ca. 120 km | **Dauer:** 2 – 3 Tage

Tour 4

Der geschichtsträchtige Küstenstreifen der Riviera degli Etruschi beeindruckt mit Stränden, sattem Grün, mediterraner Macchia, Pinienwäldern und Sumpfgebieten. Zwischen Livorno, Piombino und Populonia reizen die Funde der Etruskerzeit und Überraschungen im Hinterland wie das Weinbergnest Bolgheri oder das Dichterdorf Castagneto Carducci.

Neues Venedig und mehr

Gerade abends entfaltet 1 **Livorno**, das viele nur als Durchgangsstation auf der Reise zu einer der großen Mittelmeerinseln kennen, durchaus seine Reize, eine Übernachtung ist also durchaus lohnend. Das Viertel Venezia Nuova lädt zum Bummel durch Bars und Restaurants. Am Tag gehört die Aufmerksamkeit der Synagoge und der zentralen Markthalle mit tollem Fischmarkt und koscherer Metzgerei. Auch das Aquarium und Bootsfahrten auf den Medici-Kanälen locken.

Die Via Aurelia (SS 1) führt aus der Hafenstadt hinaus gen Süden etwa 25 km parallel zur Küste – ein ausgesprochen reizvoller Abschnitt bis 2 **Rosignano Marittimo**. Schon von Weitem sieht man das alte Bergdorf, das sich in schöner Lage auf einer Anhöhe etwa 3 km von der Küste entfernt erstreckt und von einer Burg überragt wird. Man hat von hier oben einen weiten Blick auf den Küstenstreifen der Etruskischen Riviera und die sich südlich anschließende flachere Region.
Auf der Weiterfahrt bietet sich ein Zwischenstopp am ★ **Strand von Vada** an, der als einer der schönsten an diesem Küstenabschnitt gilt. Nur wenige Kilometer südlich liegt 3 **Cecina**. Im Ortsteil La Cinquantina steht die Villa Guerrazzi mit archäologischem Museum, in dem allerlei faszinierende frühgeschichtliche und etruskisch-römische Funde zu entdecken sind. Weit touristischer als Cecina ist der Küstenort Marina di Cecina mit schönem Strand und Aquapark.

Weiter geht es in östlicher Richtung hinauf nach Montescudaio. Schilder verweisen auf die **»Strada del Vino«** (Weinstraße) und kleine Weinbauern, die in Montescudaio Wein und Olivenöl zu fairen Preisen anbieten. Über Guardistallo und Casale Marittimo führt die Panoramastraße in das mittelalterliche Bibbona und weiter durch das Anbaugebiet der weltberühmten Supertoskaner-Weine, allen voran des Ornellaia. Kurz vor 4 ★ **Bolgheri** biegt man auf die einzigartige Zypressenallee, die von der Kirche San Guido, jenseits der SS 1, über 5 km schnurgerade in den Ort führt. Jeder Italiener kennt die berühmten Zeilen des Dichters und Nobelpreisträgers Giosuè Carducci (1835 – 1907) »Davanti a San Guido...«, die Bolgheri unsterblich machten. Das neue Lieblingsdorf vieler Toskana-Urlauber ist märchenhaft herausgeputzt, mit Blumen geschmückt, fast ein »Klein-Rothenburg«, aber mit Weinberatung, -degustation und vielsprachigen Kellertouren. Übernachtungen in Agriturismo-Betrieben vermittelt das Consorzio La Strada del Vino e dell'Olio Costa degli Etruschi (Loc. S. Guido 45, Tel. 05 65 74 97 05, www.lastradadelvino.com).

Flüssiges Gold

An der bei Radlern sehr beliebten Straße nach 5 **Castagneto Carducci** kann das mondäne Weingut Ornellaia (Via Bolgherese 191, www.ornellaia.com) nach Voranmeldung besichtigt werden. In Castagneto wohnte Literatur-Nobelpreisträger Giosuè Carducci, dem das Städtchen seinen Namen verdankt; im früheren Wohnhaus ist ein Museum mit Sitz des gleichnamigen Literaturparks eingerichtet. Dem sehr aromatischen Olivenöl aus der Umgebung ist das Museo dell'Olio gewidmet; reichlich zum Einsatz kommt es in dem empfehlenswerten Lokal der Enoteca Castagnetana (Via Cavour 21, www.facebook.com/enotecacastagnetana).

Uralte Bergdörfer

Kurvenreich ist die Weiterfahrt durch Steineichen- und Kastanienwälder ins Dörfchen 6 **Sassetta**, das man auf keinen Fall auslassen sollte. Ringsum locken interessante Wander- und Trekkingtouren, Radfahrer sollten aber gut trainiert sein. Autofahrer parken am besten auf dem kleinen Parkplatz vor der Pizzeria Maria Pia und schlendern dann zu Fuß durchs Bergdorf. Auf der Piazzetta della Chiesa gibt es im Sommer oft Klassikkonzerte.

Ein wahrhaft schöner Abschnitt der Weinstraße führt in den abgelegenen mittelalterlichen Ort **Suvereto**, dessen Ursprünge bis vor das Jahr 1000 zurückreichen. Das malerische Städtchen 7 **Campiglia Marittima** thront hoch über der umliegenden Landschaft. Im Archäologischen Museum erhält man die Kombi-Tickets »ArcheoCard« bzw. »Passepartout« für die Museumsparks ringsum.

Etruskische Totenstadt

Durch das untere Corniatal steuert man dann zuletzt den kleinen Ort 8 ★★ **Populonia** an. Hier erstrecken sich im **Parco Archeologico Baratti e Populonia** über 80 ha zwei der bedeutendsten etruskischen Nekropolen überhaupt. Vom Höhenrücken über dem Golf von Baratti bieten sich wunderbare Panoramen aufs Meer. Einen halben Tag – besser ist ein ganzer – sollte man für den Besuch des archäologischen Parks samt Faulenzen und Baden schon einplanen. Informationen zu den Riesenrundgräbern oder zum Schlackeabraum der Erzgießereien erhält man am besten auf Führungen. Das Infozentrum ca. 400 m vom Museumsparkplatz San Cerbone besitzt eine Bar mit Holzbänken und akzeptablem Angebot.

Ein Bad zum Abschluss

Den perfekten Abschluss dieses Museumstages bieten die von Pinien gesäumten **Sandstrände** des Golfs: Hier zeigt die Etruskerküste all jene Vorzüge, die schon die badefreudigen, sinnenfrohen Etrusker vor 2500 Jahren schätzten.

TUFFSTEIN, QUELLEN, NEKROPOLEN

Start: Vetulonia | **Ziel:** Pitigliano | **Länge:** ca. 150 km | **Dauer:** 2 – 3 Tage

Tour 5

Die Magie der etruskischen Nekropolen und Museen, geschützte Wildnis, Baden auf der Halbinsel Monte Argentario oder in den heißen Quellen von Saturnia sowie auf Tuffsteinfelsen klebende Städte und Burgen sorgen für die überbordenden Reize dieser Tour.

Auf den Spuren der Etrusker

Bevor das Archäologiemuseum in 1 ★ **Vetulonia** seine Pforten öffnet, könnte der Tag mit einem Cappuccino-Frühstück in der Vecchia Cantina gegenüber beginnen. Mit Audioguides ausgerüstet kann man danach den sagenhaften Schmuckschätzen oder den Beziehungen der Etrusker zu Sardinien nachspüren. Die Ausstellung endet mit dem 2007 entdeckten goldenen Skarabäusring. Sehenswert sind auch die Ausgrabungen unterhalb des gemächlich vor sich hindämmernden Bergdorfs: Rund um die Villa der Medea wohnten einst 10 000 Menschen. Insbesondere die Riesen-Rundgräber der Nekropole sind einen Besuch wert.

Auch für 2 ★ **Roselle** sollte man Zeit – mindestens einen halben Tag – einplanen, um die Reste des antiken Rusellae zu besichtigen. Die etruskische Siedlung wurde zu Beginn des 3. Jh.s v. Chr. von den Römern eingenommen. Zu sehen sind noch Teile einer Umfassungsmauer aus dem 7. Jh. v. Chr.

In der Maremma

Das fahrradfreundliche, gepflegte und boomende 3 ★ **Grosseto** ist die Hauptstadt der flachen Maremma, die sich im Mittelalter aus einer Burg an der Via Aurelia entwickelte. Der historische Kern wird von einer mit Bastionen verstärkten Befestigung umzogen. Mit dem Aquarium und dem MuseoLab gibt es zwei neue Attraktionen.

Auf der schmalen Landstraße nach 4 **Alberese** mit der gleichnamigen Marina herrscht »Traffico Limitato«: 250 Fahrzeuge pro Tag dürfen passieren. Alberese liegt im Parco Naturale della Maremma; das Vogelschutz- und letzte Rückzugsgebiet frei lebender Rinder und Pferde schließt auch den Küstenstreifen ein. Wanderwege führen durch die urwüchsige Weide-, Macchia-, Sumpf- und Küstenlandschaft.

Im äußersten Süden des Naturreservats liegt der beliebte Fischer- und Badeort 5 **Talamone**. Der einstige Hafen Sienas deckt heute vom Campingplatz bis zum Klippenhotel Capo d'Uomo das komplette Unterkunftsspektrum ab und ist ein Dorado für Surfer und Schnorchler. Und Paolo »il Pescatore« Fanciulli, TV-bekannter Umweltaktivist, veranstaltet Bootstouren zu den Fischgründen und anschließende Jeep-Ausflüge mit Lagerfeuer und Essen.

Heimat urwüchsiger Rinder

Mit 6 **Magliano** beginnt das Kerngebiet der südlichen Maremma (Maremma Alta), ein Weideland von ganz besonderem Landschaftsreiz, das nur an wenigen Stellen über 100 m ansteigt. Mit etwas Glück sieht man hier auch die langhörnigen Maremma-Rinder. Magliano ist von einer nahezu intakten mittelalterlichen Stadtmauer umgeben, beeindruckende Frömmigkeit und religiöse Kunst präsentiert die Renaissance-Tafel »Madonna del Latte« in der Chiesa della Santissima Annunziata etwas außerhalb. Für das leibliche Wohl sorgt die Antica Trattoria Aurora (Via Chiasso Lavagnini 12/14) mit schönem Sommergarten.

Mondäne Halbinsel

Auf einer ruhigen Landstraße geht die Fahrt weiter nach Orbetello und von dort auf die Halbinsel 7 **Monte Argentario**, die mit ihren Strandbuchten, Jachthäfen und ehemaligen Fischerorten bei einheimischen und ausländischen Touristen beliebt ist. Auf dem Monte Argentario haben überwiegend wohlhabende Urlauber ihr Refugium. Susanna Agnelli, Enkelin des Fiat-Gründers und von 1974 bis 1984 Bürgermeisterin von Monte Argentario, verhinderte hier hässliche Hotelburgen. Nun entdeckt man am Weg nach Porto Santo Stefano, dem Zentrum der Halbinsel, sogar Werbung für »Bio-Strände«, doch die flache Lagune kämpft ums Überleben.

Knallbunte Kunst

Ein Rundgang auf der mittelalterlichen Stadtmauer der hübschen kleinen Stadt 8 **Capalbio** ist eine angenehme Unterbrechung der Autotour. Mit Glück wird im Kastell von Capalbio gerade eine interessante Kunstausstellung gezeigt.
Ein Erlebnis besonderer Art ist Niki de Saint Phalles ungewöhnlicher Skulpturenpark 9 ★ **Giardino dei Tarocchi** an der Grenze zum Latium. Zwischen 1979 und 1997 hat sich die Künstlerin hier in einem alten Steinbruch eine eigene Traumlandschaft mit fantastischen Wesen geschaffen, Vorlagen dafür fand sie im Kartenspiel Tarot bzw. Tarock.

Luxuriöses »dolce far niente«

Über La Sgrilla und Manciano ist man in einer halben Autostunde in 10 **Saturnia**, das für sich in Anspruch nimmt, der älteste bekannte Thermalort Italiens zu sein. Saturnia blickt auf eine beinahe 3000 Jahre alte Kurtradition zurück, hier entdeckten die Etrusker ihr »dolce far niente«, ihr süßes Nichtstun. Heute locken Wellness-Angebote oder eine Regentropfen-Massage ins Blackrose Spa des Resorts Terme di Saturnia, dem größten Thermalresort Europas – Zeit für diese Wellness-Oase sollte also eingeplant werden. Wellness in freier Natur bieten die **Cascate del Molino** – Wasserfälle und Sinterbecken mit dampfendem Schwefelwasser für jedermann und rund um die Uhr.

Tuffsteinorte

Ab Saturnia schlängelt sich die Landstraße in vielen Windungen durch eine bizarre, grün, grau und olivfarben leuchtende Tuffsteinlandschaft, die zu den schönsten Gebieten der Toskana zählt. Das etruskische ⑪ ★ **Sovana** offenbart sich als lang gezogene Dorfidylle mit gewaltiger Burgruine. Zudem erstreckt sich hier eine weitläufige Etrusker-Nekropole, beschilderte Pfade führen zu den wichtigsten Grabkammern und zur Tomba Ildebranda. Anmutig auf einer schroffen Felskante über zerklüftetem Karst thront das benachbarte **Sorano**, in dessen Umgebung in Tuffsteinwänden höhlenartige Grabkammern aus dem 3. und 2. Jh. v. Chr. zu entdecken sind.

»Krönender« Abschluss

Den Schlusspunkt der Route durch das einstige etruskisch-römische Grenzland bildet ⑫ ★★ **Pitigliano**, das fantastisch auf einem langen Felssporn angelegt wurde und wie eine gemeißelte Häuserkrone aus wucherndem Grün aufragt. Die Felsenkeller unterhalb der Stadt werden noch heute zur Lagerung des feinen Bianco di Pitigliano benutzt. Schön ist ein Bummel durch die Altstadt mit einem Besuch des Palazzo Orsini und des ehemaligen jüdischen Ghettos.

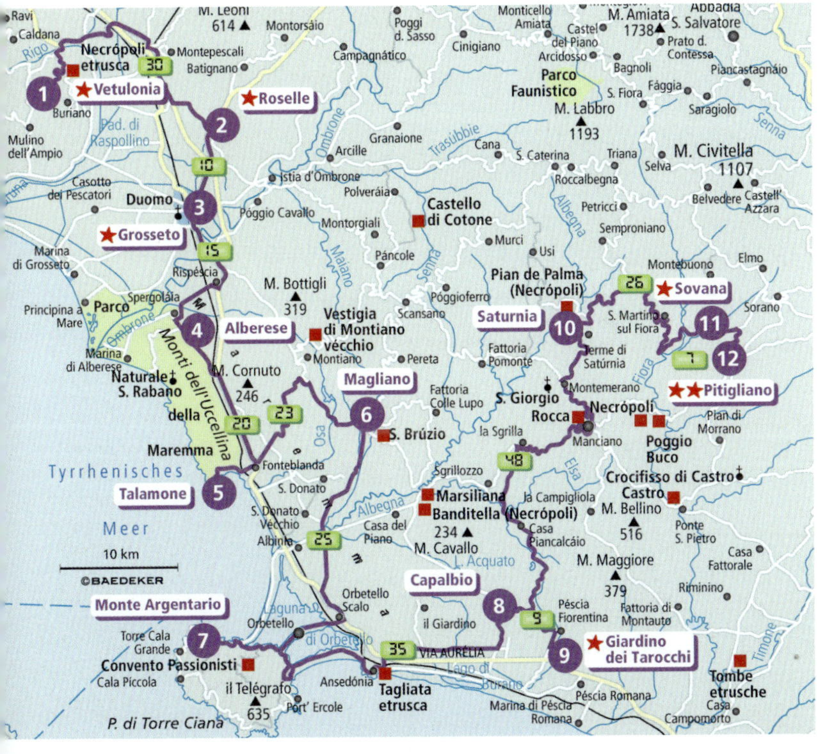

Z
ZIELE

Magisch, aufregend, einfach schön

Alle Reiseziele sind alphabetisch geordnet. Sie haben die Freiheit der Reiseplanung.

Weshalb immer nur David? Auch Neptun ist ein schönes Mannsbild in Florenz. ▶

★ ALPI APUANE · GARFAGNANA

Provinzen: Massa-Carrara (MS), Lucca (LU)

Thermenspaß, Puccini-Klänge, gar ein historischer Damenschwarm? Dies alles bietet die Garfagnana. Doch hauptsächlich steht das Hochtal für Ruhe, Erholung und Natur: Trekking ist in, und das mit Pfiff. Ab dem Hauptort Castelnuovo versprechen einsame Hochebenen, Kastanienwälder, Wildbäche und eine mystische Tropfsteinhöhle Abenteuer, die Bergseen Entspannung. Und der Duft des »pepolino« genannten wilden Thymians weckt Vorfreude auf die herzhaft deftige Gebirgsküche.

Abenteuerspielplatz für Aktive

Der Name des von der Küste parallel zum Apennin verlaufenden Gebirgszugs stammt von den antiken ligurischen Apuanern. Noch Dante nannte ihn »Monti di Luni«, nach Roms antiker Kolonie Luna. Alpen sind sie erst seit Ende des 19. Jahrhunderts. Die höchste Erhebung ist der Monte Pisanino (1947 m). Das ständig erweiterte Wegenetz bietet Wanderern, Radfahren, Mountainbikern, Reitern und sogar Höhlentrekkern beste Bedingungen. Und auch der von Canterbury bis Rom führende, nun stark besuchte Franken-Pilgerweg Via Francigena erschließt seit dem 6./7. Jh. die Bergwelt auf zwei Wegvarianten (► S. 414).

Apuanische Alpen im kompakten Kleinformat

L'Orto Botanico Pellegrini Ansaldi

Einen Vorgeschmack auf die Apuanischen Alpen verschafft man sich im Orto Botanico Pellegrini Ansaldi in Pian della Fioba oberhalb von Massa. Auf gerade einmal drei Hektar lernen Sie in dem 850 – 950 m hoch gelegenen Alpengarten die spannende endemische Flora kennen. Und nebenbei sind auch ein paar römische Artefakten aus dem 3. und 2. Jh. v. Chr. zu bewundern.

Frühlingsanfang, Ostern, 1. Mai, Mitte Mai – Mitte Sept. tgl. 9 – 13, 15 – 19 Uhr | Eintritt frei | www.parcapuane.toscana.it/orto/

★ Castelnuovo di Garfagnana und Umgebung

Das Herz der Garfagnana

Altstadt

In Castelnuovo (5950 Einw.) im Tal des Serchio schlägt das Herz der Garfagnana, besonders laut ist es zum Karneval, dem Patronatsfest St. Peter und Paul (29. Juni) und auf dem seit dem Mittelalter stattfindenden »Mercato dei banquetti« (Do. vormittags) zu hören. Von der Piazza Umberto I. geht es hinauf zum Eingangstor in die befestig-

Ein vielerorts noch unberührtes Bergidyll erwartet Sie in der Garfagnana.

te Altstadt mit ihrer in der Renaissance umgebauten Burg. Wer hinter dem Tor die rechte der beiden schmalen Gassen wählt, gelangt zum ab 1504 auf einem normannischen Vorgängerbau (10. Jh.) errichteten Dom St. Peter und Paul. Eine Stippvisite ins Innere lohnt sich wegen des Holzkruzifixes »Christo Nero« (15. Jh.) und der Terrakottagruppe »Hl. Josef und zwei Engel«, die im Umfeld von della Robbia oder Andrea del Verrocchio entstanden sein soll.

ALPI APUANE · GARFAGNANA ERLEBEN

CASTELNUOVO DI GARFAGNANA
Pro Loco: Piazza delle Erbe
Tel. 0583 64 10 07, www.castelnuovogarfagnana.org

BARGA
Via di Mezzo 45
Tel. 0583 72 47 11
www.comune.barga.lu.it

OSTERIA VECCHIO MULINO €€
Stimmungsvolle Osteria. Dem Slow Food verpflichtet, kochen Andrea und Cinzia Bertucci nach Rezepten von Mamma Rosa, verkaufen pikanten Käse und Lokaltypisches wie in kleine Würfel geschnittene Mortadella.
Via Vitt. Emanuele 12
Tel. 0583 6 21 92, www.vecchiomulino.info, Mo. geschl.

Das Dörflein Vagli di Sotto hatte Glück – es liegt knapp über dem Wasserspiegel des aufgestauten Lago di Vagli und profitiert von der schönen Lage.

Wandern und Genießen

Turismo Garfagnana

Noch vielmehr als kulturelle Schätze locken die Reichtümer der Umgebung: Im Besucherzentrum Turismo Garfagnana (Piazza delle Erbe 1) werden Wanderkarten ausgegeben, Aufenthalte in Berghütten organisiert, von Biologen geführte Mehrtagestouren angeboten und kulinarische Schätze aus den Bergen offeriert. Gesunde Kost mit Pfiff ist angesagt: Ein Muss ist das europaweit geschützte Kastanienmehl (farina di castagne), das beispielsweise zur Polenta di Neccio verarbeitet wird. Die Garfagnana liefert auch leckere Alpenmilch, Käse, Pilze, Honig, Hülsenfrüchte und klassische Obstsorten. Typisch ist auch das Kartoffelbrot (pane di patate) – mit Speck (lardo) ist es ein Gedicht!
Geführt oder auf eigene Faust spaziert man ab dem Besucherzentrum auf dem leichten **Sentiero Ariosto** (90 Min.) u. a. zur 1579 – 1586 erbauten **Fortezza di Mont'Alfonso**, einst Grenzfeste zwischen Lucca und Ferrara. Der Rundweg erinnert an den frühen Humanisten und Dichter Ludovico Ariost (1474 – 1533); der Verfasser des »Rasenden Roland« war 1522 – 1525 auch Gouverneur der Garfagnana.
Ein mittelschwerer Rundwanderweg (4 Std. 30 Min.) startet an der Berghütte Rifugio Donegani unterhalb von Monte Pisanino und Pizzo d'Uccello. Sie starten in 1150 m Höhe und steigen bis zur Berghütte Orto di Donna auf 1498 m hinauf. Alpinistischer Höhepunkt ist die gut ausgebaute neuntägige Garfagnana-Trekkingtour (Markierung: GT, rot-weiß-rot;) mit Start und Ziel in Castelnuovo di Garfangna.

Piazza delle Erbe 1 | Tel. 0583 6 51 69 | Sommer Mo. – Sa. 9.30 – 13, 15.30 – 19, So. 10 – 13, 15.30 – 18.30, Winter nur bis 12.30 Uhr
www.turismo.garfagnana.eu

Die »wilden« Alpi Apuane

Parco dell' Orecchiella

Wildtiere haben im 20 km entfernt gelegenen und 215 ha großen Parco dell'Orecchiella in San Romano di Garfagnana ein Schutzgebiet erhalten. Auf dem einfachen Rundweg Sentiero del Fontanone mit Start am Besucherzentrum begegnen Sie Bären, Wölfen, Hirschen und Wildschweinen. Außerdem können ein Raubvogelmuseum und ein Botanischer Garten besichtigt werden.

Mitte Juni – Mitte Sept. tgl. 9 – 19, April – Mitte Juni und Mitte Sept. bis Okt. Sa. u. So. 10 – 17 Uhr | Eintritt: 2 €

Klotzen, nicht kleckern

Lago di Vagli

Der Lago di Vagli am Fuß des Monte Umbriano (1229 m) wartet seit 2016 mit einer 3 Mio. € teuren Hängebrücke auf, dem Ponte Tibetano. Wohl einmalig ist der Blick, der sich von dieser ergibt: nämlich auf das 1953 im Stausee versunkene Fabbrica di Careggine. Letztmals ragten 1994 bei Instandhaltungsarbeiten der 92 m hohen Staumauer zwei Türme und 31 Hausruinen des Dorfes aus dem 13. Jh. aus dem Wasser. Nahe der Brücke zeigt der **Kommunale Park der Ehre- und Ehrlosigkeit Marmorstatuen**, z. B. den Kapitän der vor Giglio gestrandeten »Costa Concordia« – mit Hasenohren!

Barga

Mittelalterlicher Zankapfel

Rundgang im Centro storico

Die einst stark befestigte, militärstrategisch bedeutsame Seidenweberstadt (10 000 Einw.) war stets zwischen Pisa, Lucca, Florenz und dem Haus Este (Modena) umstritten. Daran erinnern bis heute die

Stadttore, allen voran die Porta Reale mit dem Stadtwappen, das eine Barca (Segler) zeigt. Den einstigen Reichtum dokumentieren der **Palazzo del Podestà** und die Paläste der Balduini, Pancrazi oder Angeli. Das **Teatro dei Differenti** lockt jährlich mit Opern- und Jazzfestivals. Treff im historischen Zentrum ist aber die Piazza Arringo, von der Sie eine herrliche Panoramasicht genießen. Blickfang am **Dom San Cristoforo** ist die romanische Fassade (12. Jh.) , deren Portalrelief aus dem 12. Jh. die Weinlese zur damaligen Zeit darstellt. Eine Kuriosität im Inneren sind die Säulen der Marmorkanzel (spätes 13. Jh.): Eine ruht auf einem hockenden Bärtigen, zwei auf Löwen.

Ausflug in die Unterwelt

Grotta del Vento

Erfrischende Temperaturen und bizarre Formen erwarten Sie in der 7,5 km langen Tropfsteinhöhle bei Fornovolasco. Die Zauberwelt der Stalagtiten und Stalagmiten am unterirdischen Fluss ist durch drei Rundgänge (Dauer: 1/2/3 Std.) erschlossen. Zweifelsohne eine, wenn nicht »die« Hauptattraktion der Garfagnana!

Start der Rundgänge tgl. 10 – 12 u. 14 – 18 Uhr jeweils zur vollen Stunde, Nov.– März eingeschränktes Tourangebot | Eintritt: 9 / 14 / 20 €, je nach Rundgang | www.grottadelvento.com

Seiner kühnen Konstruktion verdankt der Ponte del Diavolo (Teufelsbrücke) über den Serchio seinen Spitznamen.

Bagni di Lucca und Umgebung

Kuren mit Tradition

Centro Benessere

Ein unterirdischer Vulkan soll es sein, der hier am Flüsschen Lima zwischen Bagni Caldi und Ponte a Serraglio brodelt. Der, so besagt zumindest der Volksglaube, speist die 40–47 °C warmen Wasserdämpfe der Grotta Grande und die nach Napoleons Schwester benannte Grotta Paolina. In Wirklichkeit sprudelt das sulfat- und bikarbonatreiche Thermalwasser aber – nicht minder beeindruckend – aus der bis zu 54 °C heißen Sorgente Doccione. Und immer noch wahrnehmbar ist der Geist der Belle Époque: Shelley, Byron, Puccini, Mascagni und Henry James kurten hier. Heinrich Heine hielt 1829 seine Erlebnisse in »Die Bäder von Lucca« fest.

Verwöhnprogramme, Beauty und Wellness stehen im Centro Benessere hoch im Kurs: Angeboten werden z. B. Mandelölmassagen, Fango-, Balneo- und Aromatherapien, schwer im Trend sind die Schokoladen- und »Golden Breast«-Behandlungen. Gelindert werden auch Hautkrankheiten und Rheuma (www.bagnidiluccaterme.info/de).

Enge, wasserreiche und wilde Schluchtenwelt

Orrido di Botri

Ein Naturparadies und ein kleines Abenteuer verheißt die größte Kalksteinfelsschlucht der Toskana. Festes Schuhwerk ist Pflicht, wenn man zwischen den bis zu 200 m aufsteigenden Felswänden durch das kristallklare, mitunter hüfthohe Wasser waten will. Vor Ort werden von Mitte Juni bis Mitte September Führungen angeboten. Helme werden gestellt und sollten auch unbedingt getragen werden!

www.orridodibotri.toscana.it | Eintritt 2 €, Führung 13 €

Das Wahrzeichen der Garfagnana ...

Borgo a Mozzano

... steht in Borgo a Mozzano (7000 Einw.): Der breiteste Bogen des 95 m langen **Ponte della Maddalena** überspannt kühn den Serchio auf 37,8 m Länge! Von Einheimischen wird das im 14. Jh. errichtete Steinmonument Teufelsbrücke genannt, wohl aufgrund der ingenieurstechnischen Meisterleistung. Seinen offiziellen Namen verdankt es dem Anfang des 16. Jh.s an der Brücke errichteten Oratorium. Die dort aufgestellte »Maddalena in terra« aus der Della-Robbia-Schule ist nun in der Kirche San Jacopo zu sehen.

Kleinstes Theater der Welt

Vetriano

»Una bomboniera di fine Ottocento«, eine prallgefüllte Bonbonschachtel vom Ende des 19. Jh.s, so wird das »kleinste historische Theater der Welt« mit 70 m² Fläche und 99 Plätzen gerne genannt. Zu Hause ist es in Vetriano, einem kleinen Weiler rund 18 km südwestlich von Bagni di Lucca. Das Theater entstand 1890 durch Schenkung und Eigeninitiative der Dorfbewohner, Besucher brachten ihre Stühle früher selbst mit. Im Sommer treten heute Stars der Mailänder Scala auf.

Der Clou sind die ausgestellten historischen Bühnenkostüme –allerbeste Dorfoper alla Toscana, nicht nur für Puccini-Liebhaber!
Besichtigung nur n. V. über Tel. 0583 35 81 31 www.fondoambiente.it/luoghi/teatrino-di-vetriano | Eintritt: 5 €

Opernfans aufgepasst!

Celle dei Puccini

Ein Dorf weiter versammelt das **Museo Pucciniano** zahllose Memorabilia von Giacomo Puccini, u. a. 13 Briefe und Autografen, eine Schenkung seiner Urenkelin, darunter Handschriften zu Puccinis ersten beiden Werken »Le Villi« und »Edgar«. In den sieben Räumen auf zwei Etagen ist auch ein Phonograph zu sehen, den Thomas Edison Puccini schenkte. Dazu kommt jene Krone, die Puccini für »Le Ville« erhielt, und das Bett, in dem der Komponist am 22. Dezember 1858 das Licht der Welt erblickte.
Via Meletoli 27 | Tel. 0583 46 78 55, Besichtigung tgl. n. V.
www.lucchesinelmondo.it/museocelle.html | Eintritt: 2 €

★★ AREZZO

Provinz: Arezzo (AR) | **Höhe:** 296 m ü. d. M. |
Einwohnerzahl: 99 600

Arezzo hat eine der schönsten Altstädte der Toskana – und das will in dieser Region schon was heißen. Auch Filmemachern blieb das nicht verborgen. So wählte Roberto Benigni Arezzos Plätze und Gassen für seinen oscarprämierten Film »Das Leben ist schön« als Kulisse aus. Kunstenthusiasten schwören indes auf Piero della Francescas sagenhafte Fresken in der Basilika San Francesco.

Eine filmreife Altstadt

Dabei müssen Film- und Freskenliebhaber in Arezzo keineswegs getrennte Wege gehen, um ans Ziel ihrer Wünsche zu gelangen. Angenehmer bummelt man Seite an Seite auf einem einstündigen Spaziergang dort durch die Altstadt, wo schon Umbrer und Etrusker siedelten. Rom machte dann das antike Arretium 294 v. Chr. zur Militärstation an der Via Cassia. Später dann war Arezzo eine unabhängige – und obendrein vermögende – Städterepublik (1098–1337), bevor sie für 40 000 Gulden an Florenz ging. Erst im 19. Jh. weckte der Eisenbahnbau Arezzo aus dem Dornröschenschlaf. Der spielt heute keine Rolle mehr, längst stellt der Tourismus eine sprudelnde, wenn auch nicht die einzige Einnahmequelle dar. Die boomenden Schmuckwerkstätten verarbeiten tonnenweise Gold und Silber – monatlich! Vom Ohrring bis zum diamantenbesetzten Armband wird alles Glitzernde angeboten!

Einmal im Jahr wird die Piazza Grande zum Schauplatz der farbenfrohen Giostra del Saracino.

Rund um San Francesco und Piazza Grande

★★ Piazza Grande

Ein Platz wie gemalt
Welch ein Spektakel! Am dritten Sonntag im Juni und am ersten Sonntag im September verwandelt sich der Große Platz von Arezzo zum Schauplatz der mittelalterlichen **Giostra del Saracino**: Waghalsige und bunt kostümierte Reiter, Vertreter der vier Stadtteile, nehmen es mit dem Buratto auf, einem hölzernen Abbild eines Sarazenenkriegers. Doch wehe den Übermotivierten – ihnen droht die Drehpuppe mit schweren Lederbällen. Dem Sieger gebührt dagegen die »goldene Lanze«.
Das restliche Jahr mag es auf der Piazza Grande zwar etwas ruhiger zugehen, doch eignet sie sich immer noch als herrlich atmosphärischer Einstieg für eine Erkundung Arezzos. Die beste Sicht auf einen der schönsten Plätze Italiens bietet sich Ihnen von der Nordseite: z. B. bei einem klassischen italienischen Frühstück mit Cornetto und Cappuccino in einem der Cafés unter den **Logge del Vasari**. Hier, am 1573–1581 nach Vasaris Plänen erbauten Palazzo delle Logge, kann man zudem Roberto Benignis halsbrecherische Fahrradeskapade mit Dora und Filmsohn Giosuè in »Das Leben ist schön« bestens nachempfinden. Auch dem Palazzo del Tribunale (17. Jh.), dem Palazzo della Fraternitá dei Laici und dem mit Wappen geschmückten Palazzo

AREZZO ERLEBEN

CENTRO DI ACCOGLIENZA TURISTICA

Atrium des Palazzo Comunale:
Piazza della Libertá 1
Tel. 0575 40 19 45

Am Bahnhof:
Piazza della Repubblica 22/23
Tel. 0575 2 68 50
www.arezzointuscany.it

An der Piazza Pietri kann kostenfrei geparkt werden; ab der Infostelle »Arezzo Valley« geht es per Rolltreppe in die Altstadt.

GIOSTRA DEL SARACINO

Am ersten Sonntag im September und am dritten Sonntag im Juni (Giostra di San Donato) steigt Arezzos mittelalterliches Reiterturnier (► S. 57)
www.gioastradelsaracinoarezzo.it

❶ LE CHIAVI D'ORO €€–€€€

Hierher kommen die Leute weniger wegen klassisch toskanischer als vielmehr wegen der innovativen italienischen Küche! Im Retro-Style-Ambiente der 1970er-Jahre locken marinierter Lachs mit Avocado, Orange-Trüffel-Sauce und Reis oder geröstete Wachteln (»quaglie«) mit Teufelssauce. Aber natürlich gibt es auch Wildschwein mit Kastanien und Broccoli.
Piazza San Francesco 7
Tel. 0575 40 33 13
www.ristorantelechiavidoro.it
Di. mittags und Mo. geschl.

❷ ANTICA OSTERIA/VINERIA L'AGANIA €€

Sehr beliebte, familiäre Osteria mit Klassikern der rustikalen Aretiner Küche. Eine beachtliche große Weinauswahl mit Degustation offeriert die Vineria. Tipp: wunderbare Pici (dicke, hohle Hartweizengrieß-Spaghetti) mit Wildschweinragout! Aber auch das Kaninchen mit gerösteten Rosmarinkartoffeln oder die Fegatelli (gebackene Schweineleberscheibchen) überzeugen. Günstige Tagesmenüs!
Via Mazzini 10/14, Tel. 0575 29 53 81, www.agania.com, Mo. Ruhetag (außer Juni – Sept.)

❸ CAFFÈ DEI COSTANTI €€

Italiens beste Bar 2010 existiert schon seit 1804. Das nicht erst seit Benignis »Das Leben ist schön« berühmte Lokal steht heute vor allem für großartiges Gelato (Eiscreme »Bellini«!), günstige Tagesgerichte, kreative Kaffeekompositionen und erfrischende Cocktails offen. Empfehlenswert: Risotto al Dom Pérignon und die Vegetarierplatte mit Auberginen (»melanzane«) und Couscous.
Piazza San Francesco 19 / 20
Tel. 0575 1 82 40 75, www.caffedeicostanti.it, tgl. 7.30 – 2 Uhr

❶ GRAZIELLA PATIO HOTEL €€€€

Logieren mit Bruce Chatwin! Inspiriert von den Büchern des britischen Reiseschriftstellers, sind die zehn individuell gestalteten Doppelzimmer mit Namen wie Utz, Baalbek, Arkady oder Rio Grande zauberhafte »kleine Fluchten« für Romantiker. Tipp: Das Himmelbettzimmer »Oxiana«!
Via Cavour 23, Tel. 0575 40 19 62
www.hotelpatio.it

1 Le Chiavi d'Oro
2 Antica Osteria l'Agania
3 Caffè dei Costanti

1 Graziella Patio
2 Badia di Pomaio

Rolltreppe

2 HOTEL BADIA DI POMAIO

€€€-€€€€

Paradiesische Lage! Das von uralten Kastanienwäldern umgebene Vier-Sterne-Hotel mit Panorama über Arezzo diente ab 1644 als Kloster. Im eleganten Ristorante mit toskanischer Traditionsküche, serviert der Service im Sommer auch auf der Piazetta. Nahebei locken Reiten, Tennis und Golf. Große Zimmer – und Pool! 7 EZ, 12 DZ und Suiten.

Localitá Pomaio 4
(Via delle Conserve)
Tel. 0575 35 32 10
www.hotelbadiadipomaio.it

Liebhaber alter Kostbarkeiten werden auf Arezzos Antiquitätenmarkt sicher fündig.

Pretorio von 1322 (nun Stadtbibliothek) sollte man die Referenz erweisen. An jedem ersten Samstag und Sonntag im Monat bilden der Platz und die Gassen drum herum zudem die Kulisse für Arezzos quirligen Antiquitätenmarkt (www.arezzofieraantiquaria.org).
Den ungewöhnlichen architektonischen Akzent des Platzes setzt die zum Platz stehende Apsis, das Chorhalbrund der ältesten, romanischen Stadtkirche **Santa Maria della Pieve**, kurz »la Pieve« (Pfarrei) genannt. Die auf das 12. Jh., vielleicht gar auf 1008 zurückzudatierende und im 16. Jh. von Vasari modernisierte dreischiffige Basilika ist Symbol des freien Bürgertums, das sich früh vom Dom und seinem feudal regierenden Bischof unabhängig machte. Auch für »ihren« 1330 erbauten Campanile haben die Aretiner einen alten Spitznamen: »Turm der 100 Löcher« heißt der 59 m hohe, durchaus elegante Vierkantriese wegen der 40 in fünf Reihen eingebauten Biforien (Zwillingsfenster). Das sind zwar nur 80 »Löcher«, aber immerhin. Die zum Corso d'Italia ausgerichtete Fassade wurde im 13. Jh. einer älteren vorgesetzt, die Lünette über dem Mittelportal zeigt Mariä Himmelfahrt (1216). Im Inneren ist das 1320 vom Sieneser Pietro Lorenzetti gemalte Marien-Polyptychon bedeutend. Die Krypta birgt eine edelsteinbesetzte Reliquienbüste (1346) des hl. Donatus, des Stadtpatrons von Arezzo.

Santa Maria della Pieve: tgl. 8 – 12, 15 – 19 Uhr

Meilenstein der Frührenaissance

★★ San Francesco

Die wuchtige Bettelkirche steht im Herzen der Altstadt an einem Platz mit schönen Straßencafés, u. a. dem berühmten Caffè dei Costanti. Ihr unscheinbares, schmuckloses Äußeres lässt nicht erahnen, dass sich hier ein Kunstwerk von Weltrang verbirgt. Die Kirche selbst wurde 1290 begonnen und 1377 im Stil der toskanischen Gotik vollendet. Im 15. Jh. kamen u. a. die Seitenkapellen und um 1600 der Glockenturm hinzu. Als Anfang des 20. Jh.s die Barockaltäre entfernt wurden, kamen im Inneren außerordentliche **Fresken von Spinello Aretino** und Schülern zum Vorschein. Spinello schuf u. a. die »Verlobung der hl. Katharina«, die »Taufe Jesu«, den Zyklus zum Leben des hl. Michael (rechte Chorkapelle) und die Kreuzigungsgruppe (linke Chorkapelle). Die »Verkündigung« in der Capella Tarlati wird Luca Signorelli, Lorentino d'Arezzo die Vita des hl. Bernhardin von Siena (um 1460; rechte Langhauswand) und die Legende um den hl. Antonius von Padua (um 1480; linke Seitenkapelle) zugeschrieben.
Der Magnet, der alle Kunstliebhaber magisch anzieht, ist aber zweifelsohne die **Cappella Bacci**. Ihren Namen verdankt sie Baccio di Maso Bacci, einem steinreichen Kaufmann, der, 1417 verstorben, einen großen Erbteil für die Dekoration der Basilika und damit für sein Seelenheil reserviert hatte. Vielleicht wollte er sich von der Sünde reinwaschen, als die die Kirche noch viele Formen seiner Handels- und Geldgeschäfte verurteilte? In diesem Fall musste er noch einige Zeit im Fegefeuer schmoren, denn erst eine Generation später beauftragten die Erben 1447 den vom Renaissance-Gedankengut völlig unberührten Florentiner Bicci di Lorenzo, der u. a. die Triumphbogenwand (»Jüngstes Gericht«), die Kirchenväter Gregor und Hieronymus und die vier Evangelisten malte, eher er 1452 nach kurzer Krankheit starb. Ein Glücksfall war dann das prompte Engagement von **Piero della Francesca** (um 1416–1492), der zuvor an den Höfen von Ferrara, Rimini und Urbino viel beachtete Erfolge gefeiert hatte. Der rastlose Wandermaler, übrigens auch ein glänzender Mathematiker, nahm die um 1275 verfasste »Legenda Aurea« auf, die vom Schicksal des Leben spendenden Kreuzesholzes Christi erzählt. Die Freskenflächen der Kapelle bemalte Piero bis 1466 in zwei Etappen. Denn 1458/59 war er auf Einladung von Papst Pius II. für Arbeiten im Apostolischen Palast in Rom. Wie so vieles von Piero gingen auch diese Fresken durch den Umbau zu Raffaels Stanzen verloren.
Umso wertvoller ist daher Pieros Renaissance-Zyklus in Arezzo, der – chronologisch nicht geordnet – die Kreuzlegende beschreibt: beginnend mit der Genesis (rechte Seitenwand oben: Seth pflanzt auf dem Grab seines Vaters Adam auf Weisung des Erzengels Michael einen Zweig vom Baum der Erkenntnis, der als Spross der Hoffnung wächst) bis ins Jahr 628 (linke Seitenwand, oben: Herakleios bringt das Kreuz nach Jerusalem zurück). Große Aufmerksamkeit verdient das rechte untere Bildfeld der Stirnwand: Der römische Kaiser Konstantin träumt

vor der Entscheidungsschlacht gegen Maxentius (312) vom Zeichen des Kreuzes, unter dem er siegen wird. Mit raffinierten Lichteffekten schuf Piero hier eine der ersten Nachtszenen der europäischen Kunst. Dennoch geriet Piero bis ins 19. Jh. in Vergessenheit. Erst Grand-Tour-Reisende entdeckten ihn ab 1858 wieder. Pieros völlige Rehabilitierung und absolute Ausnahmestellung reklamierte dann im 20. Jh. Italiens Doyen der Kunsthistoriker, Roberto Longhi.

April – Okt. Mo. – Fr. 9 – 19, Sa. bis 18, So. 13 – 18, Nov. – März Mo. – Fr. 9 – 18, Sa. bis 17.30, So. 13 – 17.30 Uhr | Fresken, Vorbestellung Tel. 0575 35 27 27 (oder online) | Eintritt: 8 €, mit Casa Vasari, Museo Medievale, Museo Archeologico 12 €
www.pierodellafrancesca-ticketoffice.it

Panoptikum in toskanischem Palastambiente

Museo Ivan Bruschi

Im Palazzo del Capitano del Popolo (13. Jh.) ist die 10 000 Exponate umfassende Sammlung von Ivan Bruschi, dem Initiator von Arezzos Fiera Antiquaria, zu bestaunen. Atmosphärisch ansprechend sind das typisch toskanische Palastambiente (15. Jh.) und die Salons (erste Etage).

Corso Italia 14 | April – Okt. Di. – So. 10 – 18, Nov. – März Di. – So. 10 – 13, 14 – 18 Uhr | Eintritt: 5 € | www.fondazioneivanbruschi.it

Kunst mit Aussicht

Palazzo della Fraternità dei Laici

An den Palazzo del Tribunale schließt sich dieser Palazzo (14./15. Jh.) einer alten karitativen Laienbruderschaft an, in dem heute rund 8000 Exponate zu sehen sind. Die ursprünglich gotisch begonnene Fassade wurde 1433 im Renaissancestil vollendet. Von der Sala del Primo Rettore kann man die Aussicht auf die Piazza Grande genießen und sich vor der »Veduta su Piazza Grande« des Aretiner Malers Cristoforo Donato Conti ins 17. Jh. katapultieren. Das Design für den Glockenstuhl lieferte Giorgio Vasari. Beachtung verdient auch die astronomische Uhr (1552) von Maestro Felice da Fossato.

Corso Italia | tgl. 10.30 – 18 Uhr | Eintritt: 4 €
www.museodifraternita.it

Auf den Spuren eines großen Humanisten

Casa del Petrarca

Zugegeben, in dem Haus in der Via dell'Orto 28 erblickte der berühmte Dichter Francesco Petrarca 1304 sicher nicht das Licht der Welt, wurde es doch erst im 17. Jh. errichtet. Wohl aber kam er in dieser Straße zur Welt. Und wer sich für das Erbe des großen Humanisten interessiert, ist in der Casa del Petrarca allemal goldrichtig. Denn das Haus ist heute der Sitz der renommierten Accademia Petrarca di Lettere, Arti e Scienze, die das Andenken Petrarcas bewahrt und seit 1974 den begehrten Petrarca-Literaturpreis verleiht.

Via dell'Orto 28 | April – Okt. Mo. – Fr. 11.30 – 16.30, Sa., So. 10.30 bis 17.30, Nov. – März Mo. und Fr. 11.30 – 15.30, Sa., So. 11 – 16.30 Uhr
Eintritt: 4 €

Arezzos Bischofssitz

★ Duomo

Bis ins 13. Jh. stand die Bischofskirche von Arezzo außerhalb der Stadtmauern auf dem Piota-Hügel, wo der hl. Donatus 304 das Martyrium erlitten hatte und begraben worden war. Als die Aretiner 1111 verlangten, den Bischofssitz in die Stadt zu verlegen, kam es zum Aufstand, dem das mittelalterliche Gotteshaus zum Opfer fiel. Bischof Guglielmino degli Ubertini begann 1277 mit dem Bau der dreischiffigen Pfeilerbasilika an der Stelle der einstigen Benediktinerkirche San Pietro Maggiore, der sich bis ins frühe 20. Jh. hinzog. Attraktion im Inneren sind die Glasgemälde des aus Frankreich stammenden Dominikanermönchs Guillaume de Marcillat (1467–1529), das Grabmal des 1276 verstorbenen Aretiner Papstes Gregor X. und die Grabkapelle des Ciuccio Tarlati (1334). Der Hauptaltar birgt das reich verzierte spätgotische Marmorgrabmal samt Reliquien des hl. Donatus. Piero della Francesca schuf 1466 im nördlichen Seitenschiff das Fresko der »Hl. Magdalena«.
Arezzo trafen mitten im Karneval 1796 heftige Erdbeben. Am Nachmittag des 15. Februar geschah aber ein **Marienwunder**: In einem schlichten Weinausschank der Camaldolensermönche leuchtete eine Majolika mit der Darstellung der Madonna von Provenzano auf – und die Heimsuchung endete. Umgehend baute man bis 1817 die Kapelle

In Arezzos Franziskanerkirche schuf Piero della Francesca mit dem Bilderzyklus zur Kreuzlegende eines der ausdrucksstärksten Renaissance-Werke.

Ferdinando I. de' Medici wacht als herrschaftliche Statue über die Piazza della Libertà, an der der Palazzo Comunale und der Dom stehen.

der Madonna del Conforto (»Trostreiche Madonna«) ans nördliche Seitenschiff.

Das Dommuseum **MuDAS** (Museo diocesano di arte sacra) zeigt u. a. Werke von Vasari und drei romanische Holzkruzifixe (11. Jh.).

Dom tgl. 7–12.30, 15–18.30 Uhr, MuDAS April–Okt. tgl. 10–18.30, sonst bis 17 Uhr | Eintritt: 4 €

Technikmuseum mit Kuriositäten

MUMEC im Palazzo Comunale

Der wuchtige Turm des Palazzo signalisiert dessen Stellenwert: Das heutige Rathaus war ab 1333 Amtssitz der Zunftvorsteher, nach 1384 residierten hier dann die Verwaltungskommissare aus Florenz, die die Fassade mit ihren Wappen schmückten. Im Innern kommen Technikbegeisterte auf ihre Kosten. Das **Museo dei Mezzi di Communicazione** (Museum der Kommunikationsmittel) zeigt historische Computer, Kalkulatoren und Musikmaschinen – insgesamt rund 1000 Exponate.

Via Ricasoli 22 | Di., Do., Sa. und 1. So./Monat 9.30–17.30 Uhr
Eintritt: 3 € | www.museocomunicazione.it

Westliche Altstadt

Unscheinbares Kirchlein mit großartigem Innenleben

San Domenico

Die Familie Tarlati di Pietramala stiftete diese einschiffige Kirche am schmucken Plätzchen 1275 für den Dominikanerorden. Eine reiche

Freskenausstattung vermittelte die Bibelbotschaft besser ans leseunkundige Volk: So malte Spinello Aretino um 1390 Szenen aus dem Leben der hll. Philippus und Jakobus. Kostbar und einmalig – in der Flutkatstrophe 1966 ging ein weiteres Exemplar in Santa Croce in Florenz verloren – ist das um 1265 entstandene Kruzifix von Cimabue, ein Frühwerk des berühmten Künstlers, das den Einfluss byzantinischer Vorbilder erkennen lässt, aber mit seiner Darstellung eines leidenden Christus auch bereits in die Zukunft weist.

Via di San Domenico | tgl. 7 – 13, 15.30 – 19 Uhr

Heimat eines Universalgelehrten

★ Casa di Giorgio Vasari

Das Universaltalent Giorgio Vasari (1511 – 1574) war Maler und auch ein großer Architekt, wie sein ausgestelltes Holzmodell der Logge an der Piazza Grande beweist. Vor allem aber darf er getrost als einer der ersten Kunsthistoriker überhaupt gelten: »Le Vite«, seine im Jahr 1550 veröffentlichten Biografien italienischer Künstler, sind wichtige Quellen der Kunstgeschichte, auch wenn Vasari bei seinen Schilderungen gern und oft übertrieb. Vasari erwarb das zweistöckige Haus in der heutigen Via XX Settembre 55 um 1540 und malte die Räume aus. Die allegorischen Malereien zeigen die Musen der Künste. Das Hausarchiv bewahrt 17 Briefe von Michelangelo Buonarroti an seinen »caro amico« Giorgio. Die zwei waren »ziemlich beste Freunde«.

Mo., Mi. – Sa. 8.30 – 19.30, So. 8.30 – 13.30 Uhr | Eintritt: 4 €

Es ist Kunst!

★ Museo Nazionale d'Arte Medievale e Moderna

Der elegante Frührenaissance-Palazzo Bruni-Ciocchi ist bis heute auch als Palazzo della Dogana bekannt: Wo im 19. Jh. ein Zolldepot untergebracht war, zeigt heute das Nationalmuseum für mittelalterliche und moderne Kunst kostbare Majoliken aus der Renaissance, wunderbare Terrakotta-Arbeiten von Andrea della Robbia, historische pharmazeutische Gefäße aus der Abtei Camaldoli sowie Glas-, Gold- und Elfenbeinschmuck. Im ersten Stock trumpft die Aretiner Malerei bis zum 16. Jh. auf, im zweiten ragt Luca Signorelli mit seinem Riesentafelbild »Madonna col Bambino e santi« (Madonna mit Kind und Heiligen, 1519 – 1523) heraus. Seien Sie pünktlich – die Museumstür öffnet sich nur viermal am Tag für jeweils zehn Minuten!

Via San Lorentino 8 | Di. 9 – 13.30, Do. 15 – 19.30 1. u. 3.So./Monat 15 – 19.30 Uhr | Eintritt frei

Arezzos zweiter großer Renaissance-Kirchenbau

Chiesa delle Sante Flora e Lucilla

Benediktiner vom Monte Cassino gründeten im 14. Jh. die den hll. Flora und Lucilla geweihte Abtei (daher auch Chiesa di Badia), Vasari baute sie im Stil der Spätrenaissance um. Auch der monumentale Hochaltar (1562) ist sein Werk. Verblüffend ist die gewaltige barocke Scheinkuppel von Andrea Pozzos (1703), ein raffiniertes Spiel mit Perspektiven, Licht und Schatten.

Südliche Altstadt

Etruskisches Stadtsymbol

Chimäre

Wenn ein Großherzog der Toskana persönlich zum Putzlappen griff, musste es schon einen ganz besonderen Anlass geben: 1553 wurde beim Bau von Arezzos Medici-Festung eine Bronzefigur entdeckt, die sich später als etruskisches Meisterwerk aus dem 5./4. Jh. v. Chr. entpuppte. Und so legte Cosimo I. für die Politur des schwanzlos aufgefundenen »Löwen« selbst Hand an. Erst Vasari klärte alle über das Fabelwesen auf, in dem sich die Kraft des Löwen, die Klugheit der Schlange und die Ausgeglichenheit der Ziege vereinen. Heute ist die Chimäre von Arezzo ein Höhepunkt im Archäologischen Nationalmuseum von Florenz (► S. 175), eine Replik steht nahe des Fundorts vor dem Hauptbahnhof. Die Inschrift an der rechten Vorderpfote verrät das Werk als Schenkung an den etruskischen Himmelsgott Tinia.

Arezzos antikes Erbe

★ Museo Archeologico Mecenate

1547 errichteten Olevitanermönche das Kloster San Bernardo in der Tribünenruine des antiken römischen **Amphitheaters**. Dem einst 8000 Besucher fassenden Oval kann von außen (Via F. Crispi) und im Museo Archeologico Mecenate nachgespürt werden. Großartige Museumsexponate sind der Terrakotta-Schmuck eines Tempels (5. Jh. v. Chr.), etruskische Reliefs und Votivgaben, römische Kleinbronzen und Mosaiken sowie die typischen Aretiner »Vasi corallini«: Die dekorierten korallenfarbenen Tonvasen waren in der römischen Kaiserzeit en vogue und das wichtigste Exportgut Arezzos.

Via Margaritone 10 | Öffnungszeiten variieren (www.museistatali arezzo.it/museo-archeologico-gaio-cilnio | Eintr.: 6 €, Kombiticket 12 €

Rund um Arezzo

Goldene Aussichten ...

Museo Aziendale Gori & Zucchi

... erwarten Sie im Museum des Schmuckherstellers UnoAErre. Werkzeuge, aber auch Arbeiten und Skizzen von Dalí oder Pomodoro gewähren spannende Einblicke in das Goldschmiedehandwerk. Geradezu kurios ist ein silberner Prunksäbel: Er war Modell für 500 goldene Exemplare, die Iraks Diktator Saddam Hussein orderte. Bis 1990 wurden 100 geliefert. Nach einem Rundgang im Museum startet der Firmenshop einen Großangriff auf das Reisebudget.

Loc. San Zeno, Straße E 5 | Mo. 14–18, Di.–Fr. 9–18, Sa. 9–13 Uhr, 2. und 3. Aug.-Woche geschl. | Eintritt frei | www.unoaerre.it

Heidnisches Treiben

Santa Maria delle Grazie

Am Ort der spätgotischen Wallfahrtskirche, 2 km von Arezzo, stand ein antikes Quellheiligtum, das einst Apollo geweiht war und noch im Spätmittelalter für sein Heilwasser berühmt war. Der hl. Bernhardin von Siena suchte das heidnische Treiben 1425 durch Zerstörung zu beenden, doch erst 1428 gelang ihm dies. 1444 war die neue Kapelle fertig. Parri di Spinello, Sohn Spinello Aretinos, malte die Schutzmantelmadonna (Madonna delle Grazie, 1431). Sie ist heute in einen prächtigen Marmoraltar (1487 – 1493) von Andrea della Robbia eingefügt.

CARRARA · MASSA

Höhe: 80 m ü. d. M. | **Einwohnerzahl:** 62 900 (Carrara), 69 400 (Massa)

Weiß bis hellgelb schimmert er, der feinkörnige Marmor aus Carrara, den einst Michelangelo zu Weltruhm verhalf. Der Renaissancekünstler veredelte ihn zu solch Meisterwerken wie seinen »David« oder die »Pieta«. Doch das »weiße Gold« ist nicht der einzige Schatz der Region, die auch eine herrliche Küste und die blühende Erde (»terra florida«) besitzt, auf der bester Wein, Getreide und Oliven gedeihen.

Es muss nicht immer Marmor sein – Kunst im öffentlichen Raum von Carrara.

Alles Marmor!

Gleichwohl dreht sich in Carrara und Massa seit Menschengedenken alles um den »candido marmo«, was sich schon in Carraras Namen widerspiegelt – das keltische Wort »kair« bedeutet Stein. Bis heute hat sich daran nichts geändert, wie unschwer schon bei der Anreise zu erkennen ist: Riesige Marmorblöcke säumen die Autostrada 12, während im Sonnenlicht glitzernde Marmorsteinbrüche wie weiße Narben die Landschaft der Versilia in der Ferne durchschneiden. Die Botschaft ist unmissverständlich – Carrara und Massa sind die beiden Hauptstädte der italienischen Marmorproduktion.
Auch sonst vereint die beiden Städte eine oft gemeinsame Geschichte. Im 15.–18. Jh. waren sie wie das Hinterland der Lunigiana im Besitz der Familie Malaspina, Mussolini verschmolz sie gar 1929 bis 1945 zur neuen Stadt »Apuania«. Umso größer ist der Lokalpatriotismus: Stolz sind die Carrarini, Carraras Einwohner, schon auf ihr Stadtwappen: Das Rad mit acht Speichen und der Wahlspruch »For-

CARRARA UND MASSA ERLEBEN

MASSA
Lungomare Vespucci 24
Tel. 0585 24 00 63
www.aptmassacarrara.it

CARRARA MARBLE WEEKS
Publikumsrenner während der jährlichen »Marmorwochen« (Ende Juni bis Mitte Sept.; www.marbleweeks.it) sind die vielen Marmorwerkstätten, -läden und -ausstellungen.

RISTORANTE VENANZIO €€–€€€
Alessio Lucchetti und Roberto Ferlini setzen die Rezepte des berühmten Venanzio Vannucci um und servieren variantenreich den schneeweißen Lardo (Speck). Besonders gut sind Filetto al lardo in der Salsa di Chianti oder die Hausspezialität Crespelle ai fiori di zucca.
Località Colonnata, Piazza Palestro 3, Tel. 0585 75 80 33
www.ristorantevenanzio.com
Sept.–Juli Do. und So. abends sowie 20. Dez.–Ende Jan. geschl.

OSTERIA DEL BORGO €€
In der Osteria del Borgo werden in familiärer Atmosphäre traditionelle Gerichte serviert, z. B. Maialino di latte al forno (Milchschwein aus dem Ofen).
Via Beatrice 17/19, Massa,
Tel. 0585 81 06 80, Di. sowie 2 Wochen im Sept. und Feb. geschl.

HOTEL VILLA MAREMONTI €€€€
Sehr gepflegtes Hotel in einer Villa aus dem 19. Jh. mit bezauberndem Garten und Pool. Die Zimmer nach hinten sind ruhig, nach vorne hat man eine Terrasse und Meerblick.
Viale Lungomare di Levante 51
Massa (Marina dei Ronchi)
Tel. 0585 24 10 08, www.hotelmaremonti.com

In Marmorwerkstätten wie den bereits 1835 gegründeten Studi Nicoli rücken Skulpteure den Marmorblöcken zu Leibe.

titudo mea in rota« (»Meine Kraft steckt im Rad«) steht für den lange Zeit gefährlichen Marmortransport aus den Bergen, der in 2000 Jahren viele Opfer forderte. Heute sind sogar die lärmenden, wuchtigen Marmor-LKWs komplett aus Carrara verbannt, sodass sie jetzt recht angenehm zu erkunden ist.

Wohin in Carrara und Umgebung?

Klein, aber fein

Altstadt

Von Carraras ursprünglicher Altstadt hat nur ein kleiner Kern überlebt, größtenteils entstand das heutige Stadtbild nach einem Erdbeben im Jahr 1920. Barocke Palazzi säumen die elegante Piazza Alberica. Einen Steinwurf von hier entfernt liegt der Domplatz, der von den Einheimischen auch »Piazza Drent« (von »dentro«, innerhalb der Stadtmauern) genannt wird. Der Dom **Sant'Andrea** macht dann deutlich, wo man sich befindet: Bereits die Fassade der dreischiffigen Basilika (11.–14. Jh.) im pisanischen Stil besteht aus strahlend weißem Marmor; im unteren Teil ist sie durch frühromanische Blendarkaden gegliedert, oben dominiert die Fensterrose. Im romanischen Inneren fällt dann neben den Kapitellen (überwiegend 12. Jh.) vor allem die Marmorkanzel (16. Jh.) auf. Ihre Treppe wurde aus einem einzigen Marmorblock gehauen. Im rechten Seitenschiff befindet sich das Grab des hl. Ceccardo (15. Jh.), des Schutzpatrons der Stadt.

Die Avantgarde von morgen

ABAC (Accademia di Belle Arti)

Wer die Begegnung mit jungen Künstlern sucht, kann sie hier finden – in der Via Roma im historischen Zentrum, in einem alten Stadtpalast, hat seit 1805 die Kunstakademie ihren Sitz. Gegründet wurde sie 1769 von Maria Theresia Cybo Malaspina. Bedeutendstes Exponat in der Haussammlung ist die Aedicola Fantascritti (3. Jh.), Carraras ältestes Zeugnis für den Marmorabbau. Die Besichtigung ist zu Ferienzeiten möglich (www.accademiacarrara.it).

Marmor einst und heute

Centro Arti Plastiche

Dass Marmor nicht nur in der Renaissance, sondern auch bei Künstlern der Moderne und Gegenwart beliebt war, veranschaulicht das CAP, das Centro Arti Plastiche im Ex-Konvent San Francesco. Es präsentiert u. a. prämierte Werke von den ersten sieben Bildhauerei-Biennalen 1957 bis 1973, Skulpturen der Ausstellung »Disegnare il marmo« (2004) und Ankäufe der 12. Biennale für Bildhauerei 2006. Vertreten sind Arbeiten von Oscar Gallo, Lynn Chadwick, Kennet Armitage, Aldo Mondino, David Tremlett, Yoshin Ogata, Gigi Guadagnucci oder Bizhan Bassiri. Ein Blickfang ist Vittorio Messinas Werk »Finestre in un'ora calda del giorno« (»Fenster in einer heißen Tagesstunde«).
Die perfekte Ergänzung hierzu ist das Städtische Marmormuseum (**Museo Civico del Marmo**), das unter freiem Himmel die Geschichte des Marmorabbaus seit der Antike vermittelt.

Centro Arti Plastiche: Via Canal del Rio | Juni–Mitte Sept. Di.–So. 9–13, 18–21, sonst Di. u. Mi. 9.30–12.30, Do.–So. 9.30–12.30, 15–17 Uhr Uhr | Eintritt: 5 € (mit Museo Civico del Marmo)
Museo Civico del Marmo: Viale XX Settembre | Juni–Mitte Sept. Di.–So. 10–18, sonst Di. u. Mi. 9.30–12.30, Do.–So. 9.30–12.30, 15–17 Uhr | Eintritt: 5 € (mit Centro Arti Plastiche)

Überraschender Badeplatz

Marina di Carrara

Der weltweit größte Marmorumschlagplatz soll auch ein Badeort sein? Der Jachthafen macht es möglich. Er bildet den nötigen Puffer zwischen dem Marmorhafen und den Stabilimenti (Badeanlagen) am breiten Sandstrand.

Im Reich des Marmors

Marmorbrüche

Sie wollen wissen, wo all der Marmor herkommt? Dann genießen Sie das beste Panorama auf Carraras Steinbrüche, das sich Ihnen vom **Campo Cecina** nördlich von Colonnata in 1300 m Höhe offenbart. Deutlich weniger Serpentinen sind es freilich hinauf zu den Steinbrüchen von **Colonnata** auf rund 530 m sowie den **Cave di Fantiscritti** auf 450 m. In Fantiscritti bittet Francesca dell'Amico auf ihrer »Mar-

Mare e Monti – das Meer und die Berge! Nicht nur in Marina di Carrara rückt der Apennin an die toskanische Küste heran.

mo Tour« zur Besichtigung eines 1963 für die Marmorbahn Ferrovia marmifera angelegten Stollens. Im Minibus geht es zum 15 °C kühlen Marmordom, dessen suggestive Atmosphäre schon Weltmarken wie Maserati, Lamborghini oder Fendi für Shows nutzten. Danach präsentiert an der Piazzale Fantascritti das Freilichtmuseum Cava Museo den harten Arbeitsalltag im Marmor.

Cave di Fantiscritti: Piazzale Fantiscitti 84, Miseglia | Buchung Marmo Tour Tel. 339 7 65 74 70 | April, Mai Mo.–Fr. 11–17, Sa., So. 10 bis 18, Juni–Mitte Sept. tgl. 10–18, März, Mitte Sept.–Anf. Nov., Mo. bis Fr. 11–17, Sa., So. 10–17 Uhr | Eintritt: 10 € | www.marmotour.com
Cava Museo: Dez.–März Mo.–Sa. 10.30–13.30, So. 11–17, April–Nov. tgl. 9–19 Uhr | Eintritt frei | www.cavamuseo.com

Weißes Gold – zum Essen!

★ Colonnata

Das hochgelegene Bergarbeiterdorf Colonnata verdankt seine Berühmtheit weniger seinen Steinbrüchen, als vielmehr seinem Lardo di Colonnata. Dessen Herstellung ist ebenso einfach wie zeitintensiv: Schweinespeck landet, aromatisiert mit Pfeffer, Zimt, Gewürznelken, Koriander, Salbei und Rosmarin, in einem zuvor innen mit Knoblauch eingeriebenen Marmorgefäß. Abgedeckt ruht das Ganze – bei mehrmaliger Kontrolle – sechs bis zehn Monate. Voilá – fertig ist die schneeweiße Delikatesse! Und die ist selbstverständlich überall in Läden und Restaurants im Ort zu bekommen.

CARRARA-MARMOR

Aus der Ferne wirken sie wie Schneefelder – die gigantischen weißen Marmorbrüche oberhalb von Carrara, die bis auf 1000 m Höhe in den Gebirgsstock der Apuanischen Alpen hinaufreichen. Kein anderer Naturstein besitzt die Wertschätzung des feinkörnigen weißen Marmors, dessen Name sich vom griechischen »Mármaros« (gebrochener Stein) ableiten lässt.

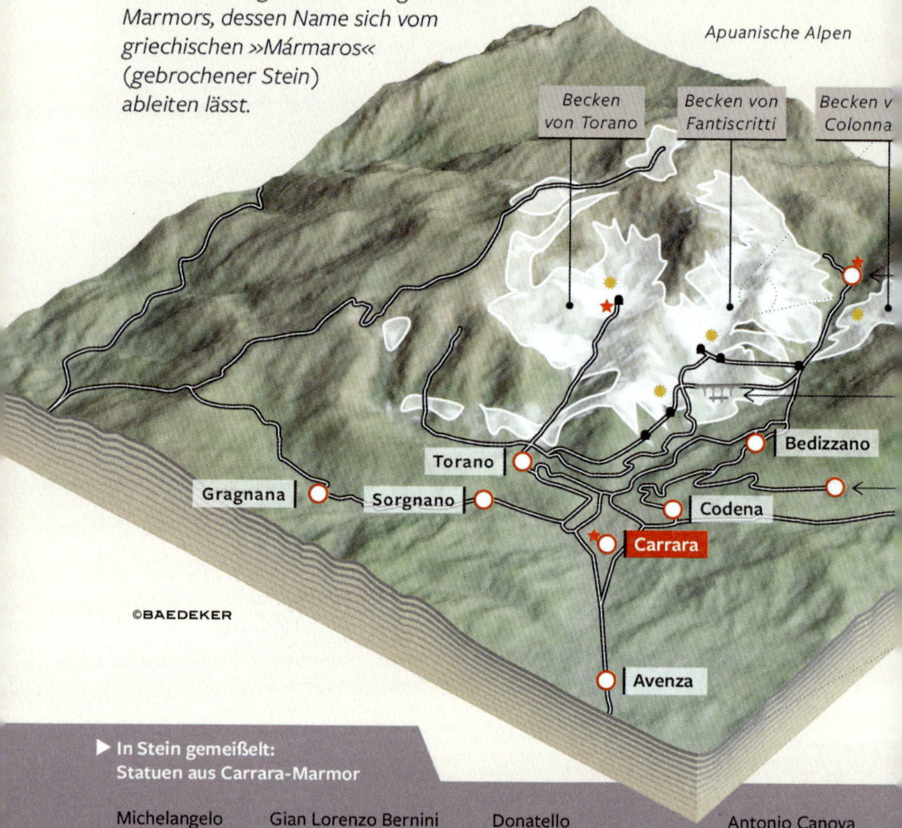

▶ **In Stein gemeißelt: Statuen aus Carrara-Marmor**

Michelangelo
»David«
(1504, Florenz)

Gian Lorenzo Bernini
»Medusa«
(1630er, Rom)

Donatello
»Evangelist Johannes«
(1408 – 1415, Florenz)

Antonio Canova
»Amor und Psyche«
(1793, Paris)

Transport heute und früher

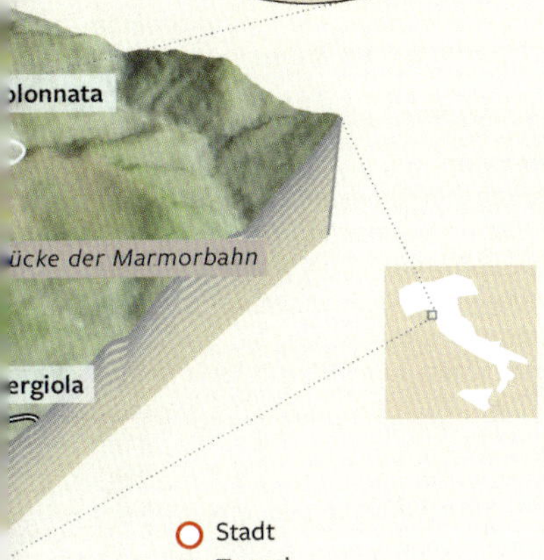

Stadt
Tunnel
historischer Steinbruch
Museum

▶ **Der Steinhauer**
Vor der Industriellen Revolution übten Steinhauer drei Tätigkeiten aus:

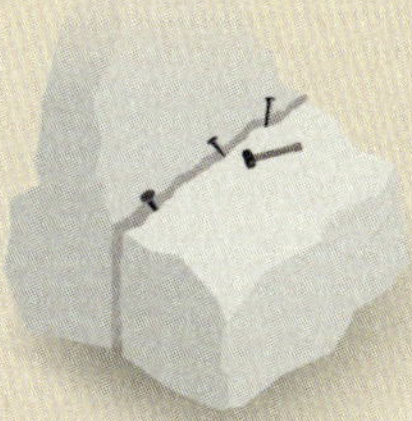

1 **Marmische/ Marmorarii**
... brachen grobe Blöcke aus den Steinwänden.

2 **Quadratarii**
... bearbeiteten die rohen Blöcke mit dem Spitzeisen und brachten sie in rechtwinklige Form.

3 **Sectores serrarii**
... spalteten die Platten.

Heute wird Carrara-Marmor mit Seilsägen und Schrämen aus dem Fels gesägt. Der Stein in den ca. 150 Brüchen über und unter Tage reicht voraussichtlich noch 300 Jahre.

Hoch hinaus: Bauwerke mit verbautem Carrara-Marmor

Petersdom in Rom (1506–1626)

World Trade Center in New York (1966–1973)

Dom in Florenz (1436 vollendet)

Campanile von Pisa (1173–1370)

Wohin in Massa?

Hier trifft man sich

Piazza Aranci

Wurde Michelangelo tatsächlich hier und nicht in Carrara auf seiner Suche nach dem perfekten Steinblock fündig? Glaubt man den Bewohnern Massas, so ist das »quasi« sicher. Im Herzen der von Alberico I. im 16. Jh. angelegten Altstadt Massa zieren herrliche Orangenbäume die Piazza Aranci, in deren Mitte ein Brunnenobelisk an die Einheit Italiens erinnert. Die Südseite nimmt der prachtvolle Palazzo Cybo-Malaspina (1701) ein.
Weitere Epizentren des Stadtlebens sind die Piazza del Mercurio mit ihren quirligen Marktständen und die 2015 fertiggestellte Piazza Mercatale. Kurios ist auf der kleinen Piazza Bertagnini die nur »Puppona« genannte Brunnenstatue: Aus den Brüsten der Marmordame fließt Wasser. Und über alledem thront die imposante Festung der Malaspina, kurz **La Rocca**.

Großes Werk eines »kleinen Malers«

Duomo

Der spätgotische Dom gefiel den Stadtherren nicht lange, bald wurde er im Renaissance- und Barockstil umgestaltet; 1936 erhielt er seine heutige Fassade aus Carrara-Marmor. Sein größter Schatz liegt aber ohnehin im Innern verborgen: Die Cappella del Santissimo Sacramento, die Grabkapelle der Malaspina rechts vom Altar, birgt ein fragmentarisches Madonnenfresko von Pinturicchio (Ende 15. Jh.s).

Charmantes Seebad

Marina di Massa

Massa mag vielleicht ein wenig im Schatten Carraras stehen, sein Seebad aber ist dank herrlicher alter Paläste und Gärten weitaus charmanter. Nach dem Bad am feinsandigen Strand trifft man sich auf der von zwei Palmenreihen gesäumten Piazza Bad Kissingen. Rund um die Carraramarmor-Skulptur »Le vele« (Die Segel) haben Sie hier Meer und Apuanische Alpen gleichzeitig im Blick, abends ist der Platz in filmreifes Licht getaucht. An der von Liberty-Villen und Läden flankierten Piazza Betti geben sich derweil Badenixen und Sonnenanbeter ein Stelldichein.

★ Ausflug in die Lunigiana

Erholung in freier Natur verspricht das einst von den Burgen der Markgrafen Malaspina beherrschte Gebiet der Lunigiana, das sich vom Tyrrhenischen Meer bis zu den Ausläufern des Apennin im äußersten Nordwesten der Toskana erstreckt. Im Tal des Flusses Magra und seinen Seitentälern lockt aber auch manch museale Überraschung.

Vorhang auf, Spot an – die Sonne setzt Fosdinovo ins rechte Licht.

Kurioses Museum, mächtige Burg

Fosdinovo

Schon von außen ist die über und über mit Motorrädern »geschmückte« Pizzeria/Museo Il Selvatico ein Unikum. Bei Diego Stagnari ordert man eine der 40 preiswerten Pizze oder Focacce und bestaunt im Museum das Sammelsurium mit Vespa-Rollern, Moto Guzzis, altem Werkzeug und historischen Radios.
Auf dem Monte Grosso ließen die Malaspina die Festungsanlage aus dem Frühmittelalter im 13. Jh. zur besseren Straßenkontrolle verstärken. Für die zinnenbewehrten Türme des **Castello Malaspina** sorgte ab 1340 der Söldnerführer Spinetta Malaspina. Das Castello ist Museum und Kulturzentrum für Tanz-, Theater- und Schreibworkshops. Das günstige B & B bietet sieben stilvoll eingerichtete Zimmer.

Il Selvatico: Via Fravizzola 3 | Mi. – So. 18 – 23 Uhr
www.ilselvatico.net

Castello Malaspina: Via Papiriana 2 | Führungen: Mai – Sept. Mi. – Mo. 11, 12, 16, 17, 18, Okt. – April Sa. 15, 16, 17, So. 11, 12, 15, 16, 17 Uhr | Eintritt: 8 € | www.castellodifosdinovo.it

Strategisch positioniert

Aulla, Fortezza della Brunella

Die mächtige Brunella-Burg von Aulla ca. 15 km nördlich bewacht den Zusammenfluss von Aulla und Magra. Der Ende des 13. Jh.s begonnene Festungsbau wurde Anfang des 16. Jh.s erweitert. Lohnend ist das Museum der Naturgeschichte der Lunigiana, der angrenzende Park lädt zu Spaziergängen ein.

März – Mai, Okt. Di. – So. 9 – 12, 15 – 18, Juni – Sept. bis 19, Nov. – Feb. bis 17 Uhr | Eintritt: 3,50 €

Geoarchäologische Zeitreise

★ Equi Terme

Lassen Sie sich durch Tropfsteinhöhlen (50 Min.) und zu Karstquellen führen, erkunden Sie botanische Wege und bewundern Sie die Funde aus der Altsteinzeit wie den Schädel eines Höhlenbären. Der **Geo-Archeo-Park »Grotte di Equi«** in dem für seine Schwefelheilquelle bekannten Kurort Equi Terme ist das attraktivste Ziel der Lunigiana.

Via Buca 9, Equi Terme (Fivizzano) | Juli–Aug. Mo.–Fr. 10.30–12.30, 14.30–18, Sa., So. 10.30–18, sonst eingeschränkte Öffnungszeiten | geführte Touren, Aktivitäten: ab 9 € | www.grottediequi.it

Verträumtes Dörflein mit Festung

Villafranca

In Villafranca dominiert das Castello di Malgrate mit dem mittelalterlichen Hauptturm. Es ist dank vieler Freiwilliger temporär geöffnet und kann auch während zahlreicher Events im Jahreslauf besucht werden. Eine ehemalige Mühle beheimatet das **Museo Etnografico der Lunigiana**, das sich dem Kunsthandwerk der Region widmet.

Castello di Malgrate: Juli Mo.–Fr. 9–13, Sa., So. 9.30–12.30, 15–18, Aug. tgl. 9–13, 15–18, Sept., Okt. Sa., So. 10–13, 15–18 Uhr | Eintritt: 4 €

Museo Etnografico: Via dei Mulini 71 | Do.–Sa. 9.30–12.30 Uhr | Eintritt: 3 €

Mystische Kunst aus vergangenen Zeiten

★ Pontremoli

Fast schon modern muten sie an, dabei werden sie in die Zeit von 3500–500 v. Chr. datiert: Die 60 eindrucksvoll illuminierten monolithischen Stelen im 2015 wunderbar neu gestalteten **Museo delle**

Statue-Stele Lunigianesi im Castello del Piagnaro (15. – 17. Jh.) stammen aus der Lunigiana und repräsentieren weibliche und männliche Figuren wie die einst verehrte mediterrane Muttergöttin sowie vergöttlichte lokale Helden oder Stammesführer. Das Städtchen Pontremoli selbst ist ein sympathischer alter wie neuer Stützpunkt an der alten Pilgerroute der Via Francigena und das Zentrum der Lunigiana.
Juni, Juli, Sept. tgl. 10 – 18.30, Aug. 10 – 19.30, Okt. – Mai Di. – So. 9.30 – 17.30 Uhr | Eintritt: 7 € | www.statuestele.org

CASENTINO

Provinz: Arezzo (AR) | **Fläche:** 826,5 km² |
Höhe: 425 – 1658 m ü. d. M. | **Einwohnerzahl:** 48 900

Klöster und Einsiedeleien, Berge und Burgen, Almen, Wälder und großartige, recht unberührte Natur – im Casentino lässt man schnell die Betriebsamkeit der viel besuchten Topziele in der Toskana hinter sich. Vielleicht auch deshalb flüchten selbst Aretiner oder Florentiner gerne in den riesigen Nationalpark Foreste Casentinesi, wandern in der Berglandschaft zum berühmten Kloster La Verna und genießen einfach die wunderbare, oft meditative Stille.

Wunderbar wandern und pilgern lässt sich im Casentino beispielsweise auf dem Franziskusweg, der auch am Kloster La Verna vorbeiführt.

Bergidyll mit kulturellem Mehrwert

Obschon Bibbiena und vor allem Poppi, eine der schönsten Kleinstädte Italiens, viel Reizvolles bieten, liegen die bedeutendsten Besucherziele des Casentino hoch in den Bergen. Die mittelalterlichen Klostergründer von La Verna, Camaldoli oder Badia Prataglia wussten, warum sie sich abseits von weltlichen Zwängen in die Einsamkeit zurückzogen. Dabei war der Talgrund aber auch lange Zeit heftig umkämpftes Grenzgebiet. Allein 60 Burgen der Conti guidi und der Ubaldini, heute vielfach Ruinen, hatten die Zone geschützt, ehe Florenz ab dem 14. Jh. für Beruhigung sorgte. Die anschließend größtenteils den Mönchen überlassene Region fiel in einen Dornröschenschlaf. Aus dem erwachte der Casentino auch dank mehrerer Fernwander- und Radwege wie dem Cammino di Assisi (www.camminodiassisi.it) und der Via di Francesco (www.viadifrancesco.it). Aber die Region bietet nicht nur ausreichend Möglichkeiten zur Kontemplation auf alten Pilgerrouten, sondern auch eine grandiose Bergküche und ein bis heute gepflegtes Handwerks- und Manufakturwesen, das dem Casentino u. a. den Ruf als »Valle dei Tessuti« (Tal der Stoffe) einbrachte.

Bibbiena

Bis in das 15. Jh. hinein war Bibbiena ein heißes Pflaster. Die 979 gegründete Kleinstadt (12 300 Einw.) – zuvor gab es hier eine etruskische Siedlung – war aufgrund ihrer Lage zwischen dem guelfischen Florenz und dem ghibellinischen Arezzo schwer umkämpft. Die Schicksalswaage für Bibbiena und den gesamten Casentino neigte sich nach der Schlacht von Campaldino 1289 gen Florenz: Bibbiena wurde acht lange Tage geplündert. Bei der Schlacht kämpfte auch der Dichterfürst Dante Alighieri als »Feditore«, als leichtbewaffneter Reiter.

Typisches Bergstädtchen

Altstadt

Bibbiena bietet keine Sensationen, aber ein geschlossenes Altstadtbild, in dem Souvenirgeschäfte eher unterrepräsentiert sind. Lebhaft geht es an der Piazza Tarlati mit Uhrturm und Palazzo Vecchietti Poltri zu. Und mit gewissem Stolz verweisen die Einheimischen auf ihr 1842 gebautes Teatro Dovizi in der Via Rosa Scoti Franceschi 21. Die 100 Plätze füllt die Theatergruppe NATA um Livio Valenti mühelos mit ihrem erfolgreichen Programm.

Schätze einer untergegangenen Zivilisation

★ Museo Archeologico del Casentino

In den Jahren 1838/39 bargen Hobbyarchäologen östlich der Arnoquelle am Monte Falterona rund 600 Bronzefiguren aus einem kleinen See, der seitdem als Lago degli Idoli bekannt ist. Doch schon bald verschwanden die Votivgaben, die vor rund 2600 Jahren tiefgläubige Etruskerinnen versenkt hatten, auf Nimmerwiedersehen. Einige sind im

CASENTINO ERLEBEN

CONSORZIO CASENTINO SVILUPPO E TURISMO

Das lokale Tourismusbüro vermittelt den Geist des Casentino mit Rundwegvorschlägen für Radler, Wanderer und Motorisierte.
Via Roma 203, Ponte a Poppi
Tel. 0575 52 05 11
www.uc.casentino.toscana.it

IL TIRABUSCIÓ €€

Ein ausgezeichnetes Restaurant, dessen 160 Weine dem Tirabusció (Korkenzieher) alle Ehre machen. Albertos Küche richtet sich immer nach der Saison. Unser Tipp: Prosciutto vom grauen Casentino-Schwein oder Tortelli aus roten Kartoffeln.
Via Rosa Scoti 12, Bibbiena
Tel. 0575 59 54 74
www.tirabuscio.it,
Mo. mittags und Di. geschl.

ALBERGO SAN LORENZO €–€€

Interessante Unterkunft für Kunstliebhaber: An den Wänden des Art-Hotels hängen Werke von A.R. Penck, Jean-Yves Klein und diversen anderen, teilweise namhaften Künstlern. Die romanische Kirche San Lorenzo dient als Galerie und Seminarraum. Die zehn Zimmer sind einfach, aber geschmackvoll ausgestattet. Mit Garten und Wellnessangebot.
Piazza Jacopo Bordoni 2, Poppi
Tel. 0575 52 01 76
www.poppi-sanlorenzo.com

Louvre, im British Museum und in Sankt Petersburgs Ermitage ausgestellt. Dank einer neuerlichen Grabungskampagne 2003–2007 besitzt Bibbiena nun aber den größten Schatz aus dem Heiligtum. Im Palazzo Niccolini präsentieren die schick ausgeleuchteten Glasvitrinen diese und andere Funde von der Steinzeit bis zum Untergang des Römischen Reichs. Großartig sind auch die etruskischen Tempelreste aus Socana.
Via Berni 21 | Juli, Aug. Di., Mi. 9.30–13, Do.–So. 9.30–13, 15–19, Mai, Juni, Sept. Mi.–Do. 9.30–13, Fr. 9.30–13, 16–19, Sa., So. 10–13, 16–19, Okt.–April Mi.–Fr. 9.30–12.30, Sa., So. 10–12.30, 15.30–18 Uhr | Eintritt: 3 € | www.arcamuseocasentino.it

★★ Kloster La Verna

Kühn, ja einem Schwalbennest gleich klebt das im 14. Jh. begonnene Kloster am Südwesthang des Monte Penna. Bereits die Anfahrt zum Kloster ist ein Erlebnis, wie auf einer Achterbahn schlängeln sich die Serpentinen bis zum Parkplatz des Heiligtums hinauf – nur wer sich für eine Klosterübernachtung entscheidet, darf übrigens bis an die Rezeption vorfahren, schließlich soll das Klappern von Rollkoffern auf dem 400 m langen Weg vom Parkplatz zum Kloster vermieden werden. Spektakulär ist auch dessen Entstehungsgeschichte, der La Verna seinen bis heute geltenden Ruf als eine der wichtigsten Wallfahrtsstätten Italiens verdankt: Graf Orlando Cattini schenkte 1213 den Bettelmönchen um den bereits 1228 heiliggesprochenen Franz von Assisi (1181/82–1226) den Berg La Verna, wo eine Bruderschaft des Ordens in Hütten lebte. Am Ende seines Lebens zog sich auch Franziskus selbst in die Einsiedelei zurück, wo er am 17. September 1224 die Wundmale Christi erhalten haben soll. An diesem Tag und am 4. Oktober, dem Gedenktag des Heiligen, schwärmen die Pilger herbei.

Ein Ort voller Wunder

Klosteranlage

Der Bau der großen **Chiesa Maggiore** mit den eindrucksvollen Terrakotten von Andrea della Robbia zog sich von 1348 bis ins 16. Jh.; den Grundstein für die sich anschließende Kirche **Santa Maria degli Angeli** hatte bereits 1216 noch Franziskus eigenhändig gelegt. Der mit Fresken zum Leben des hl. Franziskus ausgeschmückte »Gang der Stigmata« führt zur 1263 erbauten **Cappella delle Stimmate** (Kapelle der Wundmale). Auf halbem Weg führt eine Tür in einen Felsspalt; hier hatte sich der hl. Franziskus in einer aus großen Felsblöcken gebildeten Höhle eine spartanische Schlafstatt eingerichtet. In der Stimmate-Kapelle selbst bezeichnet eine Marmoreinfassung den Ort des Wunders der Stigmatisation. Die ursprünglichen Fresken mussten der Altarwand von Andrea della Robbia (1481) weichen.
Aus der Kreuzkapelle, die vor der Stigmatakapelle liegt, führt schließlich ein schmaler, gesicherter Weg um den Steilfelsen zum grandiosen **Aussichtspunkt** über das Casentino. Am suggestivsten ist aber die abendliche Stille auf der Piazzetta vor der Chiesa Maggiore.
Die beste Aussicht auf La Verna selbst hat man übrigens schon am Ortseingang des schmucken, dank Bars, Restaurants und Hotels florierenden **Chiusi della Verna**. Das 2050 Einw. zählende Dorf hat zudem noch eine echte Rarität zu bieten: die 1937 vom Bildhauer Giuseppe Gronchi gefertigte Fontana Campari. Nur zwölf dieser Travertin-Werbebrunnen im Art-déco-Stil gab der Aperitif-Hersteller in Auftrag! Wer nun aber erwartet, dass der knallrote Bitterlikör aus dem Brunnen sprudelt, wird enttäuscht werden.

Sanktuarium: tgl. 6.30–19.30, Sommer bis 22 Uhr
Cappella delle Stimmate: tgl. 8–17, Sommer bis 19 Uhr
Museum: Juli und Aug. tgl. 10–12.30, 13–16, Sept.–Juni Sa., So. 10–12, 13–16 Uhr | www.laverna.it

Hier stand Michelangelos Kinderbett

Caprese Michelangelo

Slow is beautiful – entdecken Sie die Langsamkeit! Denn die zerklüftete Landschaft auf dem Weg von Chiusi della Verna ins vergessene Bergdörfchen (1400 Einw.) ist jeden Zwischenstopp wert. Dort an-

Noch heute oft ein Ort der Stille – das Kloster La Verna

gekommen, geraten dann vor allem Kunstbegeisterte in Entzückung. Der Grund hierfür ist eine erst 1875 entdeckte Abschrift eines alten Dokuments: Die Geburtsurkunde, die Vater Ludovico anfertigte, stellt sicher, dass Michelangelo Buonarroti hier am 6. März 1475 das Licht der Welt erblickte. Auf Capreses Rocca widmet sich das **Museo Michelangiolesco** dem Genie in mehreren Häusern: Der eher schlichte »Palazzo« del Podestà gilt als Geburtshaus, weil Vater Ludovico Bürgermeister von Caprese war und wie alle Würdenträger nach ihm wohl hier wohnte. Die Möbel sind daher nicht mehr original, aber ein Dokumentarfilm zum Leben des Künstlers und Fotoreproduktionen von Dokumenten und Fresken Michelangelos versöhnen. Im Palazzo Clusini verkaufen freundliche junge Dorfdamen, eingerahmt von Drucken mit Szenen aus der Sixtinischen Kapelle, die Eintrittskarten. Ein großartiges Erlebnis sind hier im Saal des Corte Alta die 15 Gipskopien von Michelangelos Skulpturen. Hinzu kommt die Sammlung italienischer Kleinskulpturen des 19. Jahrhunderts. Draußen spaziert man dann im Skulpturengarten des 20. Jahrhunderts: In dem Freilichtmuseum zeigen 98 Bildhauer ihre Werke auch als Hommage an Michelangelo. Einen besseren Ort für ein Picknick mit weitem Blick ins Land lässt sich kaum finden.

1.4. - 1.11. tgl. 9.30 - 13, 15 - 18.30, Nov. - Ende März Sa., So. 10 - 13, 15 - 17.30 Uhr (Weihnachten bis 6.1. tgl. 9.30 - 13, 15 - 18.30 Uhr)
Eintritt: 4 € | www.capresemichelangelo.net/museo.html, www.casanatalemichelangelo.it

Rund um Camaldoli

Mutterhaus des Kamaldulenserordens

Kloster Camaldoli

Durch herrliche Eichen-, Kastanien- und Nadelwälder geht es hinauf zur 830 m hoch gelegenen Gründungsabtei des Kamaldulenserordens. Graf Maldolo d'Arezzo hatte dem hl. Romuald (gest. 1027) und seinen Glaubensbrüdern auf ihrer Suche nach Meditationsplätzen Land überlassen, auf dem ab 1012 das Stammkloster, die Ca(sa di) Maldolo, entstand. Aus ihm erwuchs der Komplex mit Kreuzgang, Konventsgebäuden und Pilgerhospiz (Foresteria), in dem heute bis zu 154 Gäste übernachten können; das Tagesmenü gibt es in den zwei angeschlossenen Refektorien.

Die ab 1509 errichtete Klosterkirche erhielt bis 1775 ihr barockes Antlitz. Giorgio Vasari schuf mehrere Bilder für die Innenausstattung. Einzigartig sind aber vor allem die 30 000 Bände umfassende Bibliothek und die Apotheke (16. Jh.) mit handgeschnitzten Regalen und Laboratorium – und natürlich das grandiose Angebot an Likören, Kräutern und Kosmetika.

Kloster tgl. 8.30 - 12.30, 15 - 19 Uhr, Apotheke bis 18 Uhr
www.camaldoli.it

In der Einsamkeit des Casentino führten die Kamaldulensermönche ein zurückgezogenes und gottgefälliges, aber auch karges Leben.

Leben in der Einsamkeit

★ Eremo di Camaldoli

Nur wenig später richtete sich der hl. Romuald mit einigen Mönchen auf 1100 m Höhe in der Einsamkeit ein. So entstand auf dem »lieblichen Feld« der von Wäldern umgebene Eremo di Camaldoli, die Einsiedelei mit Mönchszellen und der Erlöserkirche. Im Inneren der 1658, 1708 und 1714 barock erneuerten Chiesa del Salvatore illustrieren Fresken (17. Jh.) Lebensstationen des hl. Romuald. Von den 20 Mönchszellen, Häuschen in fünf Reihen mit je einer Gartenparzelle, sollen fünf noch vom Ordensgründer stammen. Durch die Foresteria Vecchia geht es zur schlichten Zelle des hl. Romuald mit winziger Kapelle und Studierkämmerchen.

Mo.–Sa. 9–12, 15–18, Winter bis 17 Uhr, So. unregelmäßig geöffnet

Über Poppi nach Vallombrosa

Reizvolles Casentino-Städtchen

★ Poppi

Auch für die stimmungsvollen alten Bogengänge und Plätze im schönsten Ort des Casentino (6400 Einw.) ist viel Zeit der passende Schlüssel zum Kennenlernen. Wer wenig davon hat, sollte zumindest die als »Il Pratellino« (kleine Wiese) bezeichnete Piazza Jacopo Bordoni und

BAEDEKER ÜBERRASCHENDES

6X UNTERSCHÄTZT

Genau hinsehen, nicht dran vorbeigehen, einfach probieren!

1. MEHR ALS EIN FRIEDHOF

Bildungsreisende auf Grand Tour pilgerten in **Pisa** nicht zum Schiefen Turm, sondern zum **Camposanto Monumentale**! Die kaum beachteten Fresken gewähren tiefe Einblicke ins Mittelalter. (► **S. 268**)

2. KAISERLICHER BÄRENHIMMEL

32 weiße Majolika-Schalen zieren die kahle Fassade des **Doms von San Miniato**. Friedrich II. ließ sie als Abbild der Sternbilder Großer und Kleiner Bär vermauern. Im Giebel darüber weist der Polarstern ins Paradies. (► **S. 309**)

3. HISTORISCH URBAN

Volterra zu voll, Siena zu stressig? Kein Parkplatz in San Gimignano? Wie wäre es dann mit einen Abstecher ins wunderbar erhaltene historische Zentrum der **Oberstadt von Colle Val d'Elsa**? (► **S. 107**)

4. NICHT NUR MICHELANGELO

In **Caprese Michelangelo** wurde am 6. März 1475 das Genie Michelangelo geboren. Doch das Felsbauten-Ensemble im Casentino-Dorf bietet mehr. Im Museum und unter freiem Himmel ist italienische Bildhauerkunst des 19. und 20. Jh.s versammelt! (► **S. 80**)

5. IM SCHATTEN VON LEONARDO & CO.

Die kleine, aber feine Ausstellung in **Castelfiorentino** beleuchtet Leben und Werk von Benozzo Gozzoli, einem kaum bekannten Meister der Renaissance-Malerei. (► **S. 89**)

6. MUSTERBURG

Poppis Burg der Grafen Guidi wartet mit der Ausstellung zum Freidenker Tommaso Crudeli (1702 – 1745) auf. Der Treff ist aber eine alte Kirche mit der Galerie San Lorenzo, in der Sabine Weinz moderne Kunst zeigt. (► **S. 85**)

dort die Galerie San Lorenzo in der romanischen Kirche besichtigen. Am trutzigen **Castello dei Conti Guidi** (13. Jh.) verwöhnt erst einmal die Aussicht auf die Hügel des Casentino. Angeblich erbaute es Arnolfo di Cambio (1240–1300/1310), der später auch den Palazzo Vecchio in Florenz entwarf – Ähnlichkeiten sind durchaus vorhanden. In der Burg selbst ist erneut die Schlacht von Campaldino 1289 mit einer Ausstellung präsent. Das Gefängnisverlies wurde anhand eines Dokuments von 1233 neu gestaltet. Die Fresken in der Burgkapelle (14. Jh.) schuf vermutlich Taddeo Gaddi. Die Bibliothek besitzt kostbare Inkunabeln und Handschriften. Und dann ist da noch die Ausstellung »Affaire Crudeli & Human Rights« über den in Poppi (15. Jh.) geborenen Dichter und Anwalt Tommaso Crudeli (1702 - 1745). Crudeli starb in Poppi an den Torturen der Gefangenschaft während seines Inquisitionsprozesses und gilt als erster Märtyrer der Freimaurerbewegung. Sein Beschwerdebrief an den Großherzog führte später zur endgültigen Schließung des Inquisitionstribunals in Florenz.
Schließlich hat Poppi etwas für Groß und Klein: Auf dem schattigen Rundkurs (2 km) des 50 ha großen **Parco Zoo** ist Europas Fauna vereint: Büffel, Wildschwein, Luchs, Fuchs, Esel und Wolf.

Kastell: tgl. 10 - 19.30 Uhr, Nov. - Mitte März nur Do. - So.
Eintritt: 5 € | www.castellodipoppi.it
Zoo: tgl. 10 – 19 Uhr | Eintritt: 8 € | www.parcozoopoppi.it

Zentrum der Wollproduktion

Stia

Wie einträglich einst das Gewerbe der Wollweber war, veranschaulicht das **Museo dell'Arte della Lana** in Stias alter Wollmanufaktur. Und natürlich wird hier auch der Panno Casentino ins rechte Licht gerückt, jener besondere Wollstoff, der in Stia bis heute auf traditionelle Weise hergestellt wird.
Moderne und zeitgenössische Kunst aus der Toskana und Italien zeigt das Museum im **Palagio Fiorentino**.

Museo dell' Arte della Lana: Via G. Sertori 2 | Di., Do., Fr. 10 - 13, Do., So. 10 - 13, 16 - 19 (1.10. - 31.5. 10 - 13, 15 - 18), Sa. 16 - 19 (1.10. - 31.5. 15 - 18) Uhr | Eintritt: 5 € | www.museodellalana.it
Museum im Palagio Fiorentino: Via Vittorio Veneto 35 | Juni - Sept. Sa., So. 16 - 19 Uhr und n. V. (Tel. 0575 50 38 85) | Eintritt: 1,50 €

Eigenwillige Turmuhr

San Niccoló

Ab Poppi führt eine Talstraße nach San Niccoló (2000 Einw.), wo man Tannen züchtet, die als Weihnachtsbäume in toskanischen Wohnzimmern landen. Sonderbar geht es am Kastellturm zu: Gleich viermal täglich umrundet der Stundenzeiger – einen für die Minuten gibt es erst gar nicht – die beiden weithin sichtbaren Zifferblätter der Uhr. Diese haben folglich nur sechs Stunden, dargestellt mit römischen Ziffern.

Mutterhaus der Vallombrosaner

★ Vallombrosa

Weiter talwärts in den Wäldern am Monte Secchieta suchten und fanden zwei Einsiedlermönche die Einsamkeit. Ihnen schloss sich 1028 der Florentiner Adlige Giovanni Gualberto de Visdomi an, der wenig später im Valle Ombrosa eine Kapelle errichtete. 1038 gründete Gualberto den 1055 anerkannten Orden der Vallombrosaner, 1193 wurde er heiliggesprochen. Der Klosterbesitz wuchs, im 15. Jh. avancierten die Äbte zu Markgrafen, die im nun wehrhaften Kloster Ende des 16. Jh.s den Kreuzgang und die Klosterbibliothek bauten. Kein anderer als Galileo Galilei war hier kurz Novize und erhielt astronomischen Unterricht! In der romanischen Abteikirche erzählen Fresken und Gemälde Lebensepisoden des Ordensgründers, die Giovanni-Gualberto-Kapelle birgt einen Schrein mit einer Armreliquie des Heiligen. Unbedingt zu empfehlen sind Likör, Wein, Propolis, Schokolade und Kosmetik aus der Klosterapotheke. Im Sommer finden u. a. Orgelkonzerte (Eintritt frei) statt.

Apotheke: tgl. 6 – 12, 15 – 19, Winter 9 – 12, 15 – 18 Uhr
www.evallombrosa.it

Meisterwerk der Frührenaissance

Reggello

Reggello lohnt nicht nur wegen des Outlet-Centers im Ortsteil Lecco einen Abstecher. Kunstfreunde zieht es in die romanische Kirche **San Pietro a Cascia** mit einem Kruzifix aus dem 15. Jahrhundert. Vor allem aber bestaunen sie im **Museum für sakrale Kunst »Masaccio«** das Triptychon aus San Giovenale (St. Juvenal), das Masaccio, der Mitbegründer der Frührenaissance-Malerei, 1422 schuf.

Museo Masaccio: Via Casaromolo 2a, Loc. Cascia
Di., Do. 15 – 19.30, Sa., So. 10 – 12.30, 15.30 – 19.30 Uhr | Eintritt: 5 €
www.museomasaccio.it

CERTALDO

Provinz: Florenz/Firenze (FI) | **Höhe:** 67 – 130 m ü. d. M. | **Einwohnerzahl:** 16 100

Dass Großdichter Giovanni Boccaccio auch Fernweh und modernes Reisefieber anfachte, erfährt man in Certaldo Alto, der charmanten Oberstadt des von Feldern und Olivenhainen umzingelten Städtchens Certaldo. Der geschäftige Nachbarort Castelfiorentino stiftete hingegen einem der größten Renaissancemaler, dem lange unterschätzten Benozzo Gozzoli, ein museales Gesamtkunstwerk.

CERTALDO ERLEBEN

PRO LOCO CERTALDO
Via Boccacio 16, Tel. 0571 65 27 30
www.prolococertaldo.it

Rappelvoll wird es in dem kleinen Städtchen alljährlich in der 3. Juliwoche. Dann steht in Certaldo die »Mercantia« an, eine Mischung aus Theater- und Musikfestival und Mittelaltermarkt, für die die alten Gemäuer des Ortes eine wunderbare Kulisse bilden (www.mercantia certaldo.it).

OSTERIA DEL VICARIO €€€€
In dem ehemaligen Kloster verführt das junge Team mit Orangen-Fenchel-Salat, Kaninchenfilet mit Mandeln und Zwiebeln, Linguine mit Artischocken oder Kartoffel-Ravioli mit Trüffelfüllung. Bezaubernd ist die überdachte Terrasse, von der sich ein schöner Blick über die Hügel bietet. Man kann auch übernachten: in vier schönen Zimmern, einst Mönchszellen, heute mit Renaissancebetten.
Via Rivellino 3, Tel. 0571 66 78 09
www.osteriadelvicario.com

Wer die Oberstadt wortwörtlich erfühlen will, wählt den steilen Treppenweg, der hinauf ins mittelalterliche Festungsdorf oberhalb der Neustadt führt. Weniger strapaziös ist die Fahrt mit der Standseilbahn, die alle 15 Minuten die Piazza Boccaccio in der Unterstadt mit der Porta Alberti in der Oberstadt verbindet. Deren geschlossener, weitgehend intakter Mauerring ragt aus dem Hügelland hervor und verleiht zusammen mit dem roten Ziegelstein, aus dem alle Häuser gebaut sind, Certaldo Alto einen beeindruckend einheitlichen, aber eben auch festungsartigen Charakter.

Dorf? Festung? Beides!

Wohin in Certaldo Alto?

Erhabene Gefühle ...

Casa del Boccaccio

... gehören beim Besuch des Boccaccio-Hauses zweifelsohne dazu, sie stellen sich beim Anblick der Reproduktionen von Boccaccio-Porträts und spätestens beim Panoramablick vom Turm ein. Fast noch spannender sind aber Lucia Cristianis ausgestellten Theaterkostüme zu den Frauenfiguren in Boccaccios »Dekameron«. Famos ist auch die Abteilung »Boccacio Geografo« in der Bibliothek. Mit dem eng befreundeten Petrarca gilt Boccaccio (1313–1375) dank seines »Tractatus Geographicus« zugleich als Wegbereiter der modernen Geografie. Er lud Navigatoren und Seefahrer ins Haus, entfaltete mit ihnen das Weltbild seiner Zeit – und weckte Reise- und Entdeckerlust!
Die mutmaßlich letzte Ruhestätte des Dichterfürsten befindet sich in der Klosterkirche **Santi Jacopo e Filippo**, vier von Boccaccios verfass-

te Verse zieren das Grabmal. Die letzte Zeile fasst sein Leben zusammen: »Studium fuit alma poesis – Mein Eifer war die edle Poesie«. Oder waren es doch eher die Damen, wie seine Poesie vermuten lässt?
Im angeschlossenen Augustinerkonvent (15. Jh.) präsentiert das **Museo del Arte Sacra** in sieben Sälen Altartafeln und kostbare sakrale Goldschmiedekunst (Mitte des 15. Jh.s).

April – Okt. tgl. 9.30 – 13.30, 14.30 – 19, Nov. – März Mi. – Mo. bis 16.30 Uhr | Eintritt 4 €, mit Museum 6 € | www.casaboccaccio.it

Mittelalterlicher Justizpalast

Palazzo Pretorio

Der reiche Wappenschmuck der Fassade des Palastes zeugt von der Bedeutung des mittelalterlichen Backsteinbaus. Wo ursprünglich die Grafen Alberti residierten, zog ab 1530 die Justiz ein; von der vorderen Loggia wurden Gerichtsurteile und neue Gesetze verkündet. Im hübschen Innenhof und den Prunkgemächern sind entsprechend prunkvolle Fresken zu entdecken, so z. B. »Der ungläubige Thomas« (1490), vermutlich von Benozzo Gozzoli. Eher unfreiwillig betätigten sich die »Künstler« in den alten Gefängniszellen des Palazzo, in denen noch die eingeritzten Zeichen der Insassen zu se-

Über den Dächern von Certaldo: In der Abendsonne leuchten die alten Gemäuer der Oberstadt intensiv rot.

hen sind. Vom Turm bietet sich ein schöner Rundumblick auf die Hügellandschaft.
Durch ein mit moderner Kunst attraktiv gestaltetes Gärtchen geht es in die angeschlossene Palastkirche **Santi Tommaso e Prospero**, wo großartige, 1957 aus dem »Tabernakel der Verurteilten« gerettete Fresken von Benozzo Gozzoli (ca. 1460) ausgestellt sind. Das Tabernakel stand an der Via Francigena, außerhalb der Stadtmauern am Fluss Agliena. Dort hörten die bedauernswerten Todeskandidaten ihre letzte Predigt – und sahen dazu dies Bildprogramm, samt Kreuzigung!

Rund um Certaldo

Unbekannte Meisterwerke der Frührenaissance

Castelfiorentino

Kunst muss nicht erschlagen – weniger ist mehr! Dieses Motto gilt im großartigen **MBEGO (Museo Benozzo Gozzoli)**, der Hauptattraktion des Landstädtchens Castelfiorentino (17 950 Einw.). Dieses widmet sich dem größten Künstler im Valdelsa, Benozzo Gozzoli (ca. 1421–1497), mit seinem Freskenzyklus aus dem nahen Oratorium Madonna della Tosse (1484–1490). Zweites Kunstwerk ist ein 1491 von Gozzoli geschaffenes Tabernakel für die Cappella della Visitazione. Ergänzt werden die Meisterwerke durch multimedial aufbereitete Erläuterungen zu Freskentechnik und Rötelzeichnungen.

Via A. Testaferrata 31 | Mo.–Fr. 9–13, Di., Do. 16–19, Sa., So. 10–12, 16–19 Uhr | Eintritt: 3 € | www.museobenozzogozzoli.it

Mittelalterstädtchen

Barberino Val d'Elsa

Auf einen weitgehend unberührten mittelalterlichen Ortskern treffen Besucher dieser Landgemeinde (4400 Einw.) an der Via Regia bzw. am Pilgerweg Via Francigena. Eingerahmt wird sie von den beiden Stadttoren, der Porta Romana und der Porta Firoentina.

★★ CHIANTI

Provinzen: Florenz/Firenze (FI), Siena (SI)

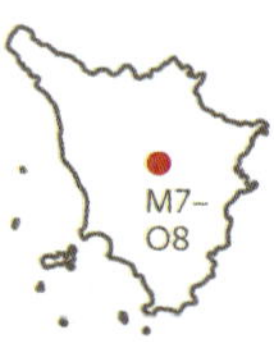

Ein Tag im Chianti, für viele ist er der Inbegriff einer Toskana-Reise. Er startet mit einer Tour durch die sanftgewellte Bilderbuchlandschaft, vorbei an edlen Schlössern, alten Bauernhäusern und knorrigen Olivenbäumen. Willkommene Zwischenstopps sind die Cantine, herrlich kühle Weinkeller, in der weltberühmte edle Tropfen munden. Und als krönender Abschluss wartet eine großartige Landküche auf hungrige Reisende.

Kulturlandschaft im Zeichen des Weines

Das Chianti, ein bettelarmer Landstrich, von der Entvölkerung bedroht? Wer heute durch die Region kurvt – und kurvig sind hier die meisten Straßen –, will das nicht glauben. Bis in die 1960er-Jahre litt das Chianti aber tatsächlich unter wirtschaftlicher Not – erst mit den Touristen kam der Wohlstand. Und bis heute sind diese dem Gebiet, lange Zankapfel zwischen Florenz und Siena, treu geblieben; die Briten haben es als »Chiantishire« gar fast schon »eingemeindet«. Sein durch Olivenhaine, Weingärten und Wälder erworbener Ruf findet in der ganzen Welt Widerhall. Mondäne Weingüter, einfache Gutshöfe und majestätisch thronende Burgen, dazu hübsche Landstädtchen mit verwinkelten Gassen und die geerdete, aber gleichwohl hohe Lebensqualität wissen zu faszinieren. Am besten lernt man all dies auf der 70 km langen Chiantigiana kennen, die die Gegend erschließt. Aber auch abseits dieser Weinstraße ist Grandioses zu entdecken.

BAEDEKER ÜBERRASCHENDES

6X TYPISCH

Dafür fährt man in die Toskana

1. SHOPPING MIT LANDPARTIE

Shoppingvergnügen, Landpartie und Geldsparen – all das lässt sich bei Ausflügen zu **Outlet-Centern** verbinden, in denen preiswerte Haute Couture-Mode und Lederwaren warten. (▶ **S. 440**)

2. TERRE DI PIERO

Einer der wahrhaft größten Maler der Frührenaissance ist Piero della Francesca (ca. 1420 – 1492): Dem reisenden Genie ist eine eigene Tour (www.terredipiero.it) gewidmet, auf der u. a. **Arezzo** und **Sansepolcro** Stationen sind. (▶ **S. 56, 311**)

3. KULINARISCHE GLANZLICHTER

Delikatessen gibt es in der Toskana viele! Doch derart heiß begehrt wie die Trüffeln von **San Miniato** ist kaum eine andere. Bei Gemignani Tartufi können Sie den Zauber wortwörtlich erschnüffeln! (▶ **S. 307**)

4. WEIN, WEIN, WEIN!

Moderne Weintempel huldigen dem Rebensaft. Das Nonplusultra ist das 100 Mio. € **Centro Visite Antinori nel Chianti Classico**, das auch in einem James-Bond-Film eine Bella Figura abgeben würde. (▶ **S. 93**)

5. KUNST, AUCH MODERN!

Natur und Kultur, einträchtig vereint in modernen Kunstparks. Bei **Seggiano** am Monte Amiata darf der Schweizer Daniel Spoerri sein von 54 Künstlern bereichertes Gesamtkunstwerk sogar »Paradiesgarten« nennen. (▶ **S. 233**)

6. SAGENUMWOBENES VOLK

Wo, wenn nicht in der Toskana kann man den alten Etruskern nachspüren? Großartig ist z. B. der archäologische Park von **Populonia** am Golf von Baratti. (▶ **S. 194**)

Der Norden – von Florenz nach Castellina in Chianti

Der Ton macht die Musik

Impruneta

Lehm machte diesen Ort berühmt. Dieser schaffte es – in Form von Dachziegeln – sogar auf die Florentiner Domkuppel, und bis heute hat die traditionsreiche Töpfer- und Terrakottakunst in Impruneta Konjunktur. Unschwer ist dies schon zu erkennen, wenn man sich aus Westen dem bezaubernden, inmitten von Weinbergen liegenden Städtchen nähert: Vor der renommierten Werkstatt von Ugo Poggi an der SP 69 (Via Imprunetana 16, www.poggiugo.it) errichtete der Bildhauer Mauro Staccioli 2009 den überdimensionalen Terrakottaring »Anello Impruneta«, der schnell zum Touristenmagnet avancierte. Impruneta selbst hat das pralle toskanische Leben nicht nur am samstäglichen Wochenmarkt und während des Weinfestes im September im Griff. Auch sonst geht es hier lebhaft zu, wofür vor allem ein steter Strom an Gläubigen sorgt. Diese pilgern zum Sanktuarium

Hotspot für Fleischliebhaber: die Antica Macelleria Falorni in Greve in Chianti

eines wundertätigen Marienbildnisses, das dem Apostel Lukas zugeschrieben wird. Angeblich wurde es einst unter Kiefern (»in prunetis«) versteckt und gab so dem Ort seinen Namen.

Wein trifft Architektur

Bargino

Man mag kaum seinen Augen trauen! Fast schon sakral mutet der 100 Mio. € teure Weintempel der Antinori an, einer der berühmtesten Winzerdynastien im Chianti Classico (am schnellsten zu erreichen über die Schnellstraße Florenz – Siena). Harmonisch fügen sich Linienführung und die rostbraune Gebäudehülle der **Cantina Antinori nel Chianti Classico** in die terrassierte Landschaft bei Bargino ein. Für Museum, moderne Kunst und Führung mit Degustation gehen gut und gern zwei bis drei Stunden ins Land.

April – Okt. tgl. 10 – 18, Nov. – März Mo. – Fr. 10 – 17, Sa., So. bis 16 Uhr | http://antinorichianticlassico.it

Aussichtsreiche Weingüter

Castello Vicchiomaggio

4 km vor Greve thront diese Feste schon seit 987 spektakulär auf dem Hügel. In der restaurierten Villa, heute Weingut mit Degustation, edlem Restaurant und Luxushotel (www.vicchiomaggio.it), fand einst schon Leonardo da Vinci Unterschlupf. Eine Zeichnung des Kastells fand sich in seinem Nachlass.

Recht mühsam ist die teilweise nur geschotterte Auffahrt zur »Weinburg« auf dem Nachbarhügel, belohnt werden Sie am **Castello di Verrazzano** (www.verrazzano.com) jedoch von einer großartigen Aussicht! Es folgt ein Einblick in die Keller des Weinguts. Alle Flaschenetiketten zieren das Konterfei des Nordamerika-Pioniers Giovanni da Verrazzano (ca. 1485 – ca. 1528), der 1524 als erster Europäer New Yorks Keimzelle, die Halbinsel Manhattan, sichtete.

Die Reihe der geschichtsträchtigen Weingüter komplettiert die Renaissance-Villa des **Castello Vignamaggio**, die 1993 Drehort für Kenneth Branaghs Shakespeare-Verfilmung »Viel Lärm um nichts« war. Zu schön, als dass man es nicht glauben möchte, ist die Geschichte, dass Leonardo da Vincis berühmte Mona Lisa wenn hier nicht geboren, so doch häufig gesichtet wurde. Die Fantasie beflügelt auf den Keller- und Gartenführungen der Pomario: Der mit Obstbäumen, Kräutern und Blumen »aromatisierte« Geheimgarten diente einst als Ort intimer Schäferstündchen – ganz wie im Branaghs Film. Heute umfasst das Weingut einen Luxus-Agriturismo und Apartments (www.vignamaggio.com).

Eile mit Weile

★ Greve in Chianti

Kunst-Hopping kostet Energie, die Sie im kleinstädtischen Weinzentrum des Chianti (13 850 Einw.) wieder auftanken können. Überall begegnet man der Schnecke der Slow-Food-Organisation, die für genießerische Langsamkeit und Lebensfreude wirbt. Recht beschaulich geht es auch meistens auf der wunderbaren dreieckigen Piazza Matteotti zu. An dem vom Standbild des Giovanni da Verrazzano dominierten Marktplatz laden blumengeschmückte Laubenhäuser mit gemütlichen Trattorien und Cafés dazu ein, die Zeit zu vergessen. Größerer Andrang herrscht indes stets in der Antica Macelleria Falorni: Schinken hängen die Decke zu, Wildsalamis türmen sich zu Bergen und können gleich probiert werden (www.falorni.it).

Bilderbuch-Flecken

Montefioralle

Der Blick schweift weit über die sanft gewellte Landschaft des Chianti, aus der das autofreie Kastell-Dorf herausragt. Ein Geheimtipp ist dieses freilich längst nicht mehr, wie die vielen Hobbymaler im Sommer belegen. Berühmt ist es zudem für sein ausgezeichnetes Olivenöl.

Wehrhafte Abtei

Badia a Passignano

Im Spätsommer und Herbst tragen die Reben die Last der vollen Trauben, die auf den umgebenden Weinbergen für exzellente Antinori-Weine heranreifen. Sie gehören zu der von Vallombrosaner-Mönchen 1049 gegründeten gotischen Abtei, die mit Türmen und Zinnen bewehrt trutzig aus der Landschaft ragt und in deren Refektorium Domenico Ghirlandaio 1476 das »Letzte Abendmahl« schuf. Heute leben wieder Vallombrosaner-Mönche hier, außerdem ist die ausgezeichnete **Osteria di Passignano** in ihren Mauern zu finden.

Via Passignano 33 | Tel. 055 8 07 12 78 | www.osteriadipassignano.com

BAEDEKER MAGISCHE MOMENTE

ZIMMER MIT AUSSICHT

Morgens weckt der heisere Schrei von weißen Pfauen, die über den Hof und im Gutspark stolzieren: Gönnen Sie sich besondere Stunden und quartieren Sie sich in einem herrlichen Apartment ein, das im Stil des 19. Jh.s möbliert und dennoch mit modernstem Komfort ausgestattet ist. Schauen Sie aus dem Fenster, genießen Sie bei einem Glas des hiesigen Weins das großartige Talrund-Panorama auf die Weinberge und den Weiler Dudda. Im 200 Jahre alte Weingut Castello di Querceto nahe Greve werden Toskana-Träume wahr! (www.castellodiquerceto.it)

CHIANTI ERLEBEN

GAIOLE IN CHIANTI
Via Ricasoli 18, Tel. 0577 74 94 11
www.comune.gaiole.si.it

GREVE IN CHIANTI
Piazza Matteotti 10,
Tel. 055 8 54 62 99
www.comune.greve-in-chianti.fi.it

CASTELLINA IN CHIANTI
Via Ferruccio 40,
Tel. 0577 74 13 92
www.comune.castellina.si.it/de-de

MONNA GINEVRA €€€–€€€€
Daniele und Elisa offerieren in ihrem Ristorante erstklassige Küche aus lokalen Produkten. Im Sommer wird diese auch auf der Gartenterrasse serviert. Zum Anwesen in einer Mühle aus dem 15. Jh. gehört auch das luxuriöse Hotel Le Pozze di Lecchi (14 DZ; mit Wellness Center).
Loc. Molinaccio, Gaiole in Chianti
Tel. 0577 74 96 55
www.lepozzedilecchi.it

RISTORANTE RELAIS VIGNALE €€€
Gediegen geht es zu in dem Ristorante mit Enoteca und herrlicher Panoramaterrasse. Auf dieser genießen Sie den Blick über die Weinberge und die klassische Toskanaküche.
Via Pianigiani 9, Radda in Chianti, Tel. 0577 73 83 00, www.vignale.it

ALBERGACIO DI CASTELLINA €€€
Sonia Visman und Francesco Cacciatori präsentieren eine kreative saisonale Küche. Wie wäre es z. B. mit Basilikum-Ravioli mit Pinienkernen oder Mandelbisquits mit Kirschen in Chiantiwein?
Via Fiorentina 63, Castellina in Chianti, Tel. 0577 74 10 42, www.albergacciocast.com, So. Ruhetag

OSTERIA MANGIANDO MANGIANDO €€
Mirna und Salvatore Toscano schwören auf Slow Food. Mit viel Muße zaubern sie z. B. Taglierini sul sugo di Cinta Senese oder Pappardelle mit Wildschweinsauce. Aber schon der Antipasto Toscano ist ein Gedicht (18 €). Freundlich und familiär.
Piazza Matteotti 80, Greve in Chianti, Tel. 055 8 54 63 72
www.mangiandomangiando.it

RESIDENZIA DEL SOGNO €€€
Bezaubernd und mit Pool! In dem liebevoll restaurierten Anwesen an der Chiantigiana ist die Romantic Suite Gaia besonders schön und stilvoll eingerichtet.
Loc. Pietrafitta 50, Castellina in Chianti, Tel. 0577 74 13 94, www.residenziadelsogno.com

PODERE LE VIGNE €–€€
Inmitten der Weinberge garantiert das in einem alten Gutshaus beheimatete Hotel Ruhe und rustikalen Charme. Pool, Bar und Restaurant versüßen den Aufenthalt.
Loc. Podere le Vigne (1 km von Radda in Chianti)
Tel. 0577 73 83 01, 0577 73 81 24
www.lodgingchianti.it

LA FONTE DEL CIECO €€
Mitten im Zentrum von Gaiole warten in einem Stadthaus mit Garten und Bar geschmackvoll eingerichtete Zimmer!
Via Ricasoli 18, Gaiole in Chianti
Tel. 0577 1 79 31 40
www.lafontedelcieco.it

Bilderbuchdorf im Chianti – Weinberge und hohe Mauern umgeben Montefioralle.

Thunfisch aus dem Chianti?

Panzano in Chianti

In dem hübsch herausgeputzten und landwirtschaftlich geprägten Panzano verwandeln Sie sich im Nu in einen Einheimischen. Mischen Sie sich am Abend bei einer lauschigen Passeggiata (Spaziergang) oder am sonntäglichen Wochenmarkt unter die Dorfbewohner oder feiern Sie mit ihnen im September eines der großen Chianti-Weinfeste. Den Treppenaufgang zur romanischen Kirche Pieve di San Leolino nutzt mancher auch für kontemplative Augenblicke unter den Sonnenstrahlen. Die Top-Attraktion des Ortes ist aber – sofern man kein Vegetarier ist – die **Macelleria** (Metzgerei) von Dario Cecchini. Er hat die traditionelle Speise des Tonno del Chianti (Chianti-»Thunfisch«) wiederbelebt, das es heute nur noch hier gibt: Das in Rotwein gekochte Spanferkel wird anschließend in Olivenöl eingelegt und ist einzigartig in Geschmack und Konsistenz.

Via XX Luglio 11 | tgl. 9 – 16 Uhr | www.dariocecchini.com

Liebe auf den zweiten Blick

Castellina in Chianti

Rund um Castellina, eine der drei Keimzellen des Chianti, wird die Landschaft hügeliger und waldreich. Der erste Blick auf das Städtchen mag etwas enttäuschen, aber die Hauptstraße im mittelalterlichen Ortskern mit einigen stolzen Palazzi und kleinen Delikatessen- und Weingeschäften lädt zu einer Entdeckung ein. Von der Aussichtsplattform der kleinen Burg bietet sich ein wunderbarer Blick auf die Chianti-Landschaft. Im Innern zeigt das **archäologische**

Museum Funde aus den Etruskernekropolen des Chianti. Ein Gefühl der Enge bekommt man dagegen in der **Via delle Volte** an der Ostseite der Stadtmauer, die vollständig von Häusern überbaut ist. Dennoch schlendert fast jeder Besucher einmal durch diese alte Gasse, in der sich Galerien und Geschäfte mit originellen Souvenirs niedergelassen haben. Dass der ehemalige Grenzort zwischen Florenz und Siena schon in etruskischer Zeit besiedelt war, belegt der Grabhügel aus dem 7. Jh. v. Chr. mit quadratischer, gewölbter Kammer, der am nördlichen Ortsausgang zu finden ist.

Archäologisches Museum: April, Mai, Sept., Okt. tgl. 10–18, Juni–Aug. tgl. 11–19 Uhr, Nov., Dez. stark eingeschränkte Öffnungszeiten | Eintritt: 5 € www.museoarcheologicochianti.it

Der Süden – von Radda in Chianti bis Siena

Im Zeichen des Schwarzen Hahnes

★ Radda

Weinliebhaber haben die Qual der Wahl: Das Tourismusbüro an der Piazza del Castello vermittelt die Besichtigung von gleich 30 Weingütern rund um das Städtchen (1600 Einw.) im Herzen der sonnengefluteten Monti del Chianti. Das auf einem Hügel thronende Radda, das 1203 von den Grafen Guidi auf Florenz überging, war ab 1415 Hauptsitz der Lega del Chianti. Heute ist es einer der Hauptorte im geschützten Anbaugebiet des Chianti Classico, zu dessen Wahrzeichen der Gallo Nero, der Schwarze Hahn der Lega del Chianti, wurde. Geparkt wird entlang der alten Stadtmauer, die zugleich eine Art Aussichtsbalkon bildet. An der Via Roma im Zentrum steht der Palazzo del Podestà (15. Jh.), dessen Uhr seit dem Mittelalter die Stunden schlägt.

Eines der hübschesten Chianti-Dörfer

★ Volpaia

Schon die von Zypressen gesäumte Straße ins wunderbar restaurierte Volpaia (50 Einw.) ist ein Erlebnis. Das Dorf selbst erfüllt dann alle Chianti-Träume. Die Fattoria des 1172 erstmals erwähnten Kastells produziert absolute Bio-Spitzenweine wie den fast ausschließlich aus Sangiovese-Grosso-Trauben gekelterten Coltassala. Auch wunderbares Bio-Olivenöl und fantastischer Weinessig sind zu bekommen.

Wein trinkende Frösche

Gaiole in Chianti

In Gaiole, einem weiteren Chianti-Classico-Ort (2750 Einw.), trinken sogar Frösche den kräftigen Roten. 1967 nahm der örtliche Grundschullehrer Ferdinando Anichini an einer TV-Sendung teil, in der er das Quaken eines Frosches imitierte. Das misslang, doch wusste er sich zu retten: »Unsere Frösche singen so, weil sie Chiantiwein trinken.« Das Bonmot eroberte ganz Italien. Und so stiftete Anichini sein Preisgeld für die vom Sienesen Plinio Tammaro geschaffene Brunnenfigur »Rana Beona«, einen zechenden Frosch, der heute im Ortsteil San Sano für

DREI MAL »CHICCHIRICCHI«

2016 feierte die »Terra del Chianti« – also das toskanische Weinbaujuwel schlechthin, das Gebiet des Chianti Classico – 300. Geburtstag. Anlass genug, für dieses Gebiet auch die Kandidatur zum UNESCO-Welterbe einzureichen. Die Ehrung wäre, so Giuseppe Liberatore, Direktor des Konsortiums Chianti Classico, »die Kirsche auf der Torte«!

Großherzog Cosimo III., erzkonservativer, ultrareligiöser und leider auch antisemitischer Medici-Regent, hatte am 24. September 1716 einen seiner besseren Momente. Per Erlass legte er die Grenzen der toskanischen Weingebiete Chianti, Pomino, Carmignano und Valdarno di Sopra fest und schuf so die Basis für den Siegeszug des Chianti.

Dass die Medici damals den Carmignano-Wein besonders schätzten, ist heute kaum von Gewicht. 1716 umfasste das herzogliche Chianti-Gebiet die Ländereien um **Radda, Gaiole und Castellina**. 1924 gründete sich das Konsortium zum Schutz des Chianti-Weins, 1932 vergrößerte man sich um Teile von Greve, San Casciano, Tavernelle und Castelnuovo Berardenga und setzt den »Classico« hinzu, um das historische Kerngebiet vom Rest der Chianti-Weine abzugrenzen.

Denn der seit 1967 als DOC und dann überall auch als DOCG geschützte Chianti – einst ein etruskischer Familienname – erstreckt sich bis in die Pisaner Hügel. Auf einer Gesamtfläche von 21 000 ha wurden dort im Jahr 2014 über 1 Mio. Hektoliter Wein produ-

Ein Chianti Classico muss mindestens ein Jahr reifen, ein Chianti Classico Riserva gar 24 Monate. Wie hier bei Vignamaggio werden die Weine dazu in Eichenfässer gefüllt.

ziert. Da nehmen sich die 7000 ha des Chianti Classico eher bescheiden aus. Dabei bedecken diese Weinberge nur knapp 10 % des waldreichen Classico-Gebietes.
Doch der Chianti Classico ist Aushängeschild und Promotor auch für alle anderen: Hier werden – trotz prächtiger Konkurrenzlagen wie dem Chianti Rufina oder den Colli Fiorentini – die besten Weine in Bilderbuch-Spitzenlagen gewinzert, neue Trends gesetzt. Böden, Mikroklima, Höhe und Sonnenstrahlen spielen optimal mit, da gibt der Sangiovese sein Bestes. Und man setzt auf Bio: So gelten im berühmten Sonnenkessel der Conca d'Oro nahe dem Dörfchen Panzano seit Langem ökologisch nachhaltige Anbauregeln, auch auf den Hügeln um Gaiole und rund um Radda oder Castellina geht man mit der Zeit.

Gallo Nero, schwarzer Hahn!

Die Chianti Classico-Leistungsschau zum Jubiläum 2016 umfasste nicht nur die Verkostung der 587 großartigen Weine von 165 Produzenten, livrierte Sommeliers und Kellner. Passend zum Anlass schufen die Künstler Luca und Stefano Ruggieri auch eine neue Plastik für den schwarzen Hahn, der jedes Etikett des Chianti Classico am Flaschenhals ziert. Vielfach dupliziert, finden Reisende sie nun im Chianti Classico-Gebiet als Wegweiser zu Locations und Events wie dem Giro d'Italia, dessen Peloton sich Mitte Mai 2016 von Radda über Castellina und Panzano nach Greve in Chianti bewegte. Doch der edle Gallo Nero mit stolzem Kamm ist weitaus älter.
1306 wurde die **Lega del Chianti** auf Betreiben von Florenz als militärisches Verteidigungsbündnis gegründet. Damals scharte man sich um eine Fahne mit schwarzem Hahn auf Goldgrund, der – mangels Feinden – rasch zum Symbol des Weinbaus aufstieg. Schon im Jahr 1444 ertönte sein Kikeriki, toskanisch »Chicchiricchi«, in Radda: Dort legte man die Weinernte auf den Michaelistag (29. September). Gezeichnet mit dem Gallo Nero, dem schwarzer Hahn!
So standen Lega und schwarzer Hahn Jahrhunderte für qualitativ guten Wein, bis die Lega 1774 aufgelöst wurde. Erst seit 1970 kräht der schwarze Hahn wieder kräftiger. Heute ist die neue Lega del Chianti ein veritabler Verein mit Capitano Generale, Legaten und Damen. Die Jugend macht als Page (»paggio«) oder Edelfräulein (»damigella«) mit.

Weltmarkt und Familientradition

2015 wurden von 237 Produzenten im Chianti Classico 292000 Hektoliter Wein produziert und stolze 8 % mehr Wein ins Ausland verkauft. Vier Fünftel des Chianti Classico verlassen Italien in über 100 Länder, allen voran in die USA (31 %), Deutschland (12 %) und Kanada (10 %). Geholfen hat beim Boom sicher, dass die 1851 von Baron Bettino Ricasoli eingeführte **klassische Chianti-Rezeptur** kaum verändert bis heute gilt: So darf der Chianti Classico nur aus folgenden Sorten bestehen: Sangiovese (75–100 %), Canaiolo (bis 10 %), Malvasia und Trebbiano (bis 10 %), andere Sorten (bis 15 %). Ein Riserva darf gar nur aus roten Trauben gekeltert werden, für die 2013 eingeführte höchste Qualitätsstufe, den Gran Selezione, gelten noch strengere Richtlinien. Ein Trend indes ist kaum mehr aufzuhalten. Nur noch 18 Weingüter im Classico-Gebiet sind in Familienbesitz. Der globale Handel fordert seinen Preis!

Das Castello di Brolio: einst heftig umkämpft, heute das Dorado von Weinliebhabern

Schmunzeln sorgt. Den Wein selbst kann man in mehreren Weltklasse-Weingütern mit Direktverkauf (Venditta diretta) kosten: Eine sehenswerte Symbiose mit Street und Pop Art geht dabei das Bio-Weingut Riecine (www.riecine.it) mit seiner futuristisch anmutenden Cantina ein. Diese liegt unterhalb der 1049 geweihten **Badia a Coltibuono** mit romanischer Klosterkirche, herrlichem Ausblick über das Arnotal und einem weiteren ausgezeichneten Weingut (www.coltibuono.com).

Kunst-Landschaft

Chianti Sculpture Park

Hitchcock, Fellini, Charlie Chaplin und andere berühmte »Zuschauer« sitzen als Silhouetten aus schwarzem Simbabwe-Granit in dem Amphitheater aus Carrara-Marmor, das zu den Highlights des Skulpturenparks bei Pievasciata zählt. Dessen Reiz liegt in der Symbiose von Landschaft und Skulpturen zeitgenössischer Künstler. Im Sommer lockt außerdem ein abwechslungsreiches Kulturprogramm mit Opern und Jazzkonzerten.

tgl. 10 Uhr bis Sonnenuntergang | Eintritt: 10 €
www.chiantisculpturepark.it

Alte Schlösser, edle Tropfen

Strada dei Castelli del Chianti

An der rund um Gaiole verlaufenden Straße der Chianti-Schlösser sind die Rundtürme (11. Jh.) des stark befestigten **Castello di Meleto** ein erster Höhepunkt. Noch großartiger ist der hier produzierte Wein (www.castellomeleto.it). Dazu gibt es Agriturismo, Olivenöl und das schmackhafte Fleisch des Sieneser Gürtelschweins. Im Kastell ist auch ein historisches kleines Theater (18. Jh.) zu besichtigen.
In Fachkreisen genießt die adlige Winzerfamilie Ricasoli einen ausgezeichneten Ruf. Sie dominierte ab 1141 das einst zwischen Florenz und Siena heftig umkämpfte **Castello di Brolio**, das auf einem 530 m hohen Bergrücken thront. Bettino Ricasoli (1809 – 1890) entwickelte 1872 die klassische Winzerformel für den körperreichen Chianti-Wein. Neben dem Weinkeller und den zauberhaften Gärten sollte ein Hauptaugenmerk auch der Kunstsammlung der Ricasoli gelten (14.–19. Jh.).

Castello di Meleto: Führung/Weinprobe tgl. 11 – 15 Uhr, Dauer 30 Min. | www.castellomeleto.it

Castello di Brolio: Enoteca Mitte März. - Okt. tgl. 10 - 19 Uhr, sonst 10 - 18.30 Uhr, Kunstsammlung Mitte März. - Okt. Di. - So. 10 - 19, sonst 10 - 18.30 Uhr, Gärten Ende März. - Okt. tgl. 10 - 19 Uhr
Führung Gärten 5 €, Klassiktour 30 €, Weinbergtour 45 €
https://ricasoli.com/en

★ CHIUSI

Provinz: Siena (SI) | **Höhe:** 375 m ü. d. M. | **Einwohnerzahl:** 8700

Chiusi birgt Geheimnisse! Einige hat die bedeutende antike Etruskerstadt, einst Mitglied im mächtigen etruskischen Zwölfstädtebund, inzwischen preisgegeben, zu bestaunen sind sie im ausgezeichneten Nationalen Etruskermuseum. Andere liegen noch im Untergrund oder werden – wie im Falle des Labyrinths des Porsenna – für immer ein faszinierendes Mysterium bleiben.

Bedeutende Etrusker-stadt

Der Aufstieg des etruskischen »Chamars« oder »Clevsin«, das die Römer später zu Clusium machten, begann im 6. Jh. v. Chr. Doch älteste Spuren reichen weit ins 8. Jh. v. Chr. Schon der römische Gelehrte Plinius der Ältere (23/24–79 n. Chr.) vermutete unter dem antiken Pflaster der Stadt Außergewöhnliches. Vor allem hatte er es auf das labyrinthische Mausoleum jenes Lars Porsenna abgesehen, der um 520 v. Chr. als »König« Chiusi zur Blüte führte und um 508 v. Chr. die junge römische Republik in ihre Schranken wies. Im Mittelalter wechselten sich Orvieto, Siena und Florenz in der Herrschaft ab, bevor Chiusi 1556 dem Großherzogtum Toskana einverleibt wurde. Im 19. Jh. schließlich besannen sich die Chiusiner der Schätze, die unter ihren Kellern schlummerten. Über 150 Jahre hielt die beschauliche Kleinstadt die Etruskerforschung in Atem, die immer neue großartige Funde ans Tageslicht förderte.

Wohin in Chiusi?

★ Museo Archeologico Nazionale

Archäologische Schatzkammer
Das hervorragend aufbereitete Museum widmet sich hinter seiner neoklassizistischen Tempelfassade von 1870 dem archäologischen Erbe Chiusis. Vor allem die aus Terrakotta gefertigten Kanopen, Urnendeckel mit plastischen Porträts der Verstorbenen, ziehen die Blicke auf sich. Eine der Ascheurnen zeigt ein farbiges Relief (2. Jh. v. Chr.) mit dem Motiv des Kampfes der Ödipussöhne Eteokles und Polyneikes. Die großartige Sammlung attischer Vasen belegt den Kulturaustausch der Etrusker mit den Hellenen. Unter den römischen Funden ragt die Statue des Augustus (2./3. Jh.) als eine der feinsten Darstellungen des ersten römischen Kaisers heraus. Waffen, Fibeln und Schmuck zeigen Chiusis bedeutende Rolle im Langobardenreich.
Via Porsenna 93 | tgl. 9 - 20 Uhr | Eintritt 6 €

★ Etruskergräber

Chiusis faszinierendes Etruskererbe im Untergrund
Eine Totenfeier, Musikanten, Sportwettkämpfe, Akrobaten, Boxer, Schauspieler, Tänzer, Flötenspieler und gar die Darstellung eines Affen – im Untergrund von Chiusi warten großartige Beweise für die mondäne Lebensfreude zumindest der adligen Etruskerinnen und Etrusker. Die fast vollständig ausgemalte Grabkammer ziert die **Tomba della Scimmia** (Grab des Affen) aus dem 5. Jh. (Richtung Naturreservat Lago di Chiusi). Insgesamt sind rund 15 Gräber in der Umgebung von Chiusi belegt, teilweise sind auch sie mit farbenprächtigen Wandmalereien dekoriert, so z. B. die **Tomba della Pellegrina** (Grab der Pilgerin, 3. Jh. v. Chr.) und die **Tomba del Leone**. In der östlich von Chiusi zu findenden **Tomba del Colle** (Grab des Hügels; frühes 5. Jh. v. Chr.) können Gemälde eines Gastmahls und eines Wagenrennens mit eleganten Zweispännern bewundert werden.
Tomba della Scimmia: März - Okt. Di., Do., Sa. 11 und 16, Nov. - Feb. Di., Do., Sa. 11 und 14.30 Uhr | Eintritt: 3 € (Ticket nur im Nationalmuseum erhältlich)
Tomba della Pellegrina und Tomba del Leone: März - Okt. tgl. 11 und 16, Nov. - Feb. 11 und 14.30 Uhr | Eintritt: im Ticket für das Etruskermuseum enthalten
Tomba del Colle: März - Okt. Fr. 12 - 17, Nov. - Feb. 1. und 3. Fr. im Monat 12 - 15.30 Uhr (jeweils max. 12 Pers.) | Eintritt. 3 € (Ticket nur im Nationalmuseum)

CHIUSI ERLEBEN

PRO LOCO CHIUSI
Via Porsenna 79, Tel. 0578 22 76 67
www.prolocochiusi.it

Palio delle Torri und Mittelalterfest (letzte zwei Juniwochen); direkt danach das Fest zu Ehren der hl. Mustiola (2. Juli) mit Urnenöffnung.

LA PACE €€€
Ein ländliches Lokal wie aus dem Bilderbuch: äußerlich unscheinbar – versteckt liegt es in einer Gasse im winzigen alten Dorfkern auf der Spitze des Hügels – und in der Einrichtung eher spartanisch, aber mit wunderbarer regionaler Küche. Ausländische Gäste trifft man selten, es kommen Familien aus dem Ort.
Via del Teatro 5, Celle sul Rigo (zwischen Radicofani und San Casciano dei Bagni)
Tel. 057 85 37 16, Di. geschl.

LA SOLITA ZUPPA €
Der Name ist Programm: Suppen sind die Spezialität des Restaurants, in dem man in Gewölben des 18. Jh.s sitzt. Mittags wie abends gibt es gute, günstige Menüs.
Via Porsenna 21
Tel. 057 82 10 06
www.lasolitazuppa.it, Di. geschl.

SETTE QUERCE €€€
Wer die leuchtenden Stoffe der Engländerin Tricia Guild mag, wird dieses Designhotel lieben. Die Suiten sind zwar klein, aber sehr geschmackvoll eingerichtet. Mit Balkon oder Terrasse.
Viale Manciati 2
San Casciano dei Bagni
Tel. 057 85 81 74
www.settequerce.it

Zentrum Chiusis – einst wie heute

Auch unter dem Domplatz, der Piazza Carlo Baldini, wurden die Archäologen fündig. Hier befand sich einst das römische Forum, 12 m unter dem freistehenden Kampanile von 1585 erstreckte sich ein römisches Wasserbecken. Die Anfänge des im 13. Jh. erweiterten Doms datieren auf ca. 560 zurück, doch bereits im 4. Jh. standen hier die 18 antiken Säulen einer vorchristlichen römischen Basilika, die noch heute im Kircheninnenraum eine tragende Rolle übernehmen. Die weniger geglückte Fassadenrestaurierung samt Mosaikimitation erfolgte 1887–1895. Duomo San Secondiano

Im Labyrinth des Porsenna?

Keine Angst, verirren können Sie sich nicht! Spannend ist der Ausflug in die Unterwelt Chiusis, der vom Kathedralenmuseum durchgeführt wird, aber allemal: Das 130 m lange unterirdische Gangsystem des **Labirinto di Porsenna** ist trotz seines modernen Namens wohl nicht das lange gesuchte Mausoleum des Etruskerkönigs, sondern eine Museo della Cattedrale etruskisch-römische Zisterne (1. Jh. v. Chr.), die bis ins 1. Jh. als Wasserleitungsnetz und Fluchtweg diente. Die Tour endet – vorbei an Alabaster-, Marmor- und Terrakotta-Urnen – im Glockenturm mit wunderbarer Aussicht auf Chiusi. Sehenswert sind auch die 21 kostbaren Chorbücher mit Miniaturen (15. Jh.) aus der Abtei Monte Oliveto Maggiore.

Museo della Cattedrale: Piazza Carlo Baldini 7 | Feb. – Mitte April Sa., So. 10 – 12.10, 15 – 16.30, Mitte Apr. – Mitte Okt. Di. – So. 10 – 12.45, 14.30 – 16.45, Mitte Okt. – Weihnachten Di. – Fr. 10 – 12.10 Uhr | Eintritt: 5 € (inkl. Labirinto di Porsenna) | www.museodellacattedrale.it

Labirinto di Porsenna: Führungen alle 40 Min. zu den Museumsöffnungszeiten | Eintritt: 3 €

Die »Unter der Stadt«-Stadt

Museo Civio della Città Sotterranea

Chiusis Untergrund gleicht tatsächlich einem Schweizer Käse. Den letzten Beweis hierfür liefert das Museum der unterirdischen Stadt. Zugang und Kasse sind rechts des Palazzo delle Logge. Der erste Abschnitt »Il Labirinto« erklärt alles zu Chiusi und den Porsenna-Mythen und illustriert die Wasserversorgung der Etrusker. Der Abschnitt »Epigrafia« unter den Palästen an der Via Petrarca und der Via Serafino Petrozzi führt unterirdisch auf 140 m zu 200 etruskischen Grabinschriften und 300 etruskischen Urnen.

Via Il Cimina 2 | nur Führungen, Mai – Okt. Di. – So. 10.10, 11.10, 12.10, 15.10, 16.10, 17.10, Nov. – April Do., Fr. 10.10, 11.10, 12.10, Sa., So. 10.10, 11.10, 12.10, 15.10, 16.10, 17.10 Uhr | Eintritt: 4 €

Brüste der Barmherzigkeit

Palazzo delle Logge

Kurioses erblickt der aufmerksame Betrachter am Palazzo delle Logge. Hier zeugt der »Milchbrunnen« von der ehemaligen Funktion des Gebäudes als Waisenhaus. Ein Bürger der Stadt stiftete den Brunnen 1620, dem tatsächlich Milch für die Armen entströmte. Obschon versiegt, sind seine zwei Marmorbrüste (»mamelle«) ein Hingucker. Die lateinische Brunneninschrift verkündet: »CHARITAS UBERA ET MELIORA VINO – Brüste der Barmherzigkeit und besser als Wein«.

Piazza XX Settembre 2 – 6

Rund um Chiusi

Heiliges Bad

Sarteano

Schon in der Antike schätzte man die Thermalquellen von Sarteano, das als »Bagno Santo« bekannt war. Heute speisen sie die drei Becken des Parco delle Piscine mit 24 °C warmem Wasser. Vor oder nach einem erholsamen Bad können im **Archäologischen Museum** noch Funde aus den hiesigen Etruskernekropolen, darunter wertvol-

ler Goldschmuck (4. Jh. v. Chr.), begutachtet werden. Herausragend ist die 2003 in der Nekropole Pianacce entdeckte **Tomba della Quadriga Infernale**; das imposante zentrale Wandgemälde im 20 m langen Travertin-Etruskergrab zeigt eine von je zwei Löwen und Greifen gezogene Quadriga, die ein rot gekleideter Dämon lenkt.
Das 1038 erstmals belegte festungsartige Kastell wehrte 1503 Cesare Borgias Truppen und danach viele weitere ab.

Archäologisches Museum: Via Roma 24 | April – Okt. Di. – So. 10.30 – 12.30, 16 – 19 Uhr, sonst nur Sa. und So. | Eintritt 4 €
www.museosarteano.it

Tomba della Quadriga Infernale: Führungen nur nach Vorbestellung im Museum (Tel. 0578 26 92 61), Juni – Sept. Sa. 9.30 und 18, Okt. bis Mai Sa. 11.30 Uhr | Eintritt (mit Museum): 8 €
www.museosarteano.it

Das Erbe der Neandertaler

Cetona

Wer hätte das gedacht? Neueste Genanalysen sprechen den Toskanern mit 4 % den höchsten Anteil an Neandertaler-Genen zu, weltweit sind es hingegen nur 1 – 2 %. Das ist kein Nach-, eher ein Vorteil: Die Toskanerinnen und Toskaner sind wohl so besser gegen diverse Krankheiten geschützt. Im **Museum des Monte Cetona** im imposanten Palazzo Minutelli (17. Jh.) wird die prähistorische Entwicklung

Rund um Sarteano erstreckt sich eine sanft gewellte Hügellandschaft mit alten Olivenbaumplantagen.

um Cetona, beginnend eben mit den Neandertalern bis zum Ende der Bronzezeit, nachgezeichnet. Die Funde stammen aus Travertinhöhlen im Gebiet Belvedere, die für Besucher des **Parco Archeologico Naturalistico di Belverde** und auf dem Rundweg im nahen Archeodromo erschlossen sind.

Museo Civico del Monte Cetona: Via Roma 37 | Juli–Sept. Di.–So. 10–13, 16–19, Okt.–Juni Mo.–Fr. 10–13, Di. und Do. auch 16–18, Sa., So. 10–13, 15–18 Uhr | Eintritt: 4 €, mit Park und Archeodromo 7 € | http://preistoriacetona.it

Parco Archeologico Naturalistico di Belverde / Archeodromo: Loc. Belverde, Strada della Montagna | Besucherzentrum Juli–Sept. Di.–So. 10–19, Okt.–Mai So. 10–17 Uhr, Führungen dann mehrmals tgl. | Eintritt: 6 €, mit Museum 7 € | http://preistoriacetona.it

★ San Casciano dei Bagni

Wellness und Wunderwasser

San Casciano 14 km südöstlich ist seit der Antike für seine Thermen bekannt – gut 40 Quellen sollen hier sprudeln. Wellness auf Weltniveau offeriert das im ehemaligen Kurhaus eingerichtete Fonteverde Natural Spa Resort (www.fonteverdespa.com). Wichtigste Quelle ist der Bagno della Ficoncella, dessen Wunderwasser Großherzog Ferdinand I. mit einem Portikus würdigte.

Unübersehbar thronen die Reste der einst stolzen Burg von Radicofani über der Landschaft der südlichen Toskana.

Eine »herausragende« Burg

Radicofani

In Radicofani mag man einen Gedanken daran verschwenden, wie ungemein angenehmer das heutige Reisen im Vergleich zu früheren Zeiten doch ist. Denn die hiesige Medici-Poststation »Osteria Grossa« an der Via Cassia galt zu Zeiten der Grand Tour im 18. Jh. als die übelste Absteige zwischen Venedig und Rom: kalt, dunkel, Zimmer ohne Türen, Fenster ohne Glas, die Betten verwanzt! Dazu impertinente Postillione und mit Messern fuchtelnde, handgreifliche Dörfler! Viele schliefen lieber in eine Decke gehüllt in der Kutsche. Nichtsdestotrotz logierten William Turner, Charles Dickens oder auch Stendhal hier.
Wie die Reisenden heutzutage erblickten auch sie schon lange, bevor sie die eher unspektakuläre Kleinstadt erreichten, den Turm auf der Rocca, die in der ebenso herben wie faszinierend schönen Hügellandschaft der südlichen Toskana ein guter Orientierungspunkt ist. In den Mauern der im 18. Jh. zerstörten Burg auf 896 m Höhe zeigt das **Museo del Cassero** Archäologisches. Zudem lockt die Fortezza mit der Besichtigung der fünf Bastionen, ist Teil des Kultur- und Naturparks ▶ Val d'Orcia und somit auch des UNESCO-Welterbes.

Fortezza Radicofani / Museo del Cassero: tgl. 10.30 – 19.30, bei Veranstaltungen bis 24 Uhr | www.fortezzadiradicofani.it

COLLE DI VAL D'ELSA

Provinz: Siena (SI) | **Höhe:** 140 – 250 m ü. d. M. |
Einwohnerzahl: 21 600

Es glitzert und funkelt in Colle. »Italiens Böhmen« ist weltweit eines der größten Zentren der Kristallglasherstellung, 95 % der italienischen und 15 % der weltweiten Produktion stammen aus der »Cittá del Cristallo« (Kristallstadt). Aber Colle will mehr: Überall putzt sich die Stadt heraus – besonders die historische Oberstadt Colle Alto mit ihren romantischen Gassen entwickelt sich zum Besuchermagneten.

Kristall ist Trumpf

Mit der Anlage der »Gore« – Kanäle, die Unter- wie Oberstadt mit Wasser des Elsa-Flusses versorgten – begann im 13. Jh. Colles Aufstieg zur Industriestadt. Sie trieben ab 1479 zunächst bis zu 23 Mühlen für die Papiererzeugung an, ab 1820 entwickelte sich dann die Glasindustrie zur wichtigsten Branche im Ort – und ist es bis heute geblieben.

COLLE DI VAL D'ELSA ERLEBEN

UFFICIO TURISTICO COLLE DI VAL D'ELSA
Via del Castello 33
Tel. 0577 92 27 91
www.prolococollevaldelsa.it

ARNOLFO €€€€
Im edlen Arnolfo, einem der besten Restaurants der Toskana, präsentieren Gaetano und Giovanni Trovato nicht nur sensationelle Küchenkreationen. Innen- und Tischdekor wie Geschirr sind allerbeste Werbung für Colles Glaskunst.
Via XX Settembre 50
Tel. 0577 92 05 49
www.arnolfo.com, Di., Mi. sowie Jan., Feb. und Anf. Aug. geschl.

ANGOLO DI SAPIA €€
Eine gute Adresse oben in Castello: Bodenständige Gerichte, angenehmes Interieur, herrliche Aussichtsterrasse – was will man mehr?
Via del Castello 14b, Tel. 0577 92 14 53

PALAZZO PACINI €€–€€€
Ein schönes Stadthotel in Colle di Val d'Elsa, das in einem alten Stadtpalast eingezogen ist. Die 14 Zimmer sind gediegen eingerichtet und haben keine Nummern, sondern Namen. Einen hübschen Frühstücksraum und eine Terrasse mit tollem Blick gibt es obendrein.
Via Gracco del Secco 14
Tel. 0577 92 40 80
www.palazzopacini.com

Wohin in Colle di Val d'Elsa?

La Cittá del Cristallo

Colle basso

Die Unterstadt ist die Heimat der hiesigen Glasindustrie. Der von ihr erzeugte Wohlstand zeigt sich heute etwa an der nach dem größten Sohn der Stadt benannten Piazza Arnolfo di Cambio, die unter der Ägide des französischen Stararchitekten Jean Nouvel ein neues Antlitz erhielt. Dabei wurde der Platz zum alten Glasindustrieviertel »Fabricchina« neu ausgerichtet.
Ein Rundweg führt zu den historischen Anlagen, deren Geschichte im raffiniert gestalteten Kristallglasmuseum aufersteht: In der ehemaligen Glaskristallfabrik Boschi präsentiert das **Museo del Cristallo** die Methoden der vorindustrielle Glasherstellung (15.–17. Jh.), Colles Glasindustrie bis 1963 und den folgenden Wandel zum künstlerischen Kristallglasdesign. Unikate prominenter Glasdesigner wie das berühmte, in Colle di Val d'Elsa von Joe Colombo entworfene Glas »Smoke« und der einzigartige »Kristallwald« sind Höhepunkte der Ausstellung.
Via dei Fossi 8a | Mai–Sept. Di.–So. 10.30–13.30, 14–18.30, Okt.–April Di.–So. 10–13, 14.30–17.30 Uhr | Eintritt: 4 €

Auf Genauigkeit kommt es an.

Colles hübscher Altstadtkern

Colle Alto

Von der Unter- zur Oberstadt gelangen Sie auf dem bequemsten und schnellsten Weg in einem Aufzug (»ascensore«), der zudem auch noch kostenlos ist. Von der Via Meoni überwinden Sie 40 Höhenmeter in 35 Sekunden. Ziel ist der Baluardo; der Turm am Kastell ist ein Wahrzeichen von Colle Alto. In den Gassen rund um den 1619 geweihten Dom, der Concattedrale dei Santi Alberto e Marziale, locken lokal verwurzelte Trattorie und zahlreiche Kunst- und Kunsthandwerksläden, die Colles Tradition als Ort der Glas- und Papierherstellung sowie der Buchdruckerkunst mit Leben füllen.
Wer mit dem Pkw Colle Alto ansteuert, parkt auf den neuen Parkplätzen bei der restaurierten Renaissancefestung und gelangt durch die mächtige Porta Nova (15. Jh.) in die Altstadt. Das Schöne: Es geht bergab, erst durch den Borgo di Santa Caterina, dann nur leicht aufwärts in den Stadtteil Castello. Im Borgo fallen Renaissancepaläste wie der Palazzo Renieri (Palazzo Comunale) auf, das mittelalterlicher wirkende Castello prägen Backsteinhäuser und enge, überwölbte Gassen. Bescheidener fallen das archäologische **Museo R. Bianchi Bandinelli** im Palazzo Pretorio mit Funden aus der Nekropole Monteriggioni und das **Museo Civico e Diocesano** im Palazzo dei Priori mit sakralen und stadthistorischen Exponaten aus. Tipp: Wer am ersten Sonntag im Monat Colle besucht, erlebt den quirligen Markt!

Museo R. Bianchi Bandinelli: Piazza Duomo 42; Mai – Sept. Di. – Fr. 10.30 – 12.30, 16.30 – 19.30, Sa., So. 10.30 – 12.30, 15 – 19.30, Okt. – April Di. – Fr. 15.30 – 17.30, Sa., So. 10 – 12, 15.30 – 18.30 Uhr
Eintritt: 4 € | www.museocolle.it
Museo Civico e Diocesano: Via del Castello 33 | Fr. – So. 11.30 bis 17 Uhr | Eintritt: 4 €

★ CORTONA

Provinz: Arezzo (AR) | **Höhe:** 500 – 651 m ü. d. M. |
Einwohnerzahl: 22 450

Der erste Eindruck trügt selten. So auch im Falle Cortonas: Schon von Weitem betrachtet, entfaltet der Bergort am steilen Hang des Monte Sant'Egidio seinen Zauber. Wer dann durch die reizende, weitgehend intakte spätmittelalterliche Altstadt schlendert, wird diesem vollends erliegen. Dabei lebt die bereits von den Etruskern besiedelte und geprägte Stadt längst nicht nur in der Vergangenheit. Mit attraktiven Kulturprogrammen und Veranstaltungen setzt Cortona auch moderne Zeichen.

Noch sind Plätze frei im Ristorante in der Altstadt von Cortona.

Einen Haken gibt es dann aber doch: Denn steil sind die Gassen durch den Ort, dessen tiefsten und höchsten Punkt immerhin über 150 Höhenmeter trennen. Freilich beschert dieser Umstand dem Stadtbesucher immer wieder herrliche Aussichten ins Val di Chiana. Unterwegs wird ihm dabei sicherlich auch eines der Markenzeichen Cortonas auffallen: die Totentüren (Porte del Morto), schmale, hohe Türen direkt neben den Haupteingängen mittelalterlicher Häuser. Sie wurden ausschließlich benutzt, um die Toten aus dem Haus zu tragen.

Steil, aber oho!

Totentüren als Schwellen zum Jenseits spielten auch schon bei den Etruskern eine bedeutende Rolle. Diese hatten den alten Siedlungsplatz der Umbrer schon im 8. Jh. v. Chr. erobert, in der Folge gliederten sie den »Curtuns« bzw. »Curtun« genannten Hügel in ihren mächtigen Zwölfstädtebund ein. Wie wichtig und strategisch bedeutsam der Ort war, beweist der im 4. Jh. v. Chr. errichtete, 3 km lange Mauerring. Ringsum ließen adlige imposante Grabmäler anlegen, deren Überreste noch heute zu bewundern sind. 310 v. Chr. schloss die Etruskerstadt ein Bündnis mit Rom, doch kam es bald zum Zerwürfnis und zu kriegerischen Auseinandersetzungen am nahen Trasimenischen See. 130 v. Chr. erhielt Cortona schließlich römisches Bürgerrecht.

Im 12./13. Jh. erlebte die Stadt als freie Kommune eine Blüte und wurde 1325 Bischofssitz. 1409 bemächtigte sich König Ladislaus von Neapel der Stadt, um sie 1411 rasch an Florenz zu verhökern.

Wohin in Cortona?

Hier trifft man sich

★ Piazza Garibaldi, Via Nazionale & Piazza della Repubblica

Cortonas wohl größte Attraktion ist das historische Erscheinungsbild der kompakten Altstadt. Dieses erschließt man sich am besten bei einem Spaziergang. Vom Parkplatz Parcheggio Spirito Santo führt eine Rolltreppe (Scala mobile) zur Piazza Garibaldi hinauf, einem beliebten Treffpunkt Cortonas, der sich zugleich als Startpunkt einer Erkundungstour eignet. (Ein zweiter Stadtzugang ist die Porta Sant'Agostino, ebenfalls mit Parkplatz.) Zuvor lohnt noch ein Abstecher zur außerhalb der Stadtmauer stehenden Kirche San Domenico, die ein schönes Triptychon besitzt, sowie zum hübschen Giardino Pubblico. Ins pralle toskanische Leben kann man sich dann auf der Via Nazionale mit ihren Geschäften, Bars und Cafés stürzen.

Die Haupteinkaufsstraße mündet in Cortonas Zentrum, der zu jeder Tageszeit stimmungsvollen Piazza della Repubblica. An der Westseite des Platzes thront der bereits 1241 urkundlich erwähnte **Palazzo Comunale**. Der Uhrturm und die monumentale Freitreppe wurden im 16. Jh. gebaut; aus dieser Zeit stammen auch die Bemalungen der Deckenbalken im großen Ratsherrensaal. An der Verlängerung der Via Nazionale, der Via Roma, gelangt man zum Palazzo Cinaglia, der eine besonders schöne Totentür besitzt.

1 Sant' Agostino
2 San Benedetto
3 Pal. Mancini-Sernini
4 Palazzo Comunale
5 Chiesa del Gesù (Museo Diocesano)
6 Palazzo Tommasi
7 Museo dell' Accademia Etrusca
8 Teatro Signorelli
9 Palazzo Vescovile
10 Palazzo Fierli

1 Osteria del Teatro
2 La Bucaccia

1 Il Falconiere
2 San Michele

Mittelalterliche Wappenkunde

Piazza Signorelli

Die Gasse neben der Freitreppe des Palazzo Comunale führt aufwärts zur Piazza Signorelli mit dem Palazzo Fierli, dem Teatro Signorelli und dem **Palazzo Casali**. Dieser war im Besitz der im 13. Jh. die Stadtgeschicke dominierenden Familie Casali, die ihn bis 1409 bewohnte. Fassade und Innenhofwände zieren Wappen der Florentiner Stadtvögte, darunter ein Steinwappen mit dem Goldenen Vlies von Francesco dei Medici von 1570. Hier residiert die Etruskische Akademie.

40 Zeilen, eine Sensation

★ Museo dell' Accademia Etrusca (MAEC)

Was für eine Sensation! 1999 veröffentlichten Forscher den Fund eines der bisher bedeutendsten etruskischen Schriftstücke, der 2300 Jahre alten »Tabula Cortonensis« (Tafel von Cortona). Die gemäß eines etruskischen Ritus zerstückelte Bronzetafel – von acht Fragmenten wurden sieben entdeckt – enthält die bisher drittlängste bekannte etruskische Inschrift. Die 40 Zeilen des 46,5 × 28,5 cm großen Dokuments beinhalten einen Vertrag zwischen zwei mächtigen Familienclans aus Cortona, der Olivenhaine, Weinberge und Gehöft eines Petru Sceves unter vielen Erben aufteilt. Zweifelsohne ist es der größte Schatz in Cortonas Museo dell'Accademia Etrusca

(MAEC), das aber auch sonst noch einiges zu bieten hat, darunter nicht zuletzt den herausragenden etruskischen Radleuchter (5. Jh. v. Chr.) mit dem Haupt der Medusa, Delfinen und 16 geflügelten Harpyien. Außerdem belegen Bronzestatuetten sowie Ascheurnen aus Alabaster und Terrakotta die etruskische Kunstfertigkeit.

CORTONA ERLEBEN

UFFIZIO INFORMAZIONI TURISTICHE CORTONA

Piazza Signorelli 9 (Palazzo Casali), Tel. 0575 63 72 23
www.valdichianaretina.com
www.comunedicortona.it

Mitte Juli–Ende September wird Cortona mit dem Fotofestival Cortona on the Move (www.cortonaonthemove.com) Italiens Zentrum für zeitgenössische Fotografie. Die Konzerte des Cortona Mix Festivals sind die Sommerevents schlechthin (1. Aug.-Woche; www.cortonamixfestival.it). Da hat es selbst die seit 1397 abgehaltene Giostra del'Archidado (historischer Armbrust-Wettbewerb; letzte Maiwoche) schwer. Zur Sagra della Bistecca (14./15. Aug.) pilgern die Fans der Steaks vom Chianina-Rind. Und längst nicht nur Vegetarier reisen eine Woche später zur Sagra del Fungo Porcino, dem Steinpilzfest, an.

❶ OSTERIA DEL TEATRO €€

Der bei Italiens Kochmeisterschaften 2017 mit Bronze ausgezeichnete Koch Emiliano Rossi ist der Star der gemütlichen Osteria im Palazzo aus dem 15. Jahrhundert. Aus den saisonalen Menüs sollte man z. B. Trüffelgerichte oder Gnocchi mit Auberginen und Büffelmozzarella probieren.
Via Maffei 2, Tel. 0575 63 05 56
www.osteria-del-teatro.it
Mi. geschl.

❷ LA BUCACCIA €€

Chefin Agostina empfiehlt ihre Kastanienravioli »Sant'Egidio« und die traditionelle Cortona-Küche. Gatte Romano Magi ist ein absoluter Käse-Experte. Serviert wird in den Gewölben des Palazzo Cattani aus dem 12. Jh. (mit Kamin).
Via Ghibellina 17, Tel. 0575 60 60 39
www.labucaccia.it, Mo. geschl.

❶ RELAIS & CHATEAU IL FALCONIERE €€€€

Nostalgie mit 100 % Wellness! Im stilvoll eingerichteten Landhaus (18. Jh.) der Familie Baracchi sind die beiden Zimmer in der Ex-Kapelle San Girolamo besonders gefragt. Unschlagbar sind das Spa und das Sterne-Restaurant Il Falconiere.
Loc. San Martino 370 (bei Cortona), Tel. 0575 61 26 79
www.ilfalconiere.it, im Winter geschl.

❷ SAN MICHELE €€€–€€€€

Gediegen! Weit mehr als nur Hotel, gilt die edle Absteige im Palazzo Baldelli doch manchen schon als »nationales Monument«. Es werden auch Kochkurse und Radausflüge angeboten.
Via Guelfa 15, Tel. 0575 60 43 48
www.cortonaluxuryaccommodation.com

Archäologischer Spaziergang

Etruskergräber

Zwei Rundwege erschließen den Archäologischen Park. Reizvoller als der innerstädtische ist der Circuito Extraurbano zu mehreren Etruskergräbern wie der Tuffstein-Tomba Mezzavia (3./2. Jh. v. Chr.), wo man die seltsame Inschrift »Tutsitui« entdecken kann, und zu den zwei Tumulusgräbern von Sodo (6. Jh. v. Chr.). An der Ostseite des Tumulus 2 (rechtes Ufer des Rio Loreto) wurde eine monumentale, nun restaurierte Altarplattform entdeckt, zu der zehn Treppenstufen hinaufführen. An weiteren Gräbern vorbei geht es zum grandiosen Panther-Mosaik einer von 50 v. Chr. bis ins 5. Jh. bewohnten Römervilla.

MAEC: Piazza Signorelli 9 | April – Okt. tgl. 10 – 19, Nov. – März Di. bis So. 10 – 17 Uhr | Eintritt: 10 € | www.cortonamaec.org

Tumulusgräber: Tumulus 1 nur n. V. (Tel. 0575 63 72 35), Tumulus 2 Di. – So. 8.30 – 13.30 Uhr | Eintritt frei

Ein Platz, zwei Kirchen

★ Piazza del Duomo

Der über einer romanischen Kirche erbaute Dom präsentiert sich heute in der Renaissance-Gestalt von Giuliano da Sangallo (1445 bis 1516) und birgt im Innern einen barocken Hochaltar (1664). Ihm direkt gegenüber steht die 1498 – 1505 errichtete **Chiesa del Gesu**. 1543 wurde sie nach den Plänen von Giorgio Vasari, der auch die Gewölbe im unteren Kirchenschiff mit Fresken verzierte, verändert und um ein zweites Stockwerk erweitert. Das obere Kirchenschiff beheimatet heute das **Museo Diocesano**, dessen wichtigstes Werk, die farbenprächtige »Verkündigung« von Fra Angelico (1433/1434), an der Schwelle zwischen Gotik und Renaissance steht. Von Fra Angelico stammt auch ein Triptychon mit Szenen aus dem Leben des hl. Domenikus auf der Predella. Eine Manufaktur in Florenz schuf nach Vorlagen den prachtvollen Parato Passerini (frühes 16. Jh.), einen Brokatumhang für Papstzeremonien.

Museo Diocesano: Piazza del Duomo 1 | April – Sept. tgl. 10 – 19, Okt. – März Di. – So. 10 – 17 Uhr | Eintritt: 5 €

Die Nr. 2 der Franziskaner

San Francesco

Die ab 1245 erbaute gotische Kirche ist die zweitälteste Franziskanerkirche nach der in Assisi. Den bedeutendsten Kirchenschatz brachte Kirchengründer Bruder Elia im 13. Jh. aus Konstantinopel mit: eine Kreuzesreliquie mit byzantinischer Elfenbeintafel.

Aussichten mit Grandezza

Östlich des Altstadtkerns

Die Via Santa Margherita führt hinauf zur 1897 geweihten Wallfahrtskirche **Santa Margherita**. Der Bau im byzantinischen Stil bewahrt die sterblichen Überreste der hl. Margareta von Cortona (1247 bis 1297) in einem Grabmal (1362) in einem silbernen Reliquienschrein (1646). Zwar fand sie wenig Glück in der Ehe, doch heute ist die

Das Museo dell'Accademia Etrusca entführt in die Welt der Etrusker.

Kirche bei Brautpaaren sehr beliebt. Vielleicht wegen des fotogenen Panoramas, das sich von ihrer Terrasse bietet?

Die großartige Aussicht ist auch die Belohnung für die Mühen des Aufstiegs hinauf zur restaurierten **Fortezza Medicea** (Fortezza del Girifalco). Das Innere und die Bastionen der 1561 von den Medici errichteten Festung sind nun die kulturellen Hotspots von Cortona. Kunstausstellungen, Swing- und Jazzkonzerte und Performances wie das Theater-Spektakel »Shakespeare in Fortezza« (3. Juliwoche) garantieren ein abwechslungsreiches Programm.

Fortezza Medicea: Via di Fortezza | Mitte April–Mitte Juni, Sept. bis Okt. 10–19, Mitte Juni–Aug. 10–20 Uhr | Eintritt: 5 €, zu Events 6 €
www.fortezzadelgirifalco.it

Bedeutende Franziskaner-Stätte

Convento delle Celle

Der hl. Franz von Assisi höchstpersönlich gründete ab 1211 diesen ersten Ordenskonvent am Monte Sant'Egidio, in den er auch nach dem Empfang seiner Stigmata zurückkehrte. Die ersten acht kleinen, kargen Mönchszellen legte er selbst fest. Sehenswert ist neben der Zelle des Franziskus auch das Oratorium der Einsiedelei, die von 1537–1988 von Kapuzinermönchen genutzt wurde

tgl. 7–19 Uhr | Anfrage für Gruppenübernachtungen: Tel. 0575 60 33 62

★★ ELBA · ARCIPELAGO TOSCANO

Provinzen: Livorno (LI), Grosseto (GR) | **Fläche:** 292,4 km² | **Einwohnerzahl:** 34 250

Sieben grüne Inseln und mehrere Eilande, mitten im azurblauen Tyrrhenischen Meer – es verwundert kaum, dass Sonne, Strand und Meer auf dem Toskanischen Archipel nie zu kurz kommen. Das Gute dabei: Schier unerschöpflich sind die Möglichkeiten, all diese Reize aktiv zu erleben. Ob auf der Hauptinsel Elba oder anderswo, Wandern und Mountainbiken, Tauch- und Segelexkursionen sowie Bootsausflüge zu Walen und Delfinen stehen hoch im Kurs.

Mekka für Sonnenanbeter und Aktivurlauber

Die Natur präsentiert sich von ihrer Schokoladenseite, ins rechte Licht gerückt wird sie zudem neuerdings von vielen nachhaltig gestalteten Tourismusangeboten. Ganzjährig locken Touren ins Blütenmeer der mediterranen Macchia oder auf Elbas Bergkämme. Naturfreunde dürfen sich auf den 20 km langen »Sentiero delle Orchidee« (Orchideen-Wanderweg) um den Monte Calamita freuen, auf das 6 km² große Schmetterlingsrefugium nahe San Piero (Elba), auf Capraias Feuchthabitat Lo Stagnone, den einzigen Süßwasserteich des Archipels, oder auf die herrliche Panoramawanderung auf Giannutri zur Punta del Capel Rosso.

Geschafft! Von Elbas Monte Capanne genießen Sie eine herrliche Fernsicht.

Zurecht also bezeichnen die Einheimischen den Nationalpark Toskanischer Archipel (Parco Nazionale dell'Arcipelago Toscano) als »Park der sieben Sterne« oder auch »Juwel im Blauen«. Mit 17 887 ha Land- und 56 766 ha Meeresfläche ist er zugleich das größte Meeresschutzgebiet Europas. Seine rund 747 km² Gesamtfläche berühren die Küsten des toskanischen Festlands ebenso wie die Korsikas. Von den Inseln des Archipels stehen Giannutri, Gorgona und Pianosa komplett unter Naturschutz, Capraia zu 77 %, Elba immerhin noch zu 55 % und Giglio zu 40 %. Die Schutzzonen erstrecken sich des Weiteren über mehrere Eilande und Meeresfelsen.
Das Herz und zugleich die Kernzone des Parks ist die nur mit Sondergenehmigung zu besuchende Insel Montecristo samt umliegendem Meer. Auch der Zugang zu Pianosa, Capraia, Giannutri und Gorgona ist limitiert. Inselhüpfer sollten sich daher an das Tourismusbüro des Nationalparks, den Infopark (▶ S. 118), wenden.

Piombino

Von Blei zu Stahl

Fährhafen

Piombino (34 050 Einw.) ist in erster Linie der wichtigste Fährhafen für Elba, eine Überfahrt nach Portoferraio auf Elba dauert rund eine Stunde. Wer auf die nächste Verbindung warten muss, kann aber auch eine Stippvisite ins Städtchen unternehmen.Der Name Piombino leitet sich von »piombo« (Blei) ab – im nahen Populonia wurde schon im Altertum das Erz der Insel Elba verhüttet. Bis heute köchelt ein Stahlwerk in Piombino. Stadtgeschichtlich kurios ist die Kurzregentschaft von Elisa Bonaparte Baciocchi. Napoleon schenkte seiner Schwester 1805 Piombino. Die war bis 1814 gar Großherzogin der Toskana.

Archäologische Schatzgruben

Museo Archeologico del Territorio di Populonia

Außer einem Altstadtbummel lohnt vor allem das Museo Archeologico del Territorio di Populonia einen Besuch. Es zeigt 3000 Artefakte, darunter etruskische Schmelzöfen, eine prähistorische Bison-Gravur und die mit 132 Applikationen verzierte Amphore von Baratti (4. Jh.). Fischer Gaetano Graniero zog das Silbergefäß 1968 aus dem Golf!
Multimedial gestaltet ist das **Museo del Castello e delle Ceramiche Medievali** im Medici-Kastell. Die Topattraktion sind hier Hunderte aus der Kirche Sant'Antimo sopra i Canali geborgene Keramiken (13. Jh.).

Museo Archeologico del Territorio di Populonia: Piazza Cittadella 8
März – Mai, Okt. Sa., So. 10 – 18, Juni – Sept. Di. – So. 10 – 18, Nov. – Feb. Sa., So. 10 – 17 Uhr | Eintritt: 7 € | www.parchivaldicornia.it
Museo del Castello e delle Ceramiche Medievali: Via delle Mura
März – Mai, Okt. Sa., So. 10 – 18, Juni – Sept. Mi. – Mo. 10 – 18, Nov. bis Feb. Sa., So. 10 – 17 Uhr | Eintritt: 6 € | www.parchivaldicornia.it

ARCIPELAGO TOSCANO ERLEBEN

FÄHRGESELLSCHAFTEN
www.toremar.it
www.moby.it

MOBY LINES EUROPE GMBH
Infos und Tickets gibt es in Deutschland über das Büro der Moby Lines Europe.
Wilhelmstr. 36 - 38,
65183 Wiesbaden, Tel. 0611 1 40 20
www.mobylines.de

HAFEN PIOMBINO
Piazzale Premuda 6/a
57025 Piombino
Tel. 0565 22 92 10,
www.ap.piombinoelba.it

AGENZIA PER IL TURISMO DELL'ARCHIPELAGO TOSCANO
Calata Italia 44, 57037 Portoferraio (Elba), Tel. 0565 91 46 71
Mo.-Fr. 9-13 Uhr, www.visitelba.info, www.visitelba.de

PARCO NAZIONALE ARCIPELAGO TOSCANO
Località Enfola, 57037 Portoferraio (Elba), Tel. 0565 91 94 11
Mo.-Fr. 9-13, Di., Do. auch 14.30-16 Uhr, www.islepark.it

INFOPARK
Das Tourismusbüro des Nationalparks erteilt Auskünfte, betreibt einen Buchladen und übernimmt Reservierungen.
Calata Italia 4, 57037 Portoferraio (Elba), Tel. 0565 90 82 31
April-Okt. tgl. 9-19, Aug. Di. und Do. bis 22 Uhr, sonst verkürzte Öffnungszeiten, www.parcoarcipelago.info

PRO LOCO ISOLA DEL GIGLIO E GIANNUTRI
Via Provinciale 9, 58012 Giglio Porto (Giglio), Tel. 0564 80 94 00
Di.-Do. 9-17, Fr.-Mo. 9-18 Uhr
www.isoladelgiglio.it

DA LUCIANO €€-€€€
Gemütliches Lokal mit schöner Terrasse direkt über dem Golf von Biodola, auf der man bei Sonnenuntergängen immer in der ersten Reihe sitzt! Unser Tipp: die »Antipasti di mare« probieren! Immer tagesfrische Fischgerichte bei gutem Preis-Leistungs-Verhältnis. Günstige Weine. Ideal für eine lauschige Sommernacht!
Loc. Scaglieri, 57037 Portoferraio-Biodola (Elba), Tel. 0565 96 99 52
https://de-de.facebook.com/dalucianoscaglieri/

LA RADA €€-€€€
Abseits vom Trubel und doch stets voll! Ristorante/Pizzeria mit schönem Blick über die Bucht von Portoferraio. Die drei gesetzteren Damen in der Küche bereiten leckerste Traditionsgerichte zu. Sehr zu empfehlen sind z. B. die Gnocchi mit Weißfisch (»pesce bianco«) oder die Tagliolini mit leckerer pikanter Tomaten-Tintenfisch-Sauce (»Tagliolini con polpo«).
Loc. San Giovanni, 57037 Portoferraio (Elba), Tel. 0565 91 56 52
www.eatelba.it/ristoranti-portoferraio/la-rada.html

GRAN BAR LA PERLA €
Der Promenadentreff! Auf der schattigen, überdachten Terrasse mit dem Buch- und Zeitungsladen Libreria Rigola (Nr. 25) lässt es sich bei Mario Mazzei prächtig zu leckeren Snacks,

süßen Torten, Eis und leckerem Aperitif plaudern.
Piazza della Vittoria 29
57033 Marciana Marina (Elba)
Tel. 0565 90 41 33

LA DOLCE VITA €
(Noch) ein Geheimtipp! Der Clou in Anna Mazzeis Cafébar ist die herrliche Außenterrasse mit Talblick bis Marciana Marina. Dazu ist alles günstig, ob nun Panini und Schiaccine, z. B. mit Wildschweinschinken (5–8 €), oder marinierte Sardinen (»alici marinate al lemone«) für 9 €. Nebenan gibt es im Laden Borgo del Poggio Bio-Lebensmittel und Elba-Wein (Via della Fontanella 13).
Piazza del Castagneto
57030 Poggio (Elba)

BELMARE €€€
Ein kleines Ferienhotel an der Strandpromenade von Porto Azzurro. Aus einigen Zimmern hat man einen herrlichen Blick aufs Meer. Die Betreiber organisieren auch Segeltörns, Mountainbike-, Trekking- und Kajaktouren.
Banchina IV Novembre 21
57036 Porto Azzurro (Elba)
Tel. 0565 9 50 12
www.elba-hotelbelmare.it

★★ Elba

»Ilva«, Eiseninsel, nannten schon die Etrusker ihre erzreiche Insel, mit der sie ihre Vorherrschaft in Italien begründeten. Und auch Rom beutete die Gruben ab den ersten Koloniegründungen 246 v. Chr. über Jahrhunderte aus. Im Mittelalter wurde Elba von sarazenischen Piraten heimgesucht, bis im 11. Jh. die Republik Pisa die Herrschaft übernahm. Auf die Medici (1546 – 1559) folgten bis 1799 die spanischen Habsburger. Berühmtheit erlangte Elba ab Mai 1814 mit der Verbannung Napoleons hierher. Seine in kürzester Zeit erlassenen Reformen gelten nun als Glücksfall für die Insel. Doch Bonaparte verließ Elba am 26. Februar 1815 – klammheimlich. Geschichte
Eisen liefert Elba schon seit 1982 nicht mehr. Dennoch liegt Elba (223,5 km²; 32 150 Einw.) heute voll auf Kurs, vor allem dank des Tourismus. Aber auch wiederbelebte Weinberge und Bioanbau allerorten zeugen vom Neuanfang, was auch die bunten Märkte in den Küstendörfern und die grandiose Inselküche bereichert.

Napoleon war hier!
Modernes »Wahrzeichen« der Inselhauptstadt Portoferraio (12 000 Einw.) ist eine prächtige anthrazitfarbene Riesenjacht. Giorgio Armanis »Modeschlachtschiff« liegt regelmäßig an der Mole des wunderbaren Naturhafens vor der auf einer felsigen Landzunge erbauten Altstadt. Den Ortsnamen »Eisenhafen« bezeugen eigentlich nur noch die farbenprächtigen Mobylines-Fähren und manches Fischerboot am Fischereihafen, der Darsena. Portoferraio hat sich längst zum eleganten Laufsteg gewandelt, die Altstadt ist verkehrsberuhigt ★ Portoferraio

und so lässt es sich herrlich auf der Promenade flanieren. Man stromert durch die Altstadtgassen, bewundert Arrangements und Auslagen von Edelboutiquen und -geschäften oder lässt sich in Bars, Cafés und Restaurants mit Inseldelikatessen und Aperitifs verwöhnen. Ein Dutzend Gelaterie (Eisdielen) wetteifern um die Krone des Geschmacks, auch mit fantastischem Feigen-Joghurteis.
Wer Portoferraio, das Cosimo I. de Medici ab 1548 zur Musterfestung militärischer Renaissance-Architektur ummodelte, per pedes erkunden will, hat leichtes Spiel. Folgen Sie einfach den Wegweisern des Sentiero Mediceo durch die Altstadt, die bis 1919 durch einen Wassergraben von der Insel getrennt war. Schöner – und in der kompakten Altstadt problemlos möglich – ist es aber vielleicht, der eigenen Nase zu folgen, um auch Überraschendes zu entdecken.
Wie Sie sich auch entscheiden, folgende Sehenswürdigkeiten sollten bei Ihrem Spaziergang nicht fehlen: In der **Chiesa della Misericordia** in der Via Garibaldi wird alljährlich am 5. Mai eine Seelenmesse für Napoleon gelesen. Im Museo dei Cimeli Napoleonici nebenan sind eine Bronzenachbildung der Totenmaske Napoleons und der Gipsabguss seiner Hand die Hingucker.
Die Dauerausstellung in den **Fortezze Medicee** (Zugang Via Guarazzi) widmet sich den Bemühungen Cosimos I., mit ab 1555 errichteten Verteidigungsanlagen und Bastionen seine ideale Festungsstadt »Cosmopolis« zu schützen. Ein Gewirr aus Mauern verbindet die Fortezza mit der **Forte Falcone** (Falkenfeste) westlich der Piazza.
Die ab 1724 erbaute **Villa dei Mulini** ließ Napoleon 1814 umbauen. Das Mobiliar konfiszierte der klamme Kaiser der Franzonen bei Schwester Elisa in Piombino. Napoleons Prunkbett im Schlafzimmer ist original, im Vorzimmer illustrieren nun Zeichnungen Lebensepisoden des Korsen. Viel Mobiliar verschwand nach der Flucht spurlos und wurde durch neues aus dem Palazzo Pitti in Florenz und aus Pisa ersetzt. Mit der Villa San Martino (► S. 122) bildet die Villa dei Mulini das Nationalmuseum der Napoleon-Residenzen auf Elba.
Im **Museo Civico Archeologico** erregen weniger die antiken Museumsexponate Aufmerksamkeit, als vielmehr das ehemalige Verließ im Torre della Linguella. Hier lag der Brigant und Königsattentäter Giovanni Passannante zehn Jahre in Ketten – in einer 2 m^2 großen und 140 cm hohen Zelle! Und ein Unschuldiger, der Barbier Niccolo Quintavalle aus Elbas Dörfchen Capoliveri, saß als Aufrührer 17 Monate ein. Sein verdächtiges Vergehen: Er rasierte beidhändig – mit zwei Messern!
Zu guter Letzt lohnt noch ein Abstecher ins einmalige, hufeisenförmigen **Teatro dei Vigilanti**. Napoleon ließ es in die säkularisierte Chiesa del Carmine einbauen. Einmalig ist der Aufstieg hoch in den »Olymp« (4. Rang). Wer die Möglichkeit hat, sollte eines der vielen Konzerte besuchen.

Sonnenanbeter und Wassersportfreunde kommen an der Spiaggia di Sansone voll auf ihre Kosten.

Museo dei Cimeli Napoleonici: tgl. 9.30 – 12, 15 – 17 Uhr | Eintritt: 1 €
Fortezze Medicee / Forte Falcone: April – Mitte Juni und Mitte Sept. – Okt. tgl. 10 – 16.40, Mitte Juni – Mitte Sept. tgl. 10 – 20 Uhr
Eintritt: 5 €
Villa dei Mulini: April – Okt. Mi. – Sa. und Mo. 8.30 – 19.30, So. 8.30 bis 13.30, Nov. – März Mi. – Mo. 8.30 – 13.30 Uhr | Eintritt: 5 €, mit Villa San Martino 8 €
Museo Civico Archeologico della Linguella: April – Mitte Juni und Mitte Sept. – Okt. tgl. 10 – 13, 15.30 – 19.10, Mitte Juni – Mitte Sept. tgl. 9.30 – 13.30 und 17.30 – 24 Uhr | Eintritt: 4 €
Teatro dei Vigilanti: Piazza Gramsci, April – Okt. Mo. – Sa. 9 – 13 Uhr
Eintritt: 3 € | www.toscanaspettacolo.it/teatro/teatro-dei-vigilanti

Inselvillen im Wandel der Zeit

Villa Romana delle Grotte

Es braucht nicht viel Fantasie, um nachvollziehen zu können, warum Elba seit Menschengedenken ein beliebter Ort für opulente Residenzen war. Einige Beispiele lassen sich rund um Portoferraio bewundern. Den Anfang macht Elbas archäologisches Aushängeschild, die

gut restaurierte, 1960 freigelegte **Villa Romana delle Grotte** (1. Jh.), die vor allem wegen ihrer spektakulären Panoramalage 6 km südöstlich von Portoferraio begeistert.
Klotzen, nicht kleckern! Diese Devise galt beim Bau der 1852 errichteten, neoklassizistischen **Villa Demidoff** des gleichnamigen russischen Adligen, 6 km südwestlich von Portoferraio. Links neben dem Palast führt ein Weg hinauf zu der vergleichsweise schlichten Sommerresidenz Napoleons, der **Villa San Martino**. Pompös ist nur der die Siege des Korsen glorifizierende Speisesaal im ägyptischen Stil. Mit etwas Glück erhascht man von der Terrasse einen Blick in Napoleons Bad mit Marmorwanne und Wandgemälde einer nackten Dame mit der Inschrift »Qui odit veritatem odit lucem« (»Wer die Wahrheit hasst, hasst das Licht«). Das Freilichtmuseum **Italo Bolano** im nahen Valle di San Martino zeigt 24 Skulpturen des Inselkünstlers und Gemälde zu Napoleons Leben.

Villa Romana delle Grotte: Mitte Juni – Mitte Sept. tgl. 9 – 12, 17.30 bis 20, Mai – Mitte Juni und Mitte – Ende Sept Sa., So. 9.30 – 12.30, 16 bis 19.30 Uhr | Eintritt: 4 €
Villa Demidoff / Villa San Martino: April – Okt. Di. – Sa. 8.30 – 19, So. 8.30 – 13, Nov. – März Di – Sa. 8.30 – 15, So 8.30 – 13 Uhr
Eintritt: 5 €, mit Villa dei Mulini 8 €
Museo Italo Bolano: März – Okt. Mo. – Sa. 10 – 12.30, 16 – 20 Uhr
Eintritt frei | www.italobolano.com

La dolce vita …

Procchio, Marciana Marina, Patresi

… wartet in Procchio. Der Ort nennt einen der schönsten Inselstrände sein Eigen und ist zugleich die Heimat des besten Wochenmarkts von Elba: Der Mercato della Terra e del Mare findet immer samstags von 9 bis 13 Uhr statt. Erliegen Sie unbedingt auch der süßen Versuchung »schiaccia briaca« – der »betrunkene Fladen« ist eine Köstlichkeit aus einem Hefeteig, Nüssen und Sultaninen sowie einem Dessertwein und Likör. Auf der Hafenpromenade von Marciana Marina spaziert man bis zum »Sarazenenturm« aus pisanischer Zeit. Oberhalb fanden in Poggio schon Greta Garbo, der malende Premier Winston Churchill und Surrealist Giorgio de Chirico Muße, heute kommen vor allem Radwanderer. Am tiefblauen Meer von Patresi schweift der Blick bei gutem Wetter oft bis Korsika.

Das Dach Elbas

Marciana Alta, Monte Capanne

Das Bergdorf bezaubert durch verwinkelte Gassen und die Reste einer um 1450 ausgebauten pisanischen Festung. Das Nationalparkhaus an der Feste präsentiert Flora und Fauna des Archipels. Hier starten Trekkingpfade und der Pflasterweg zur Wallfahrtskirche Madonna del Monte mit 1995 entdeckten Fresken von Sodoma (40 Min.).
Zahlreiche Wanderwege locken auch auf Elbas höchsten Berg, den Monte Capanne (1018 m), der dank Seilbahn bequem zu erreichen

ist. Bereits die 18-minütige Fahrt in den offenen, gelben »Käfigen« nach oben ist ein Erlebnis – und für Menschen mit Höhenangst eine kleine Mutprobe! Der »steinerne Panettone« entstand aus untermeerischem Magma, das Panorama ist einzigartig.

Seilbahn Marciana – Monte Capanne: April – Juni, Okt. tgl. 10 – 13, 14.20 – 17, Juli – Sept. bis 17.30 Uhr, letzte Talfahrt 18 Uhr | Ticket: 6 €

Sehen und gesehen werden ...

Marina di Campo

... heißt es im zu Campo nell'Elba (4800 Einw.) gehörenden Südküsten-Seebad Marina di Campo. Sein 1,4 km langer Sandstrand ist der längste und breiteste Elbas. Tagsüber locken Wassersport, Segel-, Surf- und Tauchschulen sowie Ausflüge nach Pianosa und zu Walen

FALTERPRACHT

Sie flattern von Blüte zu Blüte, grazil und federleicht schwirren sie durch die Luft. Und ein bisschen Geduld benötigt es schon, will man die paradiesisch bunten »farfalle« aufs Foto bannen. Rund 50 Schmetterlingsarten wurden am Monte Capanne gezählt. Einige davon wird man sicher sehen, wenn kundige Guides Sie während der Wanderfestivals (April, Okt.) des Nationalparks Toskanischer Archipel auf eine unvergessliche, vierstündige Exkursion entlang der Kammwege des Berges mitnehmen. Auskünfte zu den Touren und dem ganzjährig begehbaren Schmetterlingsweg erteilt Infopark (► S. 118).

und Delfinen. Abends zieht es Flaneure und Nachtschwärmer in die Bars und Restaurants rund um den »Mediciturm«, ein pisanisches Festungswerk aus dem 12. Jahrhundert. Im Hinterland entwickelt sich **San Piero in Campo** zum Wander-Eldorado, in Richtung Lacona im Ortseil La Foce können im Aquarium von Elba auch Nicht-Taucher die mediterrane Unterwasserwelt bestaunen.

L'Acquario dell'Elba: April–Ende Mai, Mitte Sept.–Mitte Okt. 9–19, Juni–Mitte Sept. 9–23.30 Uhr | Eintritt: 9 € | www.acquarioelba.com

★ Capoliveri

Hotspot für Aktivurlauber

Was kann es Schöneres geben, als nach einem aktiven Tag im Reiter-, Wanderer- und Radlerparadies rund um den Monte Calamita abends das verdiente Mahl und einen Spaziergang durch romantische Gässchen zu genießen? Hierzu trifft man sich im trendig schicken, schwer angesagten Dorf Capoliveri rund um die große Piazza. Wenn es für allzu viel Bewegung zu heiß ist, warten der nahe Golfo della Lacona und der Golfo Stella mit Top-Sandstränden auf.

Porto Azzurro

Fischer-Feeling

Der Name ist Programm. Am anmutigen »azurblauen Hafen« von Porto Azzurro (3750 Einw.) darf man sich den spätnachmittäglichen Corso und die ausgezeichneten Fischrestaurants nicht entgehen lassen. Das unter Philipp II. von Spanien erbaute sternförmige Fort Longone ist seit 1858 Gefängnis. Zur Resozialisierung werden auch Theateraufführungen für Gäste geboten.

Rio Marina

Süße Sünden

Naschkatzen kommen an Rio Marina, dem ehemaligen Erzverladehafen Elbas, nicht vorbei. Der Ort ist die Heimat des wohl besten Süßwarenbäckers der Insel. Die Pasticceria Muti & Lupi in der Via Palestro 13 kredenzt eine preisgekrönte Schiaccia briaca und das »Matrosenbrot«, das Pane del Marinaio. Wer gleich wieder ein paar Kalorien loswerden will, kann sich den Trekkingtouren in Elbas Mineralienpark anschließen, die vom **Mineralienmuseum** im Palazzo del Burò angeboten werden.

Via Magenta 26 | Juli, Aug. tgl. 9.30–12.30, 16.30–19, April–Juni, Sept., Okt. 9.30–12.30, 15.30–18.30 Uhr | Eintritt: 2,50 €
www.parcominelba.it

★ Volterraio

Spektakuläre Burg

Nach Jahren der Renovierung ist die spektakuläre, ab 1284 vom Pisaner Gherardu Rau erbaute Fluchtburg auf dem 394 m hohen Bergkegel auch im Inneren wieder zugänglich, allerdings nur mit Guides des Nationalparks. Von hier konnten feindliche Schiffe frühzeitig gesichtet werden. Die Aussicht von der Fortezza del Volterraio ist alle Aufstiegsmühen wert.

Im Bergdorf Giglio Castello sollten Sie den Inselwein Ansonaco probieren.

Tour ab Büro Infopark in Portoferraio jeden So. 10 Uhr, Dauer 3 Std.; ab den Lavatoi (histor. Waschstellen) in Rio nell'Elba So. 10.10 Uhr, Dauer 2 Std. 45 Min. | Eintritt: 20 € (Buchung nur über Infopark)

★ Isola del Giglio

Die grüne, bergige Insel (21,2 km²; 1440 Einw.), die zweitgrößte des Archipels, geriet im Januar 2012 weltweit in die Schlagzeilen, als das Kreuzfahrtschiff **»Costa Concordia«** an einem Felsen direkt vor der Küste leckschlug und strandete. Das Wrack ist nach aufwendiger Bergung verschwunden, Giglio wieder ein Eldorado für Ruhesuchende, Badeurlauber und Taucher. Attraktive Sandbuchten liegen nördlich und südlich der Halbinsel Lazzaretto und im Taucher-Mekka Campese.

Zauberhaftes Bergdorf

Giglio Porto & Giglio Castello

In Giglio Porto, dem Fährhafen der Insel, stehen die Häuschen fächerförmig entlang der Kaimauern. Rund um die wuchtige Torre del Porto geht es geschäftig zu, buhlen Restaurants, Bars und Läden um Kundschaft.

Der eigentliche Hauptort der Insel liegt jedoch in luftiger Höhe. Eine Serpentinenstraße führt ins 400 m hoch gelegene Giglio Castello.

Schlendern Sie hier unbedingt durch den Borgo genannten historischen Dorfkern. Innerhalb der Ringmauern prägen verwinkelte Gassen und die ortstypischen schmalen, steilen Außentreppen das Bild. Spannend ist auch der Kirchenschatz in einer Seitenkapelle von **San Pietro Apostolo** (15. Jh.), darunter zwei Säbel und eine Piratenpistole mit Intarsien, die Korsaren aus Tunis beim missglückten Überfall am 18. November 1799 zurückließen. Sie hatten vor der Eroberung Fässer voll Ansonaco geleert.
Bevor Sie diesen weißen Inselwein selbst einer Prüfung unterziehen, ruft noch die **Rocca Aldobrandesca** mit ihrem großartigen Panorama. Anschließend haben Sie sich ein Gläschen verdient!

Taucher-Dorado

Campese

Berge und Meer gehen auch auf Giglio die für Italien so typische Symbiose ein: Campese, das malerische einstige Dorf der Fischer und Minenarbeiter (ca. 200 Einw.), lockt mit klassischem Strandvergnügen und Tauchexkursionen. Und dem **Torre di Campese**. Hier wohnte lange ein Exzentriker aus Genua: Der skurrile Abenteurer Enrico Alberto d'Albertis (1846–1932) reiste auf den Spuren des Kolumbus um den Globus und hinterließ das Museum der Kulturen der Welt in Genua sowie 103 Meridiane. Einer davon befindet sich am Turm, auf einer Marmorplatte an der Hauswand gegenüber.

Naturparadies mit Mehrwert

★ Giannutri

Unter passionierten Tauchern und Schnorchlern ist Giannutri (2,6 km²; ca. 20 Einw.), das von Giglio und Porto Santo Stefano auch im Rahmen von Mini-Kreuzfahrten zu erreichen ist, ein heißer Tipp. Von Mai bis Oktober dürfen täglich nur 300 Besucher und nur mit Guide auf die in Schutzzonen gegliederte Insel. Der Inselhauptweg führt zur Cala Maestra. Oberhalb baute eine römische Patrizierfamilie eine luxuriöse Prachtvilla (1./2. Jh.), die aber nach Unfällen für den Publikumsverkehr geschlossen wurde. Konkurrenzlos ist die Wanderung zur **Punta del Capel Rosso**. Am Weg zum von Korallenmöwen umkreisten Leuchtturm blüht Macchia mit Zistrosen und Wacholder, auch der als Gurkenkraut bekannte Borretsch (ital. Borragine) ist zu entdecken.

Weitere Inseln im Archipel

Dorado für Wassersportler und Hobbyornithologen

Capraia

Die 19,26 km² große Insel Capraia (410 Einw.) war bis 1986 Strafkolonie. Heute ist die »Ziegeninsel« ein Dorado für Segler, Taucher und Schnorchler. Sandstrände hat es keine, doch verfügt der Kiesstrand La Grotta über Sonnenschirme, Liegen und Snack-Bar. Rund um den Inselberg Monte Castello (447 m) sind Naturausflüge angesagt, z. B. auf einem alten römischen, von blühendem Oleander gesäumten

Maultierpfad zur Cala dello Zurletto. Der Süßwasserteich Lo Stagnone ist ein Refugium für Zugvögel. Am Monte Campanile kreisen Mäusebussard und Turmfalke, in den Steilkippen nisten Meeresvögel.
Agenzia Viaggi Parco: Via Assunzione 42 (Hafen), Capraia
Tel. 0586905071 | www.isoladicapraia.it

Unberührtes Inselidyll

★ Pianosa

Auch auf Pianosa, Italiens einstiger »Teufelsinsel« (10,25 km²), war bis 1998 ein Hochsicherheitsgefängnis. Mit der Übernahme durch den Nationalpark Toskanischer Archipel hat sich die besonders streng geschützte Insel zum Musterbeispiel des nachhaltigen Tourismus entwickelt. Wie in einer Zeitkapsel gefangen, präsentiert sich das nach der Gründung Italiens 1865 erbaute Inseldorf in völliger Stille. Man kann die weitgehend flache Insel – daher ihr Name Pianosa, »die Flache« – nur auf geführten Touren als Wanderer, Mountainbiker und im

BAEDEKER MAGISCHE MOMENTE

FERNBLICK MIT TÜRKISFARBENEM MEER

Nur Möwengeschrei und das Rauschen der Brandung unterbrechen die Stille am Leuchtturm (»faro«) an Giannutris Punta Rossa. Oberhalb der Steilklippen bieten sich unvergessliche Blicke auf das im irisierenden Sonnenlicht türkisfarben leuchtende Meer. Am eher selten besuchten Weg zum Leuchtturm gedeiht zudem einzigartige Natur. Der toskanische Archipel von seiner Schokoladenseite!

Planwagen erkunden oder an der Cala Giovanna nahe der Anlegestelle unterhalb des Forte della Tegla baden und schnorcheln. Im Dorf lohnen Abstecher zum antiken römischen Hafen (Porto Romano) an der Darsena d'Augusto und zum von Palästen umstandenen Porticiello. »Katakomben-Karl« (Carlo »delle Catacombe«), einziger offizieller Inselbewohner, öffnet die Tür zu den im 3. und 4. Jh. erbauten Katakomben unter dem Dorf. Und die Reste der Bagni di Agrippa (1. Jh.) am Ende der Cala Giovanna erinnern an Pianosa als Verbannungsort und manchen antiken römischen Krimi. Hinter Pianosas Dom öffnet sich der Durchlass in der 6 m hohen Muro Dalla Chiesa ins einstige Sperrgebiet, zu Wacholder, Orchideen und Korallenmöwen, zum alten Gefängniskomplex Il Marchese, zum Leuchtturm und zum Blick auf die Felsscholle La Scarpa (der Schuh): einmalig!

Schatzinsel im Tyrrhenischen Meer

Isola di Montecristo

Montecristo (10,39 km^2) ist das nahezu uneingeschränkte Reich von Inselwärter Giorgio und seiner Frau. Hinzu kommen zwei Beamte der Forstverwaltung, die alle 15 Tage abgelöst werden. Seit 1971 steht die Insel, über der der 645 m hohen Monte Fortezza thront, unter strengem Naturschutz, 1979 kam eine 1 km breite maritime Schutzzone hinzu. Vertreter der heimischen Flora und Fauna sind etwa die Montecristo-Ziege, der Mittelmeer-Sturmtaucher, Steineiche und Mittelmeer-Wacholder. Berühmt wurde die Insel durch Alexandre Dumas' 1846 erschienenen Bestseller »Der Graf von Monte Christo«. Den im Roman erwähnten Schatz gibt es übrigens tatsächlich. Gefunden wurde er 2004 in der Kirche des Hl. Mamilian in Sovana (► S. 287): 498 Gold-Solidi aus dem 5. Jh. n. Chr.!
Wer sich für die Naturschätze der Insel interessiert, sollte auch das Naturgeschichtliche Museum neben der Königsvilla besuchen, das sich der Biodiversität der Insel widmet. Zugänglich ist Montecristo allerdings nur nach langwieriger Voranmeldung auf geführten Exkursionen.

★ FIESOLE

Provinz: Florenz/Firenze (FI) | **Höhe:** 295 m ü. d. M. |
Einwohnerzahl: 13 950

Wer eben noch im stickig schwülen Arnotal ins Auto gestiegen ist, wird nach kurzer Fahrt in Fiesole angekommen, nachvollziehen können, warum die Florentiner allzu gern der Hitze in ihre Sommerfrische entfliehen. Das schöne, gerade 8 km entfernte Städtchen liegt in wunderschöner Natur perfekt eingebettet zwischen zwei Hügeln und ist auch gut mit Nahverkehrsmitteln zu erreichen.

Dass auch schon sehr viel früher Wohlhabende ihre herrschaftlichen Villen in und um Fiesole bauen ließen, hatte neben dem angenehmeren Klima auch handfeste medizinische Gründe. So wollte man der gefürchteten Malaria und etwaigen Epidemien entgehen, wie sie Boccaccio so trefflich im »Dekameron« beschrieb, dessen Handlungsort in Fiesole angesiedelt ist. Schon die Etrusker, die das antike Faesulae im 6. Jh. v. Chr. gründeten, wollten trotz mancher Vorteile nie im Tal wohnen. Rom baute hier unter Augustus Theater und Thermen, die Legionäre mussten aber mehrheitlich am sumpfigen Arno wohnen, im von Julius Caesar gegründeten Fiorentia. Viele berühmte Toskana-Reisende taten es den antiken Vorbildern gleich und logierten hier.

Florenz' Sommerfrische

Wohin in Fiesole?

Darum in die Ferne schweifen!

★ Sant' Alessandro

Schon die Anfahrt nach Fiesole macht klar: Auch wenn Fiesole selbst Sehenswertes zu bieten hat, so ist doch eine der Hauptattraktionen des Städtchens die Aussicht auf den ungleich berühmteren Nachbar, auf das im Sommerdunst flimmerende Häusermeer von Florenz und Brunelleschis sagenhafte Kuppel. Wer mit dem öffentlichen Bus Nr. 7

In der Antike Tragödien, heute Rock und Pop. Das Teatro Romano von Friesole ist eine großartige Bühne.

anreist, der im 15-Minuten-Takt von der Piazza San Marco in Florenz startet, kann diese genießen, ohne auf den regen Straßenverkehr achten zu müssen. In Fiesole selbst öffnet sich von der **Aussichtsterrasse** von Sant'Alessandro ein schöner Blick auf die Arnometropole.
Von der **Piazza Mino da Fiesole**, dem Hauptplatz des sympathischen Orts, führt zwischen Bischofspalast und Seminargebäude ein Weg hinauf zu der nur für Ausstellungen geöffneten Basilika.

Fiesoles Wahrzeichen

Duomo San Romolo, Museo Bandini

An der Nordseite der Piazza Mino da Fiesole erhebt sich der 1024 begonnene, dreischiffige Dom San Romolo, der im 13. und 14. Jh. erweitert und im 19. Jh. verändert wurde. Sein weithin sichtbarer, gut 42 m hoher Kampanile (1213) prägt das Ortsbild. Giovanni della Robbia schuf die Terrakottastatue des Kirchenpatrons.
Nördlich an den Dom schließt sich das Museo Bandini an, das sakrale Kunstwerke, u. a. Bilder der Della-Robbia-Schule, zeigt.

Museo Bandini: April – Sept. Fr. – So. 9 – 19, März, Okt. Fr. – So. 10 – 18, Nov. – Feb. Fr. – So. 10 – 15 Uhr | Eintritt: 5 €, mit Archäologischem Museum und Archäologischer Zone 12 € | www.museidifiesole.it

Römisches Erbe

★ Zona Archeologica & Museo Archeologico

Nordöstlich hinter dem Dom liegt das Ausgrabungsgelände Fiesoles mit dem Anfang des 19. Jh.s wiederentdeckten römischen Theater. Es wurde in der frühen Kaiserzeit erbaut und unter den Kaisern Claudius und Septimius Severus erweitert. Mit einem Durchmesser von 34 m bietet das Halbrund 3000 Zuschauern Platz. Im Sommer finden hier Klassik- und Popkonzerte statt.
Zur archäologischen Zone gehört ferner die römische Thermenanlage, die ebenfalls aus der frühen Kaiserzeit stammt und unter Kaiser Hadrian erweitert wurde. Obwohl die von mächtigen Pfeilern getragenen Bögen stets sichtbar waren, erkannte man erst Ende des 19. Jh.s, dass es sich dabei um die Überreste eines Bades handelt, und legte den Komplex frei. In der Nordwestecke befinden sich Relikte eines römischen und eines etruskischen Tempels (3. bzw. 1. Jh. v. Chr.). Das Gelände wird von den Überbleibseln der etruskischen Stadtmauer begrenzt.
Das kleine archäologische Museum oberhalb des römischen Theaters zeigt etruskische und römische Funde, z. B. Reste eines Marmorfrieses für die Bühnendekoration des römischen Theaters, eine Grabstele (470 – 460 v. Chr.; mit Totenmahl, Tanz und Kampf von Tieren) oder die Nachbildung des Kopfes von Kaiser Claudius (41 – 54).

April – Sept. tgl. 9 – 19, März, Okt. tgl. 10 – 18, Nov. – Feb. Mi. – Mo. 10 – 15 Uhr | Eintritt: Archäologische Zone 7 €, mit Archäologischem Museum 10 €, mit Archäologischem Museum und Museo Bandini 12 € | www.museidifiesole.it

FIESOLE ERLEBEN

Via Portigiani 3, Tel. 055 5 96 13 11
www.fiesoleforyou.it

CAFFÈ/PASTICCERIA LORENZO €–€€

Das Café mit Filiale in Florenz (Ecke Viale Volta/Via Dogali) bietet tgl. 12–15 auch ein schnellen Mittagstisch und 18–21 Uhr den Aperitif mit reichem Buffet. In der Pasticceria backt Lorenzo Giovanchelli auch glutenfreie Frühstückshörnchen (Cornetti).
Via Faentina 154, Tel. 055 5 04 00 05
https://www.facebook.com/caffelorenzofirenze, tgl. 6 – 20.30 Uhr

LA CASA DEL PROSCIUTTO €€

Die Trattoria an der SP 54 oberhalb von San Domenico überzeugt durch sehr gute bodenständige Küche zu fairen Preisen. Und natürlich gibt es auch Klassiker wie Taube vom Grill (Piccione alla Griglia).
Via dei Boscioni 58, Loc. Olmo
Tel. 055 54 88 30, www.casadelprosciutto.com, Di. ganztägig und Mi. mittags geschl.

LA REGGIA DEGLI ETRUSCHI €€€

Ins La Reggia degli Etruschi fahren die Florentiner gerne an Wochenenden – auch wegen des tollen Blicks auf ihre Heimatstadt. Für die großartige Küche sorgt Chefkoch Leonardo: Vom originellen Appetizer bis zu Käseauswahl und Desserts ist alles vom Feinsten. Die Weinkarte zieren auch Super-Toskaner wie Tignanello oder Sassicaia.
Via San Francesco 18
Tel. 055 5 93 85
www.lareggiadeglietruschi.com

BELMOND VILLA SAN MICHELE €€€€

Das Nonplusultra! Das Belmond im ehemaligen Kloster aus dem 15. Jh., dessen Fassade Michelangelo zugeschrieben wird, zählt zur europäischen Spitzenhotellerie. Flanieren Sie durch den herrlichen Garten mit Zitronenbäumen und duftenden Rosen. Küchenchef Attillio Di Fabrizio lädt auch in seine Kochschule »Buon Buonissimo«! Das Essen wird in der Loggia serviert!
Via Doccia 4, Tel. 055 5 67 82 00
www.belmond.com

Kubismus und Futurismus

Museo Primo Conti

Das dem Florentiner Maler Primo Conti (1900 – 1988) gewidmete Museum zeigt 63 Gemälde und 163 Zeichnungen des zunächst dem Kubismus und Futurismus verschriebenen Künstlers, der nach dem Zweiten Weltkrieg einen eigenen Stil mit wilder Farbigkeit entwickelte. Erklärt wird auch der italienische Futurismus.
Via Dupré 18 | Mo.–Fr. 9–14 Uhr | Eintritt: 3 €
www.fondazioneprimoconti.org

Franziskanerkloster

San Francesco

Die Klosterkirche schräg gegenüber wurde 1330 von Augustinermönchen gegründet. Sie steht auf den im 20. Jh. entdeckten Resten einer antiken Etruskerfestung. Der Bau ging schon 1407 an den

Franziskanerorden über. Aufmerksamkeit verdienen der Hauptaltar mit der »Verkündigung« von Raffaellino del Garbo und der »Anbetung der Hl. Drei Könige« von Cosimo Rosselli sowie die idyllischen Kreuzgänge.

Via San Francesco 13 | Di. – Sa. 9.30 – 12, 14.30 – 18 Uhr | Eintritt gegen Spende | www.fratifiesole.it

Sommersitz der Medici

Villa Medici

Die Via Vecchia Fiesolana führt abwärts zur Villa Medici, die Michelozzo 1458 – 1461 für Cosimo den Älteren baute. Die Pazzi-Verschwörer planten 1478 zunächst, die Brüder Lorenzo und Giuliano de Medici hier zu ermorden, wählten dann aber den Dom in Florenz als Ort ihres Attentats.

Via Beato Angelico 2 | nur die Gärten sind zu besichtigen, Voranmeldung: annamarchimazzini@gmail.com | www.villamedicifiesole.it

Großartige Aussichten

Giardino e Museo di Villa Peyron

Von Fiesole fährt ATAF-Bus 47 zum Monumentalpark der Villa Peyron. Die auf Etruskerruinen erbaute Villa gehört seit 1998 zur Fondazione Parchi Monumentali Bardini e Peyron. Lassen Sie den Blick über Florenz und bis zum Castel di Poggio scheifen.

An der Schwelle zur Renaissance

★ San Domenico di Fiesole

Ein Fiesolaner, Barnaba degli Agli, gab das Geld für die 1406 – 1435 erbaute Kirche San Domenico. Ihre Berühmtheit verdankt sie jedoch vor allem einem ihrer Brüder: Fra Angelico (ca. 1386/1400 – 1455), Sohn eines wohlhabenden Landwirts aus dem Mugello-Tal, trat mit 20 Jahren in das Dominikanerkloster ein, für das er in der ersten Kapelle links das Triptychon am Altar sowie die »Kreuzigung« und im Kapitelsaal des Konvents eine Mariendarstellung schuf.
Sein Ruf als vorzüglicher Maler verbreitete sich rasch, u. a. gestaltete er ab 1436 im Dominikanerkloster San Marco von Florenz die Klosterzellen mit Szenen der Passion Christi aus (► S. 172). Sein Realismus zeigte erhebliche Wirkung: Es heißt, seine Mitbrüder seien beim Anblick der Kreuzigungsdarstellungen und des Bluts in Ohnmacht gefallen.

Altehrwürdiger Kirchenbau

Badia Fiesolana

Nordwestlich von San Domenico steht die Badia Fiesolana, an deren Kirchenfassade romanische Elemente erhalten sind. Bis 1028 befand sich hier die Kathedralkirche von Fiesole, bevor der Dom diese Funktion übernahm. Bis 1778 war die Badia Bestandteil eines Klosters, das zunächst im Besitz von Kamaldulensern, später von Benediktinern war. In der Renaissance gestaltete man Kloster und Kirche neu. Seit 1976 beherbergt die Badia das internationale Hochschulinstitut »Università Europea«.

Dazu braucht es kein Fernglas: Aus Florenz' Dächermeer – hier betrachtet vom Piazzale Michelangelo – ragen der Dom (Mitte) und der Palazzo Vecchio (links) heraus.

★★ FLORENZ/FIRENZE

Hauptstadt der Region Toskana | **Höhe:** 50 m ü. d. M. | **Provinz:** Florenz/Firenze (FI) | **Einwohnerzahl:** 383 100

Seien Sie gewarnt, ein Besuch der Arnometropole ist nicht ganz frei von Risiken. Die sagenhafte Kunstfülle kann einem im wahrsten Sinne des Wortes den Atem rauben, ja sogar zu Panikattacken, Wahrnehmungs- und Bewusstseinsstörungen führen. Wir scherzen? Nein! Das nach dem französischen Literaten Stendhal benannte Syndrom soll in den 1980er-Jahre tatsächlich bei rund 100 Patienten diagnostiziert worden sein. Um sich gegen eine kulturelle Reizüberflutung zu wappnen, halten Sie es daher am besten mit Cosimo I. Dessen Regentenmotto »Festina Lente – Eile mit Weile!« ist der Schlüssel zu einer gelungenen Florenz-Reise.

Auf nur 4 km² Altstadtfläche besitzt die Arnostadt die wohl höchste Dichte an Kunst- und Architekturschauplätzen weltweit. Zu verdanken ist dieser Reichtum Anna Maria Luisa de'Medici (1677–1743).

Wiege der Renaissance

Die letzte Repräsentantin der Medici – Schwester des ab 1723 glücklos regierenden, kinderlosen Gian Gastone, mit dem 1737 die Dynastie erlosch – verbot jegliches Entfernen von Gemälden, Statuen und Preziosen aus Florenz. So sorgte sie dafür, dass Florenz bis heute als Weltkapitale der Renaissance weiterexistiert.
Vielleicht ist es aber weniger die Kunstfülle, die das Stendhal-Syndrom auslöst, als vielmehr die Menschenmassen, die Florenz heute heimsuchen. Unter diese mischen sich bei Weitem nicht nur Kunstenthusiasten, die ehrfürchtig die Meisterwerke Brunelleschis, Michelangelos, Donatellos oder Leonardos bewundern. Denn täglich suchen und finden Tausende im »Goldenen Modedreieck« zwischen Via de'Tornabuoni, Via della Vigna Nuova und Via Strozzi ihren siebten Shopping-Himmel voller Grandezza und Eleganz. Und so verursachen die Touristenströme nicht selten Staus selbst in Fußgängerzonen. Und wer sich nicht vorab für den Ansturm gerüstet und Museumstickets (www.firenzemusei.it) vorbestellt hat, wird warten müssen – kann sich dafür aber auch Zeit für jene berühmte Mußestunde nehmen, die Florenz-Gäste Ende des 19. Jh.s für sich entdeckten. Zu Cappuccino oder Cocktail lässt es sich entspannt plaudern:

Florenz ist ein Paradies für Straßenkünstler: Dom, Ponte Vecchio & Co. sind zuhauf auf Gemälden verewigt, mitunter sind sogar kleine Kunstwerke darunter.

FLORENZ ERLEBEN

UFFICIO INFORMAZIONI TURISTICHE

Via Cavour 1/R, Tel. 055 29 08 32
www.firenzeturismo.it
Mo.-Fr. 9-13 Uhr

AEROPORTO »AMERIGO VESPUCCI«

Firenze-Peretola (Via del Termine 1 Ankunftsbereich), tgl. 9-19 Uhr

SANTA MARIA NOVELLA (HBF.)

Piazza della Stazione 4
Tel. 055 21 22 45, Mo.-Sa. 9-19,
So. 9-14 Uhr

INFOPOINT BIGALLO

Piazza S. Giovanni 1,
Tel. 055 28 84 96, Mo.-Sa. 9-19,
So. 9-14 Uhr

FIRENZE CARD

Die Firenzecard (72 Std. gültig, 85 €) gilt für einen Erw. und Familienmitglieder unter 18 Jahren (EU-Bürger). Sie gewährt kostenlosen Eintritt zu Museen und Sehenswürdigkeiten sowie kürzere Wartezeit vor einigen Museen mit separatem Eingang. Man bekommt sie online sowie bei den Tourismusinformationen und in Museen (u.a. Uffizien, Palazzo Vecchio, Palazzo Pitti). Die Zeit läuft ab dem ersten Museumsbesuch.
www.firenzecard.it

Das Zentrum und Oltrarno sind verkehrsberuhigt (Zona a traffico limitato - ZTL). Zu Hotels darf man in die ZTL fahren, muss dem Hotel aber zuvor unbedingt Kennzeichen und Ankunftszeit melden. Die ZTL wird mit Überwachungskameras kontrolliert, alle Autos werden erfasst. Verstöße werden mit hohen Bußgeldern belegt. Öffentliche Verkehrsmittel (ATAF, Tram) sind auch angesichts neuer Tempolimits zur Verbesserung des Verkehrsflusses und Reduzierung der Feinstaubbelastung zu empfehlen.

PARKEN

Großparkplätze gibt es am Hauptbahnhof Santa Maria Novella und an der Porta di Prato. Parken kann man auch auf einem bewachten oder blau markierten, kostenpflichtigen Parkplatz in den umliegenden Zonen der ZCS (Zona a controllo sosta). Tagestarife bieten Plätze wie »Oltrarno« (Porta Romana), »Beccaria« oder »Fortezza Fiera« (Fortezza da Basso) und das Parkhaus »Parterre« (Piazza Libertà/Via Madonna Della Tosse 9). ATAF-Bus 1 fährt von hier ins Zentrum (www.firenzeparcheggi.it). Praktisch ist das Parken in der Nähe einer Haltestelle der Tram T1 (Fahrplan: www.gestramvia.it/orari.html).

STADTBUSSE

Tickets sind im ATAF-Büro am Hauptbahnhof, in Bars, Kiosken und bei Tabakhändlern erhältlich und im Bus deutlich teurer. Einfache Fahrt (90 Min.): 1,50 €, im Bus 2,50 €; Zehnerblock (Carta Agile) 14 €, Tageskarte (Biglietto valido 24 ore) 5 €, Dreitageskarte (Biglietto valido tre giorni) 12 €, Familientageskarte (Daily Family) 6 €. Fahrplan: www.ataf.net. BusItalia verbindet den Flughafen mit dem Hauptbahnhof (Halt: Via Santa Caterina da Siena 17). Ticket: 6 €, hin und zurück 10 €. Fahrplan: www.fsbusitalia.it.

Beim »Scioppio del Carro« am Ostersonntag wird am Domaltar eine

Rakete in Taubenform gestartet, die an einem Seil durch die Kirche auf den Domplatz fliegt und dort einen Ochsenkarren mit Feuerwerkskörpern entzündet.
Der Calcio in Costume ist eine Mischung aus Fußball und Rugby in historischen Kostümen. Auf der Piazza Santa Croce kämpfen vier Teams um den Sieg. Das Finale ist am 24. Juni an der Festa di San Giovanni. Alle Veranstaltungen des Monats findet man auf Englisch auf www.firenze spettacolo.it

Florenz ist ein Shoppingparadies. Haupteinkaufsstraße ist die Via Calzaiuoli, das Herz der Modewelt schlägt an der Via dei Tornabuoni. Schuhe findet man im Borgo San Lorenzo oder in der Via Cerretani, Schmuck auf dem Ponte Vecchio, Antiquitäten im Borgo Ognissanti, in der Via Maggio und Via Fossi. Tipps: ausgefallene Handtaschen im Atelier Michele Chiocciolini (Via del Fico 3 R, www.michelechiocciolini.it), Lederwaren und -taschen in The Bridge Pelleteria (Via Vacchereccia 17 R, http://thebridge.it). Die Biancheria Mazzoni Casa offeriert Hemden (auch Maßanfertigungen), exklusive Bettwäsche, Servietten und Handtücher (Viale Minzoni Don Giovanni 15 R, www.mazzonicasa.com). Die Boutique Nadine bietet edle Kleidung und gehobene Accessoires (Lungarno Acciaiuoli 22 R und Via dei Benci; www.boutiquenadine.it). Beste Schokolade und Torten stellen die Geschwister Claudia und Claudio Pistocchi her (Torta Pistocchi, Via Ponte di Mezzo 20, www.torta pistocchi.it).

❶ ORA D'ARIA €€€€
Marco Stabile strebt in diesem eleganten Ristorante in neue Sphären. Im siebten Himmel wähnt man sich mit seinem »Kaninchen auf dem Mond« mit Oliven und Fenchelcreme, den gerösteten Kartoffel-Schwarzkohl-Gnocchi mit Muscheln und Bohnen oder gekochtem Spanferkel in Knoblauch-/Lavendelsauce.
Via dei Georgofili 11 R
Tel. 055 2 00 16 99
www.oradariaristorante.com
So. ganztags und Mo. mittags geschl.

❷ WINTER GARDEN BY CAINO €€€€
Im Luxushotel St. Regis sind auch Nicht-Hotelgäste im schönsten Jugendstilsaal von Florenz willkommen, ob beim »Fine Dining« mit mediterraner Sterneküche von Michele Griglio und Valeria Piccini oder zum Hauscocktail »Bloody Mary«, der als »Bloody Brunello« viel Grappa enthält. Dresscode: lässig elegant!
Piazza Ognissanti 1
Tel. 055 27 16 37 70
www.wintergardenbycaino.com

❸ IL LATINI €€€
Hier gibt es die berühmte Bistecca fiorentina, ein 2 – 3 cm dickes Lendenstück, das nur mit einem Spritzer Olivenöl gewürzt wird. An der Decke hängen die Schinkenkeulen.
Via dei Palchetti 6 R
Tel. 055 21 09 16, www.illatini.com, Mo. geschl.

❹ »IO« OSTERIA PERSONALE €€–€€€
Bei Matteo Fantini schätzen Gäste das stylische Ambiente in historischen Mauern und lieben seine ausnahmslos saisonale, ultramoderne und kreative Kochkunst. Ob Degustationsmenü (4–6 Gänge; 40–55 €) oder a la carte: Hier überzeugt alles, auch das Dessert, z. B. Bier-Eis mit Kaffeeschaum und einem Hauch Kastanienmehl (9 €)!

Borgo San Frediano 167 R (Oltrarno), Tel. 055 9 33 13 41
www.io-osteriapersonale.it
Mo.-Sa. nur 19.30-22 Uhr

5 SOSTANZA €€

In der 1869 eröffneten, auch «il Troia» genannten Trattoria speisten schon Chagall und Steinbeck. Die Florentiner Küche glänzt u. a. mit Artischockentörtchen (»tortine di carciofi«) und hausgemachten Tortellini.
Via del Porcellana 25 R
Tel. 055 21 26 91, Sa. und So. geschl.

6 PALLOTTINO €-€€

In dieser handfesten Trattoria in den Gassen zwischen Dom und Santa Croce sitzen Einheimische und Touristen draußen am Trottoir oder drinnen zwischen weiß gekachelten Wänden und lassen sich die gute Hausmannskost schmecken.
Via Isola delle Stinche 1r
Tel. 055 2 60 88 87, www.trattoriapallottino.com, Mo. geschl.

7 TRATTORIA MARIO €

Der Familienbetrieb verfolgt seit 1953 das gleiche, einfache wie überzeugende Konzept. Die schlichte Trattoria tischt leckere Hausmannskost auf. Wenn alle Plätze besetzt sind, warten kommende Gäste geduldig auf dem Gehsteig, bis der Padrone zu Tisch bittet.
Via Rosina 2 R, Tel. 055 21 85 50
www.trattoriamario.com
Mo.-Sa. 12-15.30 Uhr
Aug. geschl.

Die »tassa di soggiorno« (Übernachtungssteuer) ist nicht im Hotelpreis inbegriffen. Für die erste und maximal zehn Folgenächte sind in Ein- bis Vier-Sterne-Hotels jeweils 1,50 bis 4,50 €, im Fünf-Sterne-Hotel 5 € fällig. Ausnahme: Kinder bis zehn Jahre.

1 BRUNELLESCHI €€€€

Luxuriöser Klassiker! Das Wahrzeichen des Hauses, die Torre della »Pagliazza« (6./7. Jh.), ist der älteste erhaltene Bau im Herzen der Altstadt! Mit wunderbarer Lobby, schicken Restaurants und grandioser Tower Bar.
Piazza Sant'Elisabetta 3
Tel. 055 2 73 70
www.hotelbrunelleschi.it

2 TORNABUONI BEACCI €€€-€€€€

Ein Dachterrassentraum! Im eleganten wie charmanten Hotel im Renaissance-Palazzo Strozzi del Poeta nimmt man sein Frühstück und/oder Dinner inmitten üppiger Blumenpracht ein. Den fantastischen Rundumblick gibt es gratis dazu.
Via dei Tornabuoni 3
Tel. 055 21 26 45
www.tornabuonihotels.com

3 LA TERRAZZA SU BOBOLI €€€

Eleganz (fast) im Grünen! Im ruhigen B&B mit Blick über den Boboli-Garten besitzen einige Zimmer mit Parkettböden auch Balkone. Das köstliche Frühstücksbuffet wird in der kühlen Jahreszeit in der Lounge, im Sommer auf der Terrasse aufgetischt. Garage 15-18 € pro Tag.
Viale Petrarca 122 (Oltrarno)
Tel. 055 2 33 73 94
www.laterrazzasuboboli.com

4 ALBERGO FIRENZE €-€€

Näher können Sie kaum am Dom übernachten, er liegt gerade 50 Schritte von diesem schlichten und preiswerten »albergo« entfernt. Die Piazetta schirmt vom Abendlärm an der Via del Corso ab, wo Sie abends in Tradititonstrattorien und Bars ausschwärmen können.
Piazza dei Donati
Tel. 055 26 83 01
www.hotelfirenze-fi.it

1 Ora d'Aria
2 Winter Garden
3 Il Latini
4 »iO« Osteria personale
5 Sostanza
6 Pallottino
7 Trattoria Mario

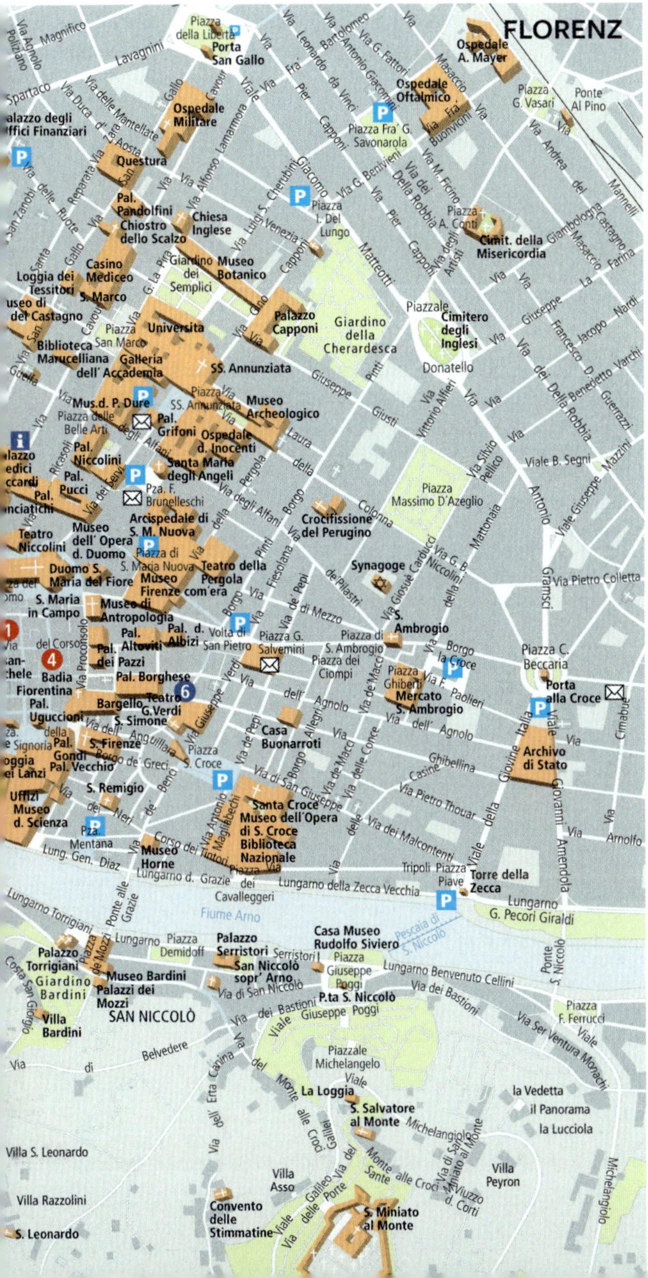

⌂

1 Brunelleschi
2 Tornabuoni Beacci
3 La Terrazza su Boboli
4 Albergo Firenze

etwa über die neuesten vorbeiflanierenden Modeschöpfungen oder auch die Florentiner Geschichte. »Festina Lente« schont in jedem Fall die Nerven und erhöht den Genuss.

Stadt der Medici

Geschichte

Lange Zeit sah es nicht danach aus, dass die einstige etruskische und römische Siedlung im Mächtekonzert Italiens eine große Rolle spielen könnte. Erst zu Beginn des 13. Jh.s stieg die Stadt durch Kriegsgewinne und Unternehmergeist zur angesehensten Stadt in Mittelitalien auf. Allmählich erstarkten die Zünfte, 1282 übernahmen sie die Regierung. Die weiteren Geschicke sind dann untrennbar mit den Medici verbunden, deren berühmteste Exponenten **Cosimo** (1434 bis 1464) und **Lorenzo** (1469 – 1492) die Republik zu ihrer höchsten Blüte führten und sie zu einem Zentrum von Kunst und Wissenschaft machten. Zwischenzeitlich vom Bußprediger **Girolamo Savonarola** (1494–1498) vertrieben, regierten die Medici ab 1569, nun als Großherzöge der Toskana, ihr Territorium feudal und verursachten ebenso Skandale wie die Habsburg-Lothringer, die 1737 das Ruder in Florenz übernahmen und mit Ausnahme des napoleonischen Intermezzos bis 1860 herrschten. Als sich die Toskana dem geeinigten Italien anschloss, erfuhr Florenz als Hauptstadt des Königreichs (1865 – 1870) einen Aufschwung. Und bis heute gehört es – trotz Kriegsschäden 1944 und einer verheerenden Arnoüberschwemmung 1966 – zu den schönsten Städten Italiens.

★★ Grande Museo del Duomo

Sammelticket Grande Museo del Duomo: 18 €, 72 Std. gültig, erhältlich an der Piazza del Duomo 14 (Domrückseite)
Battistero San Giovanni: tgl. 8.15 – 10.15, 11.15 – 19.30, Sa. 8.15 – 19.30, So. bis 13.30 Uhr, mitunter für Veranstaltungen geschl.
Duomo Santa Maria del Fiore: Zugang Portale Maggiore, Piazza del Duomo | Mo. – Sa. 10 – 16.30, So. 13.30 – 16.30 Uhr | Eintritt frei
Domkuppel: Zugang Porta della Mandorla (Nordseite Dom), Vorbestellung obligatorisch | Mo. – Fr. 8.30 – 19, Sa. 8.30 – 17, So. 13 – 16 Uhr
Krypta Santa Reparata: Zugang vom Hauptschiff des Doms | Mo. – Fr. 10 – 17, Sa. bis 16.30, So. geschl.
Kampanile: tgl. 8.15 – 19.20, Vorbestellung ratsam
Museo dell'Opera del Duomo: tgl. 9 – 19, Vorbestellung ratsam
www.ilgrandemuseodelduomo.it
»The courage to dare« im Teatro Niccolini: Via Ricasoli 3
Mo. – Fr. 10 – 17 Uhr | Eintritt: 2 €, mit Sammelticket frei
http://www.firenzeturismo.it/en/museo-2.html

Am Florentiner »Supermuseum« – es vereint rund um die Piazza del Duomo das Baptisterium sowie den Dom inklusive Kuppel, Krypta

Santa Reparata, Kampanile und Museo dell'Opera del Duomo – lässt sich die Devise »Eile mit Weile« direkt ausprobieren. Die 414 Stufen auf Giottos Kampanile und 463 hoch in Brunelleschis Kuppel muss nicht jeder hinauf! Zu beachten ist der Dresscode im Dom: Kurze Hosen, schulterfreie Kleidung, Sandalen, Hüte und Sonnenbrillen sind unerwünscht. Der **Kurzfilm »The courage to dare«** im Teatro Niccolini bietet eine Einführung in die Domgeschichte.

Das Lebenswerk eines Mannes

Battistero San Giovanni

Konkurrenz belebt das Geschäft – und sie hat die Kunstgeschichte um ein herrliches Kapitel reicher gemacht. Denn letztlich war es wohl auch der Wettstreit zwischen Lorenzo Ghiberti und Filippo Brunelleschi, der die beiden Künstler zu Höchstleistungen anspornte. Nachdem bereits Andrea Pisano 1330 – 1336 die südliche Bronzetür mit 28 Reliefszenen aus dem Leben Johannes' des Täufers geschaffen hatte, bewarben sich 1401 die beiden genannten Meister um die Ausführung der zwei anderen Portale. Ghiberti siegte (und Brunelleschi lenkte fortan seinen Ehrgeiz in die Domarchitektur, wie sich noch zeigen sollte). Die Preisrichter überzeugte auch ein zeitloses Argument: Ghibertis Vorschlag benötigte weniger Bronze und war damit billiger! Doch überzeugte auch der dekorativ-illusionistische Stil, den Ghiberti 1403 bis 1424 an der zweiflügeligen Tür umsetzte. Die 28 Felder zeigen 20

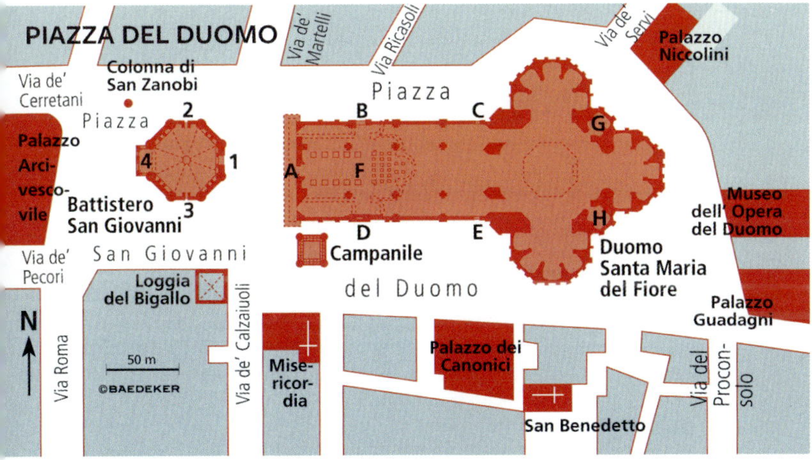

1 Porta del Paradiso
2 Nordportal (Eingang)
3 Südportal
4 Hauptaltar

A Portale Maggiore
B Porta dei Cornacchini
C Porta della Mandorla
D Porta del Campanile
E Porta dei Canonici

F Santa Reparata (Krypta)
G Alte Sakristei
H Neue Sakristei

Szenen aus dem Neuen Testament sowie die vier Evangelisten und vier lateinischen Kirchenväter. In der Folge erhielt er auch den Auftrag für die grandiose Osttür mit Szenen aus dem Alten Testament, die er 1425–1452 schuf – voller Ehrfurcht bezeichnete sie Michelangelo später als **»Porta del Paradiso«**, als Pforte zum Paradies (Abb. ▶ S. 391). An der Ecke zur fünften Reihe blickt Ghiberti selbst dem Betrachter entgegen. Am Baptisterium ist nur eine Replik zu sehen, die originalen Türflügel der Pforte sind im Dombaumuseum ausgestellt und können dort mit oft weniger Gedränge bewundert werden.
Noch Brunnelleschi meinte, der Ursprung der achteckigen, 1059 bis 1128 erbauten Taufkapelle läge in einem antiken Marstempel. Ganz falsch lag er vielleicht nicht. Archäologen entdeckten Rudimente eines Bauwerks (1.–3. Jh.), das ein frühchristliches Taufhaus gewesen sein könnte. Form und Marmorfassade des wohlproportionierten Baus galten in der Frührenaissance als Nonplusultra der Architektur.
Großartig im Inneren sind der Altarraum und rechterhand das Grabmal (1425–1427) des Gegenpapstes Johannes XXIII., ein Gemeinschaftswerk von Donatello und Michelozzo. Auf den Marmorfußboden platzieren Besucher eifrig ihre Kameras für den perfekten Schnappschuss in die achteckige Kuppel. Die fantastischen Mosaiken (13. Jh.) der sechs Ringbänder zeigen Pflanzenornamente, himmlische Heerscharen, Schöpfungsgeschichte, Josephslegende, Szenen aus dem Leben Christi und die Geschichte Johannes' des Täufers.

Viele Köche verderben nicht den Brei

Duomo Santa Maria del Fiore

Wie viele große Kirchenbauten ist auch der Florentiner Dom ein Werk mehrerer Baumeister. Der Entschluss für ein repräsentatives Gotteshaus fiel 1296, zur Zeit der Gotik. Dennoch fehlen dem Dom typische Elemente wie Strebepfeiler und ausgeprägte Bauplastik. Als erster Dombaumeister gilt Arnolfo di Cambio, 1334 übernahm Giotto die Leitung, der sich aber auf den Kampanile konzentrierte. Erst 1368 entstand ein maßstabgetreues Kirchenmodell: Abweichungen wurden fortan mit hohen Geldbußen belegt. Rasch erbaute man in der Folge Langhaus und Chorumfassung.
Die wortwörtliche Krönung des Kirchenbaus entstand jedoch erst ab 1418: Bis 1436 wuchs Brunelleschis **Domkuppel** aus dem Florentiner Häusermeer empor, in dem es noch heute eine rot leuchtende Landmarke darstellt. In seinem Wettstreit mit Ghiberti unterlegen, lenkte Brunelleschi seinen ganzen Ehrgeiz in sein Meisterwerk der Technik – und das, ohne gelernter Architekt zu sein. In der 16-jährigen Bauzeit soll Brunelleschi gar eine Taverne über dem Baugerüst eingerichtet haben, um die Arbeiter bei Laune zu halten.
Die üppig dekorierte mehrfarbige Marmorfassade, über der sich die Kuppel erhebt, ist weitaus jüngeren Datums; sie entstand 1875 – 1886. Heute ist der Dom Santa Maria del Fiore mit 8300 m² Grundfläche die drittgrößte Kirche Italiens und bietet 25 000 Menschen Platz.

Auf der Piazza del Duomo kreuzen sich die Wege der Florenz-Besucher.

Das kühl, hallenartig und monumental wirkende **Langhaus** der dreischiffigen Pfeilerbasilika wurde am 26. April 1478, einem Ostersonntag, zum Tatort eines frevelhaften mittelalterlichen Politkrimis: Während des Hochamts wurde Giuliano de' Medici von den Verschwörern der rivalisierenden Familie der Pazzi niedergestochen und verblutete. Sein verwundeter Bruder Lorenzo entkam dank des Humanisten Angelo Poliziano in die Alte Sakristei, wo ihn das Bronzeportal (1446 – 1467) von Michelozzo und Luca della Robbia schützte.
Bei Ihrer Besichtigung des Kircheninnenraums folgen Sie einem Einbahnstraßensystem. Ihren Blick sollten Sie dabei u.a. auf das Zifferblatt der 24-Stunden-Uhr (1443) richten, die Paolo Uccello mit vier Propheten- oder Evangelistenköpfen verzierte. Am Beginn des rechten Seitenschiffs erinnert eine Büste an Filippo Brunelleschi, dessen Grab in der Krypta ist. Wenig weiter steht das Ehrenmal (1490) für Großgenie Giotto. Die Marmorstatue des Propheten Daniel (um 1409) gilt als Jugendwerk Donatellos. Vom Hauptschiff hat man die beste Sicht auf die Vierung mit dem Kuppelfresko des Jüngsten Gerichts (1572 – 1579) von Giorgio Vasari und Frederico Zuccari. Im linken Seitenschiff erblicken Sie beim vierten Pfeiler ein Tafelbild (1465) von Domenico di Michelino; es zeigt Dante Alighieri mit seiner »Divina Commedia« vor der mittelalterlichen Stadtsilhouette von Florenz, der Hölle und dem Läuterungsberg.

BRUNELLESCHIS VERMÄCHTNIS

Die Kuppel des Doms von Florenz ist das erste Bauwerk dieser Art in doppelschaliger Konstruktion und das ingenieurtechnische Vermächtnis des Filippo Brunelleschi. Er verwendete dabei – erstmals auf einem achteckigen Grundriss – die Mauertechnik des Fischgrätverbands (»a spinapesce«), bei der die sich immer schräger auftürmenden Backsteine miteinander verkeilen.

▶ Angaben zur Domkuppel

Konstrukteur/Ingenieur	Filippo Brunelleschi
Auftragserteilung	1420
Schließung der Kuppel	1436
Fresken (Vasari, Zuccari)	4000 m²
Durchmesser	42 m
Gewölbehöhe	84 m
Höhe einschl. Laterne	114 m
Masse	37 000 t

▶ Baumaterialien:
Marmor, Stein, Naturstein, Tuffstein, Ziegelstein, Eichenholz, Kastanienholz, Glas (Fenster), Steinketten, Eisenketten

▶ Berühmte Kuppelbauten im Vergleich

Felsendom (690 n. Chr.)
Jerusalem (Israel)
Kuppeldurchm.: 20 m

Hagia Sophia (537 n. Chr.)
Istanbul (Türkei)
Kuppeldurchm.: 31 m

Saint Paul's Cathedral (1708)
London (England)
Kuppeldurchm.: 34 m

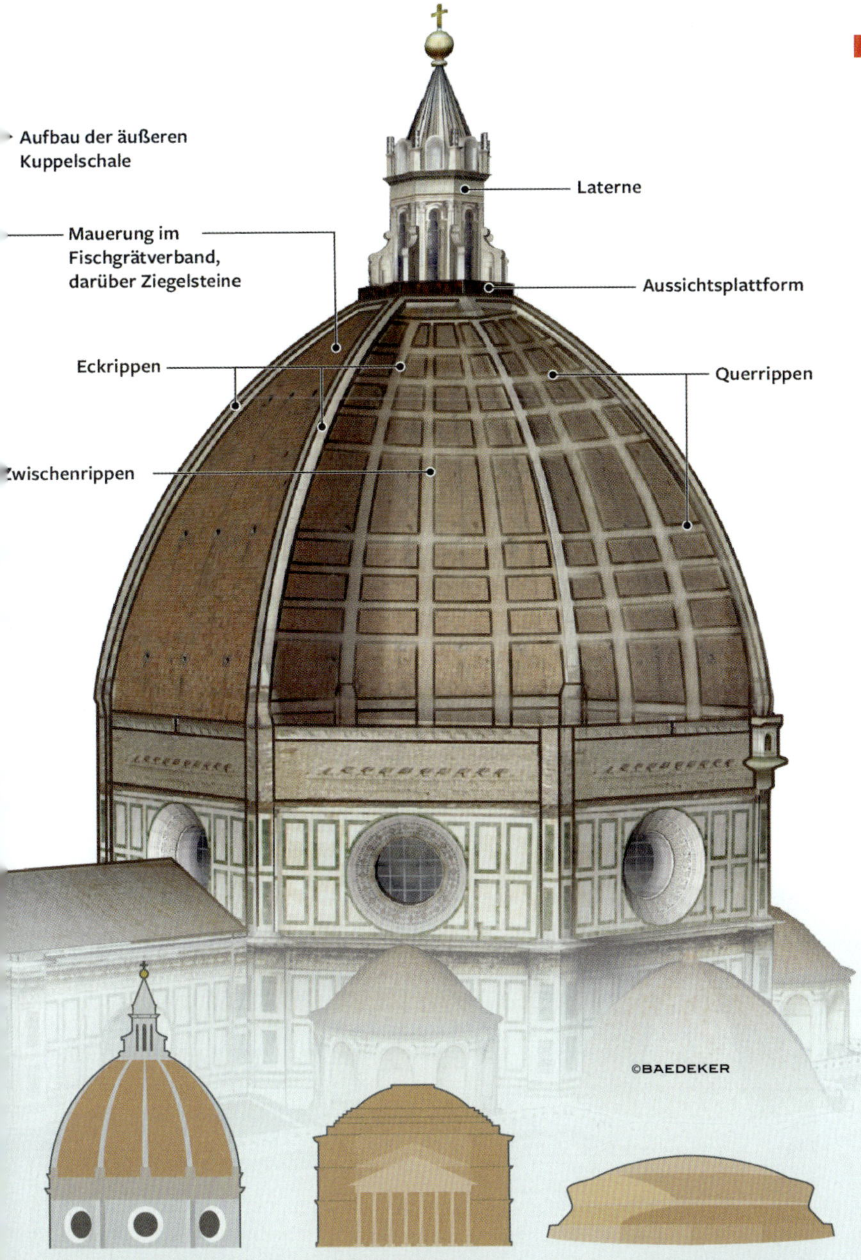

Santa Maria del Fiore (1436)
Florenz (Italien)
Kuppeldurchm.: 42 m

Pantheon (125 n. Chr.)
Rom (Italien)
Kuppeldurchm.: 43 m

Superdome (1975)
New Orleans (USA)
Kuppeldurchm.: 207 m

Den Zeitgeist des 15. Jh.s repräsentieren zwei **Reiterstandbilder** an der Seitenwand. Das erste zeigt den englischen Söldner Giovanni Acuto, eigentlich John Hawkwood, der 1377 von Florenz angeworben wurde. Ihm billigte die Stadt 1394 ein Denkmal zu, das Paolo Uccello 1436 zunächst als gemaltes Reiterstandbild ausführte. Das zweite von Andrea del Castagno (1456) zeigt den Söldner Niccolò da Tolentino.
Die Unterkirche **Santa Reparata** diente bereits ab dem 6./7. Jh. als Dom. Sehenswert sind hier frühchristliche Mosaike sowie langobardische, karolingische und romanische Funde.

»Je oller, desto doller«

Kampanile

Giotto di Bondone wollte noch kurz vor seinem Tod, im stolzen Alter von 68 Jahren, hoch hinaus: auf 122 m Höhe! Doch es blieb bei den Plänen, ohne die von ihm vorgesehene Pyramidenspitze misst sein Glockenturm »nur« 84,7 m! Großartig am Marmoraußenschmuck sind die 28 Reliefs von Andrea Pisano: Erkennen Sie die sieben Planeten, Tugenden, freien Künste und Sakramente? In den 16 Nischen darüber erscheinen Statuen der Sibyllen, Patriarchen und Propheten. Einige davon schuf erst Donatello in den Jahren 1420–1435.

Vasaris Kuppelfresko im Dom von Florenz ist nicht unumstritten. Ein Vorwurf: Es lässt die Kuppel niedriger und gedrungener erscheinen, als sie es tatsächlich ist.

Sakrale Meisterwerke

Museo dell'Opera del Duomo

Es war ein stolzes Vorhaben. Rund drei Jahre wurde das Florentiner Dombaumuseum grundlegend renoviert und umgestaltet, 45 Mio. € kostete das Projekt. Das Ergebnis kann sich sehen lassen; auf drei per Aufzug erreichbaren Etagen zeigt das Museum insgesamt 750 Werke aus 700 Jahren Kunstgeschichte.
Bereits die Innenarchitektur des 2015 wiedereröffneten Dombaumuseums ist ein Erlebnis. Das gilt ganz besonders für die monumentale Sala del Paradiso (Saal 6) mit der rekonstruierten **alten Domfassade** Arnolfo di Cambios, die 1587 abgebrochen wurde. An der Stirnwand dominiert hier die Statue von Papst Bonifaz VIII., ebenso ein Werk Arnolfo di Cambios wie die leuchtende »Madonna mit den Glasaugen« im Zentrum der Längswand. Dank Sitzbänken und weniger »Laufkundschaft« kann man zudem die Original-Relieftafeln von Ghibertis Baptisterium-Nordtür wie auch der **Paradiespforte** in Ruhe bewundern. Höhepunkt der Sala della Maddalena (Saal 8) ist Donatellos berühmtes Spätwerk »Maria Magdalena«. Die Holzskulptur ist aus nächster Nähe zu bestaunen – manche entdecken gar Grint unter den Fingernägeln der Heiligen. Einziges Werk in Saal 10, der Tribuna di Michelangelo, ist die »Pietà Bandini« von Michelangelo: Mit 23 Jahren schuf er die Pietà der Peterskirche. Mit 80 Jahren griff er nochmals zu Hammer und Meißel für eine Pietà, die sich thematisch erheblich vom Erstwerk entfernte. Michelangelo ließ die Gruppe unvollendet, zerschlug sie gar und war doch so fasziniert, dass er zu ihren Füßen begraben sein wollte.
Im ersten Stock zeigt Saal 14 die Reliefs des Kampanile und Donatellos Statue des Propehten Habakukk. Die mystisch illuminierte **Galleria della Cupola** (Saal 15) setzt Brunelleschis Holzmodell für die Laterne der Domkuppel ins rechte Licht. In Saal 26 (Sala del Tesoro) glitzert ein u. a. von Andrea del Verrochio geschaffener Silberaltar. Und vom Belvedere della Cupola, der Panoramaterrasse des Museums, erhaschen Sie einen ungewöhnlichen Blick auf die Domkuppel.

Des Meisterdichters Stein

Sasso di Dante

Am Haus Piazza del Duomo 54 verweist eine Marmortafel auf den Stein Dantes, Schauplatz einer **Legende**, die der Volksmunde noch heute über den berühmten Dichter erzählt: Auf dem Stein sitzend, sinnierte Dante über den Dombau, schaute aber heimlich wohl auch den Spielern zu, die – obwohl an Kirchen verboten – hier das bocciaähnliche Pallottole spielten. Eines Tages passierte hier ein Bekannter den stets Grübelnden und fragte ihn: »Was isst du am liebsten?« Dante knapp: »Ei!« Ein Jahr später kam er erneut und stellte Dantes Gedächtnis auf die Probe: »Und womit?« Dante postwendend: »Mit Salz!« Die Florentiner selbst ehren übrigens »Il vero sasso di Dante«, also den »wahren Stein Dantes«, auf der nahen Piazza delle Pallottole zwischen Via Bonizzi und Via de'Maccheroni.

Vom Domplatz zur Piazza della Signoria

Santa Margherita dei Cerchi

Dantes Kirche

Zunächst ist der Weg das Ziel. Gleich mehrere Varianten führen vom Domplatz zur Piazza della Signoria, so die elegante Via Calzaiuoli oder die parallel verlaufenden kleinen Gassen wie die Via dei Cerchi, in der winzige Läden und ausgezeichnete Feinkostgeschäfte zum Schauen, Kosten und Kaufen verleiten. Dante-Fans können auch die Kirche Santa Margherita dei Cerchi in der Via Santa Margherita ansteuern. Hier verliebte sich der junge Poet unsterblich in seine Beatrice. Am angeblichen Grab der Muse legen Verliebte Bittbriefe in einem Korb ab. Dante ehelichte in dieser »Chiesa di Dante« 1285 letztlich Gemma Donati, mit der er vier Kinder hatte.

Das **Museo Casa di Dante** gegenüber präsentiert den Weg des Hochbegabten zum umjubelten Terzinenpapst.

Museo Casa di Dante: April–Sept. tgl. 10–18, 1.11.–31.3. Di.–So. 10–17, Sa., So. bis 18 Uhr | Eintritt: 4 € | www.museocasadidante.it

★ Orsanmichele

Eine ungewöhnliche Karriere

Wer nicht weiß, dass er vor einer Kirche steht, könnte den Bau auch mit einem Palast verwechseln. Tatsächlich aber ist Orsanmichele ein ehemaliger Getreidespeicher, dem ein Oratorium angeschlossen war. Als aber das Gnadenbild des Oratoriums immer mehr Gläubige anzog, lagerte man den Speicher in die oberen Stockwerke aus und schloss Mitte des 14. Jh.s die Arkaden im Erdgeschoss – fertig war die Kirche Orsanmichele.

Ihr Bildschmuck ist abermals ein Ergebnis des in der Republik allgegenwärtigen Konkurrenzdenkens: Die Zünfte überboten sich bei der Beauftragung namhafter Bildhauer. Andrea del Verrocchio, Giambologna, Donatello oder Lorenzo Ghiberti versahen die 14 Außennischen mit Skulpturen, die die Schutzheiligen ihrer Auftraggeber darstellen (die Originale wurden größtenteils durch Repliken ersetzt). Einen festlichen Rahmen für Orsanmicheles Klassikkonzerte bietet die üppig mit Fresken, Gemälden und Kirchenfenstern geschmückte gotische Halle im Inneren, in der eine Marientafel (1347) von Bernardo Daddi als Ersatz für das verbrannte wundertätige Gnadenbild dient. In der ersten Etage gibt es ein Skulpturenmuseum (Museo delle Sculture).

Via dell' Arte della Lana 1 | Kirche tgl. 10–17, Museum nur Mo. 10–17 Uhr | Eintritt frei

Von der Piazza Signoria zum Ponte Vecchio

★ Piazza della Signoria

Ein Platz, mitten im florentinischen Leben

Wer meint, heißblütige Italiener seien nur ab Rom südwärts anzutreffen, sollte einen Blick in die Geschichten und Anekdoten werfen, die

»Il Biancone« kam bei den Florentinern nicht allzu gut an.

die altehrwürdige Piazza della Signoria bereits erlebt hat. Diese war und ist als politisches Zentrum ein Ort überbordender Emotionen, die wohl nicht nur 1378 beim Aufstand der »ciompi« (Wollkämmer) mitunter in Prügeleien ausarteten. 1498 ereilte den Bußprediger Girolamo Savonarola der Volkeszorn, den Ort seiner Hinrichtung und Verbrennung markiert eine Gedenktafel.
Weniger brenzlig, dafür aber in einem kolossalen Missverständnis endete für **Mark Twain** der Piazza-Besuch 1904. Erpicht, Italienisch zu können, sprach er einen Passanten mit dem erlernten Satz »Noi chiudiamo le finestre« (Wir schließen die Fenster) an. Irritiert fragte der Florentiner: »Che ha Ella?« (Was ist los mit Ihnen?) Welch ein Affront für Twain, für eine Frau gehalten zu werden: »Hätte nur gefehlt, wenn er mich Nancy genannt hätte!« Heute sind die Florentiner freilich an radebrechende Touristen längst gewöhnt, Handgreiflichkeiten sind keine zu befürchten. Dafür attackieren nun die Preise der Cafés die Reisekasse ihrer Besucher. Die grandiose Aussicht zahlen Sie eben mit – oder Sie bevorzugen eine Bestellung »al banco« und trinken ihren Caffè gleich am Tresen.
Prunkstück der Piazza, die von den Medici als Demonstration ihrer Macht angelegt wurde, ist der 1578 von Ammanati vollendete Neptunbrunnen, den Florentiner als **»Il Biancone«** (der große Weiße) bespötteln. Das Reiterstandbild (1594) von Giambologna zeigt Großherzog Cosimo I. de Medici. Modernen Ikonen begegnen Sie im

AM NABEL DER MACHT

Der beeindruckende Platz, auf dem früher die Volksversammlungen stattfanden, wird vom wuchtigen Turm des Palazzo Vecchio beherrscht. Man genießt das Leben auf der Piazza am besten von einem der feinen Straßencafés gegenüber dem Stadtpalast.

1 Palazzo Vecchio
Der Palazzo dei Priori entstand in den Jahren 1299–1314; umbenannt in Palazzo Vecchio wurde er, nachdem die Medici ihre Residenz in den Palazzo Pitti verlegt hatten. Heute dient der Palast als Rathaus der Stadt Florenz

2 Turm
Neben der Domkuppel und dem Ponte Vecchio ist die 94 m hohe und mit Zinnen bewehrte Torre d'Arnolfo Symbol der Stadt.

3 Saal der Fünfhundert
Die »Sala dei Cinquecento«, der für die von Savonarola ins Leben gerufene Ratsversammlungen vorgesehen war, präsentiert sich heute so, wie sie Vasari und seine Schule in der zweiten Hälfte des 16. Jh.s umgestaltet hat. Besonders sehenswert: die Kassettendecke mit allegorischen Darstellungen zur Geschichte von Florenz und den Medici und Michelangelos Marmorstatue »Genius des Sieges«.

4 Loggia dei Lanzi
In der offenen Halle sind berühmte Skulpturen aufgestellt wie »Perseus mit dem Haupt der Medusa« von Benvenuto Cellini. Unter der rechten Arkade ist Giambolognas Marmorgruppe »Raub der Sabinerinnen« zu sehen.

5 Neptunbrunnen
Wegen des marmonen Riesen, dem Meeresgott Neptun, wird dieser Brunnen auch »Il Biancone« (der große Weiße) genannt.

2
1
4
5

Gucci Museo, das sogar einen 1979 produzierten Cadillac im Gucci-Style besitzt. Die Frauen der Schöpfung werden aber eher an den Schöpfungen des berühmten Designers interessiert sein.

Gucci Museo: Piazza della Signoria 10 | Sa.–Do. 10–20, Fr. bis 23 Uhr | Eintritt: 7 € | www.guccimuseo.com

★ Palazzo Vecchio

Sitz der Macht

Nicht jedes Geheimnis gibt der »alte Palast« frei. Unauffindbar blieb bisher z. B. ein monumentales, nie vollendetes Gemälde Leonardo da Vincis, in dem er den Sieg einer von Florenz angeführten Liga gegen Mailand darstellte. Wirklich? Hinter einer Wand im Saal der Fünfhundert will ein Team um den Kunsthistoriker Maurizio Seracini mithilfe von Sonden verräterische Farbreste gefunden haben.

Aber auch ohne den endgültigen Beweis für Seracinis These bleibt der als Palazzo dei Priori 1299–1314 erbaute Palast einer der Besuchermagneten der Stadt Florenz. Besonders beliebt ist der 94 m hohe **Torre d'Arnolfo**, dessen Namen den Baumeister von Turm (um 1310) und Palast, Arnolfo di Cambio, ehrt. Wer den Turm erklimmt, genießt eine atemberaubende Rundum-Aussicht. Im makaber benannten Alberghetto (Herbergchen), dem Turmzellentrakt, blickte Savonarola 1498 seinem düsteren Ende auf der Piazza Signoria entgegen. Und im **Percorso archeologico** sind Teile des antiken Bühnenbodens, Säulenreste und Grabungsfunde (Amphoren, Schmuck, Münzen) zu sehen – der Palast entstand auf den Überresten eines antiken römischen Theaters.

In republikanischer Zeit war der Palast Sitz der Kommunalregierung, der Signoria, der acht Prioren (Vorsteher) und der Gonfaloniere della Giustizia (Bannerträger der Gerechtigkeit) angehörten. Sie wurden in komplizierten Wahl- bzw. Los- und Rotationsverfahren von den in Zünften organisierten Bürgern bestimmt. 1540 übernahm Cosimo I. – seit neun Jahren regierten die Medici als Herzöge der Toskana – den bis 1550 in seinem Sinne umgebauten Palast. Das Emblem von Cosimos-Wahlspruch, die Schildkröte mit aufgesetztem Segel, ist daher oft zu entdecken. Der Umzug der Großherzöge in den Palazzo Pitti jenseits des Arno machte den Bau ab 1565 zum »alten Palast« (Palazzo Vecchio). Um heimlich vom einen zum anderen zu gelangen, ließ Cosimo I. über den Arno hinweg einen geheimen Verbindungsgang anlegen, den nach seinem Architekten benannten Vasari-Korridor **(Corridoio Vasariano)**. Er wird ab 2018 Aufnahme ins Angebot der Uffizien finden. Ins Rampenlicht der italienischen Geschichte rückte der Palast nochmals 1865–1871 als Sitz des Senats und der Abgeordnetenkammer im neuen Königreich Italien. Seit 1872 fungiert er wieder als Rathaus der Stadt Florenz.

Den Reigen der Palastschätze eröffnet der 1453 von Michelozzo gestaltete Brunnenhof mit 18 Stadtansichten des Habsburgerreichs, die 1565 zur Hochzeit von Francesco de Medici mit Johanna von Öster-

OBEN: Angemessen – bereits der prächtige Innenhof des Palazzo Vecchio stimmt auf die repräsentative Funktion des Gebäudes ein.

UNTEN: In der nahen Via dei Magazzini: links eine Enoteca, rechts eine Osteria – wohin zuerst?

reich entstanden. Im ersten Stock wartet der prächtigste Raum des Palasts, der 54 × 22 m große Saal der Fünfhundert **(Sala dei Cinquecento)**. 1503 erhielten Leonardo und Michelangelo Aufträge für riesige Wandbilder. Michelangelos blieb unvollendet, nach da Vincis »Schlacht von Anghiari« wird akribisch gefahndet. Sichtbar sind »nur« Vasaris Allegorien zur Stadtgeschichte an der Decke und seine riesigen, ja erschlagenden Schlachtenbilder an den Längswänden. In der Zentralnische der Südseite steht Michelangelos Marmorgruppe »Genius des Sieges« (1534). Ein Juwel des Manierismus ist das prächtige Studierzimmer von Großherzog Francesco I. **(Studiolo di Francesco I.)**, ebenfalls von Giorgio Vasari 1570 – 1575 entworfen. Im zweiten Stockwerk sind die Privatgemächer der Medici. Im Herkulessaal **(Sala di Ercole)** malte ein Unbekannter eine Madonna mit Kind und dem hl. Johannes, das die Florentiner als »Madonna dell'Ufo« belächeln. Manchen gilt das graue Objekt mit goldenen Strahlen auf dem Bild tatsächlich als ältester »UFO-Beweis«! Den Liliensaal **(Sala dei Gigli)** zieren Fresken von Ghirlandaio (1482 – 1484) und Donatellos originale Bronzegruppe »Judith und Holofernes« (um 1460).

Palazzo Vecchio, Percorso Archeologico, Torre di Arnolfo: April – Sept. tgl. 9 – 23, Do. bis 14, Okt. – März tgl. 9 – 19, Do. bis 14 Uhr | Eintritt: Museum 12,50 €, mit Percorso Archeologico 16 €, mit Turm 17,50 €, komplett 19,50 € | http://musefirenze.it/musei/museo-di-palazzo-vecchio

Symbole des Freiheitswillens ...

Michelangelos David & Loggia dei Lanzi

... der Kommune flankieren den Eingang zum Palazzo Vecchio: der stadtwappentragende Löwe (Kopie nach Donatello, ca. 1420), die Bronzegruppe »Judith und Holofernes« (Kopie nach Donatello, ca. 1460) und Michelangelos »David« (Kopie nach Donatello, ▶ Galleria dell'Accademia, S. 172). In der gotischen Pfeilerhalle, der Loggia dei Lanzi vis-à-vis dem Palast (1374–1381), standen ab dem 16. Jh. Landsknechte als Wachposten für die Medici-Fürsten. Zuvor diente sie für Botschafterempfänge, auch Prioren und der Gonfaloniere wurden hier eingesetzt. Heute beherbergt sie Skulpturen wie »Perseus mit dem Haupt der Medusa« von Benvenuto Cellini« und die Marmorgruppe »Raub der Sabinerinnen« von Giambologna.

Kunsttempel von Weltrang

★★ Galleria degli Uffizi

So viel sei versprochen: Es lohnen sich alle Mühen! Und derer gibt es einige. Wer nicht schon zeitig geplant und den Eintritt zu einem festen Zeitpunkt reserviert hat, benötigt viel Geduld. Exorbitante Warteschlangen sind vor allem in der Hauptsaison an der Tagesordnung. Hat man das Nadelöhr am Eingang hinter sich gelassen, ist abermals Geduld gefragt. Oft muss man den passenden Moment abwarten, um eine ruhige Minute vor den Meisterwerken zu erwischen – wenn sie nicht gerade ohnehin restauriert werden oder verliehen sind. Doch Hand aufs Herz: Was sind diese kleine Hürden im Vergleich zu dem

Während tagsüber der lang gestreckte Innenhof der Uffizien ein Wimmelbild aus Besuchern und Straßenkünstlern bietet, kehrt abends etwas Ruhe ein.

erhebenden Augenblick, wenn Sie erstmals Botticellis anmutiger Venus gegenüberstehen, die mit wehendem blondem Haar aus ihrer Muschel steigt? Oder in das Antlitz Luthers von Lucas Cranach dem Älteren schauen und sich der Frage widmen, welchen Gedanken der Reformator da wohl nachhängen mag?
Zum kleinen Einmaleins des Fürstendaseins gehörte die Sammelleidenschaft. Auch die Medici waren eifrige Kunstliebhaber und so bestehen die weltberühmten Sammlungen der Uffizien – »uffizi« bedeutet »Büros«, der Palast diente einst als Verwaltungsgebäude – größtenteils aus Werken, die die Medici zusammengetragen haben und nach dem Tod von Anna Maria Luisa de' Medici 1743 der Öffentlichkeit zugänglich gemacht wurden. Seit 2015 steht das Museum im Übrigen unter der Leitung des Deutschen Eike Schmidt, unter dessen Ägide das Projekt **»Nuovi Uffizi«** (neue Uffizien) voranschreitet. Dieses sieht u.a. eine Neuanordnung der Kunstwerke vor. Und auch die langen Warteschlangen und das Gedränge sollen bald der Geschichte angehören.
Angesichts der Fülle der Kunstwerke – allein rund 10000 Gemälde hängen hier – muss selbst der ehrgeizigste Museumsbesucher eine Auswahl treffen. Der Schwerpunkt der Sammlungen liegt auf der tos-

Die Uffizien sind in einem Atemzug mit Museen wie dem Pariser Louvre, dem Madrider Prado oder der Eremitage in St. Petersburg zu nennen.

kanischen und florentischen Schule vom 13. Jh. bis zur Renaissance, kaum ein italienischer Maler von Rang und Namen fehlt. Vertreten sind Duccio di Buoninsegna, Fra Angelico, Giotto, Michelangelo, Leonardo da Vinci und Paolo Uccello, Tizian, Raffael und Caravaggio, um nur einige zu nennen. Im Folgenden eine – gewiss subjektive – Auflistung der Highlights, die meistens schon von Weitem an kleineren Menschentrauben zu erkennen sind.
In **Saal 8**, der neu als **Saal der Renaissancemalerei** gestaltet wurde, sind beispielsweise Uccellos Tafelbild »Schlacht von San Romano« (um 1456), Filippo Lippis »Madonna mit Kind und zwei Engeln« und Domenico Venezianos von Sonnenlicht durchflutete »Thronende Madonna mit Heiligen« (um 1445) zu sehen. Neu in seiner Anordnung ist auch **Saal 9** mit Piero della Francescas streng wirkenden »Bildnissen des Herzogpaars von Urbino« (um 1465), bevor es in die stets überlaufenen **Sälen 10 bis 15** geht. Hier dominiert das Werk von **Sandro Botticelli**. Vor seiner »Allegorie des Frühlings« (um 1478/82) mit den in transparenten Seidenkleidern gehüllten Adelsdamen mag man darüber nachsinnen, wie sich die Moralvorstellungen im Lauf der Zeit doch geändert haben – die »Freizügigkeit« des Gemäldes war einst dem Bußprediger Savonarola ein Dorn im Auge, heute wird es fast mit »Selfies« bombardiert. Bei der **»Geburt der Venus«** (1482/83?)

verband Botticelli einen weiblichen Akt nach dem Vorbild der Liebesgöttin Venus mit dem Typus des christlichen Taufbildes.
Leonardo da Vincis Jugendwerke, einst in Saal 15 angesiedelt, sind derweil in **Saal 79** ausgewandert. Der Weg dorthin ist ausgeschildert, was den Besucherstrom deutlich entzerrt. Der Zugang zu Saal 79 muss aber wegen des Massenandrangs von Wärtern geregelt werden. Und dann steht man vor Leonardos »Taufe Christi im Jordan« (um 1470), seiner »Verkündigung« (1470/1475) und der »Anbetung der Weisen« (begonnen 1481).
Die **Säle 19–23** wurden bereits 2014 wieder geöffnet. Die oktagonale **Tribuna** der Uffizien, in der sich einst Grand-Tour-Reisende trafen, ist von drei Seiten einsehbar. Vom Hauptkorridor ergibt sich jener berühmte Saalblick, den Johan Zoffany 1772–1777 malte und so diese »Wunderkammer« der Uffizien zur Kultikone machte. In Saal 35 (Sala del Tondo Doni) zog Michelangelos rundes Tafelgemälde **»Tondo Doni«** (1503/04) ein. Als Kontrapunkt im Raum dient seit 2013 die Monumentalstatue der schlafenden Ariadne (»Arianna dormiente«), eine römische Kopie des hellenischen Orginals (3. Jh. v. Chr.), die als »Kleopatra« bekannt wurde. Danach locken noch Tizian u. a. mit der »Venus von Urbino« (1538) und der zauberhaften »La Flora« (um 1515–1520), Paolo Veronese mit »Leda mit dem Schwan« und dem »Venezianischen Admiral«, Werke von Tintoretto, Stadtansichten von Canaletto und, und, und. Oder auch die niederländische Renaissancemalerei mit Peter Paul Rubens' Bildnis von Kaiser Karl V. oder dem Porträt seiner ersten Gattin Isabella Brant. Und natürlich warten noch viele weitere Entdeckungen fernab der Berühmtheiten – wer genug Ausdauer besitzt, kann ihnen gut und gern einen ganzen Tag widmen und sich zwischendurch in dem hübschen Dachcafé stärken.
Di.–So. 8.15–18.50 Uhr | Eintritt: 12–20 € (nach Saison)
www.uffizi.it

Historischer Blick ins All

Museo di Storia della Scienza (Museo Galileo)

Das Museum zur Wissenschaftsgeschichte im Palazzo Castellani, an der Rückseite der Uffizien, zeigt in Saal 7 Originalinstrumente von Galileo Galilei, darunter jenes Fernrohr, mit dem er die Jupitermonde entdeckte. Am Museumswahrzeichen, dem 15 m hohen Meridian an der Ecke zum Lungarno Anna Maria de' Medici, zeigen Markierungen in Messing die Stunden, in Travertin das Datum an.
Piazza dei Giudici 1 | tgl. 9.30–18, Di. bis 13 Uhr | Eintritt: 10 €
www.museogalileo.it

Florenz' edle Vorzeigebrücke

★ Ponte Vecchio

Er ist die älteste und zweifelsohne auch die berühmteste Brücke von Florenz: Der Ponte Vecchio gehört trotz der einen oder anderen Touristenfalle zum Pflichtprogramm eines jeden Florenz-Besuchs. Schon in etruskischer Zeit gab es hier eine Flussquerung. Ab dem 13. Jh. entstanden Läden und Wohnungen auf der Brücke, die 1333–1345 nach einem Hochwasser neu errichtet wurde. U. a. schlachteten hier Metzger, die ihre Abfälle kurzerhand im Fluss entsorgten. Naserümpfend ordnete daher der Großherzog 1593 an, dass fortan auf der »Alten Brücke« nur noch Goldschmiede ihrem Gewerbe nachgehen dürften. Und so funkeln bis heute Gold, Silber und Edelsteine in den Auslagen der Juweliere des Ponte Vecchio um die Wette. Diese sahen 1966 bereits ihre Felle davonschwimmen, als ein Arno-Hochwasser auch ihre Geschäfte bedrohte; von dessen Höchststand kann man sich an der Ecke Via San Remigio/Via de'Neri selbst überzeugen. Die Brückenmitte schmückt seit 1900 eine Büste des berühmtesten Goldschmieds. Und auf der Ostseite verläuft der Vasari-Korridor (▶ S. 152) oberhalb der kleinen Brückenhäuser.

Palazzo Pitti und südliches Arno-Ufer

★ Palazzo Pitti

Großherzogliche Residenz

An der weiten Piazza dei Pitti, die einem Ehrenhof vergleichbar ist, erhebt sich der monumentale Pitti-Palast. Die Pitti waren eine angesehene Florentiner Kaufmannsfamilie, die es an Stolz und Ehrgeiz mit den Medici aufnahm und dies mit ihrem repräsentativen Stadtpalast auch demonstrierte, der ab 1457 auf dem linken Arno-Ufer etwas oberhalb der Stadt erbaut wurde. Mitte des 16. Jh.s war es jedoch mit der großen Herrlichkeit der Pittis längst vorbei. 1549 erwarb Eleonora von Toledo, die Frau Cosimos I., den Palazzo, den sie wenig später gänzlich erneuern und vergrößern ließ. Heute sind im Palast mehrere Museen untergebracht.

Die Dekoration der Medici-Gemächer bildete den Grundstock für die **Galleria Palatina**. Antike und zeitgenössische Statuen kamen hinzu. Den ersten Höhepunkt eines Rundgang bildet die Sala di Venere. In der Saalmitte steht die »Italische Venus« (1810), eine schüchtern wirkende Schönheit von Antonio Canova, die einst Napoleon in Auftrag gab. Außerdem sind Werke Tizians und Tintorettos zu sehen. Weitere Meisterwerke überwiegend aus der Zeit der Renaissance folgen, so z. B. Tizians »Maria Magdalena« (um 1531) in der Sala di Apollo oder das Doppelporträt König Karls I. von England und seiner Frau Henriette von Frankreich (nach 1623), das van Dyck schuf. In seinem Werk »Die Folgen des Krieges« (1638) zeigt Rubens den vergeblichen Versuch der Liebesgöttin, Mars davon abzuhalten, in den Krieg zu ziehen (Sala di Marte). In der Sala di Giove (Jupiter-Saal) weist das Deckenfresko auf dessen Funktion als Thronsaal der Großherzöge hin, der Odysseus-Saal (Sala di Ulisse) spielt auf die Rückkehr Ferdinands III. von Lothringen nach Florenz an (1815). Halten Sie des Weiteren auch nach Raffaels »Madonna dell'Impannata« (um 1512, Sala di Ulisse) sowie

Wie Schwalbennester kleben die Häuser am Ponte Vecchio.

Tintorettos »Venus, Vulkan und Cupido« und Veroneses »Taufe Christi« (beide in der Sala della Giustizia) Ausschau.
Ein weiterer Blickfang ist die **Sala Castagnoli**, benannt nach Giuseppe Castagnoli, der nach 1815 das Deckengemälde schuf. An den Längswänden stehen zwei kolossale Marmorstatuen aus Roms Villa Medici, in der Mitte ein Musentisch. Das **Quartiere del Volterrano** diente als Winterwohnung der Großherzogin. Kostbare Möbel und Gobelins schmücken die **Appartamenti Ex-Reali**, in denen König Vittorio Emanuele II., Umberto I., Königin Margherita und Vittorio Emanuele III. logierten.
Weitere Museen im Palazzo Pitti sind die **Galleria d'Arte Moderna** (zweite Etage), die sich der Malerei Italiens und der Toskana im 19. und 20. Jh. und ganz besonders den verspotteten »Fleckenmalern« (Macchiaioli) widmet; das **Museo della Moda e del Costume** mit den erhaltenen Resten der Medici-Garderobe und spektakulären Damenmodekreationen des 20. Jh.s; sowie der **Tesoro dei Granduchi** im Erd- und Zwischengeschoss, der prunkvollen Silber- und Goldschmuck, Edelstein-, Elfenbein- und Kristallglasarbeiten und eine über 1000 Exponate umfassende Porzellansammlung hütet.

Galleria Palatina und Galleria d'Arte Moderna, Museo della Moda e del Costume, Tesoro dei Granduchi, Appartamenti Imperiali e Reali: Di. – So. 8.15 – 18.50 Uhr | Eintritt: 10 € | www.uffizi.it/palazzo-pitti

PALAZZO PITTI

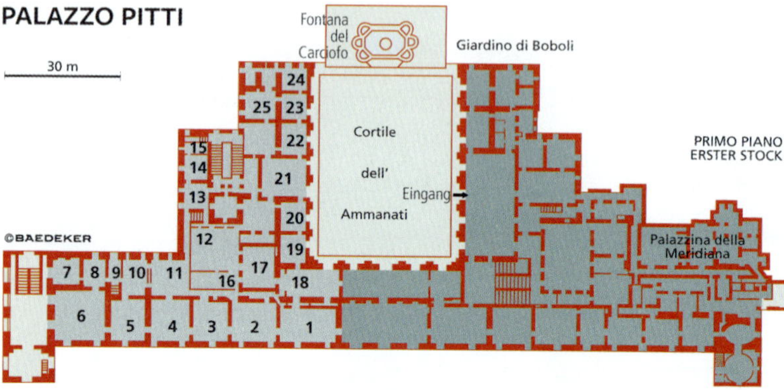

Galleria Palatina

Appartamenti Monumentali

1 Sala di Venere
Tizian, Tintoretto
2 Sala di Apollo
Van Dyck, Rubens, Reni, del Sarto Tizian, Tintoretto
3 Sala di Marte
Tintoretto, Reni, Tizian, Rubens, Murillo, Veronese
4 Sala di Giove
Raffael, Bordone, Rubens, del Sarto, Perugino, Guercino
5 Sala di Saturno
Raffael, Perugino, Ghirlandaio
6 Sala dell'Iliade
Velázquez, Raffael
7 Sala della Stufa
Fresken von Roselli, P. da Cortona
8 Sala dell'Educazione di Giove
Caravaggio, Allori
9 Bagno di Napoleone
10 Sala di Ulisse
Raffael, Reni, Lippi
11 Sala di Prometeo
Signorelli, Lippi, Botticelli, Reni
12 Corridoio d. Colonne
13 Sala della Giustizia
Veronese, Tizian
14 Sala di Flora
Canova, Bronzino
15 Sala dei Putti
Jordaens, Rubens
16 Galleria Poccetti
Pontormo, Rubens, Ribera, Dughet
17 Sala della Musica
18 Sala Castagnoli
19 Sala delle Allegorie
20 Sala delle Belle Arti
21 Salone d'Ercole
22 Sala dell'Aurora
23 Sala di Berenice
24 Sala di Psiche
25 Sala della Fama

Kuriositätenkabinett

Museo Zoologico »La Specola«

Auf jeden Fall kurios, mitunter aber auch gruselig ist diese weltweit größte Sammlung anatomischer Wachsfiguren etwas oberhalb des Palazzo Pitti – größer könnte der Kontrast zu dessen Kunstwerken kaum sein. Der Salon der Skelette (Salone degli Scheletri) und das Observatorium öffnen nur nach Vereinbarung (Tel. 055 2 75 64 44).
Via Romana 17 | Juni – Sept. Di. – So. 10.30 – 17.30, Okt. – Mai 9.30 – 16.30 Uhr | Eintritt: 6 €, mit Ticket fürs Museo Galileo 3 €

Wo einst die Fürsten lustwandelten

★ Giardino di Boboli

Nachdem die Medici bereits den Pitti-Palast erworben hatten, sicherten sie sich auch das angrenzende Areal der Familie Boboli. Generationen von Blaublütern lustwandelten durch den 1550 – 1658 angelegten Renaissancepark – nicht zuletzt an einem heißen Sommertag ist es noch heute eine wahre Pracht, es ihnen gleichzutun. Neben der Anlage verdienen auch einzelne Sehenswürdigkeiten Beachtung, darunter die durch eine Kopie ersetzte **Fontana del Bacchino** (nach 1560). Sie zeigt Nano Morgante, den berühmtesten der fünf Zwerge, die den Hofstaat Cosimos I. erheiterten. Das »Dickerchen« sitzt nackt in Bacchus-Pose auf einer Schildkröte – ein reizender Anblick! Das Innere der Grotta del Buontalenti (1583–1588) mit Hirten- und Schafsfiguren aus Stalaktiten und Gipsabdrücken der »Gefangenen« Michelangelos ist leider nicht begehbar. Cosimos Emblem, die Schildkröte mit aufgeblähtem Segel, prangt rechts vom Eingang. In dem Amphitheater mit ägyptischen Obelisken im Zentrum hielten die Medici einst Hoffeste ab. An Neptunbrunnen (1565) und der Kolossalstatue der Abbondanza (1636) vorbei gelangt man zum südlichen Ende mit dem terrassiert angelegten Giardino del Cavaliere, einem Kaffeehaus und der Palazzina del Cavaliere. Genießen Sie von hier die herrliche Aussicht über den Palastkomplex.

Zugänge: Palazzo Pitti, Via Romana 37 a, Porta Romana, Forte Belvedere | tgl. ab 8.15 bis Sonnenuntergang (1. u. letzter Mo. im Monat geschl.) | Eintritt: 6 € | www.uffizi.it/giardino-boboli

Klein, aber fein

Villa & Giardino Bardini

Kleiner und weniger bekannt, aber nicht minder reizvoll ist der Garten Bardini. Hier ist die Venusstatue unterhalb der Terrasse ebenso ein Hingucker wie die Blütenpracht der Hortensien- und Kameliengärten.

In der Villa Bardini widmet sich das Museo Pietro Annigoni dem Werk des gleichnamigen Künstlers, das Museo Fondazione Roberto Capucci dem Thema Seide. Moderne Kunst präsentiert das BardiniContemporanea. Die großartige Aussicht von der Terrasse des Ristorante La Leggenda dei Frati sollte man bei einem Gläschen Weißwein genießen!

Giardino Bardini: März tgl. 8.15–17.30, April, Mai, Sept. und Okt. bis 18.30, Juni–Aug. bis 19.30, Nov.–Feb. bis 16.30 Uhr | Eintritt: 6 €
Villa Bardini: Di.–So. 10–19 Uhr | Eintritt: 10 € (mit Museen)
www.villabardini.it

Alles im Blick

Piazzale Michelangelo

Ganz umsonst ist die Traumaussicht auf Florenz nicht – zuvor wird man sie auf dem Weg von der Piazza Giuseppe Poggi über Treppen und die Viale Giuseppe Poggi hinauf zum Trubel der Piazza mit einigen Schweißtropfen »bezahlen«. Umso spektakulärer ist der Blick am Fuße einer weiteren David-Kopie auf Domkuppel, Palazzo Vecchio und das Dächermeer der Arnometropole.

Meisterhafte Renaissancekirche

★ Santo Spirito

Der äußerlich unscheinbare Bau der Heiliggeistkirche gilt als Meisterwerk Brunelleschis. 1434 begann der Umbau der Augustinerkirche, erst 1481 – 35 Jahre nach Brunelleschis Tod – war er vollendet. Im Innern überrascht die strenge Gliederung und Symmetrie der dreischiffigen Säulenbasilika, wobei das Vierungsquadrat die alles be-

stimmende Maßeinheit war. Die entscheidenden Bauelemente sind der römischen Antike nachgebildet, so die Säulen mit korinthischen Kapitellen und den darauf ruhenden Gebälkstücken. Vom linken Seitenschiff geht es in die 1494 von Cronaca erbaute Vorhalle und weiter in die Sakristei. Laut Vasari stammt das um 1493 geschaffene Holzkruzifix in der Sakristei von Michelangelo Buonarotti. Nach 100 Jahren in der Casa Buonarotti ist es nun wieder hier.

Piazza S. Spirito 30 | Mo., Di., Do.–Sa. 9.30–12.30, 16–17.30, So. 11.30–12.30, 16–17.30 Uhr | Eintritt frei | www.basilicasantospirito.it

★★ Cappella Brancacci

Pionierwerke der Renaissance

An der Piazza del Carmine ist Florenz noch »echt«! Der Platz markiert den Mittelpunkt eines belebten und volkstümlichen Viertels, in das sich weniger Touristen verirren. Dominiert wird er vom Bau der

Hier trifft man sich! Auf dem Piazzale Michelangelo genießen Florentiner und Besucher die Abendsonne und die herrliche Aussicht auf die Arnometropole.

Karmeliterkirche, die nach einem Feuer 1771 neu gestaltet wurde. Schon die oft meditative Stille im Klosterhof der Karmeliterkirche ist ein Erlebnis, das in Florenz einen Seltenheitswert besitzt. Sie stimmt Sie ein auf die Brancacci-Kapelle, die meisterhaft die Zäsur zwischen Gotik und Renaissance illustriert. Kaufmann Felice Brancacci ließ sie 1424–1428 von dem jungen Künstler Masaccio sowie Masolino mit Fresken ausstatten. Erstmals setzten die beiden Maler hier die Linearperspektive ein, Masolino schuf mit »Adam und Eva« eine der frühesten Aktdarstellungen. Die unvollendeten Fresken im unteren Teil der Längswände – Masaccio starb mit gerade 27 Jahren – malte 1483–1485 Filippino Lippi fertig. Die glänzende Restaurierung macht ihre Plastizität und den brillanten Farbenkosmos jener Zeit wieder

BAEDEKER MAGISCHE MOMENTE

VOGELGEZWITSCHER MIT GROSSER KUNST

Diese Stille! Eben noch knatterten Motorroller an Ihnen vorbei, nun aber umfängt Sie eine tiefe, ja meditative Stille. Wer gleich morgens kommt, hat nicht nur die berühmtesten Fresken der Frührenaissance in der Cappella Brancacci beinahe für sich – stimmig wie stimmungsvoll ist auch das Vogelgezwitscher über dem Klosterhof!

erlebbar – ein radikaler Wandel, ja fast mittelalterliche Pop Art. Im unteren, links mit dem predigenden Petrus (San Pietro in Cattedra) beginnenden Bildregister wurden ganz rechts außen die Portraits von Filippo Brunelleschi, Leon Battista Alberti, Masaccio und Masolino identifiziert. Im mittleren Bildregister der rechten Wand vermittelt das wohl die Piazza della Signoria zeigende Fresko eine Vorstellung von Kleidung, Habitus und Stellung der Protagonisten jener Epoche. Diese gemalte Zeitkapsel von 1424/25 wird Masolino zugeschrieben!

Mo., Mi. – Sa. 10 – 17, So. 13 – 17 Uhr | Eintritt: Mi., Do., Fr. 8 € (sonst nur Kombiticket mit Fondazione Salvatore Romano 10 €)

Westliche Altstadt

Schuhe, Schuhe, Schuhe!

Palazzo Spini-Feroni

Vorsicht! Nach einem Besuch des gotischen Palazzo Spini-Feroni könnte sich das unstillbare Bedürfnis einstellen, einen Schuhladen aufzusuchen! Rund 10 000 Kreationen stellt das Schuhmuseum Salvatore Ferragamo auf. Greta Garbo, Audrey Hepburn oder Marilyn Monroe trugen Schuhe des 1960 in Florenz verstorbenen visionären Designers, der mit neun Jahren ein erstes Paar Schuhe für seine Schwester fertigte. Dank eines raffinierten Federsystems gelangen ihm erstmals zehenfreie Damenschuhe mit hohen Absätzen.

Piazza Santa Trinità 5 R | tgl. 10–19.30 Uhr | Eintritt: 6 €, 1. So. im Monat frei |www.museoferragamo.it

Mode und Kaffee

Von der Via de' Tornabuoni zur Piazza della Repubblica

Und weiter geht der Frontalangriff auf das Reisebudget! Folgen Sie der Via de' Tornabuoni und Sie gelangen direkt ins Herz des florentinischen **Modedreiecks**. Hier und in den umliegenden kleineren Straßen können Sie von einer eleganten Boutique zur nächsten springen. Und sollten Sie eine Stärkung benötigen – so viel Mode macht schließlich hungrig –, können Sie das **Caffé Giacosa** in der Via della Spada 10 R ansteuern, das Modeschöpfer Roberto Cavalli betreibt. Der »Caffè marocchino« (Espresso, Milchschaum, dunkle Schokolade) ist ein Gedicht! Oder Sie läuten gleich mit dem Florentiner Cocktail schlechthin, dem hier erfundenen Negroni, den Abend ein.
Einen Steinwurf von hier entfernt liegt die Piazza della Repubblicca, Ort des einstigen römischen Forums. Besonders Liberale strömen ins legendäre **Giubbe Rosse** (»Rote Westen«), das Stammcafé der Futuristen und Schriftsteller der 1920er-Jahre. Konservative pilgern hingegen ins superelegante, seit 1733 existierende Belle-Epoque-**Café Gilli**. Bis 1888 fand auf der Piazza, die von Donatellos Statue der Abbondanza (Kopie) überragt wird, ein Markt statt. Dominiert wird die Piazza von einem monumentalen Triumphbogen (1895).

Moderne Kunst in alten Gemäuern

Palazzo Strozzi, Museo Marino Marini (MMM)

Bauherr des 1489–1536 nach Plänen Giuliano da Sangallos erbauten Renaissancepalasts war Filippo di Matteo Strozzi. Dank der Fondazione Strozzi ist der Bau nun das städtische Kunstzentrum. Im **Piano Nobile** finden beachtenswerte Ausstellungen statt, im Untergeschoss widmet sich das **CCCS** (Centro di Cultura Contemporanea Strozzina) moderner Kunst. Sehenswert ist auch der raffiniert gestaltete Museumsshop »Spazio Agora Z«.
Auch die nahe Ex-Kirche **San Pancrazio** (14./15. Jh.) beherbergt moderne Kunst, hier zog 1988 das Museum für den Künstler Marino Marini (1901–1980) ein. 176 Skulpturen, Gemälde, Zeichnungen und Grafiken dokumentieren das Werk des Künstlers, beginnend mit dem Gemälde »Die Jungfrauen« (1916). Pferd und Reiter faszinierten Marini, zudem Pomona, die voluminöse Fruchtbarkeitsgöttin.

Palazzo Strozzi: Piazza degli Strozzi | tgl. 10–20, Do. bis 23 Uhr, CCCS jeweils erst ab 12 Uhr | Eintritt: 13 €, mit Centro per l'Arte Contemporanea Luigi Pecci in Prato 14 € | www.palazzostrozzi.org, www.strozzina.org

Im Modedreieck rund um die Via de' Tornabuoni gibt es alles, was Sie benötigen, um bei der Passeggiata eine Bella Figura abzugeben.

Museo Marino Marini: Piazza di San Pancrazio | Sa. - Mo. 10 - 19, Mi. - Fr. 10 - 13 Uhr | Eintritt: 6 € | www.museomarinomarini.it

Palast mit Mehrwert

Palazzo Antinori, Enoteca

Im Brunnenhof des Familienpalastes (15. Jh.) ist der historische Karren mit aufgetürmten Chianti-Strohkorbflaschen ein schönes Motiv. Großartige Küche und feine Tropfen bietet die Enoteca/Cantinetta Antinori.

Piazza Antinori 3, Mo. - Sa. 12 - 14.30, 19 - 22.30 Uhr | www.cantinetta antinori.com).

Santa Maria Novella und Umgebung

Kirche mit Überraschungseffekten

★ Santa Maria Novella

Wer sich der Kirche vom Bahnhof aus nähert, sollte sich vom hier wenig attraktiven Äußeren des Gotteshauses nicht täuschen lassen. Denn die durchaus sehenswerte Schauseite der Kirche präsentiert sich an der gegenüberliegenden Piazza Santa Maria Novella; der Obelisk hier diente übrigens einst als Wendemarke der Wagenrennen, die die Medici veranstalteten. Die Fassade – eine Ikone der Baukunst – schuf 1458 – 1470 Leon Battista Alberti. Er orientierte sich am Baptis-

terium, fügte aber das Attikageschoss mit Dreieckgiebel, Zitat eines antiken Tempels, hinzu.
Auch das Innere der 1246–1300 erbauten Dominikanerkirche, eine fast 100 m lange Pfeilerbasilika, mag auf den ersten Blick kahl und unspektakulär wirken, birgt aber einige wertvolle Kunstschätze wie ein herrliches Kruzifix von Giotto, die von Brunelleschi 1445 entworfene Marmorkanzel am zweiten Pfeiler links und das Wandfresko der Trinität (1425 – 1427) von Masaccio, bei dem dieser als erster Künstler seit der Antike mit der Linearperspektive experimentierte. Nardo di Cione schuf um 1357 die Fresken mit Themen aus Dantes »Göttlicher Komödie« in der erhöht liegenden Cappella Strozzi, wo sich auch das Altarbild »Erlöser und Heilige« (1357) von Andrea Orcagna befindet. In der Cappella Gondi befindet sich das Holzkruzifix von Brunelleschi (1421 – 1425) – berühmt ist es, weil der Künstler erstmals Christus ohne Lendentuch darstellte. Die Hauptchorkapelle malte Domenico Ghirlandaio 1486 – 1490 mit Szenen aus dem Leben Marias und Johannes des Täufers aus. Sie zeigen Porträts berühmter Zeitgenossen, Einblicke in vornehme Bürgerstuben, Landschaftspanoramen und große Feste. Die Cappella di Filippo Strozzi malte Filippino Lippi (1497–1502) mit Fresken aus dem Leben der Apostel Philippus und Johannes aus.
April – Sept. Mo. – Do. 9 – 19, Fr. 11 – 19, Sa. 9 – 17.30/18.30, So. 13 bis 17.30/18.30), Okt. – März Mo. – Do., Sa. 9 – 17.30, Fr. 11 – 17.30, So. 13 – 17.30 Uhr | Eintritt: 7,50 € | www.smn.it

Sakrale Kunst

Museo di Santa Maria Novella

Der **Chiostro Verde** (Grüne Kreuzgang) im Kirchenmuseum verdankt seinen Namen dem Farbton der Fresken von Paolo Uccello, dessen Erzählung mit der Schöpfung der Tiere und dem Sündenfall (um 1430) beginnt. Die dramatische Darstellung der Sintflut entstand 20 Jahre später. Die **Cappella degli Spagnoli** (Spanische Kapelle) baute Jacopo Talenti nach 1340 als Kapitelsaal des Dominikanerklosters. Das Bildprogramm der Dominikaner-Theologie schuf Andrea (di Bonaiuto) da Firenze ab 1365. Suor Plautilla Nelli (1524–1588) bot als erste Frau der männlichen Künstler-Phalanx der Spätrenaissance Paroli: Die Nonne gilt als erste Florentiner Malerin. Im Refektorium bezeugt ihr »Abendmahl« ebenso ihr großes Können wie ihr »Cristo morto« im Museo di San Marco.
siehe Santa Maria Novella

Historische Apotheke

Officina Profumo Farmaceutica

Eine Augenweide ist die Klosterapotheke, deren Heilkräuter weltweit verkauft werden. Dekorative Mitbringsel sind die hübschen Blumengestecke. Tee, Kaffee und Kakao werden in der stilvollen Tiseria (Teesalon) mit schönem Innenhof serviert (▶ S. 16).
Via della Scala 16 | tgl. 9 – 20 Uhr | Eintritt frei | www.smnovella.com

Grün der Rasen, grün die Fresken im Grünen Kreuzgang im Museo di Santa Maria Novella

Eineinhalb Jahrhunderte Fotografie

MNAF (Museo Nazionale Alinari della Fotografia)

Das Nationalmuseum für Fotografie basiert auf dem 1853 gegründeten Archiv der Gebrüder Alinari. In sieben Sektionen sind Exponate des Fundus zu bestaunen: 2,75 Mio. Negative, 900 000 historische Positive (Drucke, Stiche, Bromabzüge, Daguerrotypien, Fotoplatten). Das integrierte Museo Tattile eröffnet auch Sehbehinderten den Zugang zur Fotografie.

Piazza Santa Maria Novella 14 R | Do. – Di. 10 – 18.30 Uhr
Eintritt: 9 €, Mo. 6 € | www.mnaf.it

Moderner Gegenpol

Museo Novecento

Endlich hat Florenz ein Museum des 20. Jahrhunderts! Das Museum illustriert in den 15 Sälen der ehemaligen Mädchenschule Scuola Leopoldina anhand von 300 Werken die Entwicklung der Kunst in Florenz in jüngerer Zeit. Die Sektion »Florenz im Film« zeigt Filmausschnitte, von Arnaldo Ginnas »Vita futurista« (1916) bis Franco Zeffirellis »Tee mit Mussolini« (1999), der im Society-Florenz der 1930er-Jahre spielt. Unter den Kunstwerken begeistern Giorgio de Chiricos »Les Bains Mysterieux« (1934–36), der Leuchtschriftzug »Everything might be different« von Maurizio Mannucci (1988) im Innenhof und die Sammlung Ragghiani.

Piazza S. M. Novella 10 | April – Sept. Sa. – Mi. 11 – 20, Do. bis 14, Fr. bis 23, Okt. – März Fr. – Mi. 11 – 19, Do. bis 14 Uhr | Eintritt: 8,50 €
www.museonovecento.it

San Lorenzo und Umgebung

Begräbnisstätte der Medici

★ San Lorenzo

Die 393 geweihte Basilika war bis ins 7. Jh. Kathedrale der Stadt, ehe Santa Reparata diese Funktion übernahm. Am Markt steht das von Baccio Bandinelli 1540 geschaffene und von Tauben umkreiste Denkmal des Haudegen Giovanni delle Bande Nere (1498 – 1526), eigentlich Ludovico di Giovanni de' Medici. Der Vater des ersten Großherzogs Cosimo I. ließ anlässlich des Todes seines Onkels, des Medici-Papstes Leo X., seine Truppen in Trauerschwarz auflaufen – daher sein Spitzname. Die heutige Kirche erbaute Brunelleschi ab 1419 im Auftrag der Medici, die sie zu ihrer Begräbnisstätte machten. Aus ungeklärten Gründen – Geldmangel mag man bei den Medicis jedenfalls nicht annehmen – blieb die Fassade der Kirche unvollendet. Pläne in moderner Zeit, die schlichte Backsteinfront nach Michelangelos Entwürfen zu verkleiden, wurden bisher nicht in die Tat umgesetzt.

Im **Inneren** erinnert eine runde Gedenkplatte im Fußboden an Cosimo den Alten (1389–1464), dessen Gebeine wie auch die von Donatello (um 1386–1466) darunter in der Krypta ruhen. Die Restaurierung von Donatellos zwei Bronzekanzeln an der Vierung kann man vom Gerüst aus begutachten (hierzu eine 1-€-Münze bereithalten). Beeindruckender ist linkerhand Agnolo Bronzinos farbenfrohes Großfresko »Marter des hl. Laurentius« (1565–1569). In der ersten Ostwandkapelle besticht Filippo Lippis Altarbild »Verkündigung« (um 1440).

Die **Alte Sakristei** stiftete Giovanni di Averardo, besser als Bicci de Medici (1360–1429) und Stammvater der Medici bekannt. Ursprünglich war sie als Grabkapelle gedacht. Der Kuppelbau gilt als erstes Meisterwerk Brunelleschis (1418 – 1428). Die Ausstattung schuf Donatello (1437 – 1443). Im Zentrum steht der Marmorsarkophag von Giovanni di Bicci und Gattin Piccarda di Odoardo Bueri. In die Querhauswand ist das Doppelgrabmal (1472) für Cosimos Söhne Giovanni und Piero von Andrea del Verrocchio eingelassen.

Piazza San Lorenzo 9 | Mo. – Sa. 10 – 17.30, März – Okt. auch So. 13.30 bis 17.30 Uhr | Eintritt: 7 €, mit Biblioteca Medicea Laurenziana 9,50 €
www.operamedicealaurenziana.org

Edler Bücherhort

★ Biblioteca Medicea Laurenziana

Von der Kasse gelangt man durch den stimmungsvollen Kreuzgang über eine großartige Treppe in die Bibliothek, die nach Plänen Michelangelos 1524–1571 für die kostbare Medici-Büchersammlung errichtet wurde. Michelangelo entwarf auch die Bänke und Pulte im Lesesaal. Fantastisch ist der runde Kuppelbau der vom Florentiner Angelo Maria d'Elci (1754 – 1824) erbauten Tribuna d'Elci (1818).

Mo., Mi., Fr. 8 – 14, Di., Do. bis 17.30 Uhr | Eintritt: 3 €, mit San Lorenzo 8,50 €

★ Museo delle Cappelle Medicee

Klotzen, nicht kleckern!

Gerade einmal rund 30 Jahre, nachdem die Medici vom Papst zu Großherzögen der Toskana befördert wurden, musste dem fürstlichen Selbstverständnis in Form einer neuen Begräbnisstätte Ausdruck verliehen werden. Der Bau der gigantischen Grablege begann 1605, die Innenausstattung zog sich bis ins 20. Jahrhundert!

Zunächst gelangen Sie in die monumentale Fürstenkapelle der Medici, der **Cappella dei Principi**, in der sechs der sieben Medici-Großherzöge in überdimensionalen Sarkophagen ihre letzte Ruhe fanden. Trotz der prunkvollen Ausstattung wirkt der Bau überraschend schlicht, ja fast kalt.

Von hier geht es hinab zur eigentlichen Attraktion der Medici-Kapelle, der Neuen Sakristei (**Sagrestia Nuova**), die Michelangelo als Grabkapelle bis 1534 errichtete, doch nie vollendete. In sitzender Haltung, gekleidet in eine römische Feldherrnrüstung, schaut Giuliano de Medici aufmerksam mit seitlich gedrehtem Kopf auf die Madonna und die hll. Cosmas und Damian, die beiden Schutzheiligen der Medici. Unter Giuliano liegen auf dem schrägen Sarkophagdeckel die Figur der Nacht mit Halbmond und Stern im Haar sowie die Figur des Tages. Beide Sarkophagfiguren sind nach antiken Vorbildern gearbeitet worden. Gegenüber zeigt eine weitere Nischenfigur Lorenzo de Medici, dessen Kopf nachdenklich in die Hand gestützt ist. Auf dem Sarkophagdeckel darunter ruhen die zwei allegorischen Gestalten des Abends bzw. der Dämmerung (links) sowie des Morgens bzw. der Morgenröte (rechts). Die männliche Figur der Abenddämmerung verkörpert die geistige Ermattung, die träge Masse des einschlafenden Körpers, wohingegen die weibliche Figur das Erwachen und die sich langsam entfaltende Kraft von Körper und Geist versinnbildlicht. Michelangelo wollte mit dieser Kapelle in der **Verbindung von Architektur, Skulptur und Malerei** ein philosophisch-künstlerisches Gebilde schaffen, das den Weg des Lebens von der Materie (Flussgötter, Sarkophag) über die Menschwerdung (Tag und Nacht = Leben und Tod, Statue Giulianos) bis zum ewigen Leben (Auferstehungsfresko) widerspiegelt.

P.za Madonna degli Aldobrandinim | tgl. 8.15 – 14 Uhr, 2., 4. So. und 1., 3., 5. Mo. im Monat geschl. | Eintritt: 8 €

Palazzo Medici-Riccardi

Muster-Palast

Das Werk Michelozzos, 1444 – 1464 für Cosimo den Alten erbaut, gilt als Prototyp des florentinischen Stadtpalasts. Die Medici wohnten hier bis zum Umzug Cosimos I. in den Palazzo Vecchio (1540). 1659 erwarben ihn die Riccardi, 1818 die Großherzöge. Schon der quadratische Innenhof mit zwölf Marmormedaillons über den von Säulen getragenen Rundbögen und der Bacchus-Statue von Baccio Bandinelli ist den Besuch wert. Treppauf geht es zur engen **Cappella dei Magi** mit dem meisterhaften Fresko von Benozzo Gozzoli,

Nach der Kunst: An die Kirche San Lorenzo schließt sich ein Straßenmarkt an, auf dem vor allem Mode, Geschenkartikel, Keramik und Wollwaren verkauft werden.

dem »Zug der Heiligen Drei Könige nach Bethlehem« (1459/1460). Genau hinschauen lohnt sich: Die Mitglieder der Fürstendynastie zeigen sich in dem Gemälde von ihrer besten Seite, u. a. sind Lorenzo der Prächtige, Cosimo der Ältere und der Künstler selbst zu entdecken (Abb. ► S. 379).

Via Cavour 3 | tgl. außer Mi. 8.30 – 19 Uhr | Eintritt: 7 €, bei Sonderausstellungen 10 € | www.palazzo-medici.it

Um die Piazza San Marco

Reich beschenkte Kirche

San Marco

Die vom Silvestrinerorden 1299–1310 erbaute Kirche ging samt Kloster nach der Domweihe (1436) an die Dominikaner. Schenkungen Cosimos des Alten ermöglichten Michelozzo Umbau 1437–1452. Giambologna fügte 1588 Seitenaltäre und Salviati-Kapelle hinzu. Im Kirchenschiff beeindruckt am Eingang das Kruzifix aus Giottos Schule. Im Langhaus befindet sich die Grabkapelle des hl. Antonin: Zum architektonischen Hauptwerk von Giambologna (1578–1589) gehören die sechs lebensgroßen Nischenstatuen und sechs Bronzereliefs mit Szenen aus dem Leben des Heiligen. Gen Ausgang fallen die kostbare, zur Sakristei führende barocke Marmortür, das byzantinische Mosaik »Betende Madonna« (705–707) und Fra Bartolomeo della Portas Gemälde »Madonna mit Kind« (1509) ins Auge.

Wirkungsstätte Fra Angelicos

★ Museo di San Marco

Im von Cosimo dem Alten reichlich geförderten Kloster wollen viele einen Blick in die karge Mönchszelle von Girolamo Savonarola erhaschen, der ab 1491 als Prior von San Marco Florenz umkrempeln wollte und 1498 selbst auf dem Scheiterhaufen endete. Vor allem aber ist das heute als Museum eingerichtete Kloster ein Beispiel für spätmittelalterliche Frömmigkeit und insbesondere eine der berühmtesten Wirkungsstätten von Fra Angelico, der lange Zeit in dem Kloster lebte und arbeitete. Seine hier geschaffenen Werke illustrieren eindrucksvoll, wie sich der Frührenaissance-Maler der perspektivischen und realistischen Darstellung der Natur widmete. Im Pilgerhospiz des Klosters sind Tafelbilder Fra Angelicos zu sehen, u. a. der Altar der Leinweber (1433) sowie Tafeln mit Szenen aus dem Leben Jesu (1450) und seine fantastische »Kreuzabnahme« (1435). Im Refektorium war er für das »Jüngste Gericht« (1430) verantwortlich, im Kapitelsaal füllte er eine komplette Wand mit dem Fresko »Kreuzigung«. Und auch im ersten Stock schmückten Fra Angelico und seine Schüler die über 40 Mönchszellen mit Fresken aus.

Piazza San Marco 1 | Mo.–Fr. 8.15–13.50, Sa., So. 8.15–16.50 Uhr, 2. und 4. Mo. und 1., 3. und 5. So. im Monat geschl. | Eintritt: 4 €

Das perfekte Mannsbild

★★ Galleria dell' Accademia

Der wohl berühmteste Jüngling von Florenz hat so einiges mitgemacht: Schon kurz nachdem ihn Michelangelo 1501–1504 aus einem riesigen Marmorblock, der als fehlerhaft und unbrauchbar galt, geschaffen hatte, musste sein **David** den Zorn der Florentiner über sich ergehen lassen, die ihn mit Steinen bewarfen und als »Il Gigante« beschimpften. Es war eine unruhige Zeit, in der die Medici um ihre Rückkehr nach Florenz rangen. In den Wirren verlor David 1512 gar seinen linken Arm, der ihm erst über 30 Jahre später wieder angefügt wurde

BAEDEKER MAGISCHE MOMENTE

STILECHTER START IN DEN ABEND

Man trifft sich, plaudert, lacht, nippt an einem Glas Wein – der Start in einen toskanischen Abend ist »dolce vita« pur! Steuern Sie z.B. die Enoteca Galanti (Piazza della Libertá Nr. 31/r; Mo.–Sa. 8.30–20 Uhr, Mai–Sept. Sa. nachmittags geschl.; www.gastronomiagalanti.com) an, in der es ab dem späten Nachmittag familiär zugeht: Zu Prosecco oder Morellino di Scansano füllt sich der Tresen mit kalten und warmen Snacks. Und jeden Mittwoch berät Andrea Galanti, Italiens Sommelier 2016, beim Aperitif Gourmet die Gäste höchstpersönlich!

– die Narbe sieht man noch heute. So stand er nochmals über 300 Jahre vor dem Palazzo Vecchio, Wind, Wetter und Vogelexkrementen ausgesetzt, bevor er schließlich nach einem reinigenden Salzsäurebad 1873 endlich in den schützenden Rotundensaal der Galleria dell'Accademia umzog. Doch selbst hier war er nicht immer sicher: 1991 malträtierte ein geistig Verwirrter seinen linken Fuß mit einem Hammer. Letztlich aber hat der 5,16 m große und 19 t schwere Prachtkerl aus perlweißem Marmor allem Unbill getrotzt und darf heute als Ikone der europäischen Kultur gelten. Dabei erscheint die Figur voller jugendlicher Kraft und Schönheit nicht nur unproportional, sondern ist es auch. Kopf und Hände sind viel zu groß. Bevor Sie nun aber tadelnd den Finger heben: Michelangelo orientierte sich an einer Froschperspektive, denn ursprünglich sollte die David-Statue in luftiger Höhe den Dom schmücken. Nehmen Sie sich die Zeit, all die Facetten des Meisterwerks zu erfassen – Sie werden es nicht bereuen!

Lassen Sie aber auch die weiteren Schätze der Galleria dell'Accademia nicht unbeachtet, darunter vier unvollendete der sechs Gefangenenfiguren, die Michelangelo 1519–1536 für das Grabmal Papst Julius II. in Rom schuf, oder im ersten Florentinischen Saal die einmalige längliche Adimari-Kleidertruhe mit der Darstellung eines Hochzeitszugs (15. Jh.). Und dann wäre da noch die Musikinstrumentensammlung mit einer Geige (1716) und einer Viola von Stradivari, einem Violoncello von Niccolò Amati (1650) und dem ältesten erhaltenen Pianoforte aus der Werkstatt von Bartolomeo Cristofori.

Via Ricasoli 58–60 | Di.–So. 8.15–18.50 Uhr | Eintritt: 12 €, jeder 1. So. im Monat frei | www.galleriaaccademiafirenze.beniculturali.it

Von der Piazza Santissima Annunziata zum Museo Nazionale del Bargello

★ Santissima Annunziata

Außen hui, innen hui

Schon der gleichnamige Platz vor der Verkündigungskirche, ein zauberhaftes, in sich geschlossenes architektonisches Ensemble, lohnt einen Abstecher. Eingerahmt wird er von der Kirche, dem Waisenhaus und dem Palazzo Grifoni, in der Platzmitte thront Großherzog Ferdinand I. (1587–1609).

Die Basilica della Santissima Annunziata geht auf ein Oratorium des Servitenordens zurück, das 1250 entstand. Michelozzo gestaltete sie 1444–1481 neu. Beachtung verdient sie aber vor allem wegen ihres Freskenzyklus (frühes 16. Jh.) im Chiostrino dei Voti (Vorhof der Votivgaben): Dieser beginnt rechts mit »Marias Himmelfahrt« (Rosso Fiorentino). Es folgen »Heimsuchung« (Pontormo), »Verlobung Marias« (Franciabigio), »Geburt Marias« (Andrea del Sarto), die »Hll. Drei Könige« (Andrea del Sarto), die »Geburt Christi« (Alessio Baldovinetti) und das »Leben des hl. Filippo Benizzi« (Cosimo Rosselli, Andrea del Sarto). Giambologna entwarf die Cappella della Madonna del Soccorso (1594–1598) als eigene Grabstätte.

tgl. 7.30–12.30, 16–18.30, So. auch 20.45–21.45 Uhr | Eintritt frei
http://annunziata.xoom.it

★ Ospedale degli Innocenti

Eine der ersten Babyklappen der Welt

Dass Florenz eine der fortschrittlichsten Städte des Spätmittelalters war, belegt nicht zuletzt ein kleines Detail am »Hospital der unschuldigen Kinder«: Noch bis 1875 konnten Säuglinge mittels eines drehbaren Hohlzylinders am linken Rand der Säulenhalle anonym abgegeben werden. Mit einem Glöckchen neben der Drehlade wurden Neuankömmlinge angekündigt. Diese »Sacra Ruota degli Esposti« (Hl. Drehlade der Ausgesetzten) ist die wohl bekannteste Babyklappe der Welt. Begründet wurde das Findelhaus von der Tuch- und Pelzhändlerzunft. Sie engagierte keinen Geringeren als Brunelleschi, der 1419–1445 den ersten neuzeitlichen Profanbau nach antikem Tempelvorbild gestaltete. Auch für den Bildschmuck gewannen die Kaufleute eine Berühmtheit: Andrea della Robbia schuf zehn farbige Terrakotta-Medaillons mit der Darstellung von Wickelkindern (um 1463).

Themen des **Museo degli Innocenti** sind die »Kindheit in der Renaissance« und das Verhältnis der Florentiner zu »ihren« Waisen. Die Galerie versammelt 50 Bilder, Skulpturen, Miniaturen und Möbel u. a. von Rossellino, Ghirlandaio, Andrea del Sarto und Luca della Robbia (Terrakotta-Madonna). Zugang zur Panoramaterrasse mit Domblick im Caffè del Verone (oberste Etage) haben – per Fahrstuhl von der Piazza – auch Nicht-Museumsbesucher.

Piazza SS. Annunziata 13 | tgl. 10–19 Uhr | Eintritt: 9 €
www.istitutodeglinnocenti.it

Etruskische Schätze

Der Palazzo della Crocetta beherbergt seit 1880 das Archäologische Nationalmuseum. Höhepunkte der Etruskersammlung sind die vielfarbigen Sarkophage der Amazonen (350–325 v. Chr.) und der Schwestern Seianti (150–130 v. Chr.) sowie die bronzene Chimäre von Arezzo(▶ S. 66). Etruskisch-römisch ist die lebensgroße Bronzefigur des L'Arringatore (»Redner«; 1. Jh. v. Chr.), die den Adligen Aulus Metellus in römischer Toga zeigt. Eine römische Kopie (ca. 30 v. Chr.) des griechischen Originals (ca. 430 v. Chr.) ist der Bronzejüngling namens Idolino. In der griechischen Abteilung ragt die berühmte François-Vase aus ▶ Chiusi heraus. Die ägyptische Sammlung bewahrt schließlich einen gut erhaltenen Holzwagen aus der Zeit Ramses I. und der Garten rekonstruierte Etruskergrabmale.

Piazza SS. Annunziata 9 B | Di.–Fr. 8.30–19, Sa.–Mo. 8.30–14 Uhr
Eintritt: 4 € | http://musei.firenze.it/museo_archeologico_nazionale.htm

★ Museo Archeologico Nazionale

Michelangelo, Giambologna, Donatello & Co.

Das 1250 errichtete Gebäude wurde 1261 Sitz des Podestà, ab 1502 tagte hier ein Gericht und wurden Verbrecher inhaftiert. Seinen heutigen Namen verdankt der trutzige Bau aber der Residenz des »bargello« (Büttel), die hier 1574 eingerichtet wurde. Das in seinen Gemäuern beheimatete Museum besitzt Italiens umfassendste Sammlung an toskanischen Renaissanceskulpturen.

★ Museo Nazionale del Bargello

Anatomiestudium im Bargello

Gleich die erste Halle rechts im Erdgeschoss birgt **Hauptwerke von Michelangelo**, so sein ausdrucksstarkes Frühwerk »Trunkener Bacchus« (1496/1497). Das Rundrelief der Madonna (1504/1505) mit Maria als Seherin gilt als Vorstufe seiner Sibyllen in der Sixtinischen Kapelle. Michelangelos unvollendete Marmorbüste »Brutus« (um 1540) spielt auf die Ermordung des grausamen Alessandro de Medici durch seinen Vetter Lorenzino 1537 an.
Giambologna ist der Star in der Loggia des ersten Obergeschosses: Die grazile Brunnenfigur des »Merkur« (1580) scheint die Gesetze von Statik und Schwerkraft aufzuheben. Dann folgt Donatello u. a. mit seinem Marmor-David (1410 – 1416), dem meisterhaften Marmor-Löwen (1418 – 1420) namens »Marzocco« und der bronzenen Knabenfigur des David (um 1435), die eine echte Zäsur der Kunstgeschichte darstellt: Sie ist die erst Aktskultpur seit der Antike! Unter den farbigen Keramiken ragt die »Thronende Madonna« (um 1460) von Luca della Robbia heraus. Und Andrea del Verrocchio, Lehrer Leonardo da Vincis, zeigt mit seinem bronzenen »David« (vor 1476) die naturalistische Figur eines Hirtenknaben.
Via del Proconsolo 4 | tgl. 8.15 – 18 Uhr, 2. und 4. Mo. im Monat geschl. | Eintritt: 16 € | www.museodelbargello.it

Santa Croce und Umgebung

Der älteste Fußballplatz der Welt

Piazza di Santa Croce

Es ist ein blutiges Spektakel, das sich einmal im Jahr am Johannitag (24. Juni) den Zuschauern auf den Tribünen der weitläufigen und architektonisch reizvollen Piazza bietet. Dieses verwandelt sich dann in ein sandiges Fußballfeld. Doch mit Fußball hat das Spiel kaum mehr gemein als den Namen: **Calcio storico** (historischer Fußball) heißt der Wettkampf, der mehr an eine Mischung aus Rugby und Boxkampf erinnert und bei dem vier Teams aus Florenz' historischen Stadtvierteln gegeneinander antreten – nicht selten tritt dabei auch die »ambulanza« auf den Plan.

Die schönste Kirche von Florenz

★ Santa Croce

Größer könnte der Gegensatz zur Anmut der großartigen Basilica di Santa Croce nicht sein, deren Marmorfassade aus dem 19. Jh. die Stirnseite der Piazza dominiert. Begonnen wurde der Bau jedoch bereits 1294, vermutlich von Arnolfo di Cambio, fertiggestellt wurde sie 1385. Beim Betreten des Gotteshaus, mit 115 × 38 m die größte Franziskanerkirche überhaupt, stockte bereits Stendhal der Atem, schwerlich konnte er sich auf den Beinen halten. Tatsächlich ist das mit zahlreichen Kunstwerken und Grabmälern gespickte Kircheninnere, für dessen Besichtigung Sie zwei bis drei Stunden Zeit einplanen sollten, überwältigend. Hier nur eine Auswahl der wichtigsten Monumente:

Die Märkte von Florenz lohnen immer einen Abstecher, so auch der Blumenmarkt in den Kolonnaden an der Piazza della Repubblica.

Rechts vom Eingang findet sich am fünften Pfeiler des **linken Seitenschiffs** die Grabplatte für Lorenzo Ghiberti und das Pietá-Gemälde von Agnolo Bronzino. Ganz am Ende des Langhauses folgt in Höhe des ersten Pfeilers das von Giulio Foggini im 18. Jh. erbaute Monument für Galileo Galilei mit Allegorien der Geometrie und Astronomie; mit einem Teleskop in der Hand richtet der Wissenschaftler seinen Blick in den Himmel. Die Stirnwandkapelle im linken Querschiff birgt Donatellos Holzkruzifix (um 1421). Brunelleschi kritisierte, sein Freund habe einen Bauern ans Kreuz genagelt, und schuf daraufhin einen edel gestalteten Gekreuzigten für Santa Maria Novella (▶ S. 167). Vergleichen Sie selbst!
Am dem Eingang zugewandten Ende des **rechten Seitenschiffs** sind Vasaris **Grabmal für Michelangelo** und der Kenotaph (1829) für Dante Alighieri zu sehen. Vorbei am nächsten Pfeiler geht es zum Wandgrabmal (1787) für Niccolò Machiavelli und bald darauf zu Donatellos graziösem Verkündigungsrelief (1435). Bernardo Rossellinos Grab des Florentiner Gelehrten und Kanzlers Leonardo Bruni (1450) gilt als Prototyp der Florentiner Renaissance-Grablegen. Dort ist auch der Zugang zu den Kreuzgängen. Die Gräber für Gioacchino Rossini und Ugo Foscolo schließen das rechte Seitenschiff ab. Die Fresken in der im Querschiff folgenden Capella Baroncelli schuf

Durchaus byzantinisch mutet das zentrale Apsismosaik von San Miniato an. Es zeigt Jesus Christus als Weltenherrscher.

Taddeo Gaddi 1332–1337, darunter mit der »Verkündigung an die Hirten« ein seltenes Nachtbild. In der Sakristei dominiert Cimabues gewaltiges Kreuz.

An der Stirnseite der Kirche flankieren zehn kleinere Kapellen, je fünf zu beiden Seiten, die **Cappella Maggiore** mit Wandfresken zur Legende des hl. Kreuzes von Agnolo Daddi (um 1380). Kunsthistorisch bedeutsam sind vor allem die beiden Kapellen, die rechts der Hauptkapelle angebracht sind: die **Cappella Bardi** und die **Cappella Peruzzi.** Sie enthalten um 1320 entstandene Fresken von Giotto mit wichtigen Stationen der Franziskuslegende bzw. Szenen aus dem Leben Johannes des Evangelisten und Johannes des Täufers. Wie revolutionär die Malkompositionen des Wegbereiters der Renaissance waren, wird gerade im Kontrast mit dem um 1270 entstandenen Altaraufsatz der Cappella Bardi deutlich, den kleine Einzelszenen und eine große, flächig wirkende Gestalt des Franziskus einnehmen.

An das rechte Seitenschiff schließt sich der **Erste Kreuzgang** an, über den auch die von Brunelleschi ab 1430 errichtete **Cappella dei Pazzi** zu erreichen ist. Dieser frühe Zentralbau der Renaissance mit Terrakottareliefs von Andrea della Robbia diente als Familienkapelle und als Kapitelsaal der Franziskanermönche. Herrlich ist das Tierkreisfresko in der Kuppel. Vorbei an Baccio Bandinellis Statue des

segnenden Gottvaters geht es in den zweistöckigen **zweiten Kreuzgang**, 1452 von Bernardo Rossellino geschaffen.
Im **Refektorium** (Museum) zieht Taddeo Gaddis 120 m² großes »Abendmahl« (1330 – 1340) alle Blicke auf sich. Aber auch Donatellos Statue des Hl. Ludwig von Toulouse (1423) und Andrea Orcagnas »Hölle« verdienen Beachtung. Im Kreuzgang selbst bildet der »Bronzekrieger« von Henry Moore einen modernen Kontrapunkt.
Eingang am Largo Bargellini | Mo. – Sa. 9.30 – 17, So. 14 – 17.40 Uhr
Eintritt: 8 € | www.santacroceopera.it

Früh übt sich!

Casa Buonarroti

Michelangelo kaufte dieses Haus für seinen Neffen Leonardo. Hier ist Michelangelos Marmorrelief »Kentaurenschlacht« spannend: Er schuf es im zarten Alter von 17 Jahren! Noch früher entstand sein Marmorflachrelief der melancholisch blickenden »Madonna della Scala«. Rustikal wirkt das Holzmodell für den Transport des »David«. Und eine Vorstellung von der nie vollendeten Fassade an San Lorenzo (▶ S. 169) vermittelt ein weiteres Modell.
Via Ghibellina 70 | Mi. – Mo. 10 – 17, Nov. – Feb. bis 16.30 Uhr
Eintritt: 8 € | www.casabuonarroti.it

Jüdisches Erbe

Sinagoga

Die 1874 – 1882 erbaute Synagoge mit maurischen Elementen und grünlich schimmernder Kuppel gilt als prächtigstes jüdisches Gotteshaus Europas. Das **Museo Ebraico** (Jüdisches Museum) bewahrt Dokumente zur Geschichte der Florentiner Juden. Und das angeschlossene Restaurant Ruth's bietet koschere Küche.
Via Farini 6 | Mitte Apr. – Mitte Okt. So. – Do. 10 – 18.30, Fr. bis 17, Mitte Okt. – Mitte Apr. So. – Do. 10 – 17.30, Fr. bis 15 Uhr | Eintritt: 6,50 € | www.firenzebraica.it

Außerhalb der Altstadt

Romanisches Kirchenjuwel

★ San Miniato al Monte

Es geht bergauf, der Namenszusatz »al monte« (am Berg) lässt es erahnen! Doch die Strapazen vergisst man schnell, sobald man die wundervolle romanische Kirche erreicht und den wundervollen Blick auf Florenz genossen hat.
Von der Piazzale Michelangelo führt die Via Monte alle Croci zum Kloster über dem Grab des hl. Minias, der als Märtyrer 250 in Florenz gestorben ist. Nach seiner Enthauptung soll er von der Stadt hier hoch geflogen bzw. zu Fuß hinaufgegangen sein – mit seinem Kopf unter dem Arm. Cluniazenser gründeten San Miniato um 1018, der Kirchenbau zog sich bis ins 13. Jahrhundert. Links der Kirche liegt der stimmungsvolle Friedhof, rechts steht der 1534 ins Kloster integrier-

te Sommerpalast (14. Jh.) der Florentiner Bischöfe. Im Obergeschoss der deutlich später mit Marmor verkleideten Kirchenfassade leuchtet ein Mosaik (2. Hälfte des 13. Jh.s) mit Christus zwischen Maria und dem hl. Minias. Den Giebel krönt das Wappentier der alles finanzierenden Tuchhändlerzunft: ein vergoldeter Adler mit Wollbündel in den Krallen!
Das Innere der frühchristlich wirkenden Säulenbasilika gab Pilgern den Blick auf den erhöhten Chor über dem Märtyrergrab und in die Hallenkrypta (11. Jh.) frei. Michelozzos schuf 1448 das Marmorziborium mit weiß-hellblauen Terrakottakassetten von Luca della Robbia. Als Rückwand diente Agnolo Gaddis Altarbild (um 1396) mit Szenen des Martyriums des hl. Minias. Die Apsis ziert seit 1297 das im 19. Jh. erneuerte Mosaik »Christus mit Maria und San Miniato«. In der Sakristei hinterließ Spinello Aretino nach 1387 mit den »Legenden des hl. Benedikt« sein Opus Magnum. Die wunderbare Atmosphäre im Kreuzgang unterstreichen die Fresken von Andrea del Castagno und Paolo Uccello.
Sommer tgl. 7 - 19, Winter Mo. - Sa. 9.30 - 13, 15 - 19, So. 15 - 19 Uhr
Eintritt frei, Spende erbeten

Kuriositätenkabinett

Museo Stibbert

Der englische Offizier Frederick Stibbert erwarb weltweit Waffen, Kunst, Kleider und Alltagsutensilien. In der Villa füllt die Sammlung 60 Säle! Noch schöner ist aber eine Mußestunde im romantischen englischen Landschaftspark mit griechischem und ägyptischem Tempel.
Bus: 4 | Via F. Stibbert 26 | Mo. - Mi. 10 - 14, Fr. - So. 10 - 18 Uhr, Park April - Okt. Fr. - Mi. 8 - 19, Nov. - März Fr. - Mi. bis 17 Uhr
Eintritt: 8 €, Park frei | www.museostibbert.it

Rund um Florenz

Festungsartiges Kartäuserkloster

Certosa del Galluzzo

Den wuchtigen Komplex am Ortsausgang von Galluzzo (Bus 37 ab Hbf. S. M. Novella) ließ Niccolò Acciaiuoli, ein Freund Petrarcas, 1341 anlegen. Wohl Francesco da Sangallo schuf das imposante Grabmal des Kardinals Agnolo Acciaiuoli in der Klosterkirche San Lorenzo. Die Pinakothek besitzt Lünettenfresken von Pontormo nach Dürer-Zeichnungen und eine »Madonna mit Kind« von Lucas Cranach.
Führung (mind. 6 Pers.) Di. - Sa. 10, 11, 15, 16, im Sommer auch 17, So. 15, 16, im Sommer auch 17 Uhr | Eintritt gegen Spende
www.certosadifirenze.it

Fürstliche Residenzen

★ Medici-Villen

Ferdinando de Medici erwarb 1575 das Anwesen der **Villa la Petraia** (Busse 2 und 28 ab Hbf. S. M. Novella bis Halt »Sestese 03«). Buontalenti gestaltete die Villa um, nur der alte Verteidigungsturm blieb. Im 19. Jh. diente die Villa mit reizvollem Park Italiens Königen als Sommersitz.

Die **Villa Corsini**, wie alle drei Medici-Villen UNESCO-Welterbe, besticht mit ihrer Barockfassade und bewahrt Schätze des Archäologischen Nationalmuseums in Florenz. Westlich von La Petraia folgt schließlich die **Villa Medicea di Castello**, Sitz des Hortes der italienischen Sprache, der Accademia della Crusca. Das Gebäude selbst ist nicht zugänglich, wohl aber der Park mit seinen prächtigen Wasserspielen, Grotten und Statuen. Die Figurengruppe des Zentralbrunnens zeigt Herkules im Kampf mit dem Riesen Antäus.

Villa La Petraia: Via della Petraia 40 | Führungen stündl. Juni – Aug. tgl. 8.30 – 19.30, April, Mai, Sept., Okt. bis 18.30, März bis 17.30, Nov. – Feb. bis 16.30 Uhr, 2. und 3. Mo. im Monat geschl. | Eintritt frei
www.florentinermuseen.com/musei, www.visitflorence.com

Villa Corsini: Via della Petraia 38 | villacorsini.com | Eintritt frei

Villa Medicea di Castello: Via di Castello 47, Gartenöffnung variiert (Auskunft: Tel. 055 45 26 91) | Eintritt frei
www.visitflorence.com

Auch das gibt es noch in der Arnometropole:
Villen mit großzügigen Gärten.

der Hominidenkörper vom Südafrikaner Ronald Clarke dreidimensional rekonstruiert. Externe Zweigstellen des Museums sind das städtische **Aquarium** und das **Observatorium Roselle**.

Museo di Storia Naturale della Maremma: Strada Corsini 5 | Mitte Juni.-Mitte Sept. Di.-Fr. 9-13, Sa. 9-13, 17-20, So. 17-20, Mitte Sept.-Mitte Juni Di.-Fr. 9-13, Sa. 9-13, 16-20, So. 16-20 Uhr Eintritt: 5 € | www.museonaturalemaremma.it

Aquarium: Via Porciatti 12; Juli/Aug. Di.-Sa. 17-23, April-Juni, Sept.-Dez. Di.-Sa. 9.30-12.30, 15-19 Uhr | Eintritt frei

Observatorium: Fr. 21.30 Uhr | beide Eintritt frei

Rund um Grosseto

★ Area Archeologica di Roselle

Archäologisches Kleinod

Ein Muss für Freunde der Antike liegt auf einer Hügelflanke des Poggio di Moscona, 9 km nordöstlich von Grosseto: die Überreste der Etruskerstadt Rusellae (ital.: Roselle), Mitglied des einst so stolzen etruskischen Zwölfstädtebunds. In der Antike war sie durch einen See von Vetulonia getrennt, eine Handelsstraße sicherte die Anbindung zum nördlichen und südlichen Etrurien. Laut Livius wurde Rusellae 294 v. Chr. von den Römern erobert und unter Augustus ausgebaut. Nach der Völkerwanderung verfiel die Stadt. Erhalten blieben

A Piazza Dante Alighieri
B Piazza del Duomo
C Piazza Baccarini
D Piazza dell'Indipendenza
E Piazza del Popolo
F Piazza Fratelli Rosselli
G Piazza Palma
H Piazza del Mercato
J Piazza De Maria
K Piazza Esperanto
1 Prefettura
2 San Francesco
3 Museo Archeologico e d'Arte della Maremma
4 Museo di Storia Naturale della Maremma

1 Grantosco
2 Locanda de'Medici

250 m

GROSSETO ERLEBEN

Piazza del Popolo 3
Tel. 33 91 60 05 54
www.prolocogrosseto.it

1 GRANTOSCO €€€
Zu den Maremma-Klassikern, auch aus dem Meer, werden Weine aus der Maremma gereicht. Lecker sind Thunfisch- oder Rinderflilet, vorzüglich die Desserts, z. B. Birnen an Schokolade mit Orangenschnitz und Chantilly-Crème.
Via Solferino 4
Tel. 0564 2 60 27
www.ristorantegrantosco.it

2 LOCANDA DE' MEDICI €€
Die Locanda de' Medici, etwas versteckt nahe der Porta Nuova, ist in alten Kellergewölben eingerichtet – ein besonders stimmungsvoller Ort. Rinderfilet und Steaks sind zu empfehlen, auch die Gnocchi al tartuffo. Hervorragend ist die große Auswahl an Weinen.
Piazza del Popolo 5
Tel 0564 41 07 44
www.locandademedici.it

Reste der 3 km langen, aus 2 m hohen Kalksteinblöcken errichteten Mauer, die beide Stadthügel wohl seit dem 7. Jh. v. Chr. umgab. Der älteste Siedlungsteil ist der nördliche Bezirk mit etruskischen Häusern aus ungebrannten Ziegeln, die wahrscheinlich aus dem 7. Jh. v. Chr. stammen, während die regelmäßig gesetzten Steinreihen auf der westlichen Seite aus dem 2. Jh. v. Chr. erhalten sind. Auf dem Südhügel breiteten sich in der hellenistischen Epoche bis zum Ende des 2. Jh.s v. Chr. Quartiere für Handwerker aus. Brunnen und Zisternen stellten die Wasserversorgung sicher, ein Kanalisationssystem entsorgte die Abwässer. Ausgrabungen haben drei Stadttore zutage gefördert, vier weitere werden entsprechend den Zufahrtswegen vermutet. Entlang dieser Straßen sind Überreste von Gräbern aus archaischer und hellenistisch-römischer Zeit zu sehen. Innerhalb der Mauern wurden römische Gebäude freigelegt, darunter ein Amphitheater, das kaiserliche Forum, Reste einer Villa aus der Kaiserzeit sowie die mit Platten befestigte Römerstraße.
April–Okt. tgl. 10.15–18.45, Nov.–März tgl. 8.30–16.45 Uhr | Eintritt: 4 €

Lang verschollene Etruskerstadt

★ Vetulonia

Der Arzt und Hobbyarchäologe Isidoro Falchi machte den letzten unbekannten Ort des Zwölfstädtebundes 1893–1896 in der heutigen Gemeinde Castiglione della Pescaia (25 km westl. von Grosseto) ausfindig. Der Weg dorthin ist mit »Scavi Città« ausgeschildert. In der blühenden Etruskerstadt Vetluna/Vatluna lebten über 10 000 Menschen. Gold, Silber und Erze sorgten im 7./6. Jh. v. Chr. für gewaltigen Reichtum, der am Ende des römischen Bürgerkriegs im 1. Jh. v. Chr. durch Brandschatzung verloren ging. Im **Museo Archeologi-**

co »I. Falchi« faszinieren der Etrusker-Goldschmuck und ein Fries aus dem »Haus der Medea«. Glanzstück ist allerdings ein goldener Skarabäusring, der 2007 in der Tomba dello Scarabeo (Nekropolis von Casenovole, Civitella Paganico) entdeckt wurde. Sehr gemütlich sitzt man im nahen Dorfcafé.
Die Grabstätten der Etrusker liegen unterhalb der antiken Etruskerstadt. Charakteristischer Grabtyp Vetulonias sind die »Circoli«, kreisförmige Steinsetzungen mit einer Grabkammer und darüber aufgeschüttetem Erdhügel. An der **Via dei Sepolcri** – der »Gräberstraße«, die sich Richtung Grilli hinzieht – liegt zunächst die Tomba del Belvedere, ein Kammergrab mit kurzem Zugang.
Das architektonisch interessanteste Grab ist jedoch die zweistöckige **Tomba della Pietrera** (2. Hälfte des 7. Jh.s v. Chr.) nordöstlich der Siedlung. Die 14 m hohe Tomba erinnert an die Kuppelgräber von Mykene in Griechenland – ein künstlicher Hügel, der von einem kreisförmigen Sockel mit mehr als 60 m Durchmesser begrenzt wird. Ein Pfeiler in der Mitte der unteren Grabkammer trug die Kalksteindecke. Nach ihrem Einsturz, vermutlich noch während der Fertigstellung, wurde das Grab aufgeschüttet und eine stabilere Kalksandsteinkonstruktion gewählt, um die obere Grabkammer mit dem künstlichen Kuppelgewölbe zu schaffen.
Aus derselben Zeit stammt die 15 m hohe, viereckige Kammer der **Tomba del Diavolino** weiter nördlich, ebenfalls mit einem künstlichen Tumulus versehen, der von einem kreisförmigen Sockel begrenzt wird. Den Namen erhielt das Kuppelgrab nach einer hier gefundenen Bronzestatuette des Totengottes Charon, die man seinerzeit als Teufelchen deutete (heute im Museo Archeologico in Florenz).

Scavi Cittá und Museo Archeologico »I. Falchi«: Okt.–Feb. Di.–So. 10–16, März–Mai bis 18, Juni, Sept. Di.–So. 10–14, 16–20, Juli–Aug. tgl. 10–14, 16–20 Uhr | Eintritt: 5 € | museidimaremma.it
Area Costa Murata mit etruskischen Gräbern: tgl. außer Di. und Fr. 8 – 17 Uhr | Eintritt frei

LIVORNO

Provinz: Livorno (LI) | **Höhe:** Meereshöhe | **Einwohnerzahl:** 159 200

In der geschäftigen Hafenstadt am Nordende der Riviera degli Etruschi (Etruskerküste) leben die Livornesi seit Jahrhunderten multikulturell. Erfolgreich, wie sich im Viertel Venezia Nuova, am jüdischen Kulturerbe und vor allem an der Küche zeigt: Gerichte »alla livornese« eroberten die Welt.

Dieser Kaffee hat es in sich! Dabei sieht er so harmlos aus, wenn er in den Bars von Livono im putzigen »gottino« (Gläschen) auf den Tisch kommt. Doch der gesüßte Espresso wird mit »rumme«, Cognac, gestreckt! Die Legende will es, dass dieses Kultgetränk, der Ponce alla livornese, durch einen Zufall entstanden ist: 1614 dockten Sarazenen an, deren Ladung aus Rum und Kaffee verrutscht war: Der Alkohol ergoss sich über die Bohnen und bescherte den Hafenarbeitern ein rauschendes Fest. Auch wenn die Geschichte nur gut erfunden sein mag, so ist sie typisch für Livorno, das dank seines florierenden Hafens das toskanische Tor zur Welt war. Nicht ohne Grund wurden etliche italienische Tomatengerichte ursprünglich »alla livornese«, nach Art der Livorner, zubereitet. Denn in Livornos Hafen trafen die erste »Goldäpfel« – so die wörtliche Übersetzung des italienischen Wortes »pomodori« – aus der Neuen Welt ein. Zudem garantierten die Medici 1590–1603 in den Leggi Livornine (Livorner Gesetze) die Religionsfreiheit und Toleranz: Einwanderer aus aller Welt strandeten in Livorno, und mit ihnen kulinarische Einflüsse, die mit italienischen Küchentraditionen verschmolzen.

Schmelztiegel der Küchen und Kulturen

Das Meer ist nicht weit: Kanäle und Brücken brachten Livornos Viertel zwischen Alter und Neuer Festung den Namen »Venezia Nuovoa« ein.

1 Da Galileo
2 Trattoria L'Antico Moro

1 Hotel Al Teatro

Angesichts der Industrieanlagen und modernen Bauten vergisst man schnell, dass Livorno eine traditionsreiche Stadt ist. Sie war lange Zeit Hafen von Pisa, doch nach der Niederlage der Pisaner wurde sie 1405 von den Genuesen übernommen. Die wiederum verkauften Livorno 1421 für 100 000 Goldgulden an Florenz. Als die Medici 1518–1534 den alten Hafen (Dorsena Vecchia) aus- und ab 1521 die Alte Feste (Fortezza Vecchia) erbauten, zählte Livorno gerade einmal noch 749 Bewohner. Doch ab 1571 ging es Schlag auf Schlag. Eine »ideale Stadt« auf fünfeckigem Grundriss mit Wassergraben, dem Fosso Reale, entstand, die heute das Zentrum von Livorno bildet. Faschismus und Zweiter Weltkrieg nagten allerdings schwer am historischen Kern Livornos, das sich zuletzt ehrgeizig dem Projekt widmete, nicht nur wegen seines Fährhafens bei Touristen bekannt zu sein.

Wohin in Livorno?

Venedig in der Toskana

★ Venezia Nuova

Im Norden des Altstadt-Fünfecks liegt Venedig. So zumindest nennen die Livornesi das ab 1629 entstandene Kaufmannsviertel, das mit seinen Kanälen und Brücken zweifelsohne Livornos hübscheste Ecke ist. Eingerahmt wird das Viertel im Westen von den beiden Festungen Livornos: im Westen die Fortezza Vecchia, 1521–1523 von Antonio da Sangallo erbaut, im Osten die heute als Grünanlage dienende Fortezza Nuova. Und wie es sich für »Neu-Venedig« gehört, erkundet man es am besten bei einer Bootspartie auf den Medici-Kanälen (Tickets in der Tourismusinformation).

Livornos Flaniermeile

Via Grande

Beim Stadtspaziergang darf die ovale **Piazza della Repubblica** mit den Standbildern der Großherzöge Ferdinand III. und Leopold II. nicht fehlen. Hier beginnt die Via Grande, Livornos Hauptgeschäfts-

LIVORNO ERLEBEN

Via A. Pieroni 18
Tel. 0586 89 42 36, www.comune.livorno.it/portaleturismo

LIVORNO CARD

Die im Tourismusbüro erhältliche Karte (1 Tag 3 €, 3 Tage 5 €) gewährt die kostenfreie Nutzung des öffentlichen Nahverkehrs, freien Eintritt ins Fattori-Museum, Rabatte im Aquarium und für Fahrten auf den Medici-Kanälen (Fossi Medicei).

1 DA GALILEO €€€

Livornos »Cacciucco-Tempel« seit 1959 (►S. 425)! Großartig ist auch Baccalá (Kabeljau) alla livornese mit Kichererbsen (»ceci«) aus Rapolano. Und natürlich serviert Familie Piagneri auch den Ponce alla livornese.
Via della Campana 20–22
Tel. 0586 88 90 09
www.dagalileo.com
So. mittags und Mi. geschl.

2 TRATTORIA L'ANTICO MORO €€

Der Klassiker in Livorno wird auch von Schauspielern des Teatro Goldoni gern besucht, nicht zuletzt auch dank der schmackhaften Fischsuppe (Cacciucco). Auch Marcello Mastroianni speiste hier schon.
Via Bartelloni 27
Tel. 0586 88 46 59
www.facebook.com/RistoranteAnticoMoro
Mo. mittags und Mi. geschl.

1 HOTEL AL TEATRO €€€

Wohlfühl-Logis mit Herz! Der Palast aus dem 19. Jh. mit Gärtchen befindet sich in der Nähe vom Teatro Goldoni. Die acht nach Komponisten und Musikern benannten Zimmer sind im Stil der »Bella Epoca« ausstaffiert.
Via Mayer 42
Tel. 0586 89 87 05
www.hotelalteatro.it

straße. An der Kreuzung mit der Via Cairoli weitet sie sich zur Piazza Grande mit dem Dom. Die 1594 – 1606 erbaute Bischofskirche wurde nach ihrer Zerstörung 1943 wieder aufgebaut.
Eine der schönsten Markthallen Italiens wartet etwas südlich der **Via Grande**: Im Jugendstilambiente des Mercato Centrale von 1894 wird täglich Livornos kulinarischer Reichtum feilgeboten. Die Metzgerei Marco Corucci (Stand 28) verkauft sogar Koscheres, galt doch Livorno bis zum Zweiten Weltkrieg der jüdischen Gemeinde als »Paradies«.
Vom Dom führt die Via Grande weiter bis zur Piazza Micheli am Hafen, den **Porto Mediceo**. Hier legt das Monumento dei Quattro Mori beredtes Zeugnis der Medici-Epoche ab. Großherzog Ferdinand I. (1587 bis 1609) und die Flotte des Stephansordens kämpften gegen Piraten und Ungläubige, die vier »Mohren« (»quattro mori«) in Ketten bezeugen den Erfolg ihrer Bemühungen und des hiesigen Sklavenmarkts.

Jüdisches Erbe

★ Sinagoga

Ende des Zweiten Weltkriegs zerstörten Bomben eine der schönsten Synagogen Europas. 1958 – 1962 errichtete Angelo di Castro an der Piazza Benamozegh einen spektakulären, lichtdurchfluteten Beton-Neubau: Form und Gestalt erinnern an ein Wüstenzelt. Im Kellergeschoss sind Sakralgerät und Fotos der alten Synagoge ausgestellt.
Die Kooperative Amaranta ermöglicht nach Vereinbarung den Besuch der Synagoge und des **Museo Ebraico** (Jüdisches Museum, Via Micali 21) mit dem Oratorium Marini.

Kooperative Amaranta: www.facebook.com/amarantaservizi
Tel. 339 8 56 02 12

Berühmte Söhne der Stadt

Museen

Amaranta führt zudem durch das **Geburtshaus von Amedeo Modigliani** (► S. 406), der dem fortschrittlichen und zeitgenössisch despektierlich als »Fleckenmaler« (Macchiaioli) titulierten Künstler-

BAEDEKER MAGISCHE MOMENTE

MYSTISCHES FARBENSPIEL

Die Sonnenstrahlen brechen sich in den Fenstern in alle Regenbogenfarben und tauchen den Gebetssaal in spektakulären Lichterglanz: Unvergesslich bleibt so der Besuch in der Synagoge von Livorno.

kreis um Giovanni Fattori (1825–1908) angehörte. Auch dieser stammte aus Livorno, Gemälde von ihm und anderen Macchiaioli sind im **Museo Fattori** zu sehen.
Das **Teatro Goldoni** mit einem spektakulären Glasdach bietet Opernfreunden eine Ausstellung über den 1864 in Livorno geborenen Komponisten Pietro Mascagni (u. a. »Cavalleria rusticana«). Das Museo Mascagnano mit Fotografien, Musikinstrumenten etc. kann auf drei Touren entdeckt werden.
Casa Natale Amedeo Modigliani: Via Roma 38 | tgl. 10 – 13, 16 – 18 Uhr | Eintritt: 6 € | https://casanataleamedeomodigliani.com
Museo Fattori: Di. – So. 10 – 13, 16 – 19 Uhr | Eintritt: 6 €
Teatro Goldoni: Via Goldoni 83 | www.goldoniteatro.it

Es wird mondän!

Viale Italia

Jenseits des riesigen Komplexes des Porto Livorno wandelt sich die Szenerie. Die Hafenbauten weichen bald einem mondänerem Stadtbild: Hübsche Jugendstilvillen, Gärten und Strandbäder säumen die Meerespromenade Viale Italia, über die Sie auch zum **Acquario di Livorno** gelangen. Italiens drittgrößtes Aquarium präsentiert auf 3000 m² die faszinierende Fauna und Flora des Mittelmeers.
Acquario di Livorno: April – Sept. tgl. 10 – 18, Juli, Aug. bis 19.30 Uhr, sonst kürzer | Eintritt: ab 10 € | www.acquariodilivorno.it

Riviera degli Etruschi (Etruskerküste)

Südlich von Livorno erstreckt sich die Riviera degli Etruschi (Etruskerküste). Landschaftlich reizvoll ist dann insbesondere das Gebiet um Rosignano Marittimo, wo sich die Berge bis ans Meer ziehen. Im Hinterland gibt es kleine Bergdörfer mit teils herausragenden Weingütern.

Hübsches Seebad

Castiglioncello

Castiglioncello (8 km südl. von Livorno) war im 19. Jh. bei betuchten Badegästen sehr beliebt. Dass sich daran bis heute nicht viel geändert hat, zeigen die vielen Hotels und Pensionen und die vergleichsweise hohen Preise. In der Sandbucht reiht sich Badeanstalt an Badeanstalt. Das **Archäologische Museum** im Ortsteil Poggetto zeigt Funde aus Castiglioncello (Etruskernekropole) und Cecina.
Via del Museo 8 | Juli, Aug. Di. – So. 9 – 13, 16 – 20, Sept. – Juni Sa. 16.30 – 18.30, So. 10.30 – 12.30 Uhr | Eintritt frei

(Nicht nur) schöne Strände

Von Rosignano Marittimo bis Cecina

Wunderschön liegt das alte Bergdorf Rosignano Marittimo, das auf einer Hügelspitze etwa 3 km landeinwärts von einer Burg überragt wird. Von hier ist zu erkennen, wie die Landschaft flacher wird und die Hügel sich allmählich ins Landesinnere zurückziehen. Weiter süd-

BAEDEKER ÜBERRASCHENDES

6X

EINFACH UNBEZAHLBAR

Erlebnisse, die für Geld nicht zu bekommen sind

1. BOTERO GRATIS

Die Fresken »La Porta del Paradiso« und »La Porta dell'Inferno« schuf Weltstar Fernando Botero 1993. Sie sind in der Chiesa della Misericordia in **Pietrasanta** zu bestaunen, wo Botero über Jahre lebte und arbeitete. (► **S. 348**)

2. OPEN-AIR-WELLNESS

Schon die Etrusker und Caterina von Siena schätzten die Badefreuden in **Bagno Vignoni**. Eine kostenlose Badestelle ist heute der Parco dei Mulini mit wohltemperiertem Wasser. (► **S. 346**)

3. AB ANS MEER!

Ein Bad im Tyrrhenischen Meer kann ein teurer Spaß sein. Freien Zugang zum Meer müssen aber alle Strandgemeinden gewähren. Halten Sie z. B. an **Versilias Lido di Camaiore** Ausschau nach Schildern mit der Aufschrift »Passo a Mare« (Meerzugang)! (► **S. 347**)

4. ZEITLOS SCHÖN

Rares wie die »MP5 Paperino«, Legendäres wie die Vespa 125 »Dolce Vita« (1958) und Kurioses wie ein knallrotes Feuerwehrmobil von 1963 – das Vespa-Museum von Piaggio in **Pontedera** zeigt sie alle. (► **S. 274**)

5. SCHATTIG

Sie sind ein Markenzeichen der Toskana, mal kurvig und gewunden, mal schnurgerade wie die vielleicht berühmteste aller Zypressenalleen: Die nach **Bolgheri** führende Straße verewigte Literaturnobelpreisträger Giosuè Carducci in einem Gedicht. (► **S. 193**)

6. NÄRRISCH

Viareggio ist die Karnevalshochburg der Toskana. Das ganze Jahr über kann man sich im Museo del Carnevale umschauen und in der Galeria d'arte moderna e Contemporanea herrliche Karnevalsplakate entdecken. (► **S. 349**)

lich sind die Orte weniger attraktiv, die Strände aber weitläufiger und das Campingplatzangebot größer. Von Cecina bis zur Marina di Bibbona bei Bolgheri zieht sich die unter Naturschutz gestellte »Pineta«, deren Pinien bis an den feinsandigen Strand heranreichen. Sonnenanbeter findet man vor allem am Strand von **Vada**, einem der schönsten Strände an der Etruskischen Riviera.

Ziel für Feingeister und -schmecker

Bolgheri

Bereits die Anfahrt nach Bolgheri ist ein Erlebnis: Schnurgerade zieht sich eine zauberhafte Zypressenallee über fast 5 km von San Guido nach Bolgheri. Einst beschrieb sie Nobelpreisträger Giosuè Carducci in seiner Ode »Davanti a San Guido« und machte so Bolgheri unsterblich.

Da das schmucke Burgdörfchen zugleich der Höhepunkt der Wein- und Olivenölstraße an der Etruskerküste (Strada del Vino e dell'Olio Costa degli Etruschi; www.lastradadelvino.com) ist, erwarten Sie hier feine Gaumenfreuden, allen voran die Supertoskaner« Sassicaia und Ornellaia, die auch in den Weinhandlungen im Ort erhältlich sind. Angenehm familiär ist das **Piccolo Museo dell'Olio**, das sich den Lieblingsfrüchten Italiens widmet. In den Höfen ringsum werden Obst, Wildschwein und Fleisch vom Chianina-Rind angeboten. Das Weingut Ornellaia mit angeschlossener Galerie liegt an der Straße nach **Castagneto Carducci**, wo das Museum im Wohnhaus des Schriftstellers Teil des ihm gewidmeten Literaturparks ist. Und die schattigen Landstraßen um Bolgheri bieten sich für Radausflüge an.

Piccolo Museo dell'Olio: Piazzetta della Gogna | Mitte Juni - Mitte Sept. Di. - So. 10.30 - 12.30, 15.30 - 19.30 Uhr | Eintritt frei
Casa Carducci: Mitte Juni - Mitte Sept. Di. - So. 10 - 13, 16.30 - 19.30, Mitte Sept. - Mitte Juni Sa., So. 15 - 18 Uhr | Eintritt: 2 €

Strand, Sonne, Meer

San Vincenzo

Das Seebad ist berühmt für seine neue Promenade und weiten Sandstrände, die südlich des Seebads auch frei zugänglich sind und von dichten Pinienwald gesäumt werden. Im Hafen starten Bootstouren in den Nationalpark Toskanischer Archipel (▶ S. 116). Radler schätzen den Naturpark »Costiero di Rimigliano« und die »Etrusker«-Rundtour nach Populonia, Piombino und Campiglia Marittima (40,5 km).

Abenteuer Erz

Parco Archeominerario di San Silvestro

Der weitläufige Park San Silvestro, der sich auch zum Wandern sehr gut eignet, dokumentiert die Metallgewinnung in dieser Region von der Etruskerzeit bis 1976. Das Bergwerk **Miniera del Temperino** lädt zur »Reise ins Herz der Erde«, mit der Bergwerksbahn der Galleria Lanzi-Temperino kann man eine unterirdische Tour unternehmen. Höhepunkt ist das im 10. und 11. Jh. auf Betreiben der Adelsfamilie Gherar-

desca angelegte Bergarbeiterdorf **Rocca San Silvestro.** Die Kirche und in Teilen auch der mittelalterliche Mauerring sind noch erhalten.
Parco Archeominerario di San Silvestro: Mitte Mai – Sept. Di. – So. mind. 10 – 18 Uhr, sonst Di. – Fr. geschl. | Eintritt: 10–20 €
www.parchivaldicornia.it

In der Ruhe liegt die Kraft

Suvereto

In Suvereto ticken die Uhren langsamer. Als Mitglied der internationalen Bewegung Cittàslow hat sich das zauberhafte Städtchen die Entschleunigung des Alltags auf die Fahnen geschrieben. Da passt es ins Bild, dass in Suvereto derzeit die Amphore eine Renaissance feiert: Stefano Casadei setzt in seinem Gut (www.tenutacasadei.it) auf 1000 l fassende Terrakotta-Gefäße. Rund 2,5 m tief in den Untergrund verbuddelt, reift der Wein bei einer konstanten Temperatur von 22 °C und bekommt dennoch reichlich Sauerstoff.

★★ Populonia und San Cerbone

Im reichen etruskischen Pupluna, Mitglied des mächtigen Zwölfstädtebunds, lebten einst bis zu 25 000 Menschen. Älteste Spuren reichen bis ins 9. Jh. v. Chr. zurück und markieren somit den Beginn der Eisenzeit auf der Apenninenhalbinsel. Die Etrusker verhütteten hier Kupfer der Colline Metallifere und Elbas Eisen. Wohlhabende Schmiede ließen die Hafenstadt erblühen, ihre Schiffe segelten bis Griechenland und Kleinasien. Im 1. Jh. v. Chr. wurde die Stadt in den Wirren des Bürgerkriegs zwischen Sulla und Marius zerstört. Die antike Akropolis der heutigen »Oberstadt« Populonia Alta stammt aus römisch-etruskischer Zeit. Von der Burg (14./15 Jh.) in Populonia hat man einen fantastischen Blick über den Golf von Baratti.

Konservierender Abfall

Parco Archeologico Baratti e Populonia

Dass die **Necropoli di San Cerbone** so außergewöhnlich gut erhalten sind, ist genau genommen einer antiken Müllhalde zu verdanken. Denn einst luden die römischen Eisenproduzenten die Schlacke, also die Reste ihrer Eisenverhüttung, über der alten etruskischen Begräbnisstätte unterhalb von Pupluna ab, wo noch bis ins 2. Jh. v. Chr. Bestattungen stattgefunden hatten. Erst als der italienische Staat Anfang des 20. Jh.s die Schlacke als wertvolle Ressource entdeckte und die Reste erneut verhüttete, wurden die großartigen Grabanlagen wiederentdeckt.
Diese sind heute Bestandteil des 80 ha großen Archäologischen Parks, der neben den Necropoli di San Cerbone auch die Necropoli delle Grotte und Reste etruskischer Eisenerzschmieden und -öfen sowie das heutige Dorf Populonia mit der Akropolis umfasst. Vom Parkplatz an der Strandstraße des Golfs von Baratti läuft man 300 m zum Besucherzentrum. Von hier lotsen Sie farbig markierte Rundwe-

Einen Steinwurf von Populonias Altertümern entfernt locken die Strände am Golf von Baratti.

ge durch das Areal, für dessen Besichtigung man sich rund vier bis fünf Stunden Zeit nehmen sollte.

Drei Grabtypen lassen sich unterscheiden: Zu den älteren zählen die in den Tuff geschnittenen Grabkammern und die »Tumuli«, heute von Gras bewachsene Rundgräber mit einem aus Kragsteinen zusammengefügten, »unechten« Gewölbe. Jünger sind die Ädikula-Gräber; die aus Quadern errichteten und mit einem Satteldach aus Steinplatten gedeckten Bauwerke sehen aus wie kleine, frei stehende Häuser oder Tempel. Auf Führungen geht es auch ins Innere der Tomba dei Carri (Grab der Streitwagen, 7. Jh. v. Chr.): Das Hügelgrab hat einen Durchmesser von 28 m! Ein Höhepunkt ist auch das Halbrund der Tuff-Grabkammern der **Necropoli delle Grotte**. Der blau markierte Rundweg »Via del Ferro« (Eisenweg) führt zur antiken Erzverhüttungsstätte und zum Bernsteingrab (Tomba dell'ambra), dessen Funde bis an die Ostsee reichende Handelskontakte vermuten lassen.

Mitte März – Mai, Okt. Di. – So. 10 – 18, Juni, Sept. Di. – So. 10 – 19, Juli tgl. 9.30 – 19.30, Aug. tgl. bis 20, Jan. – Mitte März. Sa., So. 10 – 17 Uhr
Eintritt: 15 € | www.parchivaldicornia.it

★★ LUCCA

Provinz: Lucca (LU) | **Höhe:** 19 m ü. d. M. | **Einwohnerzahl:** 89 800

Bringen Sie bequemes Schuhwerk mit, Sie werden es benötigen! Ob Sie nun über den imposanten Mauerring spazieren oder sich durch die romantischen Gassen treiben lassen, Lucca weckt den Flaneur in Ihnen. Offen, lebendig und mit berühmter Küche wurde es zum Inbegriff der toskanischen Stadt. Da dürfen freilich auch Kirchen und Kapellen nicht fehlen, 99 davon soll es im »kleinen Vatikan der Toskana« geben, auch wenn längst nicht mehr alle als solche zu erkennen sind.

Stolze Stadt, stolze Mauer

Nicht zu übersehen ist hingegen die bis heute vollständig erhaltene Stadtmauer, die wie kein anderes Bauwerk den Stolz der – mit kurzer Unterbrechung – stets freien Stadt verkörpert. Früher wie heute vermittelt sie Ankömmlingen den Reichtum Luccas, den es einst mit Seide, Brokat und Blattgold erwirtschaftete. Ihre Wurzeln hat Lucca in der etruskisch-ligurischen Siedlung »Luk« (Sumpf), in der Rom 180 v. Chr. die Colonia Luca gründete. Roms Erbe ist bis heute sichtbar, z. B. an Luccas pulsierendem Herz, der ovalen Piazza dell'Anfiteatro, oder an der Piazza S. Michele, wo sich einst das Forum befand. Schon um 1117 erkämpften die selbstbewussten Luccheser ihre Unabhängigkeit. Vorübergehend unter der Herrschaft von Condottieri (Söldnerführern), erhielt Lucca 1369 von Kaiser Karl IV. die Freiheit wieder und gebot der Expansion von Florenz Einhalt. Erst Napoleon setzte der Stadtrepublik 1805 ein Ende, die in der Folge als Spielball dynastischer Interesse diente, bis sie 1847 schließlich 1847 Bestandteil des toskanischen Großherzogtums wurde.

Von der Porta Vittori Emanuele zur Piazza San Michele

★★ Stadtmauer

Auf der Mauer, auf der Lauer
Der exakt 4223 m lange, 12 m hohe und am Fuß 30 m breite Mauergürtel (www.lemuradilucca.it) mit elf Bastionen und sechs Stadttoren wurde 1504–1645 von flämischen Ingenieuren errichtet. Im 19. Jh. ließen die Stadtherren auf ihm einen Park mit Allee anlegen, die nun Flaneure und Radler erfreuen. Die begrünten Wälle der Stadtmauer bieten eine herrliche Aussicht auf die Altstadt und die Silhouette des Apennins. Lassen Sie Ihren Blick schweifen über die dicht an dicht stehenden Häuser, aus den hier und da grazile Türme ragen.
Der Mauerring spielt auch die Hauptrolle bei einem wahren Höllenritt, den der Volksmund noch heute gern erzählt: Luzifer leibhaftig,

heißt es in der Legende, überquerte mit der Luccheserin Lucida Mansi (ca. 1606–1649) nächtens den Wall, ehe beide im Teich des **Giardino Botanico** im Inferno verschwanden. Skandalumwittert war bereits das Leben der Adelsdame, die 1628 nach nur zwei Ehejahren zur Witwe wurde und 1635 den reichen Greis Gaspero Mansi heiratete. Ihr wurden rauschende Feste und unzählige Liebhaber nachgesagt, die sie – nach Gebrauch – ermordet und in Brunnen entsorgt haben soll. Zugleich soll die Narzisstin nach der Entdeckung eines Gesichtsfältchens zum mephistophelischen Pakt getrieben worden sein: ihr Leben gegen 30 Jahre Schönheit! Als die Abrechnung nahte, flüchtete sie auf den Uhrenturm (▶ S. 203), um dessen Zeiger zu stoppen. Doch der Teufel fand sie und raste mit ihr ins Verderben ... Schauen Sie genau hin, vielleicht erblicken Sie im Wasser des Teichs das Gesicht der ewig jungen Frau!

Giardino Botanico: Via del Giardino Botanico 14 (Kasse am Baluardo San Regolo) | Ende März – April, Okt. – Anf. Nov. tgl. 10 – 17, Mai/Juni bis 18, Juli – Sept. bis 19, sonst Mo. – Fr. 9.30 – 12.30 nur n. V. Eintritt: 5 €, mit Torre Giunigi und Torre delle Ore 9 € | www.lemuradilucca.it/orto-botanico

Mittelalterliche Münzen

Porta Vittorio Emanuele

Der nachfolgend beschriebene Stadtrundgang startet im Westen der Altstadt an der Porta Vittorio Emanuele mit der Tourismusinformati-

Stadt-Sightseeing macht hungrig – im Café Di Simo in der Via Fillungo, das einst als Café Caselli auch Puccini zu seinen Gästen zählte, gibt es eine Stärkung.

on an der Piazza Verdi. Unweit von hier eröffnen die Kasematten der Stadtmauer an der Porta San Donato tiefe Einblicke in Luccas uraltes Münzprägerecht: Beliebtestes Souvenir des **Antico Uffizio della Zecca di Lucca** ist die »Pinocchio-Zechine«.

Antico Uffizio della Zecca di Lucca: Mo., Mi., Fr. 10 – 16, Di., Do. 9.30 – 12.30 Uhr | Eintritt: 5 € | www.zeccadilucca.it

Luccas einzige Renaissancekirche

San Paolino

Nahe der Piazza Cittadella wurde San Paolino 1522 – 1539 am Ort eines römischen Tempels erbaut. Im Presbyterium zeigt der frühchristliche Sarkophag mit den Gebeinen des hl. Paulinus die Darstellung des Guten Hirten. Die beiden Sängerkanzeln schufen Nicolà und Vincenzo Civitali.

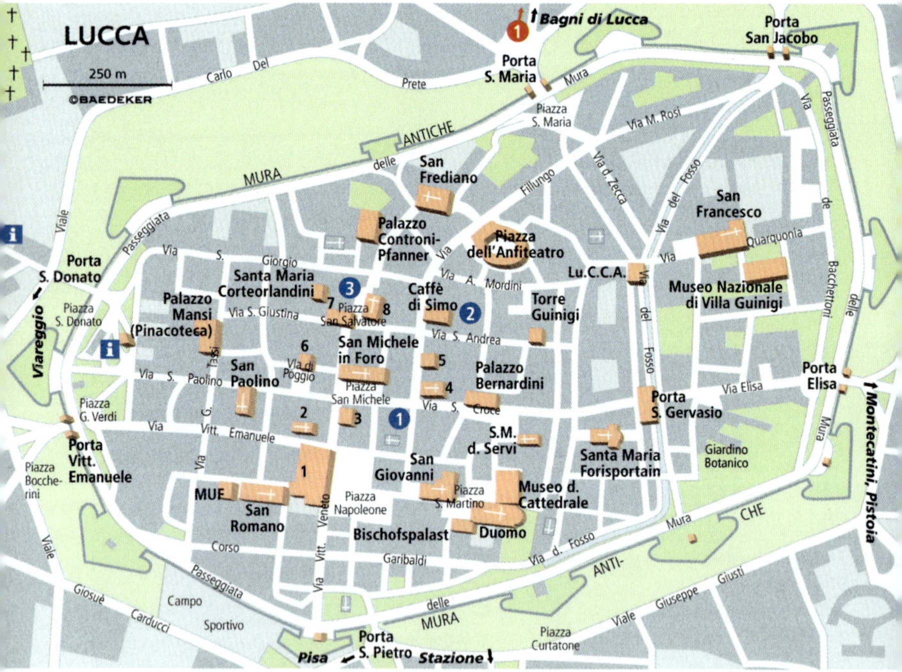

1 Palazzo della Provincia
2 Sant' Alessandro
3 Palazzo Pretorio
4 San Cristoforo
5 Torre delle Ore
6 Casa di Puccini
7 Palazzo Orsetti
8 San Salvatore

(Essen und Trinken)
1 Antica Locanda dell' Angelo
2 Gigi
3 Da Leo

(Übernachten)
1 San Marco e Porte di Lucca

LUCCA ERLEBEN

Porta San Donato/Piazzale Verdi
Tel. 0583 58 31 50, April - Okt.
tgl. 9 - 19, sonst bis 17 Uhr

Ufficio Check Point Bus Turistici
Piazzale G. Palatucci
Tel. 0583 46 22 81
1.4. - 31.10. tgl. 9.30 - 16.30 Uhr

www.turismo.lucca.it
www.metrosrl.it

Lucca ist die Stadt der Fahrräder. Rad- und E-Bike-Verleih: Cicli Bizzarri, Piazza S. Maria 32, www.ciclibizzarri.net; Tourenräder, Mountainbikes, Tandems vermietet Biciclette A. Poli, Piazza S. Maria 42, www.biciclettepoli.com. Touren mit Vespa-Roller veranstaltet Speciality Tours, Via della Cavallerizza 23, Tel. 0583 95 41 39. Kostenlos parkt man an der Via delle Tagliate, alle anderen Parkplätze (Carducci, Palatucci) sind kostenpflichtig.

PUCCINI-FESTIVAL

Das Festival »Puccini e la sua Città« (www.puccinielasualucca.it) würdigt den berühmten Sohn der Stadt. In der Basilika San Giovanni, Via del Duomo, ist das ganze Jahr über tgl. um 19 Uhr Musik von Puccini und Verdi zu hören; Eintritt: 15 €

❶ ANTICA LOCANDA DELL'ANGELO €€€

Seit 1414! Bei der sizilianischen Familie Cipolla speist man unten im langobardischen Gewölbe, oben im Stil des 19. Jahrhunderts. Am schönsten ist der Innenhof. Die ausgezeichneten Weine passen z. B. gut zu den Lammgerichten.
Via Pescheria 21
Tel. 0583 46 77 11, www.anticalocandadellangelo.com

❷ GIGI €

Carmine Mariniello bietet in seinem sympathischen Lokal ein leckeres Meeres-Risotto oder Roastbeef mit Rucola und Pilzen. Stolz ist er auf seine wundervollen Desserts – natürlich aus eigener Zubereitung, z. B. Tiramisu »alla Gigi«. Mittags gibt es günstige Menüs.
Piazza del Carmine 7
Tel. 0583 46 72 66, www.facebook.com/gigitrattorialucca/

❸ DA LEO €

Trattoria-Klassiker! 1949 existierte hier eine Weinumfüllstation, 1974 eine Osteria, 1980 übernahm Fam. Buralli den »Leo«! Unser Vorschlag: mit der Dinkel-/Bohnensuppe starten, als »secondo« das Kaninchen (10,50 €) und zum Dessert Feigen-Nuss-Torte (3,50 €) ordern!
Via Tegrimi 1, Tel. 0583 49 22 36

❶ SAN MARCO E PORTE DI LUCCA €€ – €€€

Tabakspeicher, Baumwollspinnerei, Kirche, Kino, Tanzsaal – das Hotel hat eine faszinierende Vorgeschichte! Die Zimmer sind nach Persönlichkeiten aus Luccas Historie benannt (u. a. Lucida Mansi, Elisa Bonaparte). Mit Terrasse, Garten, Pool, Fahrradverleih. Die sechs Zimmer im Nebenhaus Porte di Lucca haben im Erdgeschoss Gartenzugang.
Via San Marco 368
Tel. 0583 49 50 10
www.hotelsanmarcolucca.com

Eigentlich war San Michele in Foro größer konzipiert, wie an der fünfstöckigen Fassade zu erkennen ist. Die Lieblingskirche der Luccheser ist sie dennoch.

Gemälde aus fünf Jahrhunderten

Museo Nazionale di Palazzo Mansi

Die Staatliche Gemäldegalerie in dem im 18. Jh. prunkvoll barock ausgestatteten Palazzo Mansi (16. Jh.) präsentiert Spitzenwerke von Domenico Beccafumi (»Enthaltsamkeit des Scipio«, 1520/1530), Pontormo (»Portrait des jungen Alessandro Medici«, 1525) oder Andrea del Sarto (»Hl. Anna Selbdritt«). Die zweite Etage ist dem Neoklassizismus bis ins 20. Jh. (Eklektizismus) gewidmet und zeigt auch Luigi de Servis Porträt von Giacomo Puccini. Die Handweberei in der einstigen Palastküche zeigt Werkzeug der lokalen Textilgeschichte.

Via Galli Tassi 43 | Di. – Sa. 9.30 – 19.30 Uhr | Eintritt: 4 €, mit Villa Giunigi 6,50 € | www.luccamuseinazionali.it

Die Lieblingskirche der Luccheser

★ Piazza San Michele

Schon in der Antike war die quirlige Piazza San Michele das geschäftige Zentrum Luccas. Wo sich einst das römische Forum befand, dominieren heute der bis 1588 erbaute Renaissance-Palazzo Pretorio und die weiße Fassade der Kirche, die die antike Funktion des Platzes noch im Namen trägt. Bereits um 800 stand hier eine Kapelle, bevor die dreischiffige romanische Säulenbasilika **San Michele in Foro** (12. Jh.) errichtet wurde. Wohl der Umstand, dass sie von der Bür-

gerschaft und nicht vom Bischof in Auftrag gegeben wurde, macht sie zur Lieblingskirche der Luccheser. Die fünfstöckige Westfassade wurde für einen größeren Bau konzipiert, zu dessen Realisierung es aber nicht kam – das hatte das nicht alltägliche Detail zur Folge, dass der von einer Statue des Erzengels Michael gekrönte Giebel weit über das 1512 eingezogene Dach hinausragt. Lange Zeit war die Kirche ein wichtiges Pilgerziel, da hier einst das Kruzifix des Volto Santo (▶ S. 208) gezeigt wurde. Am ersten Seitenaltar rechts beeindruckt die weiß-blaue Terrakottafigur (»Madonna mit dem Kind«) von Andrea della Robbia, die Ostwand des rechten Querschiffs schmückt Filippino Lippis Tafelbild »Die Heiligen Rochus, Sebastian, Hieronymus und Helena« von 1480/1500.
Den hübschen Platz kann man am besten auf sich wirken lassen, während man entspannt ein Gläschen im Wein- und Delikatessenladen Vineria Marsili Costantino kostet (Piazza San Michele 38). Oder man lässt sich in der herrlich altmodischen Pasticceria Buccellato Taddeucci von 1881 zu Luccas Süßbrot Buccellato mit Rosinen und Anis verführen (Piazza San Michele 34, www.buccellatotaddeucci.com).
San Michele in Foro: tgl. 7.40 – 12, 15 – 18, Winter 9 – 12, 15 – 17 Uhr

Der berühmteste Sohn der Stadt

Casa di Puccini

Lässig sitzt er da, der Maestro, im feinen Zwirn, ein Bein über das andere geschlagen und mit einer Zigarette in seinen feinen Fingern. Die Rede ist von Giacomo Puccini (1858 – 1924), dem die Stadt nahe seines Geburtshauses ein Bronzedenkmal von Vito Tongiani gewidmet hat. Er selbst, der Lebemann der italienischen Belle Epoque, hätte an dem Bildnis wohl Freude gehabt. In der Casa Puccini finden Verehrer in einem kleinen Museum alles zum Leben des Musikheroen; außerdem finden hier regelmäßig Konzerte statt.
Corte San Lorenzo 9 | April – Sept. tgl. 10 – 19, März, April, Okt. bis 18, Nov. – Weihnachten Mo. – Fr. 10 – 13, 15 – 17, Sa., So 10 – 17, Weihnachten bis Ende Febr. Mi. – Mo. 10 – 17 Uhr | Eintritt: 7 €
www.puccinimuseum.org

Nördliche Altstadt und Via Fillungo

Not macht erfinderisch

★ Piazza dell'Anfiteatro

Als den Lucchesern im Mittelalter der Platz in ihrer Stadt auszugehen drohte, erweiterten Sie diese kurzerhand um Gebiete im Norden. Hier befand sich auch die Ruine des römischen Amphitheaters, über der nun Wohnhäuser entstanden. Tatsächlich war diese bis zur Anlage der Piazza dell'Anfiteatro (auch Piazza del Mercato) im 19. Jh. komplett überbaut. Erst in den 1830er-Jahren entstand der äußerst stimmungsvolle Platz, dessen Oval an die ehemalige Funktion dieses Ortes erinnert. Seine Ein- bzw. Durchgänge waren zum Teil die Ge-

Kein Zweifel, woher die Piazza dell'Anfiteatro ihren Namen hat

wölbe der Zuschauerränge. Wo einst Gladiatoren um ihr Überleben kämpften, dominiert heute das »dolce vita« mit von Tauben belagerten Cafés und Restaurants. Helle Hausfassaden mit typisch grünen Fensterläden bestimmen die Szenerie.

Von Ost nach West

★ San Frediano

Die 1118–1147 erbaute Basilika mit zinnenbekröntem Glockenturm ist dem irischen Pilgermönch geweiht, der 560–588 Luccas Bischof war. Der Hauptaltar birgt seine Gebeine. Ungewöhnlich ist die Ausrichtung des Gotteshauses: Im 13. Jh. waren bereits Stadtmauern an der Stelle des vorgesehenen Kircheneingangs hochgezogen. Kurzerhand wurde dieser an die Ost-, die Apsis auf die Westseite verlegt. Blickfang der an sich schlichten **Fassade** ist das wohl von Berlinghiero Berlinghieri um 1230 entworfene imposante Goldmosaik, das unverkennbar byzantinisch inspiriert Christus in der Mandorla zeigt, begleitet von zwei flankierenden Engeln und den Aposteln. In der **Taufkapelle** zeigt das herrliche romanische Taufbecken (Mitte 12. Jh.) Reliefs aus dem Leben Moses'. Ebenfalls byzantinisch anmutend ist die Abbildung Christi als Guter Hirte. Die Cappella Trenta (1413), vierte Kapelle im linken Seitenschiff, schmückt ein gotisches Marmorpolyptychon mit Flachreliefs (»Madonna mit Kind und Heiligen«, 1422) von Jacopo della Quercia, der auch die Grabplatten des Kaufmanns Lorenzo Trenta und seiner Gemahlin schuf. Die Fresken

(1508) der Cappella della Croce (16. Jh.) zeigen das Leben des hl. Augustinus, die Teilung des Serchio-Flusses durch den hl. Frediano und die Überführung des Volto Santo vom Hafen Luni nach Lucca.
Piazza San Frediano | tgl. 9 – 18.30 Uhr | Eintritt: 3 €
www.sanfredianolucca.com

Grüne Oase

Palazzo Controni-Pfanner

Schon seit einiger Zeit gehört der 1667 erbaute Palazzo und sein zauberhafter Barockgarten mit graziösen Statuen und zentralem Springbrunnen zu den Lieblingen von Hollywood, Filme wie »Portrait of a Lady« wurden hier gedreht. Der zugängliche Teil des Domizils, in dem Felix Pfanner 1846 seine Brauereidynastie begründete, beherbergt eine Sammlung medizinischer Geräte, die auf Pietro Pfanner (1864–1935), Chirurg und 1920–1922 Luccas Bürgermeister, zurückgeht.
Via degli Asili 33 | April – Nov. tgl. 10 – 18 Uhr | Eintritt: 6,50 €, nur Garten 4,50 € | www.palazzopfanner.it

Die zwei Türme

★ Via Fillungo

Vornehme Fassaden bestimmen Luccas Bummelmeile, die Via Fillungo. Traditionsläden und seit Generationen existierende Familienbetriebe laden zum Schlendern und Shoppen ein. Und auch an Cafés herrscht sicher kein Mangel. Wer sich dies alles aus der Vogelperspektive betrachten will, kann die 207 Stufen des **Torre delle Ore** (Uhrenturm) erklimmen.

Treppensteigen ist auch im nahen **Torre Guinigi** angesagt, der nach einem Abstecher in die Via S. Andrea erreicht ist. Der 45 m hohe Turm ist ein weiteres Wahrzeichen Luccas, nicht zuletzt, weil sich auf seiner Spitze ein Gärtchen mit sieben Steineichen befindet – welch eine Kulisse! Nicht minder schön ist das grandiose Stadtpanorama. Der Turm gehörte übrigens einst den Guinigi, die Lucca Anfang des 15. Jh.s Wohlstand bescherten. In den zwei gegenüber stehenden Palästen (14./15. Jh.) und in der nun vermauerten Loggia dei Guinigi feierten sie rauschende Feste.

Torre delle Ore: März, Okt. tgl. 9.30 – 17.30, April, Mai bis 18.30, Juni bis Sept. bis 19.30, Nov. – Feb. geschl. | Eintritt: 5 €, mit Torre Guinigi und Orto Botanico 9 € | www.lemuradilucca.it/torri/torre-delle-ore
Torre Guinigi: Nov. – Feb. tgl. 9.30 – 16.30, März, Okt. bis 17.30, April, Mai bis 18.30, Juni – Sept. bis 19.30 Uhr | Eintritt: 5 €, mit Torre delle Ore und Orto Botanico 9 € | www.lemuradilucca.it/torri/torre-guinigi

Östliche Altstadt

Flaniermeile im Herzen von Lucca

Via Santa Croce

An der Via Santa Croce, der großen Querachse zur Via Fillungo, entstand der mächtige dreistöckige Palazzo Bernardini (Anfang 16. Jh.) um einen eleganten Innenhof. Etwas abseits der Straße steht die Kirche **Santa Maria Forisportam** (13. Jh.). Ihr Beiname »vor dem Tor« weist auf ihren Bau außerhalb der damals noch römischen Mauern. Kurios wirkt ihre unvollendete Fassade im pisanisch-romanischen Stil – aus der Marmorverkleidung im unteren Bereich ragt roter Backstein hervor; sie besitzt allerdings drei schöne Portale mit antikisierendem Dekor. Das dreischiffige Innere birgt einen frühchristlichen Sarkophag, der zum Taufbecken umfunktioniert wurde, und im rechten Seitenschiff ein barockes Ziborium.

Feine Kunst in edlem Ambiente

★ Museo Nazionale di Villa Guinigi

Bereits die prächtige Villa, die zum Zeitpunkt ihrer Erbauung 1413 – 1420 noch außerhalb der damaligen Stadtmauer stand, lohnt den Besuch. Gleiches gilt aber auch für das bunte Sammelsurium an Kunstwerken, die das Nationalmuseum in ihren Räumen heute zeigt. Im Erdgeschoss warten etruskische Grabfunde, römische Mosaiken und Marmorurnen (2. Jh.), spätantike Fresken aus der Kirche Santi Giovanni e Reparata (5. Jh.), frühmittelalterliche Kapitelle und romanische Steinmetzarbeiten. Drei Kruzifixe sind die Kunstschätze der Abteilung »Von der Gotik zur Renaissance«: das Tafelkreuz der Luccheser Servitenkirche (um 1150), das berühmte, signierte Kreuz von Berlinghiero Berlinghieri (nach 1220) und das Tafelkreuz des Konvents San Cerbone (1288). Eine der zwei Terrakotta-Madonnen (mit Kind) wird Donatello zugeschrieben. Die Sektion »Von der Renais-

sance zur Gegenreformation« präsentiert u.a. eine bemalte Terrakottafigur »Madonna mit Kind« (1490) des Lucchesers Matteo Civitali. Fra Bartolomeo ist u.a. mit der »Erscheinung Gottvaters vor Maria Magdalena und Katharina von Siena« (1509) vertreten. Die Ausstellung im ersten Stock endet mit dem Manierismus. Zurück im Erdgeschoss folgt die Zeit bis zum Neoklassizismus mit Gemälden von Guido Reni und Pietro Paolinia.
Di.-Sa. 9.30-19.30 Uhr | Eintritt: 4 €, mit Villa Mansi 6,50 €
www.luccamuseinazionali.it

Moderner Kunsttempel
Wer einen Kontrast zu den Alten Meistern sucht, wird im Lu.C.C.A (Lucca Center of Contemporary Art) im Palazzo Boccella (16. Jh.) fündig, das hochrangige Wechselausstellungen präsentiert. U.a. wurde schon ein Werkschau Andy Warhols gezeigt. Lu.C.C.A
Via della Fratta 36 | Di.-So. 10-19 Uhr | Eintritt: 10 €
www.luccamuseum.com

Skurriles Wahrzeichen Luccas: die mit Steineichen bepflanzte Torre Guinigi

DUOMO SAN MARTINO

Im Dom von Lucca befinden sich einige einzigartige Meisterwerke: das Grabmal der Ilaria del Carretto, eine fein gearbeitete Marmorskulptur, die aus Porzellan zu sein scheint, das 1592 von Tintoretto gemalte »Letzte Abendmahl« sowie das Holzkruzifix, Volto Santo, das einst der hl. Nikodemus zusammen mit Engeln aus Zedernholz geschnitzt haben soll.

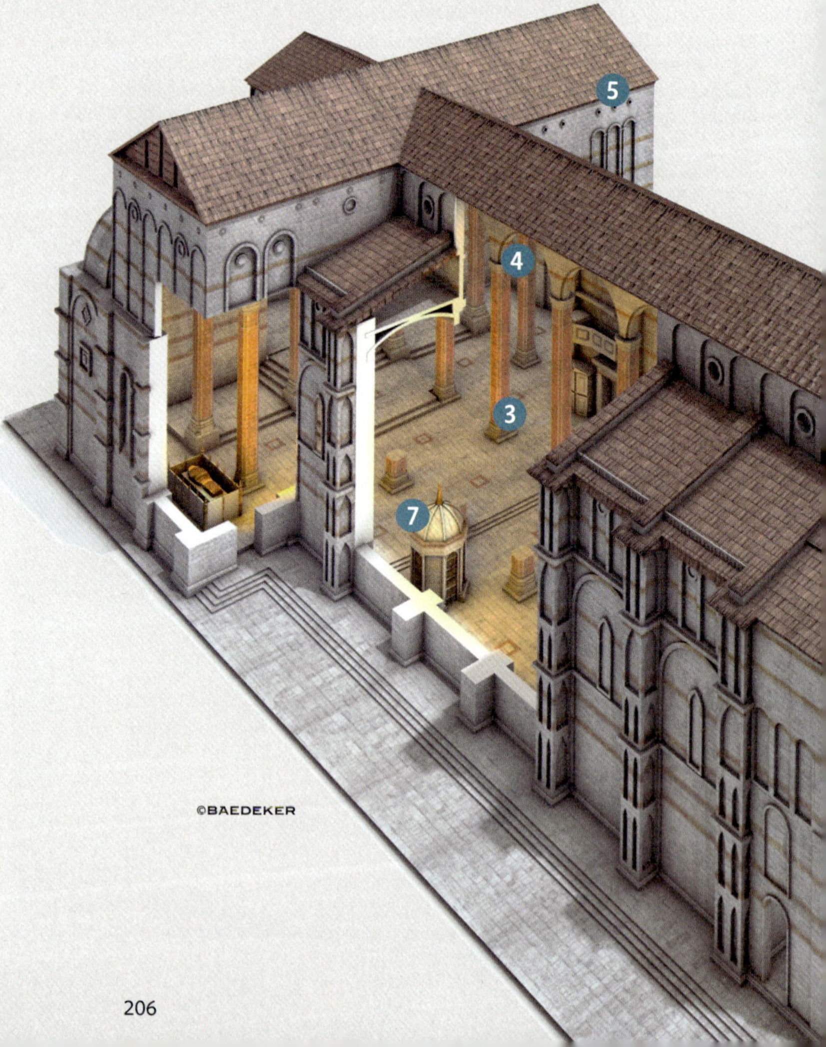

Anf. März–Anf. Nov. Mo.–Fr. 9.30–18.30, Sa. bis 18.45, So. 12–18, Anf. Nov.–Anf. März Mo.–Fr. 9.30–17, Sa. bis 18.45, So. 12–18 Uhr | Eintritt: 3 € | www.museocattedralelucca.it

1 Vorhalle
Mitte des 13. Jh.s statteten lombardische Bildhauer die Vorhalle mit Reliefschmuck aus.

2 Der hl. Martin zu Pferd
Die um 1300 gefertigte Skulptur zeigt den Schutzheiligen der Franken, dem das Gotteshaus geweiht wurde, nachdem Karl der Große 774 das Langobardenreich eingenommen hatte.

3 Innenraum
Innen erwarten die Besucher farbiger Marmor und einige hochrangige Kunstwerke: u.a. im rechten Schiff Alessandro Alloris »Darstellung Mariä im Tempel«.

4 Sakristei
In der Sakristei am rechten Seitenschiff befinden sich der Sarkophag der Ilaria del Carretto dei Marchesi di Savona, der 1405 verstorbenen Gattin von Paolo Guinigi, sowie Domenico Ghirlandaios in lebhaften Farben gemaltes Altarbild »Sacra Conversazione«.

5 Bedeutende Altarbilder
Auf Federico Zuccaris »Anbetung der Könige« (1595) und Tintorettos »Letztes Abendmahl« (1592) trifft man über dem zweiten bzw. dritten Altar auf der rechten Seite.

6 Grabmal des Pietro da Noceto
Es gilt als erstes Werk Matteo Civitalis, das dieser Ende des 15. Jh.s nach dem Vorbild Florentiner Grabmäler von Santa Croce geschaffen hat.

7 Volto Santo
Hauptsehenswürdigkeit im Dom ist zweifellos der Tempietto des Volto Santo, ein kleiner Marmortempel, in dem das der Legende nach vom hl. Nikodemus geschnitzte Holzkruzifix aufbewahrt wird.

Wer das Volto Santo sehen möchte, muss am 13. September nach Lucca kommen – das restliche Jahr über wird es in diesem Marmortempelchen im Dom aufbewahrt.

Rund um die Piazza San Martino

★★ Duomo San Martino

Das Heilige Antlitz von Lucca

Es ist eine der stimmungsvollsten Prozessionen, die sich am 13. September eines jeden Jahres den Lucchesern und Besuchern der Stadt bietet. In ihrem Mittelpunkt steht ein legendenumwobenes und in Brokat gehülltes Kruzifix: das **Volto Santo**. Der im Johannesevangelium genannte Nikodemus soll dieses »heilige Antlitz« aus dem Holz einer Libanonzeder erschaffen haben. Im Mittelalter kamen Berichte auf, die dem Kruzifix Wunder bescheinigten, auf wundersame Weise soll es im 8. Jh. auch vom Orient über die toskanischen Hafenstadt Luni nach Lucca »gereist« sein. Sicher aber ist: Das Volto Santo, wohl im 13. Jh. nach einer Vorlage aus dem 11. Jh. geschnitzt, zeigt den in eine Tunika gekleideten Christus nicht leidend, sondern als Triumphator. Das 2,50 m hohe Nußbaum-Gnadenbild, einst in San Frediano beheimatet, ist nun der wertvollste Kunstschatz im Dom San Martino, wenn nicht in ganz Lucca. Seit 1484 wird es im eigens dafür geschaffenen, achteckigen Marmortempelchen von Matteo Civitali.

Die Einweihung des Domausbaus im Jahr 1070 vollzog Papst Alexander II. (1061–1073), zuvor als Anselmo da Baggio Luccas Bischof. Der Legende nach errichtete hier aber bereits der hl. Frediano Ende des 6. Jh.s eine Kirche, die seit dem 8. Jh. als Bischofssitz diente. Im 15. und Anfang des 16. Jh.s wurde die dem hl. Martin geweihte Kathedrale vollständig umgebaut, die Cappella del Santuario kam 1637 hinzu. Bis 1204 stellte Guidetto da Como die romanische **Fassade** her. Deren rechter Teil ist um zwei Arkadenbögen schmaler als der linke – diesen Platz nimmt der Kampanile ein.

In der **Vorhalle** versorgten einst Geldwechsler die Pilger mit Münzen, die auch das Volto Santo trugen. Eine Monumentalinschrift ermahnt bis heute, diese nicht übers Ohr zu hauen! Reich mit Skultpurenschmuck verziert sind die Portale, die ins Innere der Kirche führen: Die Reliefs am Hauptportal zeigen Szenen aus dem Leben des Kirchenpatrons, am rechten Portal ist der hl. Regulus mit dem Glaubensbekenntnis und im Disput mit den Arianern zu sehen, im Tympanon ist seine Enthauptung dargestellt. Am Türsturz des linken Portals sind »Verkündigung«, »Geburt Jesu«, »Anbetung der Könige« und im Tympanon die »Kreuzabnahme« zu erkennen, hervorragende Werke aus der Zeit um 1260 – 1270, von denen die beiden letztgenannten Nicola Pisano zugeschrieben werden.

Eine Kuriosität findet sich im **Kircheninnern** an der Wand rechts nach dem Domeingang. Das ca. 0,5 m breite, kreisrunde, eingeritzte Fingerlabyrinth soll zum Tode Verurteilte vor der Hinrichtung bewahrt haben, sofern sie auf Anhieb den richtigen Weg ins Zentrum des Irrgartens fanden. Berühmtes Kunstwerk ist die Skulpturengruppe »Der hl. Martin zu Pferd mit dem Bettler« (ca. 1300). Rechts der Apsis ist der Grabaltar des hl. Regulus (1484) mit einer Renaissance-Liegefigur. In der Sakristei steht mit Jacopo della Quercias **Grabmal der Ilaria del Carretto** ein Hauptwerk der Frührenaissance: Im eng anliegenden, in kunstvolle Falten gelegten Gewand bleibt die zierliche Gestalt der jung Verstorbenen erkennbar – fast scheint es, als schlafe sie. Zu Füßen der Toten wacht ein Hund als Symbol ehelicher Treue.

Anf. März – Anf. Nov. Mo. – Fr. 9.30 – 18, Sa. bis 18.45, So. 12 – 18,
Anf. Nov. – Anf. März Mo. – Fr. 9.30 – 17, Sa. bis 18.45, So. 12 – 18 Uhr
Eintritt: 3 € | www.museocattedralelucca.it

Im Wandel der Zeit

Monumentalkomplex

Zum Monumentalkomplex des Doms gehören der **Kampanile** und das **Dommuseum** (Museo della Cattedrale) mit dem Domschatz, illustrierten Codizes, Seidengewändern und plastischem Bauschmuck. Ebenso zählt an der Westseite der Piazza die Archäologische Zone mit dem Baptisterium **San Giovanni** (4. Jh.) und der Kirche **Santa Reparata** (12. Jh.) dazu, deren Fassade im 17. Jh. neu gestaltet wurde. Im rechten Querhaus ist hier das Grabmal der berühmten Markgräfin Mathilde von Tuszien (1046–1115) zu sehen, vor deren Burg Canossa 1077 Kaiser Heinrich IV. seinen Bußgang zu Papst Gregor VII. vor Kälte schlotternd abschloss. Durch das linke Querhaus geht es ins Baptisterium.

Unter dem abgetragenen Kirchenboden wurden 2,20 m unter Straßenniveau die Überreste einer früheren, heute wieder begehbaren **Unterkirche** (4./5. Jh.) entdeckt. Diese besitzt Fresken, die die Überführung von Heiligenreliquien aus Palästina zeigen. Fünf Bauphasen sind mit den Resten eines römischen Wohnhauses (1. Jh.), Thermen (2. Jh.), dem mit vier Apsiden angelegten frühchristlichen Baptisterium (4./5. Jh.), den Fundamenten des quadratischen Baptisteriums (Hochmittelalter) und dem Baptisterium (12. Jh.) dokumentiert.

Kampanile: Anf. März - Anf. Nov. tgl. 10 - 18.30, Anf. Nov. - Anf. März Mo. - Fr. 10 - 15, Sa., So. bis 15 Uhr | Eintritt: 3 €

San Giovanni, Santa Reparata, Dommuseum: Anf. März - Anf. Nov. tgl. 10 - 18, Anf. Nov. - Anf. März Mo. - Fr. bis 14, Sa., So. bis 18 Uhr Eintritt: je 4 €

Rund um Lucca

Stilvolle Bleiben

★ Villen um Lucca

Der neue Bebauungsplan von 1870 bescherte Lucca eine stattliche Anzahl neoklassizistischer und Jugendstilvillen, vor allem im Bereich der Viale Carducci, Via Cavour und Via Giusti. Berühmter sind aber die älteren Villen weiter außerhalb, allen voran die mit Bus 59 ab Piazza Verdi gut erreichbare **Villa Reale** in Marlia. 1806 erwarb Napoleons Schwester Elisa Baciocchi die Villa und ließ sie im Stil der damaligen Zeit ausgestalten. Fürst Metternich und Paganini waren Gäste. Besonders beeindruckend sind die Parkanlagen.

Die **Villa Mansi** (16./18. Jh.) in Segromigno in Monte nördlich von Lucca (ausgeschildert) ist nicht zugänglich, dafür aber ihr herrlicher Park mit seltenem Baumbestand. Übrigens: Das legendenhafte Spiegelzimmer der eitlen Lucida Mansi gab es nie! Ottavio Mansi kaufte das Anwesen erst 1675.

Auch die **Villa Torrigiani** in Camigliano (ausgeschildert) besitzt einen herrlichen alten Park. Ihr wertvolles Interieur und die Deckenfresken sind auf Führungen zu besichtigen.

In San Pancrazio steht die **Villa Grabau** (16. Jh.) mit Heckentheater von 1814 und luxuriösem Übernachtungsangebot (www.villagrabau.it). Ebenfalls in San Pancrazio steht die auf 1042 und die Familie des Kaiserberaters Buonviso di Corrado zurückgehende **Villa Oliva**, in der regelmäßig Konzerte aufgeführt werden.

Villa Reale: März - Okt. tgl. 10 - 18 Uhr | Eintritt: 9 €, mit Villa 14 € https://villarealedimarlia.it

Park der Villa Mansi: Via delle Selvette 242 | Mo. - Fr. 9 - 16.30, Sa., So. 10 - 13, 14 - 18 Uhr | Eintritt: 5 € | www.villeepalazzilucchesi.it

Villa Torrigiani: Via del Gomberaio 3, Camigliano | 1. So. im März bis 1. So. im Nov. Mi. - Mo. 10 - 13, 15 - 18.30 Uhr, sonst n. V. | Eintritt: Park 7 €, mit Villa 10 €

Der Giardino Garzoni ist ein Musterbeispiel für einen frühbarocken Garten.

Villa Grabau: Via di Matraia 269, San Pancrazio | April – Juni, Sept., Okt. Di. – So. 10 – 13, 14 – 18, Mo. nur 10 – 13, Juli, Aug. Di. – So. 10 – 13, 15 – 19, Mo. nur 10 – 13, sonst So. 11 – 13, 14.30 – 17.30 Uhr | Eintritt frei
Villa Oliva: Park Mitte März – Mitte Nov. tgl. 9.30 – 12.30, 14 – 18 Uhr, Villa nur Gruppen (Tel. 0583 40 64 62) | Eintritt: 7 € | www.villaoliva.it

Besuch bei der berühmten »Langnase«

Collodi

In dem Bergdorf 12 km vor Montecatini Terme werden Kindheitserinnerung wach: Hier verfasste Carlo Lorenzi 1878 unter dem Pseudonym Carlo Collodi die »Geschichte einer Gliederpuppe«, die dann als »Abenteuer des Pinocchio« ein Weltbestseller wurde. Im Parco di Pinocchio (Pinocchio-Park) lohnt der Skulpturenrundweg zu den Romanfiguren, während die Animationsangebote, das Piratenschiff oder das Pinocchio-Museum eher Kinder unterhalten.

Großartig ist das von den Architekten Emilio Faroldi und Maria Pilar Vettori geschaffene **Collodi Butterfly House**, eine Tropenanlage für Schmetterlinge aus allen Erdteilen. Mit dem Florentiner Büro Gurrieri restaurierten sie auch Labyrinth, Wasserspiele und Freilufttheater im **Giardino Garzoni**, einem der schönsten Gärten Italiens. Die Rokoko-»Villa der 100 Fenster« entstand ab 1652 im Auftrag von Markgraf Romano Garzoni. Die illusionistischen Fresken im ersten Stock sind zu besichtigen. Im eleganten Ristorante Villa Garzoni mit Cafeteria im Erdgeschoss lädt Chef Iacopo Vannini zu moderner Toskana-Küche (www.ristorantevillagarzoni.it).

Parco di Pinocchio: Anf.–Ende März. tgl. 9–17.30, April–Ende Okt. bis 19, Ende Okt.–Anf. Nov. 9–18 Uhr, sonst nur Sa., So. 10 Uhr bis Sonnenuntergang | Eintritt: 15 €, Winter 14 €, mit Butterfly House/Garzoni 25/22 € | www.pinocchio.it

Collodi Butterfly House/Giardino Garzoni: Öffnungszeiten wie Pinocchio-Park | Eintritt: 13 €, Winter 12 €, Kombiticket s.o.

MAREMMA

Provinz: Grosseto

Lange Sandstrände, raue Felsabschnitte, kristallklares Wasser und vom Wind aufgehäufte Sanddünen an der Küste, weite Ebenen, ungezähmte Macchia, sanfte grüne Hügel und üppige Steineichenwälder im Hinterland, dazu alte Olivenhaine und Weinberge, gelb leuchtende Sonnenblumenfelder und urige Hügeldörfer – Naturliebhaber, insbesondere mit Wanderschuhen im Gepäck, kommen in der Maremma voll auf ihre Kosten!

Spiaggia di Collelungo: An der Küste der Maremma warten zauberhafte Strände.

MAREMMA ERLEBEN

www.parco-maremma.it
www.maremma.it

PESCATURISMO SIRENA PAOLO FANCIULLI

Auf seinen Halb- und Ganztagsausflügen aufs Meer fangen die Teilnehmer den Fisch für das anschließende Mahl selbst. An Land erfahren sie dann am Lagerfeuer von ihm und seiner österreichischen Lebensgefährtin alles über die Ökologie der Maremma.
Hafen Talamone, Tel. 333 2 84 61 99
https://paoloilpescatore.it/pescaturismo.php

MERENDERIA RISERVA NATURALE €€

Ein Lebensmittelladen, in dem es frische Kleinigkeiten gibt – alles wird aus Produkten der Region Maremma schmackhaft und fürs Auge zubereitet. Ein schönes, informelles Ambiente: Man sitzt zwischen all den ansehnlichen Produkten, die hier verkauft werden.
Via IV Novembre 8
Castiglione della Pescaia
Tel. 0564 39 90 03
www.riservanaturale.it
Jan. – April geschl.

Wilder und naturbelassener Landstrich

Lange galt der südliche toskanische Küstenabschnitt, dessen Namen »zum Meer gehörend« bzw. »am Meer gelegen« bedeutet, als bettelarmes Sorgenkind der Region. Hervorgegangen ist die Maremma aus Lagunen und fruchtbarem, aber sumpfigem Schwemmland, das erstmals die Etrusker urbar machten. Mit dem Untergang Roms verfiel indes alles wieder, Malaria breitete sich aus, die Maremma verödete. Erst ab dem 18. Jh. rekultivierten die Habsburger Großherzöge das Sumpfgebiet und legten es trocken – es entstand ein von der Sonne verwöhntes Naturparadies, das heute renommierte Haselnussproduzenten und Winzer anlockt, aber auch Aktivurlauber, die mehr und mehr den Parco Regionale della Maremma für sich entdecken und ihn vor allem auf Schusters Rappen, aber auch in Kanus erkunden; zudem boomte in der flachen Landschaft zuletzt besonders der Fahrradtourismus.

Wohin in der Maremma?

Wildes Outdoor-Mekka

★ Parco Regionale della Maremma

Das rund 100 km² große Schutzgebiet erstreckt sich zwischen Principina a Mare und Talamone parallel zur Kette der Monti dell'Uccelina. Dass zum Schutzgebiet nicht nur Festland, Lagunen und Schwemmland, sondern zu einem Drittel auch das Meer gehört, ist auch Paolo Fanciulli zu verdanken, der vom Hafen von Talamone (► S. 218) aus schon seit Mitte der 1980er-Jahre aktiv für Umwelt- und Naturschutz

BESSER ALS BUFFALO BILL ...

Wie kein anderes Symbol steht der »buttero«, der berittene Viehhirte, für die toskanische Maremma. Noch kann man die legendären Kunststücke und die Alltagsarbeit der legendären Cowboys aus Italiens Wildem Westen bewundern. Doch ihre Existenz ist bedroht.

Am 8. März 1890 kam es in Prati di Castello vor den Toren Roms zum gnadenlosen Show Down: Gerade erst war William Frederick Cody, besser bekannt als Buffalo Bill (1846–1917), in Neapel gelandet und hatte erste Erfolge erzielt, hatte sich dann mit seiner unendlich langen Karawane der famosen Wild West Show auf den Weg nach Rom gemacht, als er nach hitziger Diskussion mit Fürst Onorato Gaetani über Pferdedomestizierung und Reitkünste belustigt die örtlichen Viehhirten zum Wettkampf forderte. Das hätte er besser lassen sollen: Neun »butteri«, angeführt von **Augusto Imperiali** (1865 bis 1954), Spitzname Augustarello (kleiner August), traten an. Und es war letztlich eben dieser Augustarello, der – seinen schwarzen Hut in der Linken, die Zügel in der rechten Hand – in stupendem, elegantem Galopp das Publikum zu frenetischem Applaus brachte. Und siegte. Die »butteri« hüpften, sprangen, tanzten und warfen ihre schwarzen Hüte in die Luft, ganz so, wie man es eigentlich von den Amerikanern erwartet hätte. Elegant glitt Augustarello dann auch vom Pferd, um von der Fürstin von Sermoneta beglückwünscht zu werden. Ein Held war geboren – in ganz Italien, und für immer! Der gehörnte Buffalo Bill zog indes rasch weiter, fuhr mit der Truppe in bis zu 14 Eisenbahnwaggons gen Norden.

Dante und die Maremma

Noch über 100 Jahre später kam es 2004 im TV-Sender RAI 1 zu monströsen Wortgefechten, als der Komiker Giorgio Panariello diesen historischen Sieg über das große Amerika den »butteri« der Maremma zuschrieb. Eigentlich durfte er das nicht: Schließlich liegt Cisterna di Latina, ein regionales Zentrum der »butteri«-Reittradition im Latium. Andererseits, der gute Giorgio durfte doch: Denn schließlich wusste schon Dante Alighieri, dass die Maremma früher als weitaus großflächiger betrachtet wurde. So verortete der Dichterfürst den herb-spröden Landstrich in der »Göttlichen Komödie« (Inferno, 13. Gesang, Verse 5–9) von Cecina im Norden bis nach Corneto, wie damals Tarquinia im heutigen Nord-Latium hieß.
Überhaupt hätte Dante damals »Maremma« auch klein schreiben können: Denn »maremma« stammt einerseits von »maritima«, am Meer gelegen, andererseits wohl auch vom Kastilischen »marismas«, Sumpf. Als das Land im 18. und 19. Jh. entwässert und trockengelegt wurde, fanden viele der zuvor in der Maremma wild untergetauchten, oft berittenen Outlaws Arbeit auf einem der neuen Latifundien. Insbesondere die Viehzucht nahm ungeheuren Aufschwung. Die umherziehenden langhornigen weißen **Maremma-Rinder** mussten ebenso beaufsichtigt wie das halbwilde Maremma-Pferd, der Maremmano, gezähmt und gesattelt werden. So blieb den »butteri« – bei kargem Lohn – immerhin das Leben in freier Natur, bei bescheidenster Kost und Verpflegung.

Hoch zu Ross in Alberese

Stolz sind die in der Maremma noch praktizierenden »**butteri**« bis heute: etwa auf ihren schweren Sattel (»scarfada«), auf den schwarzen Hut und die traditionelle Kleidung, auf Samtanzug und Breeches, Stiefel und den gegen Wind und Wetter schützende weiten Umhang (»pastráno«). Als Werkzeug dient der Hirtenstab (»uncino«) oder der zum Viehtrieb nötige Stock (»mazzarella«). Eigentlich ist alles wie früher. Der wilde Westen der »butteri« lockt weiter mit betörenden Kräuterdüften und erdigen Farben. Doch es gibt keinen für den Viehtrieb nötigen Großgrundbesitz mehr – die ohnehin schlecht bezahlte Arbeit wird knapp.
Die große Ausnahme bildet da die 4600 ha große **Azienda Alberese**. Einst großherzoglich betrieben, gelangte sie in den 1970er-Jahren in Staatsbesitz und ist heute einer der größten Bio-Bauernhöfe Europas. Nach Schwierigkeiten wurde sie 2012 in die Gesellschaft **Terre Regionali Toscana** umbenannt. Natürlich hält man hier auch noch 500 Langhorn-Rinder, eine Handvoll »butteri« geht hier noch geregelter Arbeit nach. Und tatsächlich können Gutsbesucher heute die Alltagsarbeit der Viehhirten live und vor Ort miterleben und auch auf dem Gut wohnen. Wer früh aufsteht und sich vorher telefonisch oder per E-Mail anmeldet, kann sogar täglich außer montags und mittwochs von 7 bis 11.30 Uhr mit den »butteri« ausreiten und sie bei ihrer Arbeit begleiten. Montags bis freitags können zudem ab 10.15 Uhr die »selleria« (Sattlerei) und das Gut sowie die Maremma-Rinder und -Pferde bewundert werden und ab 11.15 Uhr gibt es eine kleine Vorführung der »butteri«. Reitausflüge auf Maremma-Pferden in den Naturpark Maremma organisiert zudem das Konsortium Naturalmente Toscana (▶ S. 216).
Wer indes Cowboys im Stile eines Buffalo Bill in der Maremma erleben möchte, muss am 1. Mai in Alberese zur Viehmesse Merca del bestiamo brado, wo die Reiter der Associazione Butteri della Maremma (www.butteridellamaremma.it) antreten. In den Sommermonaten sind sie dann regelmäßig in Talamone (Camping Talamone) zu sehen. Und am 15. August steht für sie in Alberese das berühmte Torneo della Rosa an. Die Reiter der Associazione Butteri d'Alta Maremma (www.butteri-altamaremma.com) trifft man hingegen von Ende Mai bis Ende August regelmäßig an der Küste, in Puntone di Scarlino.

Ein »butteri« im Sattel

Terre Regionali Toscana: Loc. Spergolaia, Alberese | Tel. 0564 40 71 00
www.alberese.com

kämpft. Anfangs musste er Sisyphos gleich gegen die Übermacht illegaler Netzfischerei ankämpfen. Doch dank seiner spektakulären Rettungsaktionen wie der Versenkung von 900 mit Widerhaken versehenen Beton-»Pyramiden« im Meer wendete sich das Blatt. Heute ist »il pescatore« (der Fischer) eine längst in Romanen gewürdigte Persönlichkeit, die mit der Erfindung des »Pescaturismo« den nachhaltigen Tourismus in der Maremma eingeführt hat.
Diesem hat sich auch das Konsortium **»Naturalmente Toscana«** verpflichtet, das Ihnen vom **Naturparkzentrum Alberese** aus die Natur der Maremma näherbringt, und zwar im Rahmen von geführten Touren zu Pferd, per Kutsche, im Kanu und auf dem Rad. Shuttlebusse befördern Sie vom Zentrum, zu dem auch eine Naturparkausstellung und ein Delikatessenladen gehören, zu den Startpunkten.
Acht schöne Wanderwege verschiedener Schwierigkeitsgrade (3–6 Std., Mitte Juni – Sept., nur mit Führung) erschließen das Naturschutzgebiet. Eine Wanderroute (7,8 km, 5 Std.) führt beispielsweise im Schatten uralter Eichen zur Abteiruine **San Rabano** (10. Jh.). Auf dem »Turmweg« (5,8 km, 4 Std.) streift man die Olivenstraße und passiert zwei der acht alten Sarazenen-Spähtürme. Und die Wanderung ans Meer zur **Cala di Forno** (12,6 km; 6 Std.) verbindet Abenteuer und Entspannung in den Dünen.
Zu den unterschiedlichen Landschaftsformen, die Ihnen unterwegs begegnen werden, gehören eine ausgewaschene Steilküste im Süden und weiter nördlich einsame Strände mit Salz liebender Vegetation, die von der mediterranen Macchia mit Garrigue und immergrünen Hartlaubgewächsen abgelöst wird, je weiter man sich von der Strandlinie entfernt. Nördlich der Ombrone-Mündung wechseln sich im Sumpfgebiet Padule della Trappola Küstenseen mit flachen Dünen ab, die Zone landeinwärts ist trockengelegt. Charakteristisch für diese Gegend sind die halbwilden Maremma-Rinder, die auf den satten Wiesen der einstigen Malariasümpfe das ganze Jahr über im Freien grasen. Im Winter bieten die Binnengewässer auch zahlreichen Zugvögeln Schutz. Südlich des Ombrone erstreckt sich ein kompakter Dünenbereich, unterbrochen von kleinen sumpfigen Niederungen und ausgedehnten Hainen mit Schatten spendenden Schirmpinien.

Parco Maremma: Besucherzentrum Via del Bersagliere 7/9, Alberese Tel. 0564 39 32 38 | Mai – Sept. tgl. 8 – 16.30, sonst 8.30 – 14 Uhr, www.parco-maremma.it

Führungen/Touren: Mitte Juni – Mitte Sept. per Kanu (2 Std.), Kutsche (4 Std.), zu Pferd (2 – 4 Std.), zu Fuß und per Rad (Verleih) Eintritt: 5 – 15 €, Touren bis 50 €

Sonnen, Eisen, Kunst

Golfo di Follonica

Sonnenanbeter zieht es an die einladenden Strände des Golfo di Follonica. Darüber hinaus besitzt der namensgebende Ort, der schon in der Antike für Eisenverhüttung bekannt war, ein frühes Zeugnis des

Bei Castiglione della Pescaia: Unberührte und oft recht einsame Landstriche findet man noch im Naturpark der Maremma.

Industriezeitalters: In der von den Großherzögen ab 1836 aufgebauten Gießerei und Eisenhütte mit historischem Fabrikdorf zeigt das **MAGMA** (Museo delle Arti in Ghisa nella Maremma) anspruchsvolle Kunstinstallationen z. B. im Bereich des einstigen Hochofens (»altoforno«).

In Scarlino im Hinterland zeigt das Museum **»Portus Scabris« (MAPS)** sommers die 2001 beim Bau des Touristenhafens entdeckten antiken Unterwasserfunde.

MAGMA: Mitte Juni – Mitte Sept. Di. – So. 17.30 – 23.30, Mitte Sept. – Mitte Juni Di. – So. 15.30 – 19 Uhr | Eintritt: 5 €
www.magmafollonica.it

MAPS: Via delle Collacchie 1 | April – Juni, Mitte Sept. – Anf. Nov., 26. Dez. – 6. Jan. Sa., So. 10 – 13, 15 – 18, Juli – Mitte Sept. Di. – So. 10 – 13, 16 – 19 Uhr | Eintritt: 3 € | www.parcocollinemetallifere.it

Perle der Maremma-Küste

★ Castiglione della Pescaia

Lebhafte Betriebsamkeit herrscht in den verwinkelten Gässchen und am Kanalhafen, wo täglich frischer Fisch angelandet wird. Lange Sandstrände erstrecken sich beiderseits der Bruna-Mündung und sind vor allem im August fest in der Hand italienischer Familien, etwas abseits sind sie – ohne Stabilimenti (Badeanlagen) – kostenlos zugänglich. In den Sommermonaten sind auch die Unterkünfte des

adretten, von der Rocca Aragonese (14./15. Jh.; Privatbesitz) dominierten Fischerstädtchens oft frühzeitig ausgebucht.
15 km nordwestlich strahlt **Punta Ala** mit erstklassigen Hotels, gepflegten Campingplätzen, schönem Villenviertel und großzügigem Jachthafen mondänes Flair aus. Gleiches gilt für den 18-Loch-Platz des Punta Ala Golf Clubs, der zu den schönsten Italiens gehört.

Fischerort mit Mehrwert

Talamone

Der schöne Fischerort Talamone ist ein Mekka für Surfer, Kiter und Schnorchler. Die Sienesen sicherten den Hafen ihrer Republik mit der im 15. Jh. erbauten Burg. Rege besucht wird das **Aquarium der Lagune von Orbetello** mit Rettungsstation für Meeresschildkröten und einer Filiale des Naturparks.
Via Nizza 24 | April – Juni, Anf. – Mitte Sept. tgl. 16 – 20, Juli, Aug. tgl. 21.30 – 23.30, Mitte Sept. – Anf. Nov. nur Sa., So. 9 – 13 Uhr, sonst nur n. V. | Eintritt: 3 €| www.parco-maremma.it/vivi/acquario-di-talamone

★ MASSA MARITTIMA

Provinz: Grosseto (GR) | **Höhe:** 380 m ü. d. M. | **Einwohnerzahl:** 8400

Massa Marittima betreibt Etikettenschwindel. Das wunderbare Städtchen liegt nicht am Meer, wie der Namenszusatz »Marittima« vermuten ließe, sondern thront auf einem Maremma-Hügel am Rande der Colline Metallifere. Fast 20 km landeinwärts! Das ist aber auch schon die einzige »Enttäuschung«, auf die Sie gefasst sein müssen. Das vergleichsweise ruhige Juwel mittelalterlicher Architektur hält ansonsten, was es verspricht, und verzaubert seine Besucher mit einer wunderbaren Piazza, einer fantastischen Aussicht und einer spannenden Geschichte.

Bergbaustadt, aber hübsch!

Fast immer ging es in der Stadthistorie um die Reichtümer, die rund um den Ort in der Erde verborgen liegen. Schon Etrusker und Römer beuteten die blei-, kupfer- und silbererzhaltigen Lagerstätten der Colline Metallifere aus. Der Aufstieg der Stadt zum Zentrum der Maremma setzte im 8. Jh. ein. Um 1300 zählte die Bergbaustadt rund 10 000 Einwohner, 1310 erließ man in der damals noch freien Kommune mit dem »Codice Mineraio« das erste italienische Bergbaugesetz, das Schürfrechte, Grubenanteile und Gewinnverteilung festschrieb. Bald darauf begann jedoch die Talfahrt: Siena schluckte die Stadt und stellte nach einer Pestwelle 1348 den Bergbau nach und nach ein. Zudem hielt die Malaria die Bevölkerung im Würgegriff.

Erst im 19. Jh. erwachte Massa aus dem Dornröschenschlaf, die Arbeit in den Zechen wurde wieder aufgenommen und die sumpfige Umgebung trockengelegt. Auch wenn der Bergbau inzwischen wieder zum Erliegen kam, wird sein Erbe im Nationalpark der »Metallhaltigen Hügel« am Leben erhalten. Den Wohlstand, den er Massa brachte, ist hingegen vor allem noch rund um die Piazza Garibaldi zu erkennen.

Wohin in Massa Marittima?

Eigenwillige Piazza mit Mittelalter-Ambiente

★ Piazza Garibaldi, Duomo San Cerbone

Die Piazza Garibaldi ist ein Platz zum Verweilen. Lassen Sie den Blick schweifen über den vollständig von Bauten umstellten Platz, der – vielleicht auch aufgrund seiner Asymmetrie – einen eigenwilligen Charme besitzt. Während man an einem der Tische der Cafés oder auch auf einer Stufe der breiten Freitreppe sitzt und schaut, mag man den Sienesen dankbar sein, dass sie das Städtchen links liegen ließen und wohl auch deswegen das mittelalterliche Ambiente unangetastet blieb. Und vielleicht bleiben Sie gleich bis zum Abend, wenn die Piazza zum quirligen Mittelpunkt der abendlichen Passeggiata wird?

Die Zeit bis dahin können Sie verkürzen, indem Sie den Dom etwas genauer unter die Lupe nehmen. An der Südseite der Piazza führt die Freitreppe zum 1228 romanisch begonnenen und 1304 gotisch fertiggestellten Dom. Rundbogige Blendarkaden schmücken seine Fassade, die Mitte des 13. Jh.s unter Mitarbeit Giovanni Pisanos errichtet wurde. Im Türsturz des Hauptportals erzählt ein sorgfältig

MASSA MARITTIMA ERLEBEN

Via Todini 3–5, Tel. 0566 90 65 54
www.turismomassamarittima.it

OSTERIA DA TRONCA €–€€
Gemütliche Osteria mit günstigen Gerichten wie Papardelle al cinghiale (Wildschwein). Moreno Venturi kredenzt auch besten Maremma-Wein.
Vicolo Porte 5, Tel. 0566 90 19 91
abends, Ostern–Sept. auch mittags, Mi. sowie Jan./Feb. geschl.

IL BACCHINO €
Osteria, Enoteca und Gourmetladen – dazu bieten die freundlichen Eigentümer, Magdi und Monica, leckere Küche.
Via Moncini 8, Tel. 0566 94 02 29

DUCA DEL MARE €€
Relaxen im Radlertreff! Familie Orlandi bietet herzliche Atmosphäre, einen Abstellraum für Räder, Garten und Schwimmbecken mit Whirlpool.
Piazza Dante Alighieri 1/2, Tel. 0566 90 22 84, www.ducadelmare.it

gearbeitetes Relief fünf Episoden aus dem Leben des Kirchenpatrons San Cerbone (493–575). Im rechten Seitenschiff steht das aus einem Travertinblock gearbeitete Taufbecken (1380) mit Reliefdarstellungen aus dem Leben Johannes des Täufers von Giroldo da Como. Das um 1316 ausgeführte Altarbild »Madonna delle Grazie« (linke Chorkapelle) ist aus der Werkstatt Duccio di Buoninsegnas oder von Simone Martini. Hinter dem Hochaltar steht der auf 1324 datierte Sarkophag des hl. Cerbone. Acht Reliefs des sienesischen Bildhauers Goro di Gregorio erzählen das Leben des aus Afrika stammenden »Apostels der Maremma«.

Quadratisch, praktisch, mächtig

Palazzo Pretorio

An der Südwestecke der Piazza Garibaldi steht der aus Travertin erbaute Palazzo Pretorio bzw. Palazzo del Podestà (um 1230), ein wuchtiger mittelalterlicher Würfel. Seine Fassade schmücken die Stadtwappen von Massa Marittima und Siena und die Wappen der Podestà. Im Palast zeigt das **Museo Archeologico** etruskische Funde aus Poggio Castiglione und Lago dell'Accesa und spektakuläre Sonderaustellungen, zuletzt etwa zu Banketten und Gastmählern der Etrusker.

April – Okt. Di. – So. 10 – 13, 16 – 19, Nov. – März Di. – So. 11 – 13, 15 – 17 Uhr | Eintritt: 3 €, mit Torre del Candeliere 5 €, alle Museen in Massa mit Turm 15 €

Gleich geht es los: Auf der Piazza Garibaldi wartet alles auf den Aufmarsch der Bogenschützen zum Balestro del Girifalco.

Ein skandalöses Fresko

★ Fonte dell' Abbondanza

Der Palazzo dell'Abbondanza (Palast der Fülle) an der Piazza Mazzini diente im 13. Jh. als Getreidespeicher der Stadt. Interessant ist hier die unter drei Arkaden erbaute öffentliche Brunnenanlage Fonte dell'Abbondanza: Über einem der zwei Becken dieses »Brunnens des Überflusses« – die Stadt gründete ihren Wohlstand auch auf große Wasservorkommen – machten Bauarbeiter 1999 einen bemerkenswerten Fund: Sie entdeckten den »Albero della Feconditá« (Fruchtbarkeitsbaum), ein 1265/1266 entstandenes und bis 2011 restauriertes Fresko, dessen Motiv alles andere als alltäglich ist, zumindest für mittelalterliche Verhältnisse: Es zeigt einen von schwarzen Vögeln (Adlern?) umkreisten Baum, dessen Äste 25 Phalli »schmücken«. Darunter ziehen sich u. a. zwei zankende Damen heftig an den Haaren. Zum »Skandal-Fresko« existiert eine politische Deutung: Demnach wäre es die älteste bildliche Darstellung des im Hochmittelalter ausgetragenen Konflikts zwischen päpstlichen Guelfen und kaisertreuen Ghibellinen (▶ S. 375).

Auf der Jagd nach Erzen

★ Museo di Arte e Storia delle Miniere

Wer sich für die Methoden und Strapazen des einstigen Bergbaus interessiert, sollte den in der Renaissance errichteten Palazzo delle Armi (1442) ansteuern. Dieser beheimatet das Museo di Arte e Storia delle Miniere. Dieses ist Teil des Parco Nazionale Colline Metallifere und informiert über die große Zeit des Eisenerz- und Mineralienabbaus, Arbeitstechniken und Geologie der »Metallhaltigen Hügel«. Führungen gehen in den stillgelegten, 700 m langen Stollen an der Via Corridani (**Museo della Miniera**).

April–Okt. Di.–So. 11–13, 15–18, Nov.–März Di.–So. 10–12, 15–16.30 Uhr | www.parcocollinemetallifere.it | Eintritt: 5 €, alle Parkmuseen 15 €

So weit das Auge reicht

Fortezza

Vorbei an den alten Handwerksbetrieben an der schmalen Via Moncini geht es hinauf zur Fortezza der Sienesen. Gut erhalten ist der Verbindungsbogen Arco dei Senesi (1337) zum 1228 erbauten **Torre del Candeliere**, der von Siena nach der Eroberung Massas auf weniger als ein Drittel seiner Höhe (nun 24 m) gestutzt wurde. Eine schmale, schwindelerregend steile Treppe führt zur Aussichtsplattform, das Panorama über Massa und die Maremma ist ein Genuss.

April–Okt. Di.–So. 10–13, 15–18, Nov.–März 11–13, 14.30 bis 16.30 Uhr | Eintritt: 3 €

Massas Kunstschatzkammer

Museo di Arte Sacra

Das Museo di Arte Sacra im ehemaligen Konvent bewahrt die Originalskulpturen Giovanni Pisanos und die mysteriösen schwarzen Basreliefs der Domfassade, ein Holzkruzifix Pisanos und Massas größten

Schatz: Ambrogio Lorenzettis (1319–1347) Tafelbild »Maestà« (um 1335) zeigt Maria als liebevolle Mutter mit Kind auf einem Thron, zu dem die personifizierten Tugenden Glaube, Liebe und Hoffnung führen. Die **Collezione Angiolino Martini** versammelt 750 Spitzenwerke des 20. Jh.s, u. a. von Guttuso, Schifano, Nespolo oder Bueno.

Corso Diaz 36 | April–Sept. Di.–So. 10–13, 16–19, Okt.–März Di.–So. 11–13, 15–17 Uhr | Eintritt: 5 €, mit Torre del Candeliere 6 €

Rund um Massa Marittima

Unter Tage

Gavorrano

Spannendstes Ziel im Parco Nazionale Colline Metallifere ist Gavorrano. Erst unter dem Ort wird dessen Bedeutung ersichtlich: Der **Parco Minerario Naturalistico Gavorrano** erschließt einen winzigen Bereich des einst größten Pyritbergwerks Europas. Die Stollen erstreckten sich auf rund 250 km!

nur Juli und Aug., variierende Öffnungszeiten | Eintritt: 8 €
www.parcominerario.it

Der Wind, der Wind ...

Boccheggiano

Die emotionalste Hommage an Bergbau und Landschaft schuf der bayerische Künstler Paul Fuchs. In seinem **Giardino dei Suoni** (Garten der Töne) in Boccheggiano erzeugen Metall und Wind magische Sphärenklänge.

Anmeldung: Tel. 0566 99 82 21 | www.paulfuchs.com

★ MONTALCINO

Provinz: Siena (SI) | **Höhe:** 564 m ü. d. M. | **Einwohnerzahl:** 5950

Rubinrot liegt er im Glas, in der Nase dichte und feine Fruchtnoten entfaltend, im Geschmack robust und harmonisch, herb, tanninbetont und doch weich, lang im Abgang – der Brunello di Montalcino ist einer der edelsten und zugleich teuersten Tropfen, die die an guten Weinen wahrlich nicht arme Toskana hervorbringt. Folgerichtig dreht sich im wunderbaren »Steineichenberg« alles um den berühmten Rotwein. Und spätestens zur jährlichen Jahrgangspräsentation im Kreuzgang des Ex-Konvents Sant'Agostino verwandelt sich das Städtchen zum Vatikan der Weinwelt.

MONTALCINO ERLEBEN

Costa del Municipio 1
Tel. 0577 84 93 31
www.prolocomontalcino.com

TENUTE SILVIO NARDI

Das renommierte Weingut lädt zur Degustation (vier Weine, Käse, Brot für 25 €) bzw. zur Weinprobe mit kleinem Lunch (vier Weine und Mittagessen für 35 €).
Casale del Bosco,
Tel. 0577 80 82 69, Degustation: Mo.-Sa. um 9, und 15, Weinprobe Mo.-Fr. 11.30 Uhr
www.tenutenardi.com

OSTERIA DI PORTA AL CASSERO €€-€€€

Piero und Tochter Silvia Cecchini stellen ihre Pasta von Hand her. Hier kommt die unverfälschte toskanische Küche auf den Tisch, ob in Form von Pilzssuppe, Trippa (Kutteln) mit Safran oder Kaninchen.
Viale della Libertá 9
Tel. 0577 84 71 96
Mi. und Jan. geschl.

TRATTORIA L'ANGOLO €-€€

Mara und Cesare sind berühmt für ihre Bistecca Fiorentina, hausgemachte Gnocchi mit Steinpilzen, Wildschweinragout und die himmlischen Desserts.
Via Ricasoli 9, Tel. 0577 84 80 17
Di. geschl.

CASTELLO DI VELONA RESORT & SPA €€€€

Fünf Sterne am Pilgerweg! Im Kastell (11. Jh.) an der Via Francigena wird man dank Aromatherapien im riesigen Spa (1500 m²), Gourmetrestaurant »Settimo Senso« (Siebter Sinn) und Brunello-Weingut nach allen Regeln der Kunst verwöhnt!
Loc. Velona, Tel. 0577 83 90 02
www.castellodivelona.it

Kostbare Tropfen

Wahre Brunello-Liebhaber plündern Sparschwein und Aktienpaket, um an einen Jahrhundertwein aus Montalcino zu gelangen. Derzeit sind es die Jahrgänge 2010 und 2011, auch 1995, 1997, 2004, 2006, 2007 und 2012 kommen in Frage. Absoluter Renner wird aber das Weinjahr 2015! Denn seit über 100 Jahren haben Önologen nie bessere Werte als für dieses Wunder-Brunello-Jahr diagnostiziert! 2017 feierten die Winzer »erst« den 50. Geburtstag ihres legendären Konsortiums Brunello di Montalcino. Doch die Kreation des nur aus Sangiovese-Grosso-Trauben erzeugten Topweins geht schon auf 1842 und die Familie Bondi-Santi zurück.
Auch Weinfans, die sich nicht in Preiswelten ab 50 € aufwärts heimisch fühlen, müssen nicht leer ausgehen: Aus gleichen Trauben entsteht der günstigere rubinrote Rosso di Montalcino, der wie der Brunello in Montalcino auch glasweise ausgeschenkt wird. Gutsbesuche mit Verkostung organisiert das Tourismusbüro.

Wohin in Montalcino?

Sieneser Exil

★ Fortezza

Ein bisschen fühlt man sich ins Mittelalter zurückversetzt, wenn man die Wehrgänge und Türme der Fortezza erkundet. Von 1555 bis 1559 war die im 14. Jh. erbaute Burg letzte Zuflucht für 600 Sienesen. Diese waren aus ihrer von Kaiser Karl V. belagerten Heimatstadt geflohen und bildeten hier eine Art Exilregierung ihrer Stadtrepublik. Die ausgezeichnete **Burg-Enoteca** hat Brunello, Pecorino, Wildschweinschinken und Olivenöl im Sortiment.
Wer mit dem Auto anreist, stellt dieses übrigens am besten an der Piazza Fortezza ab – Montalcino hat sich inzwischen zur Fußgängerzone gewandelt.
Di.–So. 9–18 Uhr | Eintritt: 4 €

Montalcinos Kunstschatzkammer

★ Musei Civico e Diocesano

Einmal im Jahr hat hier niemand Augen für die vielen Kunstwerke. Dann nämlich findet im Kreuzgang des ehemaligen Augustinerklosters die Präsentation des neuen Brunello-Jahrgangs statt. Das restliche Jahr über bilden die zwölf Säle des Stadt- und Diözesanmuseums ein stimmungsvolles Ambiente für die spätgotischen, auf Goldgrund gemalten und in kostbaren Farben schwelgenden Altarbilder Sieneser Meister wie Simone Martini, Giovanni di Paolo oder Bartolo Fredi. Von höchster Qualität sind die zwei Bände der »Biblia Atlantica« (12. Jh.) aus dem Nachbarkloster Sant'Antimo. Eine Überraschung ist das Gemälde »L'Approdo dei Missionari fra gli indigeni del Rio delle Amazzoni« des heimischen Malers und Fotografen Arturo Luciani, das die Mission am Amazonas darstellt (Anf. 20. Jh.).
Via Ricasoli 31 | Di.–So. 10–13, 14–17.50 Uhr | Eintritt: 4,50 €, mit Fortezza 6 €

Hier trifft man sich

★ Piazza del Popolo

Den Mittelpunkt des von einer Mauer eingefassten Städtchens bilden die beiden am Hang gelegenen Plätze, die Piazza Garibaldi und etwas weiter unten die Piazza del Popolo. Letztere wird überragt vom schlanken, hohen Turm des wappengeschmückten **Palazzo Comunale**, heute Sitz der Gemeindeverwaltung und des Konsortiums von Brunello und Rosso di Montalcino. Ein beliebter Treffpunkt an diesem Platz ist das 1888 eröffnete **Caffè Fiaschetteria** mit kleinen Marmortischen, Thonetstühlen und großen Spiegeln an der Wand.

Leere Flaschen, volle Gläser

Museo del Vetro Giovanni F. Mariani

Verbinden Sie Kunst und Wein auf angenehme Weise. Das Brunello-Weingut des Schlosses Poggio alle Mura, das unter dem Label Castello Banfi firmiert, lädt zur Degustation in Balsameria und Enoteca. In der Ölmühle von 1857 und im Ex-Pferdestall ist ein Museum behei-

Auch oder gerade im Herbst eine Reise wert: Das bunte Laub der Reben verwandelt die Landschaft rund um Montalcino in ein Meer aus Rot- und Gelbtönen.

matet, das eine der weltweit größten Privatsammlungen zur Geschichte der Weinflasche und der Glasherstellung von 500 v. Chr. bis heute besitzt. Zu den Exponanten gehören Murano-Glas, die Karaffe »Portatrice« von Picasso, Werke von Cocteau und Dalí sowie zwei venezianische Neuerwerbungen, eine Schale mit Fadenkreuz (16. Jh.) und ein Kelch mit Messingverzierung.

Poggio alle Mura, S. Angelo Scalo | März–Anf. Nov. tgl. 10–19.30, Anf. Nov.–Dez. und Feb. bis 18.30 Uhr | Eintritt: 4 €
http://castellobanfiilborgo.com/de

Rund um Montalcino

Kloster in idyllischer Landschaft

★ Abbazia Sant'Antimo

Kontemplation ist einer der Eckpfeiler monastischen Lebens, ein »geistiges In-sich-versinken«, ein »Eins-werden-mit-Gott«, frei von Ablenkungen der Umwelt. Man mag sich gut vorstellen, dass dies in der Abbazia Sant'Antimo gelingen mochte. Die wunderschöne wie einsame Lage des Klosters im lieblichen Starcia-Tal ist ein Garant für innere Ruhe, vor allem morgens, wenn die Sonne durch die Ostfenster scheint und eine fast schon magische Atmosphäre erzeugt.

Den legendären Grundstein der wundervollen Abteikirche legte Karl der Große 781 als Dank für das Ende einer Pest. Schenkungen vergrößerten die Abtei zum fürstlichen Reichslehen und einem der mächtigsten Klöster der Toskana. Mit dem Niedergang der Staufer verfiel der Konvent, Papst Pius II. übertrug die Ruine 1462 der Diözese Montalcino. Anfang des 20. Jh.s regte der Architekt Giuseppe Partini den Wiederaufbau des Klosters an, von dem Kirche, Teile des Kapitelhauses und Refektorium blieben. Seit 2016 wird es von Benediktinern aus Monte Oliveto Maggiore bewohnt.
Der Bau der Kirche wurde 1260 eingestellt. Sie besitzt daher kein Querhaus. Nördlich ist der gedrungene Kampanile (12. Jh.) angefügt, südlich eine als Sakristei dienende Kapelle aus karolingischer Zeit. Die Seitenportale schmücken kunstvolle Reliefs mit lombardischen Blatt- und Tiermotiven. Säulen und Bündelpfeiler trennen das Innere der 42 m langen Basilika in drei Schiffe. An den Säulenkapitellen entfaltet sich der ornamentale Schmuck der burgundisch beeinflussten Romanik: Adler, Greife, Schafe oder Widder wechseln mit Schachbrett- und Flechtwerkmustern.
Im Buchladen »L'Arca di Sant'Antimo«, 500 m von der Abtei entfernt,

Eingebettet in eine idyllische Landschaft: die Abbazia Sant'Antimo. Beste Voraussetzungen für ein »In-sich-versinken«.

können Produkte der Abtei gekauft werden (Mo. geschl.). Sechsmal täglich eilen die Mönche zum Gebet, dann ist die Besichtigung des Klosters nicht möglich.

Kirche: Apr. - Sept. tgl. 10 - 19, Okt. 10 - 18, Nov. - März 10.30 - 17 Uhr | Eintritt frei | www.antimo.it

Romantische kleine Backsteinstadt

Buonconvento

Buonconvento (3200 Einw.) nördlich von Montalcino entstand ab dem 13. Jh. auf den Resten des römischen Kastells Percenna. Das Städtchen erhielt im 14. Jh. eine Ringmauer nach dem Vorbild Sienas. Auf dem Weg von Rom nach Pisa starb hier am 24. August 1313 Kaiser Heinrich VII.; er wurde im Dom von Pisa beigesetzt.

★★ Monte Oliveto Maggiore

Ende März - Ende Okt. Mo. - Sa. 9 - 12, 15 - 18, So. 9 - 12.30, 15 - 18, Ende Okt. - Ende März 9.15 - 12, 15.15 - 17 Uhr, Messen mit gregorianischem Gesang: Mo. - Sa. 7.30, So. 11 Uhr | Eintritt frei
www.monteolivetomaggiore.it

Es war wohl ein recht gegensätzliches Duo: Dort der nette Herr Luca Signorelli, »von trefflichen Sitten, offen und liebevoll gegen seine Freunde, mild und freundlich in der Unterhaltung mit jedermann«, so Vasari, hier der Exzentriker Giovanni Antonio Bazzi, besser bekannt als Sodoma, der in seiner Wohnung Dachse, Papageien, Affen und sprechende Raben hielt und der sich, glaubt man den Gerüchten, bevorzugt mit jungen Männern und Knaben umgab. Zusammen schufen die beiden begnadeten Maler in der »Abtei zum Großen Ölberg« eines der unbestritten größten Meisterwerke der toskanischen Renaissance. Im Hauptsitz der Benediktinerkongregation der Olivetaner, der auf einer von Zypressen gesäumten Anhöhe in der Sieneser Crete liegt, erzählt der berühmte Freskenzyklus das Leben des hl. Benedikt von Norcia und entfaltet ein wahres Feuerwerk an Bildern und Geschichten – nicht nur für Kunstbegeisterte zweifelsohne eines der absoluten Highlights einer Toskana-Reise.

Leben in der Abgeschiedenheit

Klostergebäude und Kirche

1313 nahm der adlige Sieneser Bernardo Tolomei Abschied von allem Weltlichen und zog sich hierher zurück, um nach der Ordensregel des hl. Benedikt in Askese zu leben. Nach der Grundsteinlegung 1320 entwickelte sich das Kloster zum geistlich-kulturellen Zentrum. Bernardo Tolomei starb während der Pest 1348 bei der Krankenpflege.

Schon die Zypressenallee zum zinnenbewehrten Klostertorturm (um 1393) vermittelt Frieden und Abgeschiedenheit. Die Seiten des Klostertors schmückt je eine Terrakotta-Skulptur von Luca della Robbia. Der Konvent aus rotem Backstein entstand 1387 – 1514. Die im frü-

Detail aus den Fresken von Sodoma im Großen Kreuzgang des Klosters

hen 15. Jh. erbaute und 1772 barockisierte Kirche besitzt ein intarsiengeschmücktes Chorgestühl (frühes 16. Jh.) und ein großes, 1520 von einem Ordensbruder gestaltetes Lesepult. Im Refektorium (1387–1390) sind Fresken (17. Jh.) des Laienbruders Paolo da Alfidena erhalten.

Die ehem. Klosterapotheke verkauft Kräuter, Öle und Liköre. Herrlich sitzt man auf der Terrasse der Klosterschänke »La Torre«. Und die Foresteria lädt ebenso zu Übernachtungen ein wie das nahe Benediktinerinnenkloster San Nazario.

Meisterwerk der toskanischen Renaissancemalerei

Freskenzyklus

Im Zentrum eines Abteibesuchs steht aber zweifelsohne der zweistöckige Kreuzgang (1426–1443) mit seinem opulenten, 35 Szenen umfassenden Freskenzyklus. Die Szenen Nr. 1 – 19 und 29 – 35 schuf ab 1505 Sodoma, Nr. 21 – 28 entstanden bereits ab 1495 unter der Ägide von Luca Signorelli.

Der Zyklus startet an der **Ostseite des Kreuzgangs** mit den Jugendjahren des hl. Benedikt in Norcia und dem Abschied von der Familie, um in Rom zu studieren (1). Die hedonistischen, epikureischen Lehren überzeugen Benedikt nicht, und so tauscht der Jüngling Rom gegen ein

entbehrungsreiches Dasein (2). Im Dorf Affile fügt Benedikt durch sein Gebet einen zerbrochenen Holztrog wundersam zusammen (3) – Sodoma hat sich hier als junger Mann rechts der Zuschauergruppe selbst porträtiert. In der Einsiedelei in Subiaco erhält der Heilige die Ordenstracht vom Mönch Romanus (4), der Benedikt in seiner Eremitenhöhle mit Brot versorgt (5). Zu Ostern erscheint Christus einem Weltpriester, der daraufhin sein Festmahl dem fastenden Benedikt bringt (6). Vor seiner Höhle unterweist Benedikt die Bauern der Umgebung in die Heilslehre (7). Als Benedikt erotische Visionen heimsuchen, kasteit er sich (9). Auf Bitten einiger Eremiten wird Benedikt ihr Abt, doch die strenge Lehre führt sie zu Mordgelüsten (10): Aber der Giftbecher zerbricht. Schließlich verlässt Benedikt das Kloster (11), um zwölf Klöster zum Ruhm Gottes zu errichten.
An der **Südseite** zeigt Sodoma farbenreich und lebendig Benedikts Begegnung mit den römischen Jünglingen Maurus und Placidus (12). Sodann befreit Benedikt einen Glaubensbruder durch Züchtigung (13). Für die Wasserversorgung dreier Klöster lässt er auf einer Bergkuppe eine Quelle entspringen (14) und lässt die in einen See gefallene Axtscheide eines Mitbruders an den Griff zurückkehren (15). Als Mönch Placidus beim Wasserholen abstürzt, lässt Benedikt den jungen Maurus über das Wasser schreiten und den Ertrinkenden retten (16). Einem Botenjungen, der ihm nur einen von zwei Weinkrügen überbringt, um den anderen für sich zu behalten, prophezeit der fromme Einsiedler die Wandlung des Weins in eine Schlange (17). Dann schickt der neidische Priester Florentius ein vergiftetes Brot an Benedikt, das aber ein zahmer Rabe fortträgt (18). Auch der Verführungsversuch sieben hübscher Kurtisanen scheitert (19). Das folgende Fresko – Benedikt sendet die Mönche Maurus nach Frankreich und Placidus nach Sizilien (20) – malte 1540 Sodomas Schwiegersohn Bartolomeo Neroni, genannt Riccio: Er soll sich links von Maurus als Frankreichs König porträtiert haben. Auf dem ersten Signorelli-Bild berichtet ein Mönch von der Strafe Gottes: Der Widersacher Florentius fand unter einstürzenden Palastmauern den Tod (21). Benedikt zieht weiter nach Monte Cassino und lehrt das Evangelium, demontiert Götzenbilder wie eine heidnische Apoll-Statue (22) und vertreibt den Satan (23). Als ein Mönch beim Klosterneubau durch Teufelswerk von einer Mauer fällt, erweckt Benedikt den Toten zum Leben (24). Dann tadelt Benedikt zwei Mönche, die in einer Schenke mit zwei hübschen Dienerinnen speisen (25), und rügt den Bruder des Mönchs Valerianus, der nicht fastet (26). Auch Gotenkönig Totila täuscht den Frommen nicht: Als Totila seinen Schildhalter Riggo in schimmernder Rüstung zu Benedikt schickt, befiehlt dieser dem Gefolgsmann, das königliche Gewand abzulegen (27). So reist Totila selbst an (28) und Benedikt erweist ihm die Ehre.
Erneut Sodoma malt dann im ersten Bild der **Nordseite**, wie Benedikt dem adligen Theoprobus die Zerstörung Monte Cassinos durch die

Langobarden voraussagt (29). Durch wundersam vermehrte Mehlvorräte speist Benedikt seine Glaubensbrüder – die Fische auf dem Tisch symbolisieren die Brotvermehrung Christi im Neuen Testament (30). Im Traum erscheint der Heilige zwei Mönchen und zeigt ihnen den Bau des Klosters in Terracina (31). Zwei Adelsdamen, die nach dem Tod keinen Seelenfrieden finden und zur Totenmesse aus dem Grab steigen, erlöst Benedikt durch ein Almosen (32). Auch ein verstorbener junger Mönch findet im Grab keine Ruhe, bis Benedikt ihm eine geweihte Hostie auflegt (33). Als ein Mönch das Kloster verlassen will, trifft er auf ein furchtbares Ungeheuer und kehrt reuevoll zurück (34). Schließlich befreit Benedikt mit einem einzigen Blick einen gefesselten Bauern aus den Händen des räuberischen Goten Zalla (35).

★ MONTE AMIATA

Provinz: Siena (SI) und Grosseto (GR) | **Höhe:** 1738 m ü. d. M.

Aus der Ferne betrachtet, zeigt der höchste, inzwischen erloschene Vulkan der Toskana sein kegelförmiges Profil, majestätisch thront er im Süden der Region über Val d'Orcia und Val di Chiana. Sein Bergmassiv ist eine Welt für sich, die abseits der vielen Kunstschätze Naturenthusiasten begeistern wird – zu jeder Jahreszeit!

Outdoor-Paradies

Im Frühjahr sprenkeln Wildblumen die Hänge des Monte Amiata und vor allem des benachbarten Monte Labbro, im Sommer schließen Kastanien-, Eichen- und Buchenwälder ihr Blätterdach und sorgen für angenehme Temperaturen und im Herbst locken Maronen und Steinpilze – ausgedehnte Wanderungen sind stets ein Hochgenuss. Im Winter zieht es hingegen Skifahrer auf die Pisten, während warme Thermalquellen an den Ausläufern des Vulkangebiets ganzjährig locken. Und Radler und Motorradfahrer schätzen die teils steile Ringstraße um den Amiata, die Strada del Monte Amiata.

Rund um den Monte Amiata

Der »Höhepunkt«

★ Vetta Amiata

Eine Stichstraße führt zum Gipfel (Vetta) mit Restaurants und Schutzhütten, der auch Ziel ambitionierter Radfahrer und Wanderer mit Ausdauer ist. Am Ausflugsziel stehen eine Funkstation und ein stählernes Gitterkeuz (1910). Ausflüge zu den Wölfen am Monte

Amiata bietet das Besucherzentrum des **Parco Faunistico Riserve Naturali Monte Amiata** in Arcidosso an.

Besucherzentrum: Castello Aldobrandesco | Tel. 0564 96 96 02
April – Juni und Sept. – Dez. Sa. und So. 17.30 – 19.30, So. auch 10.30 – 12.30, Aug., Juli tgl., sonst n. V. | Eintritt: 2 €

Natürliches Wellness-Erlebnis

Bagni San Filippo

Das winzige Thermalbad in 524 m Höhe verdankt seinen Namen dem Serviten-Prior Filippo Benizi (1233 – 1285), der 1269 aus dem Konklave von Viterbo floh und so glücklich der Papstwahl entging. Er fand hier sein Refugium und wurde im 17. Jh. heiliggesprochen. Zum Kurhotel Terme San Filippo gehört das allgemein zugängliche Open-Air-Thermalbad (37 °C). Vergnüglich ist das Bad im Naturbecken des Wasserfalls Fosso Bianco. Etwas weiter führt auch der Wildbach Balena Bianca hyperthermisches Wasser.

Altes Bergbaudorf

Abbadia San Salvatore

Durch das nördliche Tor (Porta del Castello bzw. Porta della Badia) gelangt man zum Stadtkern der früheren Bergbaustadt, der seinen mittelalterlichen Charakter recht gut bewahrt hat. An der Porta del Torrione sind Reste des ehemaligen Kastells erhalten, das 1347 von den Grafen von Santa Fiora an Siena und dann an die Medici ging.

Ein nicht ganz alltägliches Badevergnügen bieten die Becken am Fosso Bianco.

MONTE AMIATA ERLEBEN

Viale Roma 10, Abbadia San Salvatore, Tel. 0577 77 58 11
www.terresiena.it

ALBERGO/RIST. AIUOLE €€
Unverwechselbar sind Lionellas rustikale Bergküche und der imposante Schnurrbart (baffi) von Ugo Quattrini: Beide verwöhnen ihre Gäste mit Schweinebraten in Brunello oder Lamm vom Rost. Unterkünfte gibt es im Obergeschoss. An der Straße Arcidosso–Santa Fiora.
Loc. Bivio (Abzweig Aiuole, Arcidosso, Tel. 0564 96 73 00, www.ristoranteaiuole.it, So. abends, Mo. und Nov. geschl.

Der **Bergbaupark** am Ortsrand besitzt neben dem Museum (Via Hamman) mit der Galleria livello VII einen spektakulären unterirdischen Gang, wo Werkzeug und Maschinen den Quecksilberabbau bis ins 19. Jh. illustrieren.
Parco Museo Minerario: Piazza Renato Rossano | Museum und Galleria Mitte Juni–Okt. tgl. 9.30–12.30, 15.30–18.30 Uhr
Eintritt: 6 €, Führung 8 € | www.parcoamiata.com

Kaiserlicher Dank

★ Abbazia di San Salvatore

Die Gründung der »Abtei des Heiligen Erlösers« erfolgte um die Mitte des 8. Jh.s, wohl auf Veranlassung des Langobardenkönigs Rachis oder des aus Friaul zugewanderten langobardischen Abtes Erfo. Im Jahr 800 zwang hier vermutlich eine Epidemie die Truppen Karls des Großen auf dem Krönungszug nach Rom zur Rast. Für die Heilung durch Kräuter erhielten die Mönche vom Kaiser großzügige Privilegien und Ländereien, die im 12. Jh. bis zum Monte Cetona und vom Fluss Orcia bis zum Monte Argentario reichten. Ihren Höhepunkt erlebte die Abtei unter Abt Winizzone mit der Weihe der Kirche (1036). 1228 ging die Abtei an die Zisterzienser, dann an Siena. 1782 geschlossen, ging sie 1939 abermals an die Zisterzienser.
In der einschiffigen Oberkirche illustrieren Fresken (17. Jh.) die Legende um König Rachis. Vier lateinische Inschriften berichten vom Jagdausflug des Königs zum Monte Amiata, wo ihm der Erlöser erschien: Rachis legte das Mönchsgelübde ab und gründete die Abtei. Die Gewölbe der vorromanischen fünfschiffigen Krypta ruhen auf 28 Trachytsäulen mit reich verzierten Kapitellen.

Romantisches Bergdorf

Arcidosso

Arcidosso am Amiata-Westhang (660 m ü. d. M.) wartet mit einer Burg der Aldobrandeschi auf, die 1559 an die Medici ging. Im Ort lebte der charismatische Fuhrmann Davide Lazzaretti (1834–1878), der Mitte des 19. Jh.s mit 80 armen Bauern- und Hirtenfamilien eine

Bruderschaft gründete, um das neue »Reich Zion« zu verwirklichen. Da die nach einer Malariaerkrankung aufgetretenen Visionen des »Propheten vom Amiata« unbequem waren, ereilte ihn sein Schicksal bei einer friedlichen Prozession am 18. August 1878: Carabinieri erschossen ihn. Auf dem nahen **Monte Labbro** (1193 m) erinnert der 1868 von seinen Schülern errichtete Torre di David an ihn.

Paradiesgarten

Giardino di Daniel Spoerri

Vor Seggiano schuf der Künstler Daniel Spoerri an den Amiata-Hängen auf seinem 16 ha großen Anwesen tatsächlich einen »Paradiesgarten«. Denn der alte lokale Name lautete »Il paradiso«. 103 Installationen von 50 internationalen Künstlern bilden hier eine Symbiose mit der Landschaft. Im Wald versteckt ist z. B. ein mit Einrichtungsgegenständen in Bronze gegossenes Hotelzimmer (»Chambre No. 13 de l'Hotel Carcassonne Paris«), auf dem Wiesenparkplatz am Eingang steht wie zufällig Susanne Runges »Rolltreppenbank«.

1.4.–31.10. Di.–So. 10.30–17.30 Uhr | Eintritt: 10 €
www.danielspoerri.org

MONTE ARGENTARIO

Provinz: Grosseto (GR) | **Höhe:** 5–635 m ü. d. M. |
Einwohnerzahl: 12 650

Macchia, Grotten und schroffe Felsen charakterisieren die Landschaft der Halbinsel, Strände, Jachthäfen und Sommerresidenzen locken seit etlichen Jahrzehnten den Jet Set an. Man genießt das Dolce Vita«, »Sehen und gesehen werden« lautet die Devise. An den hübschen Badebuchten, einige sind klein und felsig, andere wie La Cantoniera sandiger und etwas größer, warten unbeschwerte und sonnige Sommertage – wenn auch in der Hochsaison nicht unbedingt einsame und preiswerte.

Silberberg im Meer

Schon in antiker Zeit wussten die Reichen und Schönen den »Silberberg« zu schätzen. Seinen Namen verdankt der Monte Argentario, so heißt es, einer wohlhabenden römischen Familie, die über ein riesiges Silbervermögen verfügte und hier Besitztümer hatte. Vielleicht leitet sich die Bezeichnung des Vorgebirges vor der Küste am südlichsten Zipfel der Toskana aber auch von den magischen Lichtreflexen ab, die die in der Sonne glitzernden Felsen im Meer erzeugen. Sicher hingegen ist, dass der von Hotelburgen verschonte Monte Argentario einst eine Insel des Toskanischen Archipels war. Erst

MONTE ARGENTARIO ERLEBEN

Piazzale del Valle
Porto Santo Stefano
Tel. 0564 33 20 75
www.prolocomonteargentario.it

IL GAMBERO ROSSO €€€€

Exquisites Fischlokal – das beste am Platz. Außerdem haben Sie von der Terrasse einen schönen Hafenblick.
Lungomare Doria 70, Porto Ercole, Tel. 0564 83 26 50, Mi. Ruhetag, Mitte Nov. – Mitte Feb. geschl.

IL CANTINONE €€€

Elegantes Restaurant mit regionaler Küche auf hohem Niveau. Mit herrlicher Aussichtsterrasse.
Piazza Porticina 4, Capalbio, Tel. 0564 89 61 81, www.ristoranteilcantinonecapalbio.it, Okt. – Juni Mo. geschl.

LA PALMA/I BRIGANTI DI CAPALBIO €€€

Sehr gepflegt! Die Hotelanlage mit Lounge-Bar im Garten, Pool und Whirlpool ist nur rund 900 m vom feinen Sandstrand Chiarone entfernt.
Via di Chiarone 5, Loc. Chiarone Scalo, Capalbio, Tel. 0564 89 03 41, www.albergolapalma.com

durch Anschwemmung von Sand, Schlamm und Schutt entstanden drei schmale Landzungen, die heute die Verbindung zum Festland bilden. Während auf der mittleren jetzt die Stadt Orbetello liegt, umschließen die beiden äußeren Sandbänke, der Tombolo di Feniglia im Süden und der Tombolo di Giannella im Norden, die knapp 26 km² große Lagune von Orbetello.

Wohin auf dem Monte Argentario?

»Insel«-Hotspot

Porto Santo Stefano

Das pulsierende und urbane Zentrum im Osten der Halbinsel war vor einigen Jahrzehnten nur ein Fischerdorf rund um einen hübschen Naturhafen. Das änderte sich, nachdem Susanna Agnelli, Enkelin des Fiat-Gründers, den Ort für sich entdeckte. Zahlreiche andere VIPs folgten. Heute ankern Luxusjachten im mondänen Hafen, von dem Fähren nach Giglio und Giannutri (▶ S. 126) ablegen. Im 17. Jh. war der Hafen hingegen ein wichtiger Stützpunkt der spanischen Handelsflotte, geschützt von einer erhöht gebauten Festung, der **Fortezza Spagnola**. Dort sind nun die Kunst der Navigation und Unterwasserfunde museale Themen. Das **Aquarium** zeigt das Unterwasserleben.
Fortezza Spagnola: Mitte Sept. – Ostern Sa., So. 10.30 – 13, 15 – 17.30, Ostern – Mitte Juni. bis 18, 2. Juni-Hälfte und 1. Sept.-Hälfte. tgl. 10.30 – 12.30, 17 – 20, Juli, Aug. tgl. 18.30 – 23.30 Uhr | Eintritt: 2 €

Aquarium: Lungomare dei Navigatori 44 | Okt.-Mai Fr. 15-19, Sa., So. 10.30-12.30, 15-19, Juni, Sept. tgl. 10.30-12.30, 16-20, Juli, Aug. tgl. 10.30-12.30, 17-24 Uhr | Eintritt: 5 €
www.acquarioargentario.org

Treff an der Ostküste

Port'Ercole

Das Fischerdorf Port'Ercole ist das Pendant zu Porto Santo Stefano im Westen Argentarios. Es geht auf den antiken »Portus Herculis« zurück. Die malerische Bucht schließt im Süden mit dem Forte Stella auf einem Bergsporn ab. In der Pfarrkirche in der Altstadt wurde der begnadete Frühbarock-Maler Caravaggio beigesetzt. Er starb hier am 18. Juli 1610. An der Spiaggia della Feniglia erinnert ein Marmordenkmal mit Medusenhaupt an ihn.

Forte Stella: Ende März-Juni und Sept. Sa., So. 10.30-12.30, 16-18 (Sept. 18-20), Juli, Aug. tgl. 10-13, 18-21 Uhr | Eintritt: 2 €
www.portoercole.org

Lebhafter Ferienort mit langer Geschichte

Orbetello

Er bildete einen kleinen spanischen »Stachel« inmitten des toskanischen »Fleisches«: Der winzige »Stato dei Presidi« existierte von Mitte des 16. Jh.s bis 1815, als die Halbinsel zum Großherzogtum Toskana kam. Sein Hauptort war Orbetello (14 900 Einw.), das vermutlich

Schmucke Jachten und flinke Boote im Hafen von Porto Santo Stefano

Niki de Saint Phalles verwirklichter Lebenstraum im Giardino dei Tarocchi: Bunt ist er auf jeden Fall.

schon im 8. Jh. v. Chr. von Etruskern besiedelt war und noch beachtliche Reste der etruskischen Seemauer (4. Jh. v. Chr.) als auch die 1557–1620 von den Spaniern geschaffene Befestigungen besitzt. Auch sonst hat der lebhafte Ferienort Sehenswertes für eine launige Passeggiata am Nachmittag oder frühen Abend zu bieten: Etwas abseits der Lagunenpromenade schmücken ein schönes Portal und die Büste des hl. Benedikts die gotische Travertinfassade des Doms (1376). Kostbar ist der Frontone di Talamone im Erdgeschoss des **Archäologischen Museums**, das im 1692 erbauten Pulvermagazin beheimatet ist. Der Terrakotta-Tempelfries aus etruskisch-hellenistischer Zeit (um 150 v.Chr.) zeigt das Ende des heroischen Kampfes der »Sieben gegen Theben«. (Zum Zeitpunkt der Recherchen war das Museum wegen Renovierungsarbeiten geschlossen.)

Rund um den Monte Argentario

Antiker Ort in schöner Lage

Ruinen von Ansedonia-Cosa

Am Festland unmittelbar südlich des Tombolo di Feniglia thronen die Ruinen der 273 v. Chr. gegründeten römischen Kolonie Cosa oberhalb des Villenortes Ansedonia. Im 1. Jh. n. Chr. wurde der Ort aufgegeben – wohl wegen Malaria. Lange galten die Überreste Cosas als etruskisch, bevor Archäologen die römische Stadtgründung nachwiesen. Die knapp 1,5 km langen Ringmauern (3.–1. Jh. v. Chr.) waren durch 18 zinnenbewehrte Türme und drei Tore verstärkt. Am besten erhalten sind die Porta Romana, das Forum mit Basilika, zwei Tempel und die ummauerte Akropolis mit kapitolinischem Tempel. Das **Museo della Città di Cosa** zeigt u. a. zwei Torsi aus julisch-claudischer Zeit, Amphoren und Münzen.

Via delle Ginestre | April – Ende Okt. tgl. 10.15 – 18.30, Ende Okt. bis März. tgl. 8.30 – 16.30 Uhr | Eintritt: 2 €

Knallbuntes Fantasieland

★ Giardino dei Tarocchi

Was für ein Kontrast! Im stillgelegten Steinbruch des Dorfs Garavicchio ragen riesige Fabelwesen, geflügelte Ungeheuer und glitzernde Türme aus dem Olivenhain. Erschaffen hat sie die berühmte französische Bildhauerin **Niki de Saint Phalle** (1930 – 2002) in den Jahren 1979 – 1997. Begonnen hatte sie den esoterischen Garten mit ihrem Lebensgefährten Jean Tinguely, der nach ihren Entwürfen Skelette aus Stahlgeflecht errichtete. Diese überzogen die beiden mit einer 15 cm dicken Zementschicht, die dann mit schillernden Spiegelscherben, buntem Murano-Glas und farbiger Keramik verkleidet wurden. Das Anfassen und mitunter auch das Begehen der schrillen Figuren ist ausdrücklich erlaubt. Als Vorlage für die 22 Stationen und Namensgeber des Freiluftmuseums diente das Kartenspiel Tarot.

April – Mitte Okt. tgl. 14.30 – 19.30, Mitte Okt. – März 1. Sa./Monat 9 bis 13 Uhr Eintritt: 12 €, im Winter frei | http://ilgiardinodeitarocchi.it/de

★ MONTECATINI TERME

Provinz: Pistoia (PT) | **Höhe:** 27 m ü. d. M. |
Einwohnerzahl: 20 400

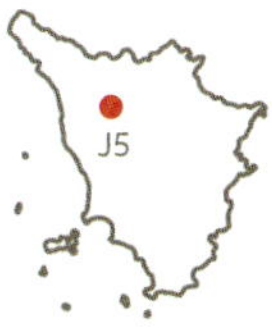

Sich einmal als Blaublüter fühlen, auf den Spuren von berühmten Literaten und Hollywood-Sternchen wandeln und das alles im opulenten Ambiente der Belle Epoque – in den prachtvollen Thermenanlagen von Montecatini Terme ist dies möglich. Darüber hinaus werden die jährlich 800 000 Kurgäste mit Trabrennen, Modenschauen, hochkarätigen Konzerten oder exquisiten Ausstellungen bei Laune gehalten.

MONTECATINI TERME ERLEBEN

Viale Verdi 66/68, Tel. 0572 77 22 44
www.montecatini.turismo.toscana.it

1 LE MASCHERE €€
Beliebtes Restaurant im Teatro dei Risorti. Im Sommer wird auch draußen serviert.
Piazza Giusti 21, Montecatini Alto
Tel. 0572 77 00 85, www.lemaschere.eu, Mo. geschl.

2 LA TORRE €€€
Restaurant im Torre »Signorelli«, einem von einst 25 Türmen im stimmungsvollen Borgo. Auch die Taverna La Rughetta nebenan ist gut.
Montecatini Alto, Piazza Giusti 8
Tel. 0572 7 06 50, www.facebook.com/RistoranteLaTorreMontecatini/ Di. geschl.

1 TETTUCCIO €€€–€€€€
Der Fin-de-Siècle-Klassiker ist ein Garant für edles Kuren! Im eleganten Haus gegenüber den Excelsior-Thermen werden im Ristorante mit Panoramaterrasse auch Diätkost und vegetarische Gerichte serviert.
Viale Verdi 74, Tel. 0572 7 80 51
www.hoteltettuccio.it

Belle-Epoque-Kurort

Überhaupt, alles ist vom Feinsten, auch – und das ist den Gesundheitsberatern der Kuranlagen sicher ein Dorn im Auge – die vielen süßen Sünden, die so kontraproduktiv für alle Diätbemühungen in Montecatini lauern. Da wären etwa die berühmten »Cialde« (Minitörtchen) oder das »Ferro Vecchio«, das »Alteisen«, das in Wirklichkeit eine unwiderstehliche Schoko-Versuchung in Form von Hämmern, Zangen, Scheren oder Schlüsseln ist. Wer nur mal schauen möchte: Zu bestaunen sind diese Leckereien in der Pasticceria Giovannini auf dem Corso Matteotti (Nr. 2–6). Ganz unverfänglich sind hingegen die Vergnügungen am Teatro Verdi. Vor dem Kulturtempel setzte Künstler Aidyn Zeinalov dem Maestro ein Denkmal, dem 2016 auf der Straßenseite gegenüber ein lebensgroßes Bronzewerk folgte: Gern setzen sich die Kurgäste neben Puccini auf die Parkbank und schießen eine Selfie mit dem großen Komponisten an ihrer Seite. Derweil dreht sich wie vor 100 Jahren im Kurpark ein knallrotes historisches Kinderkarussell, ringsum thronen Hotels und prächtige Villen. Ja, es geht mondän zu in Montecatini! Wer noch einen Beweis hierfür benötigt, mischt sich am besten unter die »Bagniaioli«, wie die Montecatiner sich selbst nennen, vorzugsweise im Freiluft-Cafe La Belle Vie oder in der New York Bar am Corso Roma.
Das Kuren hat eine lange Tradition in Montecatini. Dessen Heilquellen waren schon in der Antike bekannt, römische Votivgaben (1. Jh.) belegen es. Arzt Ugolino Simoni erwähnte 1417 drei Badehäuser und die Wirksamkeit des Heilwassers bei Leberleiden. Auch unter den Medici, denen Montecatini ab 1583 gehörte, wurde das Wasser getrunken.

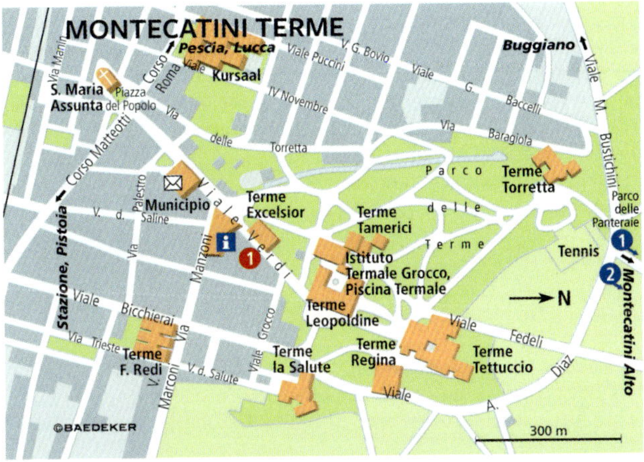

1 Le Maschere
2 La Torre

1 Tettuccio

Der Aufstieg zum Heilbad ist letztlich Großherzog Leopold I. zu danken, der Montecatini ab 1773 mit den glanzvollen Etablissements Regina, Terme Leopoldine, Tettuccio und Palazzina Regia modernisierte. Um 1900 kurten in Montecatini illustre Gäste. Verdi vollendete hier die Oper »Othello«, Puccini arbeitete hier 1895 an »La Bohème«.

Wohin in Montecatini Terme?

Hauptflanierachse

★ Viale Verdi

Ein wichtiges Zentrum von Montecatini Terme ist der Kurbezirk und -park mit der von eleganten Hotels gesäumten Viale Verdi. Auch das prächtige **Neorenaissance-Rathaus** (1911) steht hier (Hausnr. 46). Es besitzt wertvolle Jugendstil-Dekorationen von Galileo Chini. Im Haus ist Joan Mirós 1975–1978 geschaffenes Monumentalgemälde »Verhüllte Frau im Vogelflug« zu bewundern, regelmäßig finden Ausstellungen statt. Etwas weiter den Viale entlang verkörpern die glanzvollen **Terme Tettuccio** die ganze Grandezza Montecatinis – majestätische Travertinsäulen, Marmor, Stuckarbeiten, Fresken und verzierte Kacheln bilden das prachtvolle Ambiente dieses Bädertempels.

Der Weg ist das Ziel

Montecatini Alto

Auf kurvenreicher Straße geht es – vorbei an der Terme Tettuccio – hinauf nach Montecatini Alto. Alternativ zum Auto nimmt man die Standseilbahn (Funicolare), die Talstation befindet sich in der Nordostecke des Kurparks. Von dem alten Städtchen auf knapp 290 m Höhe hat man einen herrlichen Blick über die Ebene. Der Ortskern ist autofrei. An der zentralen, etwas geneigt am Hang gelegenen Piazza

Giuseppe Giusti findet man gemütliche Cafés und Restaurants sowie ein kleines Theater, das aus der Zeit um 1900 erhalten geblieben ist. Sehr schön ist die Aussicht von der Terrasse des Gran Caffè Il Giardino. Auf dem Weg nach Montecatini Alto passieren Sie die Tropfsteinhöhle **Grotta Maona**. Der Rundgang dauert 20 Minuten.

Funicolare: April – Okt. tgl. 9.30 – 13, 14.30 – 24 Uhr | Ticket: 4 €, hin & zurück 7 € | www.funicolare-montecatini.it

Grotta Maona: Viale Fedeli | Führungen April – Mitte Okt. 10 – 13, 14 – 18 Uhr | Eintritt: 5 € | www.grottamaona.it

Rund um Montecatini Terme

Monsummano Terme

Das »achte Weltwunder«

Die Kurortgeschichte begann 1849 mit der Entdeckung einer Tropfsteinhöhle mit unterirdischem See. Die berühmte **Grotta Giusti**

SCHOKOLADEN-TRAUM

Schließen Sie die Augen, lassen Sie sich die süßen Kakao-Leckereien auf der Zunge zergehen und genießen Sie schweigend! Monsummano Terme ist eine Station im toskanischen »Chocolate Valley« (Schokoladental). Genauer gesagt sitzt hier das Chocolatier-Imperium Slitti, das kunstvoll edelste Pralinés und verführerische Vollmilch-, Zartbitter- und Edelbitterschokoladen kreiert. Ein Gedicht! (Via Francesca Vergine dei Pini 1268, www.slitti.it)

Terme erklärte Giuseppe Verdi zum »achten Weltwunder«. Die Wassertemperatur (34 °C) erzeugt ein hochwirksames Heilklima; Dampfbäder werden bei Arthrose, Stoffwechsel- und Atemwegserkrankungen verordnet. Entschlackt wird im »Paradies«, im »Purgatorium« (Fegefeuer) und in der »Hölle«. Das historische Kurhaus hat sich zum sehr empfehlenswerten Hotel gemausert, die Day Spa kann aber jeder nutzen. Berühmtester Sohn der Stadt ist Ivo Livi, der am 13. Oktober 1921 in Monsummano das Licht der Welt erblickte. Berühmt wurde er als Schauspieler und Chansonnier Yves Montand.
Via Grotta Giusti 1411 | Day Spa Mo.–Sa. 9–19, So. 10–19 Uhr
Eintritt: 40 €, Hotelgäste 20 € | www.grottagiustispa.com

Städtchen am Fluss

Pescia

An den Ufern der Pescia lebten die Bewohner jahrhundertelang von Papiermühlen, Seidenspinnereien und Gerbereien. Heute werden Spargel, Oliven und vor allem Blumen kultiviert. Im **Giardino degli Agrumi** in Castellare di Pescia gedeihen 200 Zitrusgewächse; die »Zöglinge« können auch für den heimischen Garten oder Balkon käuflich erworben werden. Der Fluss teilt Pescia in zwei Stadtteile. Am Westufer wird auf dem Mazzini-Platz mit dem wappengeschmückten Rathaus samstags Markt abgehalten. Auffällig am Ostufer ist der Dom.
Für Kunstfreunde ist die schlichte Franziskanerkirche **San Francesco** weitaus interessanter; sie bewahrt ein berühmtes Tafelbild, das 1235 von Bonaventura Berlinghieri aus Lucca gemalt wurde und sechs Szenen aus dem Leben des hl. Franziskus darstellt. Mit diesem Gemälde wurde eine Bildkomposition, die bis dahin nur Christus und Maria vorbehalten war – Figur im Zentrum, umgeben von erzählenden Szenen –, für die Wiedergabe eines erst wenige Jahre zuvor Verstorbenen und kurz danach Heiliggesprochenen verwendet.
Giardino degli Agrumi: Via del Tiro a Segno 55 | Eintritt: 5 €
www.giardinodegliagrumi.it

★ MONTEPULCIANO

Provinz: Siena (SI) | **Höhe:** 605 m ü. d. M. | **Einwohnerzahl:** 14 100

Das haben Sie sich verdient! Nach einer ausgiebigen, mitunter auch schweißtreibenden Erkundungstour durch das recht steile Tuffstein-Gassenlabyrinth von Montepulciano, vorbei an mittelalterlichen Backsteinhäusern und Renaissancepalästen, wartet mit dem Vino Nobile der Lohn für die Mühen. Aber nicht, ohne zuvor den weiten Blick von der alten Stadtmauer aus über das Val di Chiana in sich aufgesaugt zu haben.

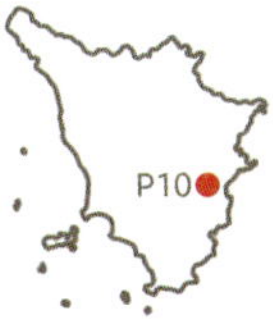

Wein trifft Renaissance

Im 12. Jh. kam ein Autodidakt unwägbaren Naturkapriolen mit einem Igel auf die Schliche: als Sonnenanbeter! Bei gutem Wetter entrollte sich die quicklebendige Stachelkugel, stellte sich auf die Hinterbeine und blinzelte gen Himmel. Prompt erhielt der frühe Wetterfex von den Dörflern den Spitznamen »Il riccio«, der Igel! Wenig später übertrugen die »Poliziani«, die Einwohnern von Mons Politianus (wie Montepulciano in der Antike hieß), den Namen auf die gesamte Familie – das Adelsgeschlecht Ricci war geboren!
Berühmtester im Igel-Clan wurde ein Kardinal, der gut mit vier Päpsten konnte: Für Giovanni Ricci (1498–1574) schuf Renaissancebaumeister Peruzzi 1534–1562 den Palazzo Ricci, dessen eigentliche Attraktion im Untergrund schlummert. Denn der tief in den »sasso« (Tuff) gegrabene Keller verdeutlicht abermals: (Fast) alles dreht sich in Montepulciano um den Rotwein, der den Namen Montepulcianos, der »Perle der Renaissance«, in der ganzen Welt verbreitete.

Wohin in Montepulciano?

Der spektakulärste Weinkeller der Welt

★ Palazzo Ricci

Dass der Keller des Palazzo kein herkömmlicher ist, erkennt man bereits an der für Karren voller Fässer geschaffenen Pferdetreppe. Diese führt hinab zur dreischiffigen, 6,70 m hohen »Kathedrale«, in der der Rebensaft kultisch verehrt wird! Schon 1337 war hier gebuddelt worden, auch ein alter Etruskerbrunnen hat dem Zahn der Zeit getrotzt. Heute nutzt die Winzerfamilie Trabazini die heiligen Hallen, die in 10 000-l-Fässern ihren Vino Nobile di Montepulciano reifen lässt. Als **Cantina de Ricci** ist der herrlich kühle Weinkeller zu besichtigen!
Bevor Sie in den Untergrund hinuntersteigen, lohnt aber auch das oberirdische Bauwerk einen genaueren Blick. Sehenswert sind die freskengeschmückten Säle. Halten Sie nach dem Ricci-Wappen Ausschau, einen sonnenanbetenden Igel! Der Salon ist außerdem Veranstaltungsort für Kammerkonzerte, die die Nachwuchsstars der hier ansässigen Europäischen Akademie für Musik und Darstellende Kunst geben.

Palazzo Ricci: Via Ricci 9–11 | Mitte Juni–Mitte Sept. Mo.–Fr. 9–21, Sa. 9–20, So. 11–13, 15–19, sonst Mo.–Fr. 9.30–13, 15–17 Uhr
www.palazzoricci.com
Cantina de' Ricci: Eingänge Via Ricci 11, Via Collazzi 7 | tgl. 10.30–19 Uhr (Jan., Febr. Öffnungszeiten unter Tel. 0578 75 71 66)
Eintritt: 5 €, mit Degustation 10–12 € | www.cantinadericci.it

Keller mit Geschichte(n)

Fattoria della Talosa

Der »sasso« ist auch andernorts durchlöchert, so gleich um die Ecke in der historischen, mit Millionen restaurierten Cantina der Fattoria della Talosa. Die Weine dieses Schwergewichts unter den Vino-Nobile-

Ebenso groß wie großartig: die Piazza Grande mit Palazzo Communale und Brunnen Pozzo dei Grifi e dei Leoni

Erzeugern erfahren höchste Anerkennung. Talosa-Managerin Alessandra Santinelli öffnet aber auch günstige aromatische Tropfen im schicken neuen Verkostungssaal. Unterirdisch lagern in den teils natürlich entstandenen Gängen nicht nur Riesen-Weinfässer. Am tiefsten Punkt wurde ein Etruskergrab mit Fresken freigelegt (4. Jh. v. Chr.). Die Nische rechts diente im Zweiten Weltkrieg als Notkirche. Auf dem rasch gebuddelten Fluchtweg gelangten die Poliziani flugs talwärts.
Via Talosa 8 | tgl. 10.30–19 Uhr (Jan., Febr. Öffnungszeiten unter Tel. 0578 75 79 29) | Degustation: 10 € | www.talosa.it

Montepulcianos gute Stube

★ Piazza Grande

Die über mehrere Epochen hinweg bebaute, aber doch harmonisch wirkende Piazza ist nicht nur groß, sondern auch großartig. Noch gotisch ist an der Ecke zur Via Ricci der Palazzo del Capitano del Popolo (14. Jh.). Der etwas zurückversetzte Palazzo Tarugi wird Antonio da Sangallo dem Älteren zugeschrieben und ist damit bereits ein Werk der Renaissance; das obere Stockwerk führte wohl Baldassare Peruzzi aus. Erneut Sangallo schuf ab 1519 den Palazzo Contucci an der

1 Museo Civico
2 Palazzo del Capitano del Popolo
3 Palazzo Tarugi
4 Fattoria della Talosa

Essen und Trinken:
1 Le Logge del Vignola
2 Caffè Poliziano
3 Osteria dell'Acquacheta

Übernachten:
1 Il Marzocco

Ostseite für Kardinal Giovanni Maria del Monte, der 1550 als Julius III. den Stuhl Petri bestieg; als Sangallo 1534 starb, übernahm Peruzzi die Ausführung des Piano nobile. Die Westseite des Platzes beherrscht der wuchtige **Palazzo Comunale**, dem Michelozzo bereits 1424 seine heutige Gestalt verlieh. Vom Turm wandert der Blick bis zum Monte Amiata. Der Brunnen vor dem Palazzo entstand 1520: Zwei Greifen und zwei Löwen flankieren das Wappen der Medici – neun Jahre zuvor war Montepulciano endgültig florentinisch geworden. Für den Brunnen wurden u.a. zwei etruskische Säulen »recycelt«.

April–Nov. tgl. 10–18 Uhr | Eintritt: Terrasse 2,50 €, Turm 5 €

★ Duomo

Unvollendeter Igel-Dom

1561 wurde Montepulciano auf Medici-Geheiß und auf Betreiben des »Igel«-Kardinals Ricci Bischofssitz. An der Piazza entstand

MONTEPULCIANO ERLEBEN

Piazza Don Minzoni 1
Tel. 0578 75 73 41
www.prolocomontepulciano.it

BRAVIO DELLE BOTTI

Sisyphos lässt grüßen! Beim Stadtfest am 29. Aug. rollen acht Zweierteams (»spingitori«) 80 kg schwere Weinfässer 1 km bergauf.
www.braviodellebotti.com

MUSIKFESTIVALS

Im Sommer ist Montepulciano Gastgeber zweier Musikfestivals, des Cantiere Internazionale d'Arte mit Klassik und Moderne (letzte zwei Juliwochen) und des Toscana Summer Music, das Kammermusik und Nachwuchskünstlern eine Bühne bietet (Juni/Juli).
www.fondazionecantiere.it

CONSORZIO VINO NOBILE DI MONTEPULCIANO

Edelste Weine führender Vino-Nobile-Winzer erhält man bei Montepulcianos Weinkonsortium. Dessen Präsidentin Andrea Natalini empfiehlt die Jahrgänge mit fünf Sternen: 2006, 2007, 2012. Und auch die 2015er sind gute Tropfen!
Via San Donato 21
Tel. 0578 75 78 12, Mo.–Do. 10–17, Fr., Sa. 12–20 Uhr
www.consorziovinonobile.it

1 LE LOGGE DEL VIGNOLA €€€–€€€€

Drei Freunde bieten im Herzen der Altstadt kompromisslos saisonale Toskanaküche. Ideal ist das Fünf-Gänge-Degustationsmenü bei Kerzenschein (50 €, mit Wein 66 €); Aperitif und der Gruß aus der Küche sind gratis.
Via delle Erbe 6
Tel. 0578 71 72 90, www.leloggedelvignola.com, Di. geschl.

2 CAFFÈ POLIZIANO €€€

Ein Gaumen- und ein Augenschmaus: Seit 1868 lockt das Café mit raffinierter Eleganz und Jugendstil-Interieur, Panoramaterrasse, Pasticceria und Teesalon (40 Teesorten). Konzerte, Ausstellungen und Gäste-Bibliothek (Piccola libreria) runden das Angebot ab.
Via Voltaia nel Corso 27–29
Tel. 0578 75 86 15
www.caffepoliziano.it

3 OSTERIA DELL'ACQUACHETA €–€€

Ein Volltreffer! Schwer angesagt, doch nur wenige Tische – umso zeitiger sollte man reservieren, um in den Genuss der Pici mit Wildschweinragout (8 €), des Baccalà (Kabeljau) alla livornese (8,50 €) oder des grandiosen Bistecca Fiorentina zu kommen.
Via del Teatro 22
Tel. 0578 71 70 86
www.acquacheta.eu, Di. und Nov.–Juni Mi. geschl.

1 ALBERGO IL MARZOCCO €€

Der traditionsreiche Familienbetrieb nahe der Porta al Prato bietet im stilvollen Mobiliar des 19. Jh.s Salonatmosphäre, Lesesaal und Billard-Spaß. Am besten ein Zimmer mit Balkon oder Terrasse wählen. Kostenfreier Parkplatz.
Piazza Savonarola 18
Tel. 0578 75 72 62
www.albergoilmarzocco.it

1594–1680 der dreischiffige Dom nach Plänen Ippolito Scalzas, der aber unvollendet blieb: Der Backsteinfassade fehlt die Verkleidung. Ein Höhepunkt im Innern ist links vom Hauptportal die liegende Figur des Bartolomeo Aragazzi, eines Sekretärs Papst Martins V. (1417–1431). Michelozzos 1437 gefertigtes Grabmal wurde später zerlegt: Weitere Teile befinden sich an zwei Langhauspfeilern (Reliefs mit der hl. Jungfrau, Mitglieder der Familie Aragazzi), am südöstlichen Vierungspfeiler (Statue des hl. Bartholomäus) und am Hochaltar, wo Taddeo di Bartolos Triptychon (1401) die Blicke auf sich zieht.

★ Museo Civico, Pinacoteca Crociani

Montepulcianos Kunstschatzkammer

Der im spätgotisch-sienesischen Stil erbaute **Palazzo Neri Orselli** beherbergt das Stadtmuseum. Zu den ausgestellten Bildwerken vom 15.–18. Jh. gehören u. a. mehrere Terrakotten von Andrea della Robbia, Madonnendarstellungen von Jacopo di Mino del Pelliccaio und Raffaelino del Garbo sowie Filippo Lippis »Kreuzigung«. Im ersten und zweiten Stock werden auch einige etruskische Aschenurnen aus Chiusi und San Casciano gezeigt.

Via Ricci 10 | April–Okt. Di.–So. 10–19, Nov.–März. Sa., So. 10–18 Uhr | Eintritt: 6 € | www.museocivicomontepulciano.it

Weitere Bauwerke

Reiches Architekturerbe

Nahe der Porta al Prato, die von Montepulcianos Hauptbaumeister Antonio da Sangallo dem Älteren 1520 in den Mauerring aus dem 14. Jh. integriert wurde, steht die Kirche **Sant'Agnese** mit dem Marmor-Reliquienschrein der hl. Agnes (Hauptaltar) und dem Madonnenfresko von Simone Martini (erste Seitenkapelle rechts). An der **Piazza Savonarola** folgen die Barockkirche San Bernardo und die Spätrenaissancefassade des Palazzo Avignonesi, die Giacomo da Vignola entwarf. Etwas weiter sind am Palazzo Bucelli etruskische Inschriften erhalten und etruskische Aschenurnen mit Fabelwesen im Sockel vermauert. An der **Piazza Michelozzo** vereinte Michelozzo di Bartolomeo 1427 an der eleganten Kirchenfassade Sant'Agostino Formen der Gotik mit denen der Frührenaissance. Das Terrakottarelief im Tympanon über dem Portal zeigt Maria, Johannes den Täufer und den hl. Augustinus. Gegenüber schlägt auf dem Uhrturm **Torre di Pulcinella** (16. Jh.) eine neapolitanische, weißgekleidete, maskierte Pulcinella-Figur die Stunden. Auf der Via del Poggiolo geht es zum travertinverkleideten **Palazzo Benincasa** und der im 18. Jh. umgebauten Kirche **San Francesco**. Von der Terrasse an der Kirche bietet sich ein wunderbarer Blick aufs Land und die von Antonio da Sangallo dem Älteren bis 1545 erbaute Wallfahrtskirche San Biagio.

Steil und verwinkelt geht es im Gassenlabyrinth von Montepulciano zu.

IL BORGHETTO

Rund um Montepulciano

★ San Biagio

Meisterwerk der Spätrenaissance

2 km südwestlich von Montepulciano ragt eindrucksvoll am Ende einer Zypressenallee die Kirche San Biagio auf, die als eines der signifikantesten Bauwerke der toskanischen Spätrenaissance gilt. Sie wurde nach Plänen von Antonio da Sangallo d. Ä. zwischen 1518 und 1545 als Wallfahrtskirche für ein Madonnenbild erbaut. Den Grundriss bildet ein griechisches Kreuz. Über der zentralen Vierung wölbt sich die hohe Tambourkuppel. Von den zwei frei stehenden Türmen wurde nur einer bis zur Spitze fertiggestellt. Sehenswert sind auch die Fresken im Presbyterium und das marmorne Altarretabel (1584) hinter dem Hauptaltar. Großartig ist der Blick hinauf nach Montepulciano.

★ Chianciano Terme

Labsal für Körper und Seele

Schon Etruskerkönig Porsenna und Horaz schwärmten von den Heilquellen, deren ältestes Thermalbecken (1. Jh.) das größte der Antike gewesen sein soll. Karl der Große war hier, Pirandello widmete ihnen zwei Erzählungen: Die Thermen von Chianciano Terme sind nach je-

Von oben erkennt man es besser: San Biagio wurde auf dem Grundriss eines griechischen Kreuzes erbaut.

nen von Montecatini (▶ S. 238) die bedeutendsten der Toskana. Der Parco Acqua Santa mit Kurhaus und der größere Parco di Fucoli östlich der Viale delle Terme mit Freizeitangebot wie Boccia- und Tennisplatz bilden das Herz des Städtchens. Regen Zuspruch erfährt aber auch der **Parco Sorgente Sant'Elena** dank des gleichnamigen Mineralwassers.

Im attraktiven Centro Storico dominieren romantische Häuser und Bogengänge. Im Museo Etrusco illustrieren die Abschnitte »Welt der Toten«, »Heiligtümer«, »Siedlungen« und »Thermen aus römischer Zeit« das Leben der Etrusker und Römer vom 6. Jh. v. Chr. bis ins 4. Jh. n. Chr. Das **Museo d'Arte di Chianciano** zeigt u. a. asiatische Kunst, Tiepolo-Zeichnungen und Werke von Renato und Guercino Guttuso, René Magritte und Edvard Munch.

Terme Sensoriali, Parco Acqua Santa: Piazza Martiri Perugini
Mo. - Fr. 10 - 20, Sa., So. 9 - 20 Uhr, Park tgl. 8 - 19.30 Uhr | Eintritt: Mo. - Fr. 38 €, Sa., So. sowie Aug., Sept. 45 €, Park Okt. - Mai 7,50 €, sonst 9,50 € | www.termesensoriali.it
Parco di Fucoli: nur April - Okt. | Eintritt: 5,50 €
Museo Etrusco: Viale Dante 80 | April - Okt. Di. - So. 10 - 13, 16 - 19, Nov. - März Sa., So. 10 - 13, 16 - 19 Uhr | Eintritt: 6 €
www.museoetrusco.it
Museo d'Arte: Via della Libertà 280 | Di. - So. 10 - 13, 16 - 19.30 Uhr
Eintritt: 5 € | www.museodarte.org

Weintherapie mal anders

Terme di Montepulciano

Die kohlensäurereichen Quellen von Sant'Albino knapp 4 km außerhalb an der Straße nach Chianciano Terme waren schon im Altertum bekannt. Das heutige Wellness-Center (Sa., So. 8 - 12.30 Uhr) bietet Reiki, Ayurveda, Aromatherapie, Massagen und Heilanwendungen bei Bronchial- und Lungenproblemen oder Rheuma. Die hauseigene Kosmetikreihe »Renaissance« enthält einen Weinextrakt mit Antioxydantien-Wirkung (www.termemontepulciano.it).

Via delle Terme 346 | März, April und Nov., Dez. Mo. - Fr. 15 - 18.30, Sa. 8.30 - 12, 1.5. - 31.10. Mo. - Fr. 9 - 12, 15 - 18, Sa. 10 - 18 Uhr
www.termemontepulciano.it | Eintritt: 17 €

Gartentraum

★ La Foce

Im bezaubernden Gut La Foce ließen Antonio und Iris Origo in den 1920er-Jahren ihren Garten mit Buchsbaumhecken, Granatapfelbäumen, Lavendelrabatten, Zitronenbäumen und Rosengärten mit Glyzinienpergola anlegen. Über La Foce im Zweiten Weltkrieg verfasste Iris Origo ein bewegendes Tagebuch. Besonders vom Belvedere aus wirkt die Zypressenallee grandios.

Strada della Vittoria 61 (5 km von Chianciano Terme) | Gartenführung Ende März - Okt. Mi. stündl. 15 - 18, Do., So. 11.30, 15, 16.30 Uhr | Eintritt: 10 € | www.lafoce.com

MUGELLO

Provinz: Florenz/Firenze (FI) | **Höhe:** 193 m ü. d. M. (Borgo San Lorenzo) – 903 m ü. d. M. (Passo della Futa) | **Einwohnerzahl:** 64 700

Borgo San Lorenzo und acht Orte ringsum bilden die Berggemeinde Mugello. Der »Hinterhof« von Florenz galt lange als rückständig, die bespöttelten Menschen als stur. Doch im Mugello locken prächtige Medici-Villen, hier standen die Wiegen der Ausnahmekünstler Giotto und Fra Angelico, hier entstand auch Italiens »Knigge«. Heute erholen sich Radler und Wanderer im Mugello, dessen Wald das älteste Öko-Gesetz der Welt schützt.

Grüner Hinterhof von Florenz

Wie so oft in der Toskana, waren auch dafür die Medici verantwortlich. Großherzog Cosimo I. verfügte 1559 im Mugello, dem alten Stammgebiet der Dynastie, den Abholzungsstopp aller Bäume auf den Bergkämmen, um Überschwemmungen des Sieve zu verhindern. Anfang des 20. Jh.s legten die Behörden nochmals nach, 1,6 Mio. Bäume wurden im Mugello angepflanzt, die das Gebiet nun zum attraktiven Naturziel der Aktivurlauber machen. Diese erkunden den Mugello per pedes, Rad und hoch zu Ross.

Wohin im Mugello?

Hauptstädtchen des Mugello

Borgo San Lorenzo

Noch zwei der fünf mittelalterlichen Stadttore führen in den Hauptort des Mugello (18 250 Einw.): die Porta dell'Orologio, benannt nach dem rechteckigen Uhrenturm, durch den sie führt, und die Porta Fiorentina. Wichtigste Sehenswürdigkeit ist jedoch die Patriziervilla Pecori Giraldi, die zugleich Tourismusinformation, Literaturcafé und **Museo della Manifattura Chini** beheimatet. Berühmtester Spross der Künstlerfamilie Chini war Galileo Chini (1873 – 1956), der 1906 mit seinem Cousin, einem Chemiker, die »Fornaci San Lorenzo« gründete. Keramiken und Glas aus den bis 1944 betriebenen Öfen prägten den Jugendstil in der Toskana. Der **Itinerario Liberty** (Jugendstilweg) führt zu 27 Objekten, darunter die Jugendstilausstattung (1931) des Rathauses an der Piazza Dante. Ein Abstecher lohnt auch zur romanischen Pfarrkirche San Lorenzo in der Via San Francesco. Eine Inschrift von 1263 verrät das Baujahr des sechseckigen Kampanile. Das angrenzende Kloster (16. Jh.) birgt u. a. die Giotto zugeschriebene »Schwarze Madonna« (1290).

Museo della Manifattura Chini: Piazzale Lavacchini 1
Tel. 0558 45 62 30 | April – Okt. Do. – So. 9 – 13, 15 – 19, Nov. – März Sa., So. 10 – 13, 15 – 19 Uhr | Eintritt: 5 € | www.museochini.it

Messerscharfe Tradition – bereits 1539 gab es in Scarperia ein Messerschmiede-Statut.

Stadt der Messer

Scarperia

Scarperia, das 2014 mit San Piero a Sieve zu einer neuen Gemeinde (12 200 Einw.) fusionierte, ist für die besten Messer Italiens bekannt. Am zentralen Platz steht der wuchtige, 1306 nach Plänen von Arnolfo di Cambio errichtete Palazzo Pretorio. Hier dokumentiert das Messermuseum **Museo dei Ferri Taglienti** die 700 Jahre alte Tradition. Noch mehr über das traditionelle Handwerk erfahren Sie bei einem Besuch einer der fünf Messerschmieden im Ort, z. B. Saladini (seit 1840) oder Berti (seit 1895). Führungen bietet die Antica Bottega dei Coltellinai in der Via Solferini an.

Museo dei Ferri Taglienti: Juni – Mitte Sept. Mi. – Fr. 15.30 – 19.30, Sa., So. 10 – 13, 15.30 – 19.30, sonst Sa., So. 10 – 13, 15 – 18.30 Uhr
Eintritt: 3 €

Treuer Medici-Vasall

San Piero a Sieve

»I borghi più belli d'Italia« (Die schönsten Dörfer Italiens) ist eine Vereinigung, die es sich zur Aufgabe gemacht hat, kleinere meist mittelalterliche Ortschaften abseits der Touristenpfade vor dem Vergessen und der Entvölkerung zu bewahren. San Piero a Sieve, das sich einst als treuer Medici-Vasall profilierte, gehört dazu. Die Medici errichteten die größte Mugello-Festung San Martino (nicht zugänglich) am Ortsrand sowie in unmittelbarer Umgebung zwei ihrer schönsten Landvillen und finanzierten den bis heute von Mönchen

MUGELLO ERLEBEN

COMUNITÀ MONTANA DEL MUGELLO

Tel. 0558 4 52 71 85/6
www.mugellotoscana.it

SORGENTE DI FIRENZE TREKKING (SO.F.T.)

Die Organisation kümmert sich u.a. um den Hauptwanderweg vom Passo della Futa über den Apennin zum Monte Falterona und bietet geführte Touren an. Infos über die Homepage der Comunità Montana del Mugello. Dort finden sich auch Infos für Radler und Reiter.

COSIMO DE`MEDICI €€

Hier schneidet der Chef die Bistecca Fiorentina persönlich am Tisch. Dazu werden frische Pasta-Gerichte wie Pappardelle al cinghiale (Wildschwein) und exzellente Steinpilzmenüs zur großen Weinkarte (150 Weine) geboten.
Viale del Lago 19, Barberino di Mugello, Tel. 0558 42 03 70
www.ristorantecosimodemedici.com, So. abends und Mo. geschl.

TRATTORIA IL CAMINO €–€€

Rita kocht, Simona zaubert Dolci (unser Tipp: Il Bicchierino), Mirco empfiehlt den passenden Wein. Und Sie genießen!
Viale Baccarini 38, Marradi
Tel. 0558 04 50 69
www.ristoranteilcamino.net
Mi geschl.

B & B CASA PALMIRA €€

Im Grünen, nur 9 km von Fiesole, liegt dieses nette B & B! In der angenehm kühlen Höhe (500 m ü. d. M.) umsorgen Assunta und Stefano ihre Gäste liebevoll; außerdem bieten sie Kurse, Workshops und naturverbundene Ausflüge an.
Via Faentina 4, Loc. Feriolo Polcanto, Tel. 0558 40 97 49
www.casapalmira.it

bewohnten Konvent **Bosco ai Frati**, 3 km nördlich von San Piero a Sieve. In der Saalkirche prunken die Medici-Wappen: die Schildkröte mit Segel und die sechs Medici-Kugeln. Schmuckstück im Museo d'Arte Sacra ist ein Holzkruzifix von Donatello.
Mo.–Fr. 9–12, 17.30–18.45, Sa. 9–12, 18–19, So. 9–10, 11.30–12, 18–19 Uhr | Eintritt gegen Spende

Villen-Hopping

Landsitze im Mugello

Auch die Fürsten früherer Zeiten wussten den Mugello zu schätzen, insbesondere als Sommerdomizil. Ihre fürstlichen Landsitze zeugen bis heute davon. Der Landsitz **Villa Medicea del Trebbio**, Teil des UNESCO-Welterbes, wurde als einer der ersten Medici-Villen noch in einer Zeit erbaut, als die Machtstellung der Dynastie noch lange nicht gesichert war. Entsprechend wehrhaft ließ sie Cosimo il Vecchio Mitte des 15. Jh.s vom Baumeister Michelozzo Michelozzi befestigen.

1644 wechselte sie dann für stolze 113 500 Scudi den Besitzer. 1477 fand hier der junge Amerigo Vespucci, Entdecker und Pate Amerikas, Asyl vor der in Florenz wütenden Pest. Die prunkvolle Villa und der märchenhafte Park sind auf Führungen zu erleben.
Auch die **Villa di Caffagiolo** an der SS 65 gehört zum UNESCO-Welterbe. Die Medici-Sommerfrische schätzte besonders Lorenzo il Magnifico. Ein Zimmer im zweiten Stock wurde berüchtigt, weil dort 1476 Piero de' Medici gegen Gattin Eleonora von Toledo handgreiflich wurde – ein europaweiter Skandal! Die Landvilla beherbergte schon Könige und Papst Leo X. (derzeit wegen Renovierung geschl.).
Ein Muss ist zu guter Letzt der Park der **Villa Demidoff** in Pratolino, die ebenfalls auf die Medici zurückgeht. 1568 erwarben sie das Anwesen, das 1872 an den russischen Adligen Demidoff und 1981 an die Provinz Florenz ging. Die künstlichen Grotten, Wasserspiele und Labyrinthe um Giambolognas manieristische Apennin-Großstatue haben es ebenfalls auf die UNESCO-Liste des Welterbes geschafft.
Villa Medicea del Trebbio: Anmeldung unter Tel. 055 84 80 88
Villa Demidoff: Mitte April – Okt. Sa., So. 10 – 20 Uhr | Anmeldung unter Tel. 055 29 08 32 | Eintritt frei

Kleines Dorf, große Maler

Vicchio

Wenn Florenz als Wiege der Renaissance gilt, dann darf sich Vicchio (8000 Einw.) östlich von Borgo San Lorenzo getrost als deren Kreißsaal bezeichnen. Den zwei gleich berühmte Maler, die der Frührenaissance entscheidende Impulse gaben, erblickten hier das Licht der Welt: Giotto di Bondone (1267) und Fra Angelico (1395). Fra Angelico trat in den Dominikanerorden in Fiesole ein, Giotto, in Vicchio mit einer Bronzestatue an der nach ihm benannten zentralen Piazza geehrt, zog es nach Florenz. Das **Museo di Arte Sacra Beato Angelico** zeigt Fresken aus der Schule Giottos und Terrakotten der della Robbia-Werkstatt. Die **Casa di Giotto** in Vespignano ist nur vermeintliches Geburtshaus des Genies, zeigt aber Giottos berühmtes »O«. Dieses soll er mit nur einer Bewegung gemalt haben, nachdem päpstliche Legaten von ihm ein vollkommenes Bild verlangt hatten.
Casa di Giotto, Museo di Arte Sacra: Juni – Sept. Sa. 15 – 19, So. 10 – 13, 15 – 19, sonst So. 10 – 13, 15 – 19 Uhr | Eintritt: 4 € (Kombiticket) | www.comune.vicchio.fi.it

Kleines Weinzentrum

Rufina

Rund um das Städtchen im Osten von Florenz schließen sich die Weinhänge und -terrassen des Chianti Rufina an. Im Ort laden mehrere Enoteche zur Weinprobe. Schön ist der Spaziergang zur Villa Poggio Reale (16. Jh.) mit dem **Museo della Vite e del Vino**, das über Weinbau und Rebsorten informiert und uralte Weinflaschen hütet.
Viale Duca della Vittoria 7 | April – Sept. Do., Fr. 14.30 – 19, Sa., So. 8.30 – 12.30, sonst Do. – So. 8.30 – 12.30 Uhr | Eintritt: 4 €

★★ PIENZA

Provinz: Siena (SI) | **Höhe:** 491 m ü. d. M. | **Einwohnerzahl:** 2100

Ein ehrgeiziger Plan machte den Anfang: Die »Cittá ideale«, die ideale Musterstadt der Renaissance, sollte nach den Wünschen von Papst Pius II. entstehen. Hierfür erwählte Silvio Piccolomini (1405 – 1464), so sein bürgerlicher Name, seinen Geburtsort Corsignano. Nach nur drei Jahren waren die Arbeiten 1462 so weit fortgeschritten, dass das Nest zum Bischofssitz erhoben wurde und fortan Pienza, »Stadt des Pius«, hieß.

Musterstadt der Renaissance

Heute ist der von der UNESCO als Welterbe geführte Ort beliebtes Ziel von Tagestouristen. Dabei lohnt es sich durchaus, Pienza außerhalb der Stoßzeiten zu besuchen. Noch schöner ist es dann, durch das von hohen Mauern umgürtete Städtchen zu schlendern. Besonders Käsefreunde werden zudem auch kulinarisch auf ihre Kosten kommen. Schließlich rühmt sich Pienza eines Pecorinos, der bereits zum besten Italiens gekürt wurde.

Wohin in Pienza?

Knick in der Optik

★★ Piazza Pio II.

Ganz will der Trick nicht funktionieren, fast ein wenig zu wuchtig erscheint das Herzstück des Städtchens, die Piazza Pio II. Denn bei der Planung des zentralen Platzes bedienten sich die beiden Architekten Leon Battista Alberti und Bernardo Rossellino einer optischen Täuschung und machten dabei aus der Not eine Tugend: Der Platz, der sich ihnen bot, war zu klein für ihre monumental angelegten Bauten. So wählten sie kurzerhand ein Trapez als Grundriss. Vom Rathaus aus gesehen verbreiterten sie den Platz zum Dom hin, der zudem etwas in das Trapez hineinragt. So erzeugten sie ein Gesamtkunstwerk, das noch größer erscheint, als es ohnehin ist.

Zentraler Blickfang …

★ Duomo Santa Maria Assunta

… der Piazza ist der Duomo Santa Maria Assunta. Er entstand nach Rossellinos Entwürfen über einer romanischen Marienkirche. Im Giebel der Travertinfassade prunkt das päpstliche Wappen Pius' II. Das lichte Innere der Hallenkirche – ein Bautyp, der für Italien selten ist – überrascht mit schönen Madonnenbildern, u. a. mit Matteo di Giovannis »Madonna mit Heiligen«. Wegen des abschüssigen Geländes waren für die Apsis umfangreiche Stützkonstruktionen erforderlich – und noch heute bereitet der Untergrund Probleme, wie nicht zuletzt die Risse im Mauerwerk belegen.

Pienzas Kunstschatzkammer

Museo Diocesano

Rodrigo Borgia, später Papst Alexander VI., beauftragte Ende des 15. Jh.s den bischöflichen Palast, der die Piazza Pio II. im Osten begrenzt. Über dem Portal prangt der Borgia-Stier. Nebenan besitzt das Diözesanmuseum (mit Tourismusinformation) Tafelbilder (14. Jh.), flämische Gobelins (16. Jh.) und das Madonnenbild von Pietro Lorenzetti aus dem benachbarten Monticchiello, das Diebe dort zweimal entwenden wollten. Ein Unikat ist das mit Goldfäden durchwirkte Messgewand von Pius II. Die englische Arbeit schenkte Thomas Palaiologos, Bruder des letzten byzantinischen Kaisers, dem Papst.

BAEDEKER MAGISCHE MOMENTE

BELLA FIGURA

Wenn die Hitze des Tages allmählich schwindet und die Sonne hinter den Häusern abtaucht, beginnt die Zeit der Passeggiata. Mit Kind und Kegel geht es in die Fußgängerzone, man schlendert, hält dort für einen Plausch und hier für ein Gelato. Dabei ist das oberste Gebot der Stunde, eine Bella Figura abzugeben – Sandalen oder Shorts sind tabu. Nehmen Sie sich die Zeit, es ist ein wunderbares Erlebnis! Wo, wenn nicht in der Cittá ideale der Renaissance, im Pienza des Piccolomini-Papstes, ließen sich Flanieren und Flair der Toskana besser verbinden?

Aus der Vogelperspektive vom Rathausturm lassen sich die Kniffs, die die beiden Architekten der Piazza Pio II. anwendeten, gut erkennen.

Schlendern Sie auch zwischen Dom und Palazzo Borgia zur **Stadtmauer** von Pienza. Von der breiten, begehbaren Mauer öffnet sich ein wunderbarer Blick in das Val d'Orcia.

Corso il Rossellino 30 | Mitte März – Okt. Mi. – Mo. 10.30 – 13, 14.30 bis 18, Nov. – Mitte März Sa., So. 10 – 16 Uhr | Eintritt: 4,50 € http://palazzoborgia.it

Im Schatten des Doms

Palazzo Comunale

Fast zierlich wirkt im Vergleich zu Dom und Palazzi die durch eine Loggia aufgelockerte Travertinfassade des Rathauses (14. Jh.), dessen Turm erst im 17. Jh. hinzukam. Den Ratssaal schmückt ein Madonnenfresko (15. Jh.) der Sieneser Schule.

★

Hauptwerk Rossellinos

Palazzo Piccolomini

Rechts neben dem Dom erhebt sich der dreistöckige Palazzo Piccolomini, den Rossellino nach dem Vorbild des Florentiner Palazzo

PIENZA ERLEBEN

Corso Rossellino 30, Tel. 0578 74 99 05, www.comune.pienza.siena.it

Feinschmecker und Liebhaber von Kunsthandwerk werden auf dem Corso Rossellino fündig. Tipp: Am ersten Sonntag im September findet Pienzas berühmtes Käsefest statt.

LATTE DI LUNA €–€€
Gutes kann so einfach sein. Hits der Trattoria sind Tagliatelle mit Trüffeln oder Steinpilzen und Semifreddi all'arancio (Halbgefrorenes mit Orange).
Via San Carlo 2/4, Tel. 0578 74 86 06, Di. geschl.

IL GIARDINO SEGRETO €
Das sympathische Haus mit nach Kräutern und Blumen benannten Räumen besitzt einen versteckten Garten mit meditativem Mond- (Giardino della luna) und wärmendem Sonnenwinkel (Giardino del Sole).
Via Condotti 13, Tel. 0578 6 04 52
www.ilgiardinosegretopienza.it

Rucellai entwarf. Die Fassade aus Sandstein und Travertin ist durch Halbpfeiler, Gurtgesimse und Fenster gegliedert. Von Rossellino stammt auch der Entwurf für den Ziehbrunnen, den Pozzo dei Cani, aus dem Jahr 1462. Einen Blick lohnt die Gartenfront an der Südseite mit drei übereinanderliegenden Loggien, von denen aus man auf die »hängenden Gärten« blicken konnte. Das erste Obergeschoss mit Speisesaal, Waffensaal und Bibliothek kann besichtigt werden.
Mitte März – Mitte Okt. Di. – So. 10 – 18.30, sonst Di. – So. 10 – 16.30 Uhr | Eintritt: 7 € | www.palazzopiccolominipienza.it

Rund um Pienza

Zauberhaftes Theaterdorf

★ Monticchiello

Das auf einer Hügelkuppe thronende Dörfchen gilt als eines der schönsten der Toskana. Der Charme seines mittelalterlichen Ambientes blieb dank behutsamer Restaurierung erhalten. Ende Juli und Anfang August werden seine Straßen zur Theaterbühne. Beim populären Laientheater des **»Teatro povero«** engagiert sich das halbe Dorf.
Im alten Kornspeicher an der Piazza Nuovo zeigt das **TePoTraTos** (Teatro Popolare Tradizionale Toscano), wie Theatergeschichte im 21. Jh. multimedial neu interpretiert werden kann.
Di. – So. stündl. 10 – 12, 15 – 18 Uhr, im Winter seltener | Eintritt: 4 €

★★ PISA

Provinz: Pisa (PI) | **Höhe:** 4 m ü. d. M. | **Einwohnerzahl:** 90 300

Pfusch am Bau hat den einstigen Lagunenort Pisa berühmt gemacht. Mit viel Gottvertrauen wurden die »Fantastischen Vier« auf Schwemmsand errichtet, wo sie heute den Platz der Wunder bilden: Doch nicht nur Dom, Baptisterium, Monumentalfriedhof und Schiefer Turm machen die älteste Seerepublik Italiens zum bemerkenswerten, Florenz durchaus ebenbürtigen Touristenziel.

Sie ist ein Treffpunkt der Nationen – Menschen aus aller Herren Länder versammeln sich auf der Piazza dei Miracoli, um die dortigen Wunder zu bestaunen. Dabei recken und strecken sie sich und lehnen sich mit den Armen weit über dem Kopf nach vorne. Ändern Sie mit ein, zwei Schritten die Perspektive und Sie verstehen warum: Es wird das klassische Urlaubsfoto geschossen, der kippende Pisaner Turm mal lachend, mal mit gespielter Anstrengung gestützt. Nur wenige Hundert Meter abseits des wortwörtlich wundervollen Spektakels wird es hingegen etwas ruhiger, zeigt Pisa seine weniger bekannten Facetten, die sich aber keineswegs verstecken müssen: seine hüb-

Schief, studentisch, schön

So schief ist er nun auch wieder nicht. Festhalten ist trotzdem schön …

1 La Mescita
2 Osteria dei Cavalieri

1 Amalfitana

PISA ERLEBEN

Piazza Vittorio Emanuele II 16
Tel. 050 42 29 1

Piazza del Duomo, Tel. 050 55 01 00

www.turismo.pisa.it

Pisa hat eine videoüberwachte ZTL (verkehrsberuhigte Zone). Kostenpflichtig parkt man an der Piazza Manin (200 m vom Dom). Von der Via Pietrasanta (kostenfrei) fährt ein Bus (»Navetta«) zum Domplatz.

Am 16. Juni erstrahlen die Arno-Paläste zur Luminara in Kunstlicht. Am 17. Juni startet die berühmte Regatta di San Ranieri (Ruderregatta der vier Stadtteile). Der Umzug des populären Gioco del Ponte (Brückenspiel mit 780 Kostümierten) steigt am letzten Samstag im Juni ab 20 Uhr. Attraktiv ist der Kunsthandwerksmarkt, der am zweiten Wochenende eines jeden Monats in der Altstadt stattfindet.

❶ OSTERIA LA MESCITA €€€
Im eleganten, seit 1902 bestehenden Ristorante wird Slow Food großgeschrieben, in den Töpfen und Pfannen landen nur frischeste Zutaten. Spezialitäten sind das Rinderfilet mit Gorgonzola und Bison-Steaks, Spargelrisotto oder Kaninchen.
Via Domenico Cavalca 2
Tel. 050 3 14 46 80
www.osterialamescitapisa.com

❷ OSTERIA DEI CAVALIERI €€–€€€
Pisas Numero Uno! Ettore Masi, Liano Pratesi, Sommelier Franco Sagliocco und Luca Gulfo an der Pfanne kredenzen eine traditionelle Pisaner Küche mit Pfiff, z. B. Lammkoteletts oder Tagliate di Manzo, Daniele Grilli sorgt für Antipasti wie Schwertfisch-Carpaccio und superleckere Desserts wie die Birnen-Zimt-Crostata.
Via San Frediano 16
Tel. 050 58 08 58, www.osteriacavalieri.pisa.it, Sa. mittags, So. und Aug. geschl.

❶ AMALFITANA €€
Gutes Preis-Leistungs-Verhältnis! Im 2012 renovierten Hotel sind die Zimmer nach hinten besonders ruhig. Mit Bar.
Via Roma 44
Tel. 050 2 90 00

sche Altstadt, die feinen Museen und Geschäfte und das junge Alltagsleben einer altehrwürdigen Universitätsstadt.

Steiler Aufstieg, jäher Fall

Pisa wurde wahrscheinlich von Griechen im 7. oder 6. Jh. v. Chr. gegründet und später von Etruskern besiedelt. Aus ihrer Sprache ist der Stadtname Pisa als Begriff für Mund abgeleitet, der das Mündungsdelta von Serchio und Arno bezeichnete. Bereits die Römer richteten in der damals noch direkt am Meer gelegenen Stadt einen Hafen ein. Der sagenhafte Aufstieg Pisas zur ersten italienischen Seerepublik Geschichte

des Mittelalters begann 1004 mit einer Niederlage: Sarazenen nahmen die Stadt ein, doch gelang die Revanche 1063 mit Seesiegen bei Messina und Palermo. Noch im gleichen Jahr begann dank der gewaltigen Beute der Bau des monumentalen Architekturensembles am Domplatz, dem Platz der Wunder. Am Dom werkelten unter Architekt Buscheto die besten Baumeister ihrer Zeit und verwendeten neben antikem nur feinsten Carrara-Marmor. Zum Romanischen gesellten sich byzantinische, armenisch-georgische, auch islamisch-persische Anleihen.
Die Niederlage der pisanischen Flotte gegen die Genuesen am 6. August 1284 besiegelte das Ende der Großmacht. Pisa musste Besitzungen aufgeben, kam zeitweise unter die Herrschaft der Mailänder Visconti und wurde schließlich 1406 von Florenz eingenommen.

★★ Piazza del Duomo (Piazza dei Miracoli)

Tickets Piazza dei Miracoli: Verkauf im Palazzo dell'Opera del Duomo, Piazza Duomo 17 | 1 - 3 Monumente (Camposanto, Baptisterium und/oder Museo delle Sinopie) 5 - 8 €, Schiefer Turm 18 €, Dom frei (aber Ticket vorzeigen), Ausstellungen im Palazzo dell'Opera del Duomo 5 € | Online (max. 2 Wochen im Voraus) unter bigliettionline@opapisa.it, www.opapisa.it
Schiefer Turm: Nov. - März. tgl. 9 - 19, April, Mai, Sept., Okt. 9 - 20, Juni - Aug. 8.30 - 22 Uhr, Einlass alle 30 - 35 Min., Reservierung bis 45 Tage im Voraus | Kinder unter 8 Jahren dürfen nicht, ältere nur mit Erwachsenen auf den Turm
Dom: Nov. - März. tgl. 10 - 19, April - Okt. tgl. 10 - 20 Uhr
Baptisterium, Museo delle Sinopie: Nov. - März. tgl. 9 - 19, April - Okt. 8 - 20 Uhr
Camposanto: Nov. - März. tgl. 9 - 19, April, Mai, Sept., Okt 8 - 20, Juni - Aug. 8 - 22 Uhr

Den Domplatz, Teil des UNESCO-Weltkulturerbes, erkor Gabriele d'Annunzio erstmals zum »Prato dei Miracoli« (Wunderwiese), hieraus entwickelte sich seine heute gebräuchliche Bezeichnung als »Piazza dei Miracoli« (Platz der Wunder). Am stimmungsvollsten ist er frühmorgens. Zu den historischen »Fantastischen Vier« kam in jüngerer Zeit eine fünfte Attraktion hinzu: das Museo delle Sinopie.

Bloß nicht zu gerade!

Torre Pendente

Wie so oft, wenn Unglaubliches geschieht, muss eine Legende herhalten. Die Legende vom Schiefen Turm erzählt, dass er bei seiner Vollendung noch kerzengerade dagestanden habe. Nach Abschluss der Bauarbeiten versuchten die Stadtväter, den Baumeister um seinen Lohn zu prellen. Verärgert befahl er dem Turm, ihm zu folgen. Und tatsächlich: Zum Entsetzen aller neigte sich der Kampanile beträchtlich. Die Stadtväter bezahlten daraufhin umgehend das vereinbarte Geld, doch der enttäuschte Baumeister ließ die Stadt mit einem schiefen Turm zurück.

»

Wenn man ganz oben steht und an der hohen Seite hinabschaut, ist einem nicht ganz wohl; aber wenn man auf der anderen Seite auf dem Bauch an den Rand kriecht und versucht, den Hals weit genug auszustrecken, um den Fuß des Turmes zu sehen, bekommt man eine Gänsehaut.

«

Mark Twain

Das durch Kreuzzüge und Orienthandel reich gewordene Pisa leistete sich über 100 Jahre nach Beginn der Bauarbeiten zum Dom auch noch einen Kampanile. Am Turmzugang illustriert im ersten Mauerring ein Basrelief mit zwei Schiffen und Leuchtturm Pisas alte Macht. Seit seiner Grundsteinlegung auf unsicherem Schwemmboden im Jahr 1173 steht er zugleich im Mittelpunkt einer unendlichen Geschichte: Generationen von Baumeistern und Architekten

Nächtlich illuminiert: Am Abend ist die Piazza dei Miracoli mit dem Dom und dem schiefen Kampanile gleich nochmal so schön.

MONUMENT MIT SCHIEFLAGE

Schon kurz nach Baubeginn des Turms wurde eine gewisse Schlagseite offenkundig. Seitdem ist Pisa damit beschäftigt, das attraktive Sorgenkind der Stadt vor dem Einsturz zu retten. Eine schier unendliche Geschichte.

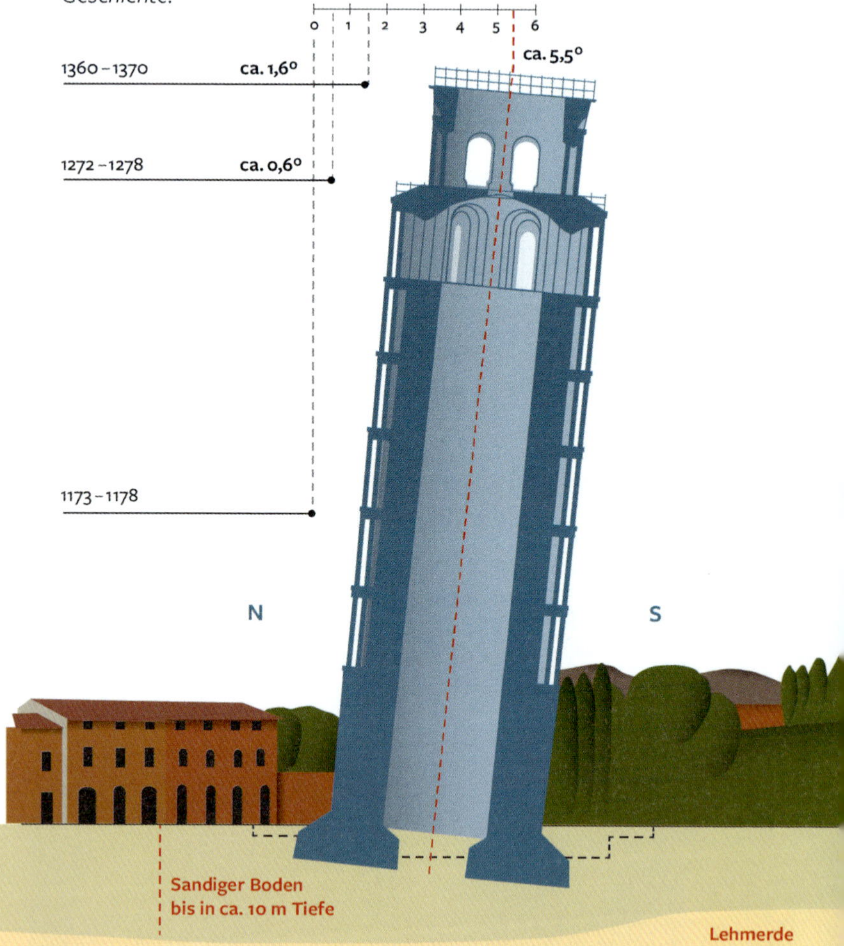

▶ **Der Schiefe Turm in Zahlen**

ab Boden 55 m hoch

14 500 Tonnen schwer

294 Stufen

12 m Durchmesser

Seit 1987 UNESCO-Weltkulturerbe

Turmbau mit Problemen

1173 – 1178
Dombaumeister Bonanno Pisano

Nach der Fertigstellung der ersten drei Geschosse wird wegen der bereits zu diesem Zeitpunkt aufgetretenen Neigung nach Süden der Bau gestoppt. Der Turm besteht größtenteils aus Marmor und Kalk. Der brüchige Kalk und der sandige Boden stellen das größte Risiko für einen Zusammenbruch des Turmes dar.

1272 – 1278
Giovanni di Simone

Um die Neigung in Richtung Süden zu verringern, wird auf der Nordseite schwereres Baumaterial benutzt. Trotzdem endet der Bau vorerst mit dem siebten Stock.

1360 – 1370
Tommaso Pisano

Fast 100 Jahre später wird der Glockenturm vollendet. Als weitere Maßnahme gegen die Neigung nach Süden sind an der Südseite der Glockenstube nur vier Stufen angebracht, statt sechs wie an der Nordseite.

Die Sicherungsmaßnahmen

1990 wird der Turm wegen großer Einsturzgefahr geschlossen.

1993
600 Tonnen Bleibarren werden als Gegengewicht auf der Nordseite platziert.

1995
Erdanker werden 40 m tief im Boden versenkt. Der Versuch misslingt. Der Stahlbeton wird auf 960 Tonnen aufgestockt.

1998
Stahlseilpaare werden um den Turm gespannt, um die Fundamente zu entlasten.

Die Rettung

1999:
Neigungsverringerung durch Abtragen des Erdbodens an der Nordseite

Die obere Schicht des sandigen Schlamms wird mit einem Schneckenbohrer zutage gefördert, damit sich der Turm allmählich aufrichtet.

Stahlbeton

Vorübergehende Fixierung mit zwei Stahlkabeln

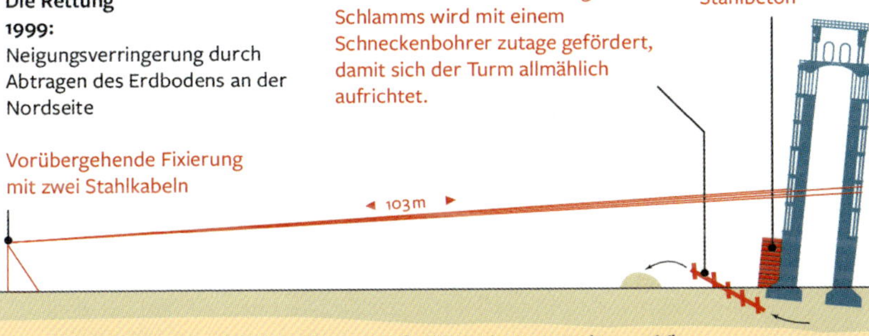

Kein Alleinstellungsmerkmal: weitere schiefe Türme in Europa (Auswahl)

versuchen bis zum heutigen Tag, ein weiteres Kippen des Turms zu verhindern (▶ Baedeker Wissen S. 264). Erfolgreich – mit ca. 4,50 m Schieflage ist er im 21. Jh. angekommen, wo er tagtäglich Motiv Tausender von Fotos ist.

Kirche mit Vorbildfunktion

Duomo Santa Maria Assunta

Den Grundstock für den Dombau bildete die Fracht von sechs mit Schätzen reich beladenen Sarazenenschiffen, die die Pisaner vor Sardinien gekapert hatten. Bereits 1118 wurde das Gotteshaus, wenngleich noch unvollendet, von Papst Gelasius II. geweiht. Der erste Baumeister, Buscheto, betrat mit seinen Plänen Neuland, denn für die fünfschiffige romanische Säulenbasilika mit dreischiffigem Querhaus und Vierungskuppel gab es in Italien keine Vorbilder. Mitte des 12. Jh.s verlängerte man die Kirche nach Westen; dort setzte der Nachfolger Buschetos, Rainaldo, dem Langhaus die Fassade vor.

Diese erlangte in der gesamten Toskana Vorbildfunktion, weshalb Sie auf Ihre Reise durch die Region öfters ein Déjà-vu haben werden: Über einem geschlossen wirkenden Erdgeschoss mit Blendarkaden und drei Portalen erheben sich vier nach oben abgestufte Stockwerke, bei denen loggienartige Bogenreihen vor die eigentliche Wand treten. Den Mittelschiffsgiebel krönt eine Madonnenstatue. Die drei mit allerlei Getier geschmückten bronzenen Portale wurden nach einem schweren Kirchenbrand 1595 in der Werkstatt Giambolognas gefertigt. Sie sind jährlich Ziel Pisaner Studenten. Durch Handauflegen erhoffen sie Glück bei Prüfungen, wie die blankgeputzen Schildkröten, Äffchen und Fabelwesen beweisen. Ein Meilenstein der Kunstgeschichte ist der frühere Hauptzugang an der Seite zum Schiefen Turm: Die **Porta di San Ranieri** besitzt bronzene Türflügel, deren vier große und 20 kleine Reliefs mit Motiven aus dem Leben Christi und Mariä ein Meister Bonannus um 1180 goss.

Herausragend im Dominneren ist die **Marmorkanzel**, ein Spätwerk Giovanni Pisanos (1305–1310), die das Feuer von 1595 überlebt hat. Sie ruht auf Säulen, von denen vier als Figuren gestaltet sind: Erzengel Michael, Samson oder Herkules, Christus mit den Evangelisten zu Füßen sowie Ecclesia mit zwei Säuglingen als Personifikationen von Altem und Neuem Testament. Zu Füßen des Evangelisten Johannes sieht man das Selbstbildnis Pisanos und ein Porträt des Auftraggebers, Burgundio di Tado. Im Hauptschiff hängt ein Leuchter aus dem Jahr 1586, von dem fälschlicherweise behauptet wird, er habe Galileo Galilei auf die Gesetze der Pendelbewegung aufmerksam gemacht. Das mehrfach restaurierte Apsismosaik aus dem 13./14. Jh. zeigt den thronenden Christus zwischen Maria und Johannes dem Evangelisten – Letzterer ist ein Werk des Florentiners Cimabue von 1302. Im südlichen Querhausarm befindet sich das fragmentarische, nach 1313 von Tino di Camaino geschaffene Grabmal Heinrichs VII., der nach kurzem Kaisertum (1312 – 1313) in Buonconvento bei Siena verstorben war.

Der Detailreichtum an Pisanos Kanzel im Dom verdient genaueres Hinsehen!

Ein Gesang wie ein Orgelspiel

Battistero

In die Taufkirche des Doms kommen viele Besucher um zu lauschen und weniger um zu schauen. Das 1152 von Baumeister Diotisalvi begonnene und u. a. von Nicola Pisano und Sohn Giovanni fortgeführte Baptisterium ist nicht nur eine der größten Taufkirchen der Christenheit, sondern auch für eine **akustische Kuriosität** berühmt: Alle 30 Minuten stimmt ein Wächter in der Mitte des Baus einen Gesang an, der zu einem außergewöhnlichen Klangerlebnis, vergleichbar mit dem Akkord einer Kirchenorgel, verstärkt wird. Grund für das Echo ist die besondere architektonische Struktur des Baptisteriums. Wagen Sie ein Flüstern?

Das kuppelförmige Dach der Taufkirche war ursprünglich kegelförmig, wirkt aber durch die 1358 außen aufgemauerte Wölbung wie ein Halbrund. Den lichterfüllten, fast 55 m hohen Innenraum dominiert das achteckige Taufbecken (1246) im Zentrum, ein prächtiger Brunnen mit Rosettenschmuck und Marmorintarsien. Nicola Pisanos freistehende Marmorkanzel (1260) ruht auf sieben Säulen. In mittelalterlicher Tradition tragen Löwen die Säulen und wenden so das Böse ab. Epochal ist die Herkules- bzw. Samsonfigur. Sie stützt mit weiteren Tugendfiguren das sechseckige Kanzelbecken.

Gespenstisch schön

Camposanto

Schiffsladungen voller Erde vom Berg Golgatha machten den Bau des »Heiligen Feldes« erst möglich, Leichen soll sie innerhalb weniger Tage in Skelette verwandelt haben. Ein Spaziergang unter den monumentalen Arkaden des Friedhofs – vorbei an gotischen Maßwerkfenstern, Grabplatten Pisaner Patrizier und antiken Sarkophagen – zählt zu den schönsten Toskana-Erlebnissen. U.a. begegnet Ihnen dabei die Geschichte der tragischen Liebe des Hippolyt, Sohn des Theseus, zur Stiefmutter Phädra. Und Sie haben Gelegenheit, die beim Bombenangriff vom 27. Juli 1944 zerstörten Wandfresken (14./15. Jh.) zu bewundern, die wieder die Arkaden schmücken. Großartig restauriert ist Benozzo Gozzolis »Turmbau zu Babel« (1470), unübertroffen das wohl Buffalmacco zuzuschreibende Großfresko »Triumph des Todes«, das zeitlich der Großen Pest von 1348 zuzuordnen ist. Drei vornehme Reiter treffen auf offene Särge dreier Könige, gegenüber feiern Wohlhabende in Pisas aristokratischen Kleidern jener Zeit.

Ein Meisterwerk entsteht

Museo delle Sinopie

Den Künstlern der Renaissance können Sie heute freilich nicht mehr bei ihrer Arbeit über die Schulter schauen. Seltene Einblicke in ihre Arbeitsweise erhalten Sie jedoch in diesem Museum, in das nach 1944 die »Sinopie« des Camposanto gerettet wurden. Dabei handelt es sich um mit Rötelkreide aufgetragene Vorzeichnungen für die Fresken. Damit legten die Künstler ihre Kompositionen im Detail fest, die Ausführung der Fresken besorgten dann oft Gehilfen.

Werkschau der Dombauhütte

Museo dell'Opera del Duomo

Am östlichen Ende des Domplatzes, an der Piazza dell'Arcivescovado 6, gewährt das Museo dell'Opera del Duomo Einblick in die mittelalterliche Dombauhütte und zeigt Kunstwerke und Bauplastiken von Dom und Baptisterium. Besonders reichhaltig dokumentiert ist die pisanische Bildhauerkunst zwischen dem 12. und dem 15. Jh. mit den Originalskulpturen von der Fassade des Baptisteriums von Nicola und Giovanni Pisano, den Skulpturen des zerstörten Grabmals (1315) von Heinrich VII. sowie Teilen des Grabaltars von San Ranieri (1306). Vom Domschatz sind u. a. drei Reliquiare zu sehen, eines davon arabischer Herkunft aus Elfenbein.

Apr. – Okt. tgl. 8 – 20, Nov. – März 9 – 19 Uhr

Nördlich des Arno

Flaniermeile

Via Santa Maria

Das lebhafte Flair des Domplatzes setzt sich in der Via Santa Maria fort, die von Restaurants und Cafès, Geschäften und alten Stadtpalästen gesäumt wird. Über die Straße erreichen sie in wenigen

Hundert Metern das Arno-Ufer. Nur wenige Schritte vom Dom entfernt lohnt das ehemalige Findelkinderhospiz, das **Ospizio dei Trovatelli**, einen ersten Zwischenstopp. Wie auch Florenz besaß Pisa hier eine hölzerne »Ruota« (Babyklappe); das Portal des 1315–1921 betriebenen Waisenhauses ziert die Figur eines Wickelkindes.

Über die Seitengasse Via Luca Ghini gelangt man nach rund 350 m zum Areal des mittelalterlichen Arsenals der Stefanordensritter, auf dem sich heute der **Orto Botanico** befindet, die grüne Lunge der Pisaner Altstadt. In den Gewächshäusern des Botanischen Gartens gedeihen Lorbeerbäume, Palmen, Ginkgo und Heilkräuter.

Im Palazzo della Specola, Via Santa Maria Nr. 26, wohnte wohl Galileo Galilei. Die Gedenkstätte **Domus Galilaeana** mit angeschlossener Bibliothek zeigt alle Erstausgaben der Werke des epochalen Astronomen.

Orto Botanico: Mo.-Fr. 8.30–17, Sa. 8.30–13 Uhr | Eintritt: 2,50 €
Domus Galilaeana: Mo-Fr. 9–13 Uhr | Eintritt frei | www.domusgalilaeana.it

Palazzi am Ufer

Lungarno Pacinotti

Die Uferstraße Lungarno Pacinotti war einst Pisas vornehmste Adresse. Zeuge des früheren Glanzes ist beispielsweise der ab 1607 erbaute Palazzo alla Giornata (Nr. 43); der Bauherr, ein Malterserritter namens Lanfreducci, ließ aus Dank für die Befreiung aus Korsarenhaft drei eiserne, unter dem Giornata-Schriftzug baumelnde Kettenglieder daran anbringen. Stilvoll an einem »caffè« oder Cappuccino nippen Sie im Agostini-Palast (16. Jh., Nr. 27), in dem Pisas ältestes Kaffeehaus, das Caffè dell'Ussero, schon seit 1775 seinen Geschäften nachgeht. Schönster Patrizierpalast ist der ab 1559 für Cosimo I. erbaute Palazzo Reale (Nr. 46). Glanzstück im hier untergebrachten **Museo Nazionale di Palazzo Reale** ist in Saal 12 eine Altartafel, die Raffael im Alter von 17 Jahren erschuf.

Mo., Mi.-Sa. 9–14 Uhr | Eintritt: 5 €

Mitten im Alltag

★ Borgo Stretto, Universitätsviertel

An Pisas ältester Arnobrücke, dem Ponte di Mezzo, öffnet sich die Uferpromenade zur **Piazza Garibaldi** mit dem Denkmal des Nationalhelden. An der Stirnseite steht das Casino dei Nobili, das 1754–1852 als superexklusive kosmopolitsche Herberge und Vergnügungstreff Adelsdamen auf der Grand Tour beherbergte. Rechts davon beginnt der Borgo Stretto: Im »schmalen Stadtviertel«, einer Flaniermeile mit hübschen Laubengängen, und im angrenzenden Gassengewirr der Altstadt zeigt Pisa sein quirliges Alltagsgesicht. Mitten drin befindet sich auf der **Piazza Vettovaglie** der täglich bestellte Obst- und Gemüsemarkt. Von hier führt die Via di Cavalca weiter zur von Palmen und Cafés gesäumten Piazza Dante Alighieri im lebhaften Universitätsviertel. Die Universität Pisas ist eine der ältesten Italiens. Alles begann im 12. Jh. mit einer Rechtsschule, die 1329 das päpstli-

MORGENSTUND' ...

Sonntagmorgens ist das historische Zentrum Pisas noch menschenleer. Nebelschwaden und die tief stehende Sonne tauchen die Architektur in ein einzigartiges Licht. Zum Glockenschlag der Kirchen ergeben sich grandiose Fotomotive, ehe das »zweite« Frühstück lockt – eine gute Adresse hierfür ist das Salza (Borgo Stretto 44).

che Privileg zur Lehre von Theologie, Jurisprudenz und Medizin und 1543 von Cosimo I. schließlich den Universitätsstatus erhielt. Heute sind rund 40000 eingeschriebene Studenten Garanten dafür, dass Pisa ein junges, weltoffenes Flair besitzt.

Pisas gute Stube

★ Piazza dei Cavalieri

Vorbei an der Bronzestatue des bärtigen Pisaner Mathematikers Dini (1845–1918) führt die Via Ulisse Din zum »Platz der Ritter«, Pisas weltliches Zentrum im Mittelalter und in der Renaissance. Nach der Enge des Borgo Stretto überrascht die großzügige Platzanlage, die Vasari – ihn störte die »konfuse« mittelalterliche Gestaltung – ab 1558 neu gestaltete. Auffällig prächtig geriet ihm der mit Wappen, Sgraffiti und Büsten sechs toskanischer Medici-Großherzöge geschmückte **Palazzo dei Cavalieri** an der Nordseite des Platzes, der 1562–1564 für die Ritter des Stefansordens entstand. Diesen hatte Florenz nach seinem Sieg über Siena am 2. August 1554 (Stephanstag) gegründet, um die Sarazenen und Korsaren zu bekämpfen. Der **Palazzo dell'Orologio** (Uhrenturm-Palast, 1605–1608) im Nordwesten entstand ebenfalls nach Plänen Vasaris. Raffiniert integrierte er einen älteren Turm, das frühere Stadtgefängnis. Noch zu Lebzeiten Vasaris entstand ab 1569 die Ordenskirche **Santo Stefano dei Cavalieri**. Die Felder der Kassettendecke (1605) erzählen die Ordensgeschichte. Unter den Kriegstrophäen ragt das in der Seeschlacht von Lepanto (1571) erbeutete osmanische Admiralsbanner heraus.

Kunstschatzkammer Pisas

★ Museo Nazionale di San Matteo

Das Ex-Benediktinerkloster San Matteo besitzt eine der schönsten Kunstsammlungen der Toskana. Es zeigt Gemälde und Skulpturen der toskanischen Schulen, edle Textilien, wertvolle Handschriften und Keramiken (11.–15. Jh.). Äußerst kostbar sind die Werke der pisanischen Malerei (12./13. Jh.), besonders die auf Holz gemalten, frühgotischen Kruzifixe. Die Renaissancemalerei ist mit Masaccios Paulus-Tafel (1426), einer »Anbetung« von Benozzo Gozzoli und Domenico Ghirlandaios »Sacra Conversazione« großartig vertreten. Unter den Barockgemälden sticht Guido Renis »Himmlische und Irdische Liebe« (1. Hälfte 17. Jh.) hervor. Überraschend expressiv wirkt das im 14. Jh. entstandene Kanzelrelief von Tino di Camaino. Und die in vergoldeter Bronze gearbeitete Reliquienbüste des sardischen Märtyrers San Rossore (3. Jh.) ist ein Werk Donatellos (1427).

Piazza San Matteo 1 | Di.–Sa. 8.30–19, So. 9–13.30 Uhr | Eintritt: 5 €

Sehenswerte Kirchen im Nordosten der Altstadt

San Francesco, Santa Caterina d'Alessandria

Die Kirche San Francesco war ab 1233 dank Bibliothek und Skriptorium ein Hort der Gelehrsamkeit. Sehenswert sind die Gemälde zur Franziskuslegende und ein marmornes Polyptychon aus dem 14. Jh. von Tommaso Pisano, das die Muttergottes mit Heiligen zeigt. Kurios ist darüber hinaus aber besonders eines der in den 1930er-Jahren von Francesco Mossmeyer geschaffenen Fenster im linken Seitenschiff mit Motiven zum hl. Franziskus. Es zeigt – so heißt es – Benito Mussolini in typischer Duce-Pose.

Die Dominikanerkirche Santa Caterina d'Alessandria an der gleichnamigen Piazza Santa wurde 1251–1310 über einer Vorgängerkirche erbaut. 1327 kam die Schmuckfassade hinzu, den Kampanile errichtete wenig später Giovanni di Simone, der auch am Camposanto (Platz der Wunder) wirkte. Im Innern lohnen u.a. die marmorne Verkündigungsgruppe (um 1360) und das Prunkgrabmal für Erzbischof Simone Saltarelli, beides Werke von Nino Pisano.

Hafen am Bahnhof

Musei delle Navi Romane

Wenn in Italien die Bagger anrücken, werden oft ungewollt Entdeckungen gemacht, die den Bauherren Sorgenfalten bescheren und die Archäologen erfreuen. So z.B. auch geschehen im Jahre 1999 bei Arbeiten am Bahnhof San Rossore. Bald stellte es sich heraus, dass es sich bei den Funden um Überbleibsel des etruskisch-römischen Hafens der antiken Stadt handelte: Mehrere antike Schiffe mit Ladung

Direkt am südlichen Arno-Ufer wurde bereits im 14. Jh. das gotische Kirchlein Santa Maria della Spina für Reisende und Flussschiffer errichtet.

– Amphoren, Keramik, orientalisches Kunsthandwerk, ja sogar keltischer Goldschmuck – wurden geborgen. Seit Ende 2016 sind die Funde im Musei delle Navi Romane auf Führungen zu besichtigen. Das Ausgrabungsgelände selbst, die Cantiere delle Navi Romane, konnte zuletzt nicht besichtigt werden.

Arsenali Medicei, Lungarno Ranieri Simonelli 14 – 16 | Anmeldung unter Tel. 050 8 05 78 80 | Mi. 14.30 – 18.30, Fr. – So. 10.30 – 18.30 (Sommer Sa., So. bis 20.30) Uhr | Eintritt: 10 € | www.navidipisa.it

Südlich des Arno

Moderne Kunst

Museo della Grafica

Das Museo della Grafica im Palazzo Lanfranchi zeigt die ab 1957 von Carlo Ludovico Ragghianti zusammengetragene Designsammlung, dazu die Kollektionen Timpanaro und Argan und Schenkungen. Spannend sind die Sonderausstellungen, 2017 z.B. »China und die Stadt der Zukunft«.

Lungarno Galilei 9 | tgl. 9 – 20 Uhr | Eintritt: 9 € | www.museodellagrafica.unipi.it

Wertvolle Reliquie

Santa Maria della Spina

Höhepunkt am Lungarno Gambacorti, der Promenade am südlichen Arno-Ufer, ist die 1230 als offene Gebets- und Votivstätte für Reisende und Flussschiffer gegründete Kirche Santa Maria della Spina, die 1333 zum gotischen Oratorium umgewandelt wurde. Anlass ihres Umbaus war ein aus dem Heiligen Land mitgebrachter Dorn (spina) der Krone Christi.

Verwirrendes Wimmelbild

»Tuttomondo«

Der zufälligen Begegnung einer Pisaner Studentin mit dem Künstler Keith Haring (1958–1990) in New York ist das imposante Wandgemälde »Tuttomondo« (Die ganze Welt) an der Konventmauer von Sant'Antonio Abate zu verdanken. Es entstand 1989 und gilt als letztes Werk des Künstlers. Die 30 ineinander verschachtelten Figuren sollen Aspekte des Friedens symbolisieren.

Rund um Pisa

Waldreiches Ausflugsziel

Parco Naturale di Migliarino

Die Pinienhaine und Steineichenwälder 4 km von Pisa sind gut per Bus 6 ab Viale Gramsci erreichbar. Der Naturpark ist Teil des Parco Naturale di Migliarino – San Rossore – Massaciuccoli. Vom Besucherzentrum an der Tenuta San Rossore mit Ponyreitschule und Ristorante starten Ausflüge zu Fuß, per Rad, Kutsche oder zu Pferd.

Loc. Cascine Vecchie | Eintritt frei | www.parcosanrossore.org

Seebad mit Stil

Marina di Pisa

Das Seebad mit Jachthafen an der Arnomündung war einst ein Fischerdorf. Jugendstilvillen belegen den Aufschwung zum Badeort mit schmalem Sandstrand. Gut besucht sind die auf Stelzen im Wasser stehenden Fischrestaurants. Breite, feinsandige Strände besitzt der südlich von hier gelegen Badeort **Tirrenia**.

Thermenort

San Giuliano Terme

Das Bagni di Pisa Natural Spa Resort im 1743 gebauten Sommerpalast des ersten Habsburg-Großherzogs Franz Stephan von Lothringen (www.bagnidipisa.com) hat den Kurtourismus in San Giuliano Terme stark aufgewertet. Das toskanische Zentrum für Schlankheitskuren arbeitet ganzheitlich mit der »Equilibrium«-Methode, die Körper und Geist ins Gleichgewicht bringt. Der nahe Hausberg Pisas, der **Monte Pisano**, ist ein angenehmes Wanderziel.

Naturgeschichte im Kloster

★ Calci

Schmuckstück der 823 erstmals erwähnten Dorfkirche **Pieve di Sant'Ermolao** ist ein reliefverziertes romanisches Taufbecken aus dem 12. Jahrhundert. Die eigentliche Attraktion des Ortes befindet sich aber 1 km außerhalb: Die nach Pavia zweitgrößte Kartause Italiens, die **Certosa di Calci** (1366), wird heute als nationales Monu-

ment geführt. Im 17./18. Jh. erhielt das Kloster ein barockes Antlitz, berühmt sind besonders das Kuppelfresko der Kirche und die Kreuzgänge: Den kleineren entwarf Lorenzo da Settignano (15. Jh.), den größeren mit Mönchszellen Baumeister Cartoni (Anf. 17. Jh.).
Das zur Kartause gehörende Naturkundliche Museum der Universität Pisa, das **Museo Nazionale della Certosa di Calci**, ist eines der ältesten der Welt. Es öffnete bereits im 16. Jh. in Pisas Botanischem Garten, zeigt Fossilien, Mineralien und Tierpräparate und veranstaltet Ausstellungen, z. B. zur Geschichte der Falkenjagd.

Certosa di Calci: Via Roma 79 | Di. - Sa. 8.30 - 18.30, So. 8.30 bis 12.30 Uhr (Führung jede volle Stunde) | Eintritt: 5 €

Museo Nazionale della Certosa di Calci: Juni - Mitte Sept. tgl. 10 - 20, sonst Mo. - Sa. 9 - 19, So. bis 20 Uhr | Eintritt: 4 €, mit Aquarien 8 € | www.msn.unipi.it

Geburtsort einer Ikone

Pontedera

Ihr Knattern erfüllt den kleinsten Flecken Italiens genauso wie die Hauptstadt Rom, ihre eleganten Kurven sind Blickfang auf den Straßen im ganzen Land. In dem Landstädtchen Pontedera erblickte sie 1946 das Licht der Welt. Die Rede ist von der Vespa, dem zweirädrigen Inbegriff des »dolce vita«. All die herrlichen Vespa-Modelle können im **Museo Piaggio** bewundert werden, darunter auch die »Vespa 98 cc«, mit der alles begann, und andere Flitzer aus den Anfangsjahren. Darüber hinaus wartet Pontedera, der Geburtsort von Andrea Pisano, mit hübschen Cafés und moderner Kunst in den Fußgängerzonen auf. Freunde frischer Teigwaren sollten von der Autostrada (Ausfahrt Pontedera) den Abstecher nach Lari erwägen, wo die seit 1926 existierende Pasta-Manufaktur **Martelli** besichtigt werden kann.

Museo Piaggio: Viale Rinaldo Piaggio 7 | Di. - Sa. 10 - 18, jeder 2. u. 4. So./Monat 10 - 18 Uhr | Eintritt frei | www.museopiaggio.it

Martelli: Via S. Martino 3 | Tel. 0587 68 42 38 | www.famigliamartelli.it

★ PISTOIA

Provinz: Pistoia (PT) | **Höhe:** 65 m ü. d. M. | **Einwohnerzahl:** 90 350

Gabriele D'Annunzios mittelalterliche »Stadt der Stille« ist keineswegs so ruhig. Im Gegenteil – Italiens Kulturhauptstadt des Jahres 2017 ist ein quicklebendiger Trendtipp: ökologisch (auch dank der seit 150 Jahren berühmten Baumschulen), kinderfreundlich, charmant und mit veritablem Nachtleben.

Natürlich gibt es Augenblicke, in denen selbst die Schönheiten von Pistoia wie das Baptisterium auf dem Domplatz in den Hintergrund treten.

Kleinstadt mit Charme

Es ist gewiss nicht leicht, sich zwischen zwei solchen Berühmtheiten zu behaupten, wie es Florenz und Lucca nun einmal sind. Fast schon ein wenig stiefmütterlich behandeln daher die Touristen aus aller Welt Pistoia, das sie oft links liegen lassen – und ihm damit unrecht tun. Denn vor allem die Altstadt geizt nicht mit Charme. Dieser entfaltet sich vor allem bei einem Spaziergang rund um den Domplatz und die Piazza della Sala. Letztere verwandelt sich tagtäglich zusammen mit den angrenzenden Gassen, die so klangvolle Namen wie Via del Cacio (Käsestraße) und Via Cippolini (Zwiebelstraße) tragen, in ein brummendes toskanisches Marktviertel. Unter einem Meer von Markisen lassen Ihnen die vielen Leckereien – frischestes Obst und Gemüse, Delikatessen aus Apulien und Kalabrien, wilder Fenchel von der Insel Elba u. v. m. – das Wasser im Mund zusammenlaufen. Bevor Sie sich diese aber in einem der netten Ristorantes auch schmecken lassen, sollte noch ein Rundgang zu den kulturellen Glanzpunkten anstehen, die Pistoias interessante Geschichte beleuchten. Selbst in den Untergrund geht es, wenn Sie denn wollen. Ach, vielleicht lebt es sich doch gar nicht so schlecht, im Schatten von Florenz, Lucca & Co.!

Alte Handelsstadt zwischen den Fronten

Geschichte

Pistoia entstand als Handelsstadt an der römischen Heeresstraße Via Cassia. Im 12. und 13. Jh. erlebte sie ihre Blütezeit, doch Streitigkeiten mit den Nachbarstädten waren schon bald folgenschwer: Im Norden stritt Pistoia mit Bologna um die Kontrolle der Apenninen-Pässe,

PISTOIA ERLEBEN

Piazza del Duomo 4
Tel. 0573 2 16 22
www.pistoia.turismo.toscana.it

SISTEMA MUSEALE PISTOIA

Museo Civico, Rospigliosi-Museen, Diözesanmuseum, Museo del Ricamo, Centro Marini und Palazzo Fabroni können mit Sammeltickets besucht werden: Variante A umfasst zwei (6 €, mit Pal. Fabroni 7 €), Variante B alle Museen (9 €, mit Pal. Fabroni 12 €).

Ab Parcheggio Cellini startet Shuttlebus »M – il Micco«. Ab Bahnhof, Parcheggio Pertini (Viale A. Pacinotti) und Piazza San Francesco zirkulieren die Busse 1 und 3. Taxi: Amico Pistoia, Tel. 0573 17 97, www.taxiamicopistoia.it

Die Giostra dell' Orso (25. Juli) findet zu Ehren des Stadtheiligen San Jacopo mit Umzug und Wettkampf zu Pferd auf dem Domplatz statt: Vier Teams erlegen symbolisch einen Bären (Tickets über Tourismusbüro, 8/22 €). Publikumsmagneten sind das Musikfest Pistoia Blues (Juni/Juli) und das Food Festival La Toscana in Bocca (Ende April).

1 TRATTORIA DELL'ABBONDANZA €–€€

Cristian und Francesco Ercolini sowie Weinmeister Samuele Gemignani empfehlen den Pistoia-Klassiker Carcerato: Dies »Gefängnismahl« schufen im Mittelalter hungernd einsitzende Schuldner aus Innereien, Brot und Gemüse. Lokale Spezialitäten sind auch Eier-Maccheroni mit Entensauce und Pistoias Tomatensuppe.
Via dell'Abbondanza 10–14
Tel. 0573 36 80 37
www.trattoriadellabbondanza.it, Mi. geschl.

2 CACIODIVINO €

Spezialität der Osteria und Enoteca sind Taglieri mit Schinken oder Salami! Toskanisch einfach und doch so lecker sind aber auch die vegetarischen Crostoni mit Pecorino, die sättigende Gemüsesuppe Ribollitá, Bacalá mit Kirchererbsencreme oder Sardinenfilets mit Trüffeln.
Via del Lastrone 13
Tel. 0573 1 94 10 58
www.cacio-divino.it

1 TENUTA DI PIEVE A CELLE €€€€

Luxus mit Maskottchen! Fiorenza und Cesare Saccenti und die Golden Retriever Olga und Viola empfangen ihre Gäste im Ambiente der 1850er-Jahre. Gratis in den nach Duftpflanzen benannten Zimmern ist das Biokosmetik-Kit auf Olivenbasis.
Via di Pieve a Celle 158
Tel. 0573 91 30 87, www.facebook.com/pg/tenutadipieveacelle

im Westen lauerte die Seerepublik Pisa, im Osten expandierte das guelfische Florenz. Eine militärische Niederlage führte 1254 schließlich zur florentinischen Vorherrschaft. Die Schleifung der Stadtmauern 1307 bedeutete die Unterwerfung Pistoias, im 16. Jh. wurde es in das toskanische Großherzogtum eingegliedert.

1 Palazzo del Capitano del Popolo
2 Piazza della Sala
3 Centro di Documentazione e Fondazione Marino Marini
4 Museo Diocesano

1 Trattoria dell' Abbondanza
2 Caciodivino

1 Tenuta di Pieve a Celle

Wohin in Pistoia?

Das Herz Pistoias

★ Piazza della Sala, Piazza del Duomo

Sie sind ein ungleiches Paar: Hier die quicklebendige Piazza della Sala mit dem charakteristischen Ziehbrunnen und den mittelalterlichen Ladenwerkstätten, die nach wie vor von alten Steinbänken an den Fenstern flankiert werden. Schon seit der Langobardenzeit ist sie das ökonomische Zentrum der Stadt, heute tagsüber mit einem feinen Markt und abends mit Bars und Trattorie.

Dort, nur wenige Schritte entfernt, die überraschend weitläufige Piazza del Duomo, Mittelpunkt des historischen Stadtkerns, der sich seit eh und je in harmonischer Strenge präsentiert, und das auchnoch – sehr ungewöhnlich für eine italienische Stadt – ganz ohne Geschäfte oder Straßencafés. Kirchliche und weltliche Macht sind am Domplatz einträchtig vereint: der Dom mit Kampanile und Baptisterium, Bischofspalast, Palazzo del Podestà, der wappengeschmückte Palazzo Comunale und der mittelalterliche Wohnturm Torre di Catilina.

628 Figuren, eine Reliquie

★ Duomo San Zeno

Der Dom wurde im 12. und 13. Jh. an Stelle eines Vorgängerbaus aus dem 5. Jh. errichtet. Das farbige Majolika-Kassettengewölbe vor dem Hauptportal stammt von Andrea della Robbia, ebenso das Terrakotta-Relief in der Lünette, das die Madonna mit zwei Engeln zeigt (1505). Der dreischiffige Innenraum wurde dem Zustand des 13. Jh.s wieder angeglichen. Gleich neben dem Eingang befindet sich das Grabmal von Cino da Pistoia mit der sitzenden Figur des Dichters, das Werk eines unbekannten Meisters aus dem Jahr 1337. In der Capella di San Jacopo, die man vom rechten Seitenschiff aus betritt, steht das bedeutendste Ausstattungsstück, der **Silberaltar des hl. Jakobus**, hergestellt zwischen 1287 und 1456 für eine Jakobsreliquie, die der Bischof von Pistoia 1144 vom Erzbischof von Santiago de Compostela erhalten hatte. Die 628 Figuren sind aus Silberblech getrieben, teils vergoldet und über einem Kern aus Holz, Wachs und Harz montiert. An der Frontverkleidung sind 15 Szenen aus dem Neuen Testament dargestellt (1316). Die rechte Seite zeigt neun Szenen aus dem Alten Testament (1361 – 1364), die linke bildet neun Szenen der Jakobus-Vita ab (1367 – 1371). Die Statue des hl. Jakobus auf dem Thron schuf Giglio Pisano. Die beiden Prophetenfiguren links am Altaraufsatz werden Brunelleschi zugeschrieben.
Das **Battistero San Giovanni** (14. Jh.) gegenüber dem Domportal weist den charakteristischen achteckigen Grundriss einer Taufkirche

Restaurants und Cafés laden auf der Piazza della Sala ein. Die Herren der Skulptur »Il giro del Sole« haben es scheinbar trotzdem eilig.

auf. Mindestens genauso verlockend ist jedoch – nicht nur an heißen Sommertagen – die herrlich kühle Erfrischung nebenan: Das Eis der **Gelateria Voronoi** sucht in Pistoia seinesgleichen.

Duomo San Zeno: tgl. 8–12.30, 16–19 Uhr | Eintritt frei, Silberaltar 2 €

Wahrzeichen Pistoias

★ Kampanile

Stolze 66 m hoch ragt der Kampanile neben dem Dom in den Himmel. Besonders schön am markanten, an venezianische Vorbilder erinnernden Glockenturm sind die drei oberen Stockwerke mit den zierlichen Arkaden und grün-weiß gestreifter Marmorinkrustation aus dem 13. Jahrhundert. Das Glockengeschoss sowie die ziegelsteinverblendete Turmspitze sind eine Erweiterung des 16. Jahrhunderts.

Aufstieg (mind. 4 Pers.) n. V. im Tourismusbüro | Eintritt: 7 €

Das Los eines Verräters

Palazzo Comunale

Am westlichen Ende des Domplatzes schließt sich an die Apsis von San Zeno der 1339–1385 erbaute Palazzo Comunale an, der mit seinen fünf Arkadenbögen äußerst elegant wirkt. 1637 wurde die Verbindungsbrücke zum Dom angefügt. Kurioses Detail an der Fassade ist ein schwarzer Marmorkopf, über dem ein ausgestreckter Eisenarm eine Keule gen Himmel reckt. Dargestellt ist wohl Filippo Tedici, der 1325 seine Heimatstadt zum Vorteile Luccas verriet. Der Palast ist u. a. Sitz des **Museo Civico** (Stadtmuseum), das auch Fresken und Gemälde (12.–20. Jh.) präsentiert.

Piazza Duomo 1 | Di.–Fr. 10–14, Sa., So. 10–18, sonst Do.–So. 10–18 Uhr | Eintritt: 3,50 € oder Sammelticket

Bischöfliche Pflichten

Palazzo dei Vescovi

Der Bischofspalast rechts vom Domeingang erzählt nichts von jener »mystischen Hochzeit«, die Pistoia einst einem Neubischof in der Benediktinerabtei San Pier Maggiore abverlangte. Vor den versammelten Bürgern gingen die frisch ernannten Kirchenhirten durch den Tausch von Eheringen mit der jeweiligen Klosteräbtissin eine Variante der »Unio mystica« in Form einer symbolischen Eheschließung ein. Witze über das aufgestellte Prunkbett waren dann in der Gegenreformation Grund für die Abschaffung der Zeremonie. Im Palast zeigt das **Domkapitelmuseum** Sakralobjekte und die Gemäldesammlung Bigongiari mit Florentiner Werken (17. Jh.).

Führungen Di., Do., Fr. 10.15, 11.45, 13.15, 14.45, Sa., So. 10.15, 11.45, 13.15, 15, 16.30 Uhr | Eintritt: 5 €

Pest-Profiteur

Ospedale del Ceppo

Bis zur Schließung 2013 galt das 1277 gegründete Ospedale del Ceppo als eines der ältesten Hospitäler der Welt. Den Namen »Ceppo« verdankt es einem hohlen Kastanienbaumstumpf, in dem Almosen für den für Arme und Pilger geplanten Bau gesammelt wurden. Mit der Pest 1348 stieg das Hospiz zu einer der ersten Adressen Pistoias auf: Dankbare Überlebende vermachten ihm Hab und Gut. 1502 erhielt das Hospital eine Loggia, über deren Portikus 1526 ein glasierter Terrakottafries von Santi Buglioni (1494–1576), eine der schönsten Arbeiten aus der Werkstatt der della Robbia, angebracht wurde.

Es geht in den Untergrund

Pistoia Sotterranea

Archäologen fanden eine unterirdische Verbindung zwischen der Porta al Borgo im Norden und der Fortezza Santa Barbara im Süden der Altstadt. Vom Hospital aus ist der Gang auf einer Länge von 650 m zu besichtigen (die Öffnung des insgesamt 1800 m langen Weges bis zur Festung ist geplant). Die Kooperative Pistoia Sotterranea führt die Besucher zudem durch die Räume der berühmten **Medizinschule**, die 1666–1844 im Hospital untergebracht war. Die spannende Zeitreise führt zu einer antiken römischen Brücke und zur etruskisch-römischen Stadtgründung, von Pistoias Blüte zeugen ein mittelalterliches Waschbecken und zwei Ölmühlen, eine davon entstand 1188. Höhepunkt im Hospital ist das für 40 Studenten konzipierte kleinste Anatomische Theater der Welt. Ein schlichter Marmortisch diente zur Präsentation der Leichname.

April–Sept. tgl. 10–19, sonst bis 18, Führung (max. 20 Pers.) tgl. 10.30, 11.30, 12.30, 14, 15, 16, 17, April–Sept. auch 18 Uhr
Eintritt: 9 € | www.irsapt.it

Alte Eisen

Museo della Sanità Pistoiese – Ferri per curare

2016 zog das Museo dei Ferri Chirurgici mit seinen 270 spektakulären chirurgischen Instrumenten in die zum Hospital gehörende Corsia di San Jacopo. Multimedial aufbereitet firmiert es nun als »Museo della Sanità Pistoiese – Ferri per curare« (Museum des Gesundheitswesens in Pistoia – Eisen zum Heilen) und zeigt virtuell den historischen Anatomischen Atlas von Paolo Mascagni.

Via delle Pappe 13 | Führungen Sa. 10.30–12.30, 16–18 Uhr
Vorbestellung: Tel. 800 01 21 46 | Eintritt: 2 €

Gotisches Skulpturen-Feuerwerk

★ Sant'Andrea, Via Sant' Andrea

Mit der Kirche Sant'Andrea (Ursprung im 8. Jh.) befindet sich wenige Hundert Meter nördlich des Doms ein weiterer Höhepunkt. Hinter der Proto-Renaissance-Fassade wartet die prächtige **gotische Kanzel** (1298–1301) von Giovanni Pisano, ein Hauptwerk des Künstlers. Sie ruht auf sieben roten Porphyrsäulen, auf den üppig verzierten Kapitellen erheben sich die Figuren von Sibyllen und Propheten. Die Kanzelreliefs erzählen in fünf Bildfeldern die Geschichte Christi.

Die Via Abbi Pazienza (»Habe Geduld«-Straße) an der Ecke zur Via Sant'Andrea verdankt ihren kuriosen Namen einem blutigen mittelalterlichen Streit zwischen Kaiser- und Papstgetreuen. Einer Legende zufolge lauerte hier ein zur Vendetta (Blutrache) entschlossenes

Mitglied der Familie Rossi nächtens einem Feind auf. Doch nicht der Gegner, ein guter Freund erschien. Der fiel dem angehenden Meuchelmörder in den zum Messerstich erhobenen Arm, merkte aber nur verständnisvoll an: »Abbi pazienza – geduld dich!«

Moderne Kunst

Palazzo Fabroni

Liebhaber zeitgenössischer Kunst können gleich gegenüber von Sant'Andrea das Centro di Arti Visive Contemporanee im Palazzo Fabroni ansteuern, das eine Sammlung mit Werken ab Ende des Zweiten Weltkriegs zeigt. Vertreten sind Werke von Roberto Barni bis Marco Tirelli, Pop und Minimal Art sowie Arte Povera.

Via Sant'Andrea 18 | Di.–Fr. 10–14, Sa., So. 10–18 Uhr
Eintritt: 3,50 €

Feinste Stickereien

Palazzo Rospigliosi

An der Via Ripa del Sale 3 steht der Palast der Familie Rospigliosi, deren illustrer Spross Papst Clemens IX. war. Er beherbergt mehrere Museen, darunter das **Museo del Ricamo**, das sich Pistoias grandioser Stickereitradition widmet.

Di.–Do. 10–13, Fr., Sa. und 1. So. im Monat 10–13, 15–18 Uhr
Eintritt frei

Der Majolikafries des Ospedale del Ceppo illustriert, was Nächstenliebe alles bedeuten kann.

Sakrale Kunst für Liebhaber

Weitere Kirchen

Ursprünglich »fuor civitas«, also außerhalb der Stadt, entstand die Benediktinerkirche **San Giovanni Fuorcivitas**. Im Kirchenschiff verdient die Kanzel von Fra Guglielmo da Pisa (um 1270) Beachtung. Kostbar ist das Weihwasserbecken, wohl Giovanni Pisanos Erstlingswerk. Die sechseckige Basis zeigt u. a. Personifizierungen der drei Kardinalstugenden Glaube, Liebe und Hoffnung.
Pistoias vielleicht berühmtestes Kunstwerk ist die »Visitazione« (Mariä Heimsuchung) von Luca della Robbia. Die weiße, glasierte Skulpturengruppe ist von 1445 und damit die älteste in dieser Technik weltweit. Sie wird seit 2017 in der nahen Kirche **San Leone** an der Piazza San Leone gezeigt.

Archaisch-moderne Skulpturen

Centro di Documentazione e Fondazione Marino Marini

Durch die Via Crispi kommt man in den Süden der Altstadt zur Einkaufsstraße Corso Silvano Fedi. In der ehemaligen Ordenskirche Sant'Antonio dei Frati del Tau am Corso Silvano Fedi wurde dem Bildhauer Marino Marini (1901–1980), der für seine archaischen Menschen- und Tierfiguren bekannt ist, ein Museum eingerichtet.
Die Cafeteria im »Chiostro delle Ortensie« (Hortensienkreuzgang) ist eine Ruheoase und offiziell »Area destressizzata«, stressfreie Zone.

Corso S. Fedi 30 | April–Sept. Mo.–Sa. 10–18, Okt.–März Mo.–Sa. 10–17 Uhr | Eintritt: 3,50 € | www.facebook.com/MuseoMarinoMariniPistoia

Pistoias wichtigster neuer Kulturbaustein

Biblioteca San Giorgio

Die hypermoderne, aus einem Industriegebäude entstandene Biblioteca San Giorgio ist nicht nur eine Bücherei, sondern zeigt auch spannende Ausstellungen. U. a. wurde hier 2017 Anselm Kiefers Installation »Die große Fracht« gezeigt.

Via S. Pertini | Mo. 14–19, Di.–Sa. 9–19 Uhr | www.sangiorgio.comune.pistoia.it

Rund um Pistoia

Grünes Pistoia

Baumschulen

Pistoias Baumschulen rund ums Stadtgebiet züchten auf insgesamt 5200 ha Zypressen, Obstbäume und Raritäten wie den vermeintlich ausgestorbenen Citrus aurantium, den im 17. Jh. geschätzten Bitterorangenbaum. 85 % der Bäume werden in 56 Länder exportiert.
Pistoias Berge erschließen sechs Themen-Wanderungen des **Ecomuseo della Montagna Pistoiese**.

Piazzetta Achilli 7, Gavinana | April–Sept. Mi.–So. 10–12, 16–19 Uhr
www.ecomuseopt.it

Bizarre Stadtarchitektur: Scheinbar eins sind die Häuser und das Felsplateau von Pitigliano.

★★ PITIGLIANO

Provinz: Grosseto (GR) | **Höhe:** 313 m ü. d. M. | **Einwohnerzahl:** 3850

Das Geheimnisvolle verfolgt Sie in Pitigliano auf Schritt und Tritt. Schon bei der Anfahrt auf den kleinen mittelalterlichen Ort wirkt die Szenerie unwirklich: Aus dichtem Grün steigt ein imposanter Felsen empor, aus diesem wiederum wachsen scheinbar nahtlos Häuser in den toskanischen Himmel, dicht an dicht stehend und kühn bis an den Abgrund gebaut – auch ohne Stadtmauer gleicht das Städtchen einer uneinnehmbaren Festung.

Aus dem Stein gehauen

Das Mysteriöse setzt sich auch im Innern dieser »Festung« fort. Gewundene Treppen verschwinden geheimnisvoll um Ecken, wild zusammengewürfelte Häuser bilden ein undurchdringlich scheinendes, mittelalterliches Labyrinth aus kopfsteingepflasterten Gassen, die sich unvermittelt zu Plätzen öffnen oder auch am Rande des 300 m tiefen Nichts enden. Im Untergrund warten derweil uralte Höhlen.

PITIGLIANO ERLEBEN

TOURISMUSBÜRO

Bester Startpunkt für einen Altstadtrundgang. Hier gibt es auch eine Karte und Führungen zu den acht um Pitigliano erschlossenen, bis 20 m tief in den Fels gehauenen Etrusker-Hohlwegen (▶ S. 287).
Piazza Garibaldi 12
Tel. 0564 61 71 11
www.comune.pitigliano.gr.it

IL TUFO ALLEGRO €€€

Exemplarisch für die zu Weinhandlungen und Restaurants mutierten Höhlen steht diese Trattoria: Valeria und Domenica bieten auch Pitiglianos leckeres jüdisches Traditionsgericht Buglione d'agnello, servieren Lamm in Tomatenbouillon. In der Cantina lagern 550 große Weine!
Vicolo della Costituzione 5
Tel. 0564 61 61 92
Di. u. Mi. mittags geschl.

Vor Tausenden von Jahren in den weichen Tuffstein geschlagen, dienten sie einst den Etruskern als Grabkammern. Heute hüten sie, wie schon in römischer Zeit, zwar keine geheimnisvolle, aber doch unheimlich gute Tropfen – bei einem Glas »Bianco di Pitigliano« aus einem der kühlen Weinkeller lässt sich dann so manches Geheimnis ergründen. Und so allmählich mag man begreifen: Das mysteriöse Pitigliano ist real und unglaublich schön.

2500 Jahre Besiedlung

Geschichte

Mauerreste aus dem 6./5. Jh. v. Chr. beweisen, dass schon Etrusker auf dem Felsplateau lebten. Bestens waren sie durch die Schlucht rund herum geschützt vor möglichen Angreifern. Zwar blieb der Ort wohl auch nach etruskischer Zeit besiedelt, seine erste schriftliche Erwähnung datiert jedoch ins Jahr 1061. 1293 lösten die guelfenfreundliche römische Familie Orsini die Aldobrandeschi als Stadtherren ab und machten Pitigliano zum Stammsitz ihrer Grafschaft, später kam der Ort an die Florentiner Familie Strozzi und erst 1604 zum Großherzogtum Toskana. Da war Pitigliano bereits eine Hochburg der jüdischen Gemeinde, die hier nach Erlass päpstlicher Restriktionen im 16. Jh. Zuflucht fanden.

Wohin in Pitigliano?

Diese Aussicht!

★★ Madonna delle Grazie

Für den schönsten Blick auf das besonders in der Abenddämmerung surreal wirkende Pitigliano müssen Sie das Städtchen natürlich hinter sich lassen und sollten hierzu mobil sein. Nach gut 1,5 km erreichen sie auf der Straße nach Manciano die kleine Dorfkirche Madonna delle Grazie. Der Anblick der im Licht der untergehenden Sonne rotgolden schimmernden Tuffsteinfelsen und Häuser ist unvergesslich!

Der Weg ist das Ziel

★ Stadtrundgang

Lassen Sie sich bei Ihrem Rundgang durch Pitigliano ziellos durch die Treppengassen und Durchgänge treiben, die noch auf die Zeit der Aldobrandeschi und Orsini zurückgehen. Bei ihrem Rundgang ergibt sich eines der schönste Fotomotive auf der Terrasse der Piazza della Repubblica, die seit 2008 die von Mario Vinci geschaffene Bronzegruppe »Il Villano« ziert – Landmann und Esel stellen eine Hommage ans karge, einfache Dorfleben dar. Die Medici veranlassten den Bau des **Aquädukts** an der Via Cavour (1636–1639). Die Piazza Gregorio VII. beherrscht der barocke Dom mit mächtigem Kampanile.
An die Orsini erinnert der zinnenbewehrte **Palazzo Orsini** (14. Jh.) mit Brunnenhof, den Renaissancearchitekt Giuliano da Sangallo neu gestaltete. Das darin beheimatete Museo Diocesano zeigt Gold- und Silberarbeiten wie auch das Tafelbild »Madonna auf dem Thron« (1494), wohl vom Sienesen Guidoccio Cozzarelli.

Palazzo Orsini: April–Okt. Di.–So. 10–13, 15–18, Juli bis 19, Aug. tgl. bis 20, sonst Di.–So. 10–13, 15–17 Uhr, Mitte Jan.–Mitte März geschl. | Eintritt: 5 € | www.palazzo-orsini-pitigliano.it

Lebendige Antike

Museo Civico Archeologico della Civiltà Etrusca

Im mit lebensnahen Konzepten auftrumpfenden Archäologischen Museum zur Etruskerzivilisation werden Schalen und Keramiken auch mit Obst und Getreideähren gefüllt, um ihren antiken Alltagswert hervorzuheben. Teil des Museums ist der Archäologische Park »Alberto Manzi« an der Strada Provinziale 127, der die »Stadt der Lebenden« und die »Stadt der Toten« thematisiert.

Museum: Piazza Fortezza Orsini 59 c | wechselnde Öffnungszeiten, im Sommer meist Do.– Mo. 10–19, im Winter nur Sa., So. 10 bis 18 Uhr | Eintritt: 3 € | www.museidimaremma.it

Park: Via Cava del Gradone | Öffnung wie oben, Nov.–Feb. geschl. Eintritt: 4 €, mit Archäologischem Museum 6 €

Jüdisches Ghetto

Piccolo Gerusalemme della Maremma

Bis ins 20. Jh. gab es in Pitigliano eine große jüdische Gemeinde, die seit 1598 eine Synagoge besitzt. Die Synagoge und das alte Ghetto, das als »Klein-Jerusalem der Maremma« bezeichnet wird, können besichtigt werden; zu sehen sind ein altes Ritualbad der Frauen, eine koschere Metzgerei, Weinkelterei, Färberei und Bäckerei sowie das Museo di Cultura Ebraica. Der Zugang zum Viertel ist am Vicolo Marghera/Vicolo Manin. Der jüdische Friedhof (Cimitero Ebraico) außerhalb von Pitigliano an der SS 74 Richtung Manciano kann ebenfalls besichtigt werden.

BAEDEKER ÜBERRASCHENDES

6X ERSTAUNLICHES

Überraschen Sie Ihre Reisebegleitung: Hätten Sie das gewusst?

1. ANTIKER ANTITRANSPIRANT

Etruskerinnen liebten Goldschmuck, Etruskerkrieger Bronzegeräte, um Schweiß von Oberarm- und Brustmuskeln zu entfernten. Beides sieht man in **Vetulonias** Museo Archeologico Isidoro Falchi. (► **S. 186**)

2. MARMORSPECK

Speck ist nicht gleich Speck – besonders, wenn es sich um den Lardo di Colonnata handelt! Die schneeweiße Spezialität reift in einem Dorf oberhalb von **Carrara** zwischen Marmorplatten! (► **S. 71**)

3. HIMMLISCHER BEISTAND

Prüfungsangst sorgt jährlich für blank polierte Plastiken an den Bronzetüren zu **Pisas** Dom. Gestresste Schüler bitten durch Berühren der leuchtenden Tierfiguren um Beistand gegen forsche Lehrer. Ob's klappt? (► **S. 266**)

4. GESCHICHTE VERKEHRT

Die geheimnisvollen Hohlwege um **Pitigliano** und **Sorano** dienten seit der Etruskerzeit dem Handel. Da die Wege immer tiefer in den Tuff gegraben wurden, befinden sich die ältesten Graffitis nun weit oben, die jüngsten Motive aber in Augenhöhe. (► **S. 287**)

5. EDLER TROPFEN

»L'Occhio di Pernice«, das Auge des Rebhuhns, ist ein Vin Santo, dessen Farbe der blässlich rosa Pupille des Edel-Wildhuhns ähnelt. Die Spezialität wird vor allem aus **Montepulcianos** Sangiovese-Trauben gewonnen. (► **S. 242**)

6. SCHATZ VON MONTE CRISTO

Den legendären Schatz aus Alexandre Dumas' »Der Graf von Montechristo« gab es wirklich: Im Jahr 2004 entdeckten Archäologen unter dem Kirchenaltar von San Mamiliano in **Sovana** 498 Goldmünzen! (► **S. 287**)

Vicolo Marghera/Vicolo Manin | Info-Tel. 0564 61 42 30 | April–Sept. So.–Fr. 10–13, 14.30–18, sonst So.–Fr. 10–12, 15–17 Uhr
Eintritt: 5 € | www.lapiccolagerusalemme.it

Durch diese hohle Gasse

★ Vie Cave

Es ist eine mystische Erfahrung, im suggestiven Licht- und Schattenspiel der Sonne durch einen der etruskischen Hohlwege zu wandern, die die Umgebung Pitiglianos durchziehen. Ursprünglich dienten die Vie Cave wohl religiösen Zwecken: Fast alle führten zu archaischen Kultstätten. Da sie auch Orte verbanden, fungierten sie auch als sichere Transportwege – und wurden so immer tiefer in den Tuff getrieben. Besonders gut begehbar sind die Via Cava di San Giuseppe und die Via Cava di Poggio Cani in Richtung Sovana.

Rund um Pitigliano

Charmantes Mittelalterstädtchen

Sorano

Auch Sorano ist von einer Orsini-Burg gekrönt. Im Mittelalter- und Renaissancemuseum der meisterhaft gebauten Festung (13. Jh.) sind die Grotesken (16. Jh.) im Turmzimmer interessant. Im Erdgeschoss befindet sich ein Büro des Archäologischen Parks »Città del Tufo«, zu dem der nach der Kapelle (18. Jh.) an der Provinzstraße 22 benannte Felsen San Rocco mit Etruskernekropole (3./2. Jh. v. Chr.) gehört. Grandios ist die Aussicht vom Masso Leopoldino (Via del Poggetto). Auch die ab 1000 v. Chr. erbaute Siedlung Vitozza bei San Quirico ist Teil des »Tuffstadt«-Parks. Ihre 200 Grotten waren bis ins 19. Jh. bewohnt.

Museo del Medioevo e del Rinascimento: April–Sept. Di.–So. 10 bis 13, 15–19, Okt. bis 18, März nur Sa., So. bis 17 Uhr, Aug. auch Mo.
Eintritt: 4 €, mit Park und Museo San Mamiiano in Sovana 8 €
Parco »Citta del Tufo«: siehe Sovana, Nekropolen Vitozza, San Rocco jeweils Eintritt frei

Bilderbuchdörfchen mit sagenumwobenem Schatz

★ Sovana

Der Schatz von Montecristo ist kein Mythos. Mindestens drei Quellen sprachen stets von einem geheimnisvollen Schatz in der Kirche des hl. Mamilian – auf Montecristo. Doch statt auf der Insel suchten Archäologen 2004 in der uralten Kirche **San Mamiliano** von Sovana. Und sie wurden fündig: 1,85 m unter dem Altar entdeckten sie 498 Goldmünzen, allesamt aus dem 5. Jahrhundert. Da der hl. Mamilian 460 n. Chr. verstarb und seine Gebeine nach Sovana in diese Kirche überführt wurden, liegt der Schluss nahe, in diesem Fund den Schatz von Montecristo zu sehen. Heute sind sie in der Kirche zu sehen.
Aus dem 12. Jh. stammt die auf etruskischen Tuffsteinblöcken erbaute Festung der kaisertreuen Aldobrandeschi, die Medici-Großherzog

Cosimo I. 1572 in altem Glanz restaurierte. In der fünfschiffigen Hallenkrypta des Doms mit gotischem Gewölbe (14. Jh.) schufen lombardische und südfranzösische Steinmetze um 1100 die Reliefszenen der Pfeilerkapitelle.

Im Palazzo Pretorio ist das Besucherzentrum des Parks **Città del Tufo** untergebracht. Ein erster Höhepunkt in den Nekropolen (4. bis 2. Jh. v. Chr.), durch die vier Rundwege führen, ist die Tomba Pisa mit neun teils dekorierten Grabkammern. Das berühmteste Monument der Nekropolen, das 1924 entdeckte **Tomba Ildebranda** (Hildebrandgrab, Ende 3./Anf. 2. Jh. v. Chr.) auf dem Poggio Felceto, ist nach Papst Gregor VII. benannt, der in Sovana um 1025 geboren und auf den Namen Hildebrand getauft wurde. Es wurde als Scheintempel mit Säulen und Kapitellen in den Fels gehauen und besitzt eine steinerne Totenbank.

Auch Sovana hat Hohlwege. Die schöne **Via Cava Di Poggio Grezzano** startet nahe der Tomba Pisa. Der spektakulärste Hohlweg ist »Il Cavone« mit mittelalterlichen Fresken in 3 m Höhe. 1912 wurde auch ein Etruskeraltar entdeckt, auf dem Terracotta- und Bronzestatuetten geopfert wurden.

Museo San Mamiliano: April – Anf. Okt. Do. – Di. 10 – 13, 15 – 19, Anf. Okt – Anf. Nov. bis 18, sonst Sa., So. bis 17 Uhr, Aug. auch Mi. geöffnet | Eintritt: 2 €, mit Park und Fortezza Orsini 8 €

Schon die Etrusker genossen die wabernden Dämpfe von Saturnia.

Dom: Sommer tgl. 9 – 13, 15 – 20, Winter 10 – 13, 15 – 18 Uhr
Eintritt frei
Città del Tufo mit Besucherzentrum & Park: Piazza del Municipio 15 | April – Anf. Okt. tgl. 10 – 19, Anf. Okt – Anf. Nov. bis 18, sonst Sa., So. 10 – 18 Uhr, Jan., Feb. geschl. | Eintritt: 5 €, mit Museo San Mamiliano 8 € | www.leviecave.it

Heilendes Nass

Saturnia

Kein geringerer als der Gott Saturn soll den Thermalort an der antiken Via Clodia gegründet haben, tatsächlich aber waren es wohl eher die Etrusker. Die 37,5 °C warmen, schwefelhaltigen Quellen versprechen Linderung bei Rheuma und Atemwegserkrankungen.
5 km außerhalb von Saturnia (in Richtung Manciano) sprudelt Thermalwasser über die Travertinfälle **Cascate del Molino** in Naturbecken (mit Parkplatz, Bar). Der Naturstein ist teilweise rau, teilweise rutschig – man sollte unbedingt Badeschuhe tragen! Komfortabler ist das **Blackrose Spa** im Hotel Terme di Saturnia, Europas größtem Thermalresort, wo auch Nicht-Hotelgäste Anwendungen buchen und den Thermalpark nutzen können (www.termedisaturnia.it).

★★ PRATO

Provinz: Prato (PR) | **Höhe:** 61 m ü. d. M. | **Einwohnerzahl:** 192 000

Kunst oder Kleidung – wer hier nur auf der Durchreise ist, hat die Qual der Wahl. Im »Manchester der Toskana«, das im 19. Jh. zur Textilmetropol aufstieg, schlagen noch heute die Herzen von Modeliebhabern und Schnäppchenjägern höher, die von Outlet zu Outlet ziehen. Dabei wird mitunter übersehen, dass Prato einen wunderbaren Altstadtkern besitzt, einen Dom, an dem sich die besten Künstler ihrer Zeit verewigten, und eine vibrierende, moderne Kunstszene. Wohl dem, der etwas mehr Zeit mitbringt.

Mode ... und viel, viel mehr

Keine Sorge, Prato ist zwar auch als »Stadt der 100 Schornsteine« bekannt, doch müssen Sie nicht fürchten, hier in einer hässlichen Industriestadt zu landen. Gewiss, auch heute hat Prato noch Fabriken, doch sind diese in den Industriegebieten rund um die Stadt angesiedelt. Manch historische Textilfabrik hat sich gar in ein Museum verwandelt oder dient wie im Fall der örtlichen Handelskammer als repräsentativer Sitz. So mag das völlig intakte historische Zentrum, umgeben von einer fast komplett erhaltenen Stadtmauer, die Erwartungen von vielen Besuchern bei Weitem übertreffen. Und es passt ins Bild, dass Prato auch mit zeitgenössischen Kunstwerken zu überraschen weiß: ob nun im futuristischen Centro per l'Arte Contemporanea Luigi Pecci (▶ S. 398) oder unter freiem Himmel, wo die Stadt mit Siebenmeilenstiefeln voranschreitet und Werke z. B. von Henry Moore (Piazza San Marco), Salvadore Messina (Piazza S. Maria delle Carceri) oder Giò Pomodoro (Gärten an der Via Carlo Marx) präsentiert.

Textilstadt einst und heute

Geschichte

Das Textilgewerbe entwickelte sich schon während der Stauferzeit, als Prato Amtssitz eines kaiserlichen Vikars war. Im 14. Jh. fiel Prato für 17 500 Goldflorin an Florenz, was gelegentlich zu Aufständen führte, aber auch die Geschicke der beiden Städte verband. Prato wurde zur verlängerten Werkbank der Arnostadt – und vermögend. Den größten Aufschwung erlebte die Textilindustrie jedoch erst nach dem Zweiten Weltkrieg, als die Prateser zerschlissene Stoffreste und abgetragene Kleidungsstücke aus dem zerstörten Europa sammelten und zu neuen Stoffen verarbeiteten. Das Geschäft blühte, bis 1975 verdreifachte sich die Einwohnerzahl, auch durch den Zuzug vieler **Chinesen** – heute beheimatet Prato die nach London und Paris drittgrößte chinesische Gemeinde Europas.

Wohin in Prato?

Klotzen, nicht kleckern

★★ Duomo Santo Stefano

Der den hll. Stefan und Johannes dem Täufer geweihte Dom war bereits im Hochmittelalter (10. Jh.) Pratos geistliches Zentrum. Von 1385 bis 1457 erhielt er seine heutige Form. Das damals bereits wohlhabende Prato leistete sich die besten Künstler und avancierte zur Werkstatt der Renaissance: Das festlich Dekorative der grünweißen Fassade unterstreicht Donatellos und Michelozzos ungewöhnliche, aber umso prächtigere Außenkanzel, den **Pulpito della Sacra Cintola** (1433 – 1438, am Dom als Replik, Original im Dombaumuseum). Sie dient einzig der Verehrung des Mariengürtels (Sacra Cintola). Das 87 cm lange Textil aus grünlich feinem Ziegenwollstoff mit Goldfadenbrokat wird mehrmals im Jahr (Ostern, 15. Aug., Weihnachten) von der Kanzel herab präsentiert.
Hauptattraktion des dreischiffigen romanischen Langhauses sind die einmaligen **Fresken des Dominikanermönchs Filippo Lippi**. Mit der Ausmalung der Hauptchorkapelle (1452 – 1466) hinterließen er und sein Assistent Fra Diamante den schönsten Freskenzyklus der Frührenaissance. Das restaurierte Werk zeigt Lebensszenen der zwei

Eine reiche Stadt leistet sich einen stolzen Platz: die Piazza del Duomo von Prato.

PRATO ERLEBEN

Piazza del Comune, Tel. 0574 2 41 12
www.pratoturismo.it

PRATOMUSEI CARD

Kombiniert die vier wichtigsten Museen iCentro per l'Arte Contemporanea »Luigi Pecci«, Museo del Tessuto, Museo di Palazzo Pretorio und Musei Diocesani. Dazu weitere Rabatte und kostenlose Nutzung der Stadtbusse. Gültig drei aufeinanderfolgenden Tagen; 16 € bzw. für Familien 28 €.
www.prato-musei.it

Von der Qualität der hiesigen Mode kann sich jeder beim »Shopping in fabbrica« in Pratos Factory Outlets überzeugen. Die Tourismusinformation hält Broschüren und in der Online-Rubrik »Dove comprare« einschlägige Adressen bereit.

1 IL PIRAÑA €€€€

Die Topadresse für Fischliebhaber. Gian Luca Santini bietet Spitzenküche, z. B. Seebarsch in Salzkurste (Branzino in crosta di sale)!
Via Guiseppe Valentini 110
Tel. 0574 2 57 46
www.ristorantepirana.it
Sa. mittags, So. abends geschl.

2 OSTERIA CIBBÈ €€€

Spezialität in der einfachen, aber umso sympathischeren Osteria von Germano Forestieri ist gefüllter Staudensellerie (Sedani ripieni alla Pratese).
Piazza Mercatale 49
Tel. 0574 60 75 09
www.cibbe.it
So. geschl.

1 FLORA €€-€€€

Hier logieren Sie im Palazzo Martelli, und das gerade einmal 250 m vom Bahnhof Porta al Serraglio. Atmosphäre und Service sind ausgesprochen freundlich.
Via Cairoli 31
Tel. 0574 3 35 21
www.hotelfloraprato.it

Kirchenpatrone auf eher undramatische, fast spielerische Weise. Wunderbar leicht gemalt ist z. B. das »Festmahl des Herodes« mit der tanzenden Salome. Angeblich stand Lippis Geliebte Modell.
In der **Cappella del Sacro Cingolo** (1385 – 1395) links neben dem Eingang wird der heilige Mariengürtel (Sacra Cintola) aufbewahrt. Die von Agnolo Gaddi ausgeführten Fresken erzählen die Legende dieser Reliquie: Bei ihrer Himmelfahrt überlässt Maria ihren Gürtel dem Apostel Thomas, der ihn einem Priester schenkt. Ein Kaufmann aus Prato bringt den wundertätigen Mariengürtel von einer Reise ins Heilige Land mit in seine Heimatstadt, wo er ihn sowohl den kirchlichen als auch den weltlichen Vertretern vermacht. Deshalb besitzen noch heute der Bischof und der Bürgermeister je einen Schlüssel zu dem Schrein.
Domkapellen: Mo., Mi. - Sa. 10 - 13, 14 - 17, So. 14 - 17 Uhr
Eintritt: 5 € | www.diocesiprato.it

1 Il Piraña
2 Osteria Cibbè

1 Flora

Aus nächster Nähe

Museo dell'Opera del Duomo

Ganz ohne Halsverrenken und noch zudem im Original lässt sich der Pulpito della Sacra Cintola (► S. 291) mit Donatellos Kanzelreliefs und Michelozzos Kapitell im Dombaumuseum im Bischofspalast bestaunen. Sehenswert ist auch das weiße Marmorrelief mit Apostel Thomas, Gürtel und Gottesmutter, das der Sienese Niccolò di Cecco del Mercia und sein Sohn Sano 1358–1360 fertigten.

siehe Kapellen, Duomo San Stefano

Stoffe in allen Formen und Farben

Museo del Tessuto

Pratos glanzvolles Vermächtnis zur Textilgeschichte bewahrt das Museum in der berühmtesten der ehemaligen Textilfabriken, der Cimatoria Campolmi. 7000 Exponate in einfallsreich dekorierten Sälen illustrieren die Textilherstellung vom 12. bis ins 20. Jahrhundert. Stoffe aller Kontinente, Werkbänke, Spindeln, Webmaschinen, sogar eine monströse Dampfmaschine im Kesselraum werden gezeigt. Berühmte Designer wie Giorgio Armani und Yves Saint Laurent sind mit Kreationen vertreten. Und Sonderausstellungen gehen z. B. der Frage nach, ob Mode Kunst sei.

Via Puccetti 3 | Di.–Do. 10–15, Fr., Sa. 10–19, So. 15–19 Uhr
Eintritt: 7 € | www.museodeltessuto.it

Auffälliger Hingucker am Dom: die Außenkanzel von Donatello und Michelozzo

Dunkles Kapitel

Castello dell' Imperatore

Markantestes Bauwerk der Altstadt ist die wuchtige, 1237–1248 im Auftrag Kaiser Friedrichs II. erbaute Stauferfestung. Das einst wohnliche, heute karge Festungsinnere dient Film- und Theateraufführungen. Eine Gedenktafel unterhalb des Zugangs erinnert an die Ereignisse vom 4. März 1944, als Pratos Textilarbeiter unter deutscher Besatzung in den Generalstreik traten. 360 von ihnen wurden im Kastell inhaftiert und nach Deutschland deportiert. Nur 20 kehrten lebend zurück. Ab dem 5. September 1944 folgte die Rache: Zehn Nazi-Kollaborateure wurden im Kastell exekutiert.
Der nahe **Cassero** in der gleichnamigen Straße ist ein unsichtbarer mittelalterlicher Fluchtweg, der vom Castello zur Stadtmauer führte. Der Boden war so beschaffen, dass man selbst Pferde nicht hörte.

Castello dell'Imperatore: Piazza Santa Maria delle Carceri
April-Okt. Mo., Mi.-Fr. 16-19, Sa., So. 10-13, 16-19, Nov.-März Fr. 15-17, Sa., So. 10-13, 15-17 Uhr

Cassero: Via del Cassero 14 | 1.4.-30.9. Mi.-Mo. 9-13, 16-19, sonst Mi.-Mo. 9-13 Uhr

Maria der Kerker

Santa Maria delle Carceri

Die Kirche Santa Maria delle Carceri gegenüber dem Kastell wurde für ein wundertätiges Marienbild errichtet, das am 1484 wundersam auf der Außenwand des Stadtgefängnisses (»carcere«) erschienen sein

soll. Zwei Zugänge verbinden Kirche und Sakristei, die einst der Gefängniseingang war. Giuliano da Sangallo baute die anmutige Renaissancekirche 1484 - 1495 auf dem Grundriss eines griechischen Kreuzes.
tgl. 7 - 12, 16 - 19 Uhr

Urbaner Mittelpunkt Pratos

Piazza del Comune

Einladende Straßencafés machen die Piazza del Comune mit dem Denkmal des berühmten Textilkaufmanns Francesco di Marco Datini zum idealen Ziel für eine kleine Pause im Schatten des hochaufragenden **Palazzo Pretorio**. Im Palast präsentiert das städtische **Museo di Palazzo Pretorio** Meisterwerke (14.-20. Jh.) u. a. von Donatello, Filippo und Filippino Lippi sowie Bernardo Daddi. Auch moderne Kunst ist vertreten: 2011 erwarb die Stadt sechs Skulpturen des in Litauen geborenen Jacques Lipchitz (1891 - 1973), der mit Modigliani befreundet war und ab 1963 in Pietrasanta arbeitete; sie sind im dritten Stock neben 21 Kalkmodellen und 43 Zeichnungen separat ausgestellt.
Museo Civico: Mi. - Mo. 10.30 - 18.30, Mitte Aug. 16 - 21.30 Uhr
Eintritt: 8 € | www.palazzopretorio.prato.it

Zentrum eines Handelsimperiums

Palazzo Datini

Man muss ihn in einem Atemzug mit den Fuggern oder Medici nennen: Francesco di Marco Datini (ca. 1335 - 1410), »vielleicht der berühmteste mittelalterliche Kaufmann« (Erich Fried), begründete von Prato aus nicht nur ein Handelsimperium, sondern richtete eine bis heute bestehende wohltätige Stiftung ein. Sein riesiges Vermögen vermachte er Pratos Armen. In seiner Heimatstadt wohnte er im spätgotischen Palazzo Datini, dessen fragmentarisch erhaltenen Fresken die Familienhistorie illustrieren. Die Casa Museo Francesco di Marco Datini präsentiert das Leben des kinderlosen Fabrikanten.
Via Ser Lapo Mazzei 43 | Juni - Sept. tgl. 10 - 13, 16 - 19, Okt. - Mai tgl. 10 - 13, 15 - 18 Uhr | Eintritt frei | www.museocasadatini.it

Sakrale Kunst

San Domenico, Museo di Pittura Murale

Vom Kreuzgang der Ordenskirche (1283 - 1322) mit barockem Innerem gelangt man im Museum der Wandmalerei (Pittura Murale) zu Pratos 1335 bis Anfang des 16. Jh.s entstandenen Tafelbilderschätzen. Volksnah ist Bernardo Daddis »Geschichte des Mariengürtels« (1337/1338). Auch Filippo und Filippino Lippi, Fra Diamante, Agnolo Gaddi und Paolo Uccello sind mit Werken präsent.
Piazza San Domenico 8 | tgl. Mi. - Mo. 14 - 20 Uhr | Eintritt: 5 €
www.diocesiprato.it/museo-di-pittura-murale

Moderner Hochkaräter

Centro per l'Arte Contemporanea

Die spektakuläre Architektur des Zentrums für zeitgenössische Kunst stimmt Sie bereits ein auf die über 1000 Werke der letzten 60 Jahre, die im Innern nicht weniger spektakulär präsentiert werden.

Für die Villenarchitektur der Renaissance setzte die Medici-Sommerresidenz in Poggio a Caiano neue Maßstäbe.

Der 1988 von Italo Gamberini realisierte Bau wurde 2016 von Maurice Nio kongenial erweitert. Großartig ist auch der zugehörige Skulpturenpark.

Viale della Repubblica 277 | Di. – So. 10 – 20, Fr. bis 23 Uhr
Eintritt: 10 € | www.centropecci.it

Rund um Prato

★★ Villa Medicea in Poggio a Caiano

Das Ende eines Großherzogs

Eine Villa, die einst einer der mächtigsten Dynastien Europas gehörte, hat natürlich auch Geschichten zu erzählen. Noch zumal, wenn es sich um die vielleicht prächtigste Landvilla der Medici überhaupt handelt. Und so hält sich bis heute hartnäckig das Gerücht, dass Großherzog Francesco I. und seine Gemahlin Bianca Cappello in der Villa von Poggio a Caiano (UNESCO-Welterbe) 1587 nicht freiwillig kurz hintereinander aus dem Leben schieden. War es ein fehlgeschlagener Giftmordanschlag Biancas, der Kardinal Ferdinand, ihren Erzrivalen am Hof, aus dem Weg räumen sollte? Oder ein gelungenes Attentat Ferdinands, der sich seines Bruders Francesco entledigte? Wie langweilig mutet da die dritte Variante an, nämlich dass die Malaria die beiden dahinraffte?

Rund 100 Jahre zuvor hatte Lorenzo der Prächtige die Sommerresidenz in Auftrag gegeben, die 1485–1520 federführend von Giuliano da Sangallo erbaut wurde und bis heute von einer herrlichen Parkanlage mit Gewächshäusern und exotischen Ziergärten umgeben ist. Lorenzo selbst erlebte ihre Fertigstellung nicht mehr, aber Leo X., der erste Medici-Papst, genoss den ländlichen Luxus in vollen Zügen. Die Größe des Wohnbereichs war beachtlich: Ein Arkadengang schmückte das Erdgeschoss, weitläufige Terrassen umgaben das erste Stockwerk und eine stattliche Loggia zitierte die antike Tempel- und Palastarchitektur. Mit der Ausmalung der Innenräume waren die namhaftesten Freskenmaler des 16. Jh.s beauftragt, u. a. Andrea del Sarto und Alessandro Allori. Als Königsresidenz für Vittorio Emmanuele II. erfuhr der noble Landsitz in der zweiten Hälfte des 19. Jh.s einige Veränderungen. Im Originalzustand befindet sich noch der Hauptsaal (Salone di Leone X) mit Alloris Fresken (1580).
In der Villa ist Italiens einziges Museum für Stillleben (Natura morta) eingerichtet. In den Scuderie zeigt ein Museum die Gemälde des Futuristen Ardengo Soffici von 1904 bis 1962.

Villa Medicea in Poggio a Caiano: Park Juni–Aug. tgl. 8.15–19.30, April, Mai, Sept., Okt. bis 18.30, März bis 17.30, Nov.–Feb. bis 16.30 Uhr | Villa tgl. ab 8.30 Uhr bis 1 Std. vor Parkschließlung stündl. Führungen | Eintritt frei | www.polomusealetoscana.beniculturali.it
Museo Ardengo Soffici: Via Lorenzo il Magnifico 9 | April.–Sept. Do.–So. 10–13, 14.30–19, Okt.–März Sa., So. 10–13, 14.30–17.30 Uhr Eintritt: 3 € | www.museoardengosoffici.it

Die Villa der 100 Kamine

Villa Medicea in Artimino

Für die Medici war der Wein aus Carmignano der beste. Da lag es nahe, in Artimino die stilvolle Villa La Ferdinanda zu bauen (UNESCO-Welterbe). Beim Bau orientierte sich Bernardo Buontalenti ab 1587 an der Villa in Poggio a Caiano. La Ferdinanda ist wesentlich schlichter, fügt sich aber harmonisch ins ländliche Ambiente ein. Zahllose Kamine auf dem Ziegeldach gaben ihr den Beinamen »Villa dei Cento Camini«. La Ferdinanda beherbergt ein Archäologisches Museum, das Bucchero-Keramiken, Bronzevasen und Statuetten zeigt und Teil des **Archäologischen Parks Carmignano** mit vier Standorten ist: Zu diesem gehören das etruskische Tumulusgrab in Comeana (Via Montefortini; Mo.–Sa. 9–14 Uhr; Eintritt frei), die Etruskernekropole Prato Rosello an der Villa Artimino, das Tumulusgrab Tomba dei Boschetti in Comeana (Via Lombarda; einsehbar) und die Archäologische Zone Pietramarina in Carmignano (Mai–Nov.).

Villa Medicea: nur Führung Anmeldung unter Tel. 0558 7 51 41 www.artimino.com
Arch. Museum/Arch. Park: Piazza San Carlo 3 | März–Okt. Mo., Di., Do., Fr. 9.30–13.30, Sa., So. 9.30–13.30, 15–18, sonst Sa., So. 9.30 bis 13.30, 14–16 Uhr | Eintritt: 4 € | www.parcoarcheologicocarmignano.it

★★ SAN GIMIGNANO

Provinz: Siena (SI) | **Höhe:** 334 m ü. d. M. | **Einwohnerzahl:** 7800

Höher, höher, immer höher! Mittelalterliches Kräftemessen bescherte San Gimignano den Ruf eines »Manhattan des Mittelalters«. Tatsächlich ragen die berühmten Geschlechtertürme wie grazile, graue Wolkenkratzer aus dem Dächermeer heraus. Vom Gassengewirr des Städtchens aus betrachtet scheinen sie schier endlos in den Himmel zu wachsen und künden so vom unermesslichen Reichtum ihrer Erbauer, die diesen mit Wein und Safran erlangten. Heute lebt San Gimignano vor allem von Touristen und Flitterwöchnern, die die romantische Kulisse immer mehr für sich entdecken.

Stadt der schönen Türme

Dabei wäre solch ein Geschlechterturm alles andere als ein ideales Domizil für eine Hochzeitsnacht. Aufeinandergestapelte Räume auf gerade einmal nur 2 × 2 m Grundriss, dazu wegen der Transportkosten und Architektur sehr kostspielig und oft unter wütenden Blicken der Nachbarn hochgezogen: Die Geschlechtertürme dienten eher der Verteidigung als dem Frohsinn! Alles Nichtfamiliäre blieb draußen, umgekehrt konnten die oben logierenden Damen und Kinder aber auch nicht hinaus. Geht es nach den Tourismuswerbern, ist San Gimignanos Skyline mit den verbliebenen 15 Geschlechtertürmen – 14 davon sind sichtbar – dennoch der perfekte Ort für den »Toskanischen Honeymoon«. Dabei zielt die Flitterwochenkampagne »Be Tuscan für Your Special Day« (www.betuscanforaday.com) aber eher auf San Gimignanos prächtige Landvillen im Grünen. Und wer wagt, gewinnt: Die frisch vermählten »Toskaner für einen Tag« werden sogar Ehrenbürger der Toskana.
Apropos Gewinn: San Gimignano bei Tag und San Gimignano am Abend sind zwei völlig unterschiedliche Städte. Eine Übernachtung innerhalb der alten Stadtmauern lohnt sich allein deshalb! Wenn die letzten Busse abgefahren sind, gehört die Stadt denen, die über Nacht bleiben.

Kleiner Ort, großer Reichtum

Geschichte

Der Hügel war bereits in etruskischer Zeit besiedelt, doch die Geschichtsschreibung erwähnt die Kommune erst im 8. Jahrhundert. Die durch den Ort führende antike Handelsstraße nach Rom bescherte den Bewohnern einträgliche Geschäfte, der Reichtum fand sichtbaren Ausdruck in den sogenannten Geschlechtertürmen. Nach der großen Pestepidemie wurde die freie Kommune 1353 von Florenz übernommen – und von diesem Zeitpunkt an wurde nicht mehr gebaut.

Wohin in San Gimignano?

Steinerne Riesen mit Ecken und Kanten

★★ Geschlechtertürme

Um 1300 reckten sich in San Gimignano 72, 1580 immerhin noch 25 Türme gen Himmel. Doch anders als ihre modernen Pendants entstanden die mittelalterlichen Wolkenkratzer nicht aus Platznot, sondern waren Ausdruck der Rivalitäten zwischen den Clans des Stadtadels. Ein schönes Exemplar ist der älteste, um 1200 erbaute Turm, die 51 m hohe **Torre Rognosa** des alten Palazzo del Podestà gegenüber der Collegiata (▶ S. 301). Er wurde auf den Häusern der Familie Mantellini errichtet und 1537 zum Theater umgewandelt. Zu diesem Turm der Stadtgewaltigen ging man nur bei »rogne«, großen Unannehmlichkeiten: Denn in ihm war – das Gefängnis. 1255 beschlossen die Stadtväter, kein Turm dürfe höher sein als dieser. Doch schon ihr neuer Palazzo del Popolo bzw. Palazzo Comunale am gleichen Platz strafte sie Lügen. Sein **Torre Grossa** (▶ S. 303) – nur dieser Turm ist heute zu besteigen – wurde von 1300 bis 1311 errichtet und misst 54 m! Zuvor schon hatte die Familie Salvucci ihre Zwillingstürme am Anfang der heutigen Einkaufsmeile Via San Matteo 52 m hoch gebaut. Gesetzestreue, wie sie die Erbauer der mit Bogenfenstern ausgestatteten **Casa-Torre Pesciolini** (Nr. 32) praktizierten, war hingegen die Ausnahme.

San Gimignano aus der Vogelperspektive: Von der Torre Grossa aus können die Geschlechtertürme ohne Halsverrenken betrachtet werden.

Am stimmungsvollsten erlebt man die Turmparade San Gimignanos auf der **Piazza della Cisterna**, dem hübschen Hauptplatz rund um einen 1273 errichteten Travertin-Ziehbrunnen. Hier schraubt sich der Turm der Ardhingelli 52 m in die Höhe. Mysteriös ist der Teufelsturm (Torre del Diavolo) des Palazzo Cortesi am Zisternenplatz, zumindest wenn man seinem ehemaligen Besitzer glaubt. Dieser nämlich empfand ihn nach langer Abwesenheit höher als zuvor: Da musste Dämonisches im Spiel gewesen sein. Im Turmdurchgang, dem Vicolo dell'Oro, hämmerten und plätteten Goldschläger (battioro) einst Goldblatt für kirchliche Tafelbilder.

BAEDEKER MAGISCHE MOMENTE

EISIGER GAUMENGENUSS

»Michelle Obama« ist ein Gedicht: Mandeln aus Sizilien, Bitterorange, Orangensauce, Honig und Safran-Cantuccini gehen eine Liaison ein, die augenblicklich Raum und Zeit vergessen lassen. Und erst dieses Schokoladeneis – ach, Sergio Dondolis (www.gelateriadondoli.com) Eisdiele möchte man mit nach Hause nehmen! Das »gelato« ist weltmeisterlich im wahrsten Sinne des Wortes: Bereits zweimal, zuletzt 2009, durfte sich Sergio »Campione del mondo« der Eiskreateure nennen! Hier, im Herzen San Gimignanos an der Piazza della Cisterna, werden Sie nach der ersten Kostprobe verstehen, warum.

Zeitreise

Centro per le Arti »San Gimignano 1300«

Wer seiner Fantasie auf die Sprünge helfen will und sehen möchte, wie San Gimignano einst um 1300 aussah – mit allen 72 Türmen, Palästen und nicht mehr existierenden Details –, muss einen Abstecher zu diesem Zentrum unternehmen. Die fantastische plastische Rekonstruktion im Maßstab 1 : 100 schufen Michelangelo und Raffaello Rubino aus 1 t Ton! Die Ausstellung in acht Sprachen widmet sich überdies dem damaligen Alltags-, Land- und Palastleben. Dafür haben die Künstler das freizügige, San Gimignanos Unabhängigkeit feiernde Fresko (14. Jh.) von Memmo di Filippuccio aus dem Palazzo del Podestá dreidimensional nachgebildet. Großartig ist auch das rekonstruierte Innere eines Geschlechterturms im Maßstab 1 : 20: unten die Werkstätten, darüber Privaträume, ganz oben die Küche mit dem einzigen Ofen.

Via Costarella 3, Eingang Via San Giovanni | tgl. 9 – 19 Uhr | Eintritt: 5 € | www.sangimignano1300.com

Bilderbibel fürs Volk

★ Collegiata Santa Maria Assunta

Zweiter Hauptplatz – hier beginnt die Flaniermeile Via San Matteo – ist die Piazza del Duomo. Dominiert wird diese von der breiten Freitreppe, die hinauf zur romanischen Kirche Mariä Himmelfahrt führt, die 1148 geweiht und 1456 erweitert wurde. Mag das Gotteshaus von außen noch schmucklos und unspektakulär erscheinen, so erwartet Sie im Innern ein wahres Bilderfeuerwerk. Die wegen ihrer realistischen Darstellung bestechenden Szenen zum Jüngsten Gericht (um 1393) an der Westwand schuf Taddeo di Bartolo. Bei der Betrachtung der Höllenqualen im »Inferno« mag man sich vorstellen, wie die Fresken auf die bildergläubigen Menschen des Mittelalters gewirkt haben; umso verlockender erschien ihnen da sicherlich das gegenübergestellte »Paradiso«. Im rechten Seitenschiff malte Barna da Siena Mitte des 14. Jh.s – vor allem für die leseunkundige arme Bevölkerung – den monumentalen Freskenzyklus zum Neuen Testament, beginnend mit der Verkündigung bis hin zum Pfingstwunder. Laut Vasari stürzte Barna beim Bewundern seiner vollendeten »Kreuzigung« vom Gerüst und verstarb. Neffe Giovanni d'Asciano vollendete das Werk um 1380. Am Ende des rechten Seitenschiffs ist die **Cappella di Santa Fina** von Giuliano und Benedetto da Maiano (1468 – 1475) reinste Renaissance. Gewidmet ist sie der als wundertätig verehrten Bauerntochter Fina, der Schutzheiligen San Gimignanos. Domenico Ghirlandaio malte 1475 die Fresken »Papst Gregor kündigt der hl. Fina ihren Tod an« und »Totenfeier der Heiligen« sowie vermutlich 1476 auch das Verkündigungsfresko in der Loggia.

Links des Doms befindet sich außerdem noch das kleine **Museo di Arte Sacra** mit einer Sammlung religiöser Kunstwerke.

April – Okt. Mo. – Fr. 10 – 19, Sa. 10 – 17, So. 12.30 – 19, Nov. – März Mo. – Sa. 10 – 16.30, So. 12.30 – 16.30 Uhr, Mitte/Ende Nov. und Mitte/Ende Jan. geschl. | Eintritt: 4 €, mit Museum 6 €

SAN GIMIGNANO ERLEBEN

Piazza del Duomo 1
Tel. 0577 94 00 08
www.sangimignano.com

SAMMELTICKET

Die kommunalen Musei Civici können mit Sammeltickets (9 €) besucht werden, die in den Museen oder in der Tourismusinformation erhältlich sind. Der San Gimignano Pass (13 €) enthält dazu auch den Dom und das Museo di Arte Sacra.

Zwischen Domplatz und Sant'Agostino laden auf der Via San Matteo die Gourmetgeschäfte sowie das Geschäft »2000 e una Notte« (Nr. 42) mit Kerzen, Papier und Lederwaren zum Schauen und Stöbern ein. An der Piazza delle Erbe 5 stellt die Töpferei Franco Balducci (www.balducci ceramica.com) schöne Kachelreliefs mit Landschaftsmotiven her.

TERUZZI & PUTHOD

Der vielleicht beste Vernaccia di San Gimignano wird von der Önologin Silvia Baragatti produziert. Er überzeugt mit einem herrlich harmonischen Bukett. Verkosten können Sie den Tropfen in der zugehörigen Enoteca.
Loc. Montegonfoli, März – Nov.
Mo. – Sa. 11 – 13.30, 14.30 – 18 Uhr
www.teruzzieputhod.it

1 DORANDÓ €€€

Kreative, rustikale Slow-Food-Küche in der intimen Atmosphäre von drei kleinen Räumen! Am besten wählt man die Fünf-Gänge-Degustationsmenüs »Classico« oder »Delicato« – lassen Sie sich überraschen!
Vicolo dell'Oro 2
Tel. 0577 94 18 62
www.ristorantedorando.it
Nov. – Ostern Mo. geschl.

2 OSTERIA DELLE CATENE €–€€

Gino und Virgilio laden im Gewölbesaal zu fünf Menüs. Man kann aber auch à la carte bestellen, z. B. Schmorbraten in Chianti oder »Hase an drei lokalen Weinen«. Hervorragend!
Via Mainardi 18
Tel. 0577 94 19 66
www.osteriadellecatene.it
So. mittags und Mi. geschl.

1 L'ANTICO POZZO €€€

Schlafen wie Dante, Boccaccio und Petrarca! Im Romantikpalast locken drei nach den Dichtern benannte Zimmertypen. Das Frühstücksbuffet wird im Winter im früheren Ballsaal, im Sommer im Innenhof serviert. Der Keller führt in San Gimignanos geheimnisumwitterte Unterwelt.
Via San Matteo 87, Tel. 0577 94 20 14, www.anticopozzo.com

2 LA CISTERNA €€–€€€

Schmiedeiserne Betten, Wandspiegel mit handbemalten Rahmen, Florentiner Mobiliar! Im 15. Jh. spendierte der Adlige Michele di Governuccio dies Haus als Pilgerhospiz. Sein exzellentes Restaurant »Le Terrazze« ist für Wild, Trüffel und Grillgemüse berühmt und auch für Nicht-Gäste zugänglich.
Piazza della Cisterna 23
Tel. 0577 94 03 28
www.hotelcisterna.it

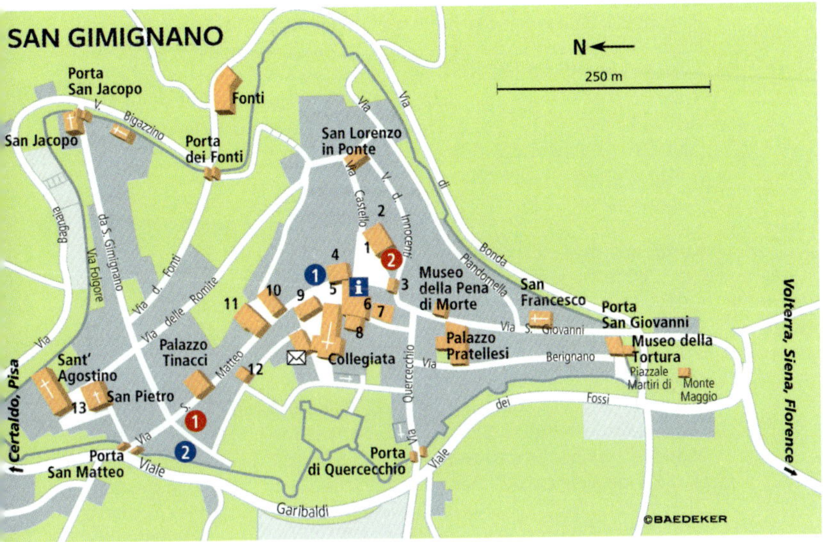

1 Piazza della Cisterna
2 Palazzo Tortoli
3 Arco dei Becci
4 Palazzo del Podestà
5 Piazza del Duomo
6 Palazzo del Popolo
7 Centro per le Arti »San Gimignano1300«
8 Museo d'Arte Sacra, Museo Etrusco
9 Torri Salvucci
10 Palazzo Cancelleria
11 Palazzo Pesciolini
12 Casa-Torre Pesciolini
13 Piazza Sani' Agostino

Essen
1 Dorandó
2 Osteria delle Catene

Übernachten
1 L'Antico Pozzo
2 La Cisterna

San Gimignano aus der Vogelperspektive

★ Palazzo del Popolo, Torre Grossa

Die Südseite des Domplatzes begrenzt das wohl 1288 von Arnolfo di Cambio begonnene und 1323 erweiterte Rathaus, der Palazzo del Popolo. Nach dem wappengeschmückten Innenhof mit Ziehbrunnen (1361) und der Richterloge mit drei schönen Fresken u. a. von Sodoma führt die überdachte Freitreppe ins Rathausmuseum. Die Sala Dante mit der Maestá von Lippo Memmi (ca. 1317) erinnert an einen Aufenthalt des vergötterten Terzinenschmieds am 8. Mai 1300. Die Pinakothek (2. Etage) versammelt Florentiner und Sieneser Malerei (13.–16. Jh.). Großartig sind das Holzkruzifix von Coppo di Marcovaldo (ca. 1260), Benozzo Gozzolis »Muttergottes mit Kind und Heiligen« (1466), eine »Madonna in Glorie« von Pinturicchio (1511) und die zwei Rundtafeln (»tondi«) zur Marienverkündigung von Filippino Lippi (1482). Die Camera del Podestà bewahrt die kuriosen Fresken von Memmo di Filippuccio mit mittelalterlichen Alltagsszenen und den Auswirkungen jugendlicher Liebe.

Fantastisch ist das Panorama vom »Dicken Turm«, der über dem Palazzo aufragenden Torre Grossa. Um in dessen Genuss zu kommen, müssen allerdings zunächst über 200 Stufen bewältigt werden.

Städtische Museen (mit Palazzo del Popolo, Torre Grossa, Pinakothek, Archäologischem Museum, Spezieria Santa Fina, Galleria d'Arte Moderna e Contemporanea und San Lorenzo in Ponte): April – Sept. tgl. 10 – 19.30, Okt. – März 11 – 17.30 Uhr | 2 Tage gültiges Sammelticket: 9 € | www.sangimignanomusei.it

Kunst aus drei Jahrtausenden

Außenstellen des Städtischen Museums

Die 1240 fertiggestellte romanische Kirche **San Lorenzo in Ponte** an der Via del Castello besitzt einen Freskenzyklus zum Leben des hl. Benedikt und das großartige Fresko »Madonna in Gloria« von Cenni di Francesco di Ser Cenni (1413). Eine weitere Außenstelle des Museo Civico ist das frühere Kloster der hl. Klara nahe der Stadtmauer in Norden der Altstadt (Via Folgóre da San Gimignano 11). Es vereint **Museo Archeologico**, **Spezieria di Santa Fina** und **Galleria d'Arte Moderna e Contemporanea**. Die archäologische Abteilung präsentiert Funde aus etruskischer und römischer Zeit und dem Mittelalter. Die Spezieria zeigt Keramik- und Glasbehälter der Apotheke des Hospitals Santa Fina von 1253. Die Galerie für moderne und zeitgenössi-

Diesem aus der Renaissance stammenden Travertinbrunnen verdankt die stimmungsvolle Piazza della Cisterna ihren Namen.

sche Kunst (2. Etage) zeigt Kunstwerke des 20. Jh.s, nicht selten mit San Gimginano als Motiv. Am schönsten ist der Fensterblick auf die Skyline des Städtchens. Spektakulär sind auch die 16 in der Altstadt aufgebauten zeitgenössischen Skulpturen, z. B. der »Albero delle Cannelle« (Zimtbaum) von Maurizio Masini (Piazza Martiri Montemaggio) oder Luisa di Rabbias »Riposo del tempo« (Ruhezeit) an der Porta delle Fonti.

s. Palazzo del Popolo

Das Leben des hl. Augustinus

Sant' Agostino

Vom ehemaligen Kloster der hl. Klara ist es nur ein Katzensprung zum einschiffigen, 1280–1298 erbauten Backsteinbau. Im Innern bewahrt die Cappella di San Bartolo einen prächtigen Marmoraltar von Benedetto da Maiano (1494). Das Hauptaugenmerk verdienen aber die auf 1464/1465 datierten Fresken von Benozzo Gozzoli in der zentralen Chorkapelle. Die 17 Bilder zeigen Lebensstationen des hl. Augustinus (354–430).

Piazza Sant'Agostino | April–Okt. tgl. 10–12, 16–19, Nov., Dez. tgl. 10–12, 15–18, Jan.–März Mo. 16–18, Di.–So. 10–12, 15–18 Uhr

Der beste aller möglichen Weine

Rocca

Hinter der Collegiata führt ein kurzer Weg zur Burg auf der Rocca Montestaffoli, die 1353 von den Florentinern an der höchsten Stelle des Stadthügels angelegt und 1555 unter Cosimo I. de Medici geschleift wurde. Hier präsentiert seit 2017 die »Vernaccia di San Gimignano Wine Experience. La Rocca« die Geschichte des berühmten DOCG-Weißweins – hochmodern mit Videos und Hologrammen. Außerdem können Sie den Tropfen kosten, den der Poet Jofroi de Waterford schon im 13. Jh. zum besten aller möglichen Weine kürte. Im 14. Jh. eroberte San Gimignano dann mit der Vernaccia-Traube seine wirtschaftliche Macht. Heute wird sie von den hiesigen Winzern auf rund 1900 ha Fläche angebaut.

Mittelalterliches Gruselkabinett

Museo della Tortura e della Pena di Morte

Dass Taddeo di Bartolo für die Erschaffung seines »Inferno« (► S. 301) wohl nicht allzu sehr sein Fantasie bemühen musste, belegt das Foltermuseum. Man wird das eine oder andere Mal schlucken müssen, wenn man die grausamen »Hilfsmittel« der Inquisition oder die »Schandmaske« aus Deutschland (17. Jh.) besichtigt. Das gilt auch für das zugehörige Todesstrafenmuseum, wo u.a. eine »Eiserne Jungfrau« und ein elektrischer Stuhl zu sehen sind. Ein tröstlicher Gedanke mag da sein, dass die Toskana 1786 als erster Staat Todesstrafe und Folter abschaffte. Beide Museen sind nicht für Kinderaugen geeignet!

Via San Giovanni 125 (Museo della Pena di Morte Hausnr. 82) | tgl. 10 bis 19, Winter Mo.–Fr. geschl. | Eintritt: 10 € | www.torturemuseum.it

SAN MINIATO

Provinz: Pisa (PI) | **Höhe:** 156 m ü. d. M. |
Einwohnerzahl: 27 950

Bei dem Namen des Städtchen geraten Feinschmecker in Ekstase. Grund sind kleine unförmige Knollen, die als Delikatesse kultisch verehrt und zu horrenden Preisen feilgeboten werden. In dünne Scheiben gehobelt verwandeln sie ein simples Pastagericht oder auch ein Omlette in einen kulinarischen Hochgenuss: Dank der Trüffeln, die als »weißes und schwarzes Gold von San Miniato« aus der Erde geholt werden, ist der Ort ein Top-Gourmetziel. Aber auch abseits der Trüffelhatz bietet die »Cittá Slow« viel Spannendes.

Stadt der Trüffeln

Massimiliano Benvenuti, der Schmiedweltmeister von 2011, hämmerte ein Jahr nach seinem Titelgewinn das Eisendenkmal »Il tartufo piu grande del mondo« an der Via Garibaldi. Es ist eine etwas kurios anmutende Hommage auf eine lokale Legende, den »tartufaio« (Trüffelsucher) Arturo »Bego« Gallerini, der mit seinem Hund Parigi 1954 den »größten Trüffel der Welt« fand. Passenderweise wurde die 2520 g schwere Kostbarkeit umgehend ins Land der Superlative verschickt, als Geschenk für US-Präsident Eisenhower! Und genauso passt es ins Bild, dass der eiserne Gallerini eine vergoldete Trüffel in der Hand hält: Zwar wird der Speisepilz (noch) nicht mit Gold aufgewogen, doch kostete im Jahr 2016 eine weiße Trüffel stolze 2500 €, eine schwarze Trüffel immerhin noch ca. 350 € pro Kilogramm. Da überrascht es nicht sonderlich, dass die tierischen Spürnasen, die diese wahren Schätze erschnüffeln, bereits als Welpen gut und gern 25 000 Euro wert sind.
Übrigens: Wer die Hunde bei ihrer Arbeit erleben will, kann sich im November einer unterhaltsamen wie lehrreichen Führung des Landguts Aglioni (▶ S. 307) anschließen.

Wohin in San Miniato?

Stadt mit Ausblick

Torre Federiciano

Der Ort thront auf einer der höchsten Erhebungen der Region. Ganz oben auf der Rocca Federiciana steht der Friedrichsturm aus dem 13. Jh., ein Überbleibsel der ehemaligen Kaiserburg, die auf die Zeit Ottos I. (912–973) zurückgeht. Einst waren in dem Turm die Steuereinnahmen der Staufer deponiert.
April. – Sept. Di. – So. 11 – 18, Okt. – März Sa., So. 11 – 16 Uhr
Eintritt: 3,50 €

SAN MINIATO ERLEBEN

In der Touristeninformation gibt es ein Sammelticket (5 €), das zum Eintritt in die städtischen Museen von San Miniato berechtigt.
Piazza del Popolo 1
Tel. 0571 4 27 45
www.sanminiatopromozione.it

San Miniato feiert seinen berühmten Speisepilz mit der alljährlich im Trüffelmonat November stattfindenden Trüffelmesse, der »Mostra Mercato Nazionale del Tartufo Bianco«.

GEMIGNANI TARTUFI

Hier schnuppert man ganzjährig kostbare Genüsse, wenn die »Trüffeltresore« – Glashäubchen auf Karo-Deckchen – gelüftet werden und frische Trüffeln ihre Aromen ausbreiten. Dazu gibt es Trüffelöl, Trüffelbutter oder die Trüffelpaste »Poesia della Terra« (Poesie der Erde).
Via Augusto Conti 4
Tel. 0571 43954
www.gemignanitartufi.it

MACELLERIA SERGIO FALASCHI

In der nach Großvater Sergio benannten Metzgerei von Andrea Falaschi erhalten Sie Salsiccia col tartufo bianco, Mettwurst mit weißen Trüffeln. Die hausgemachten Leckereien kann man gleich auf der Terrasse mit sagenhaftem Blick ins Land probieren.
Via Augusto Conti 18–20
www.sergiofalaschi.it

PEPENERO €€€€

Chef Gilberto Rossi, bekannter italienischer TV-Koch, lädt zu hervorragenden Gerichten mit Pfifferlingen (finferli) oder Trüffeln (tartufi). Es ist immer voll, ohne Reservierung geht nichts. Zum Pepenero gehört das Peperino quasi nebenan, ein Gourmetluxus für nur zwei Gäste! Das romantischste und kleinste Restaurant der Toskana ist im Stil des 19. Jh.s gehalten. Auch hier ist eine Reservierung obligatorisch.
Via IV Novembre 13
Tel. 0571 41 95 23, www.pepenerocucina.it, Di. und Jan. geschl.

FATTORIA AGLIONI €€

In dem alten Gutshaus 6 km von San Miniato warten hübsche Zimmer im Hauptgebäude sowie separate Apartments – schick: die Maisonette in der ehemaligen Scheune. Auch einen Pool gibt es. Hervorragende Küche, Kochkurse und Trüffel-Feinschmecker-Wochenenden im November.
Via Gello 12, Tel. 0571 40 80 41
www.aglioni.it

Rundgang durch die Altstadt

Weitere Sehenswürdigkeiten

An der Piazza del Popolo sind in der um 1330 erbauten Kirche **San Domenico** Fresken zum Leben des hl. Dominikus (um 1700) und Bernardo Rossellinos Grabmal für den angesehenen Arzt Giovanni Chellini (†1461) zu sehen, der das Hospital neben der Kirche Santa Maria a Fortino gründete. An der Piazza della Repubblica erhielt das **Seminario Vescovile** (bischöfliche Seminar) von 1708 durch Einglie-

OBEN: Trüffeljäger bei der Arbeit
UNTEN: Der begehrte, knollenartige Pilz sieht recht unscheinbar aus, schmeckt dafür aber umso besser. Und er ist teuer.

derung kleinerer Häuser eine schöne Fassadenfront. Das Rathaus, der **Palazzo Comunale** an der Via Vittime del Duomo, birgt in der Sala del Consiglio, die auch als »Saal der sieben Tugenden« bekannt ist, großartige Fresken von Cenni di Francesco di Ser Cenni. Die Fresken zur Stadtgeschichte im Ratssaal (Sala Consigliare) schuf Galli Angelini erst 1928. Im Erdgeschoss entstand ab 1399 die Magistratskapelle, das mit Fresken (15. Jh.) geschmückte Oratorio del Loretino.

Ein Treppendurchgang führt von der Piazza della Repubblica zur »Domwiese« (Prato del Duomo). An der Fassade des **Doms**, unter Friedrich II. bis 1250 auf der Vorgängerkirche Santa Maria Assunta (8. Jh.) errichtet, erkennt man 32 weiße Majolikaschalen, die angeblich astronomisch angeordnet sind und den Weg zum himmlischen Jerusalem weisen. Die Florentiner nutzten den Bau 1378–1489 profan – als Waffenkammer.

Palazzo Comunale: April–Sept. So. 11–18, sonst bis 16 Uhr
Eintritt: 2,50 €

Museo Diocesano: April–30.9. Mo. 10–13, 14–16, Di.–So. 10–13, 14–17, 1.10. - 31.3. Fr. 10–13, 14–17, Sa., So. 10–13 Uhr
Eintritt: 2,50 € oder Sammelticket

Rund um San Miniato

Zentrum der Glasproduktion

Empoli

Die moderne Stadt (47 900 Einw.) an den Flüssen Arno und Elsa ist für ihre Glasindustrie bekannt. Das typische grüne Empoli-Glas gehört zum klassischen Inventar vieler toskanischer Haushalte. Das Glasmuseum **MuVe** (Museo del Vetro) im Salzlager von 1818 zeigt Glaskunst von 1830 bis 1984. Sehenswert ist Saal 2 mit Unikaten aus weißem, grünem und farbigem Kristallglas ab 1930.

Treffpunkt im fußgängerfreundlichen Zentrum ist der mit vier Löwen geschmückte Marmorbrunnen (1827) an der Piazza Farinata degli Uberti. Dominant ist die grün-weiße Marmorfassade (Ende 12. Jh.) der Kollegiatskirche **Sant'Andrea**. Der Rundgang durch das Kollegiatsmuseum führt zu einem Hauptwerk von Masolino, dem »Cristo in pietà« (1424). Die Pinakothek (1. Etage) zeigt kostbare toskanische Gemälde (ab 14. Jh.). Zum Museum gehört auch die Augustinerkirche **Santo Stefano** in der Via de'Neri mit dem Tafelbild »Kreuzigung Christi« (1399) von Lorenzo di Bicci und Fresken von Masolino in der Cappella Sant'Elena.

MuVe: Via Ridolfi 70 | Di.–So. 10–19 Uhr | Eintritt: 3,10 € (mit Museo della Collegiata di Sant'Andrea) | www.museodelvetrodiempoli.it

Museo della Collegiata di Sant'Andrea: Piazzetta della Propositura
Di.–So. 9–12, 16–19 Uhr | Eintritt: 3,10 € (mit MuVE), mit Museen in Montelupo und Vinci 8 €

Ausflug in die Vorgeschichte

Montelupo

Rund um Montelupo entdeckten Archäologen zahlreiche Überbleibsel der Villanova-Kultur. Sie haben die wohl beste Sammlung dieser Art in der Toskana zusammengetragen, die heute zusammen mit etruskisch-römischen und mittelalterlichen Funden im **Museo Archeologico e della Ceramica di Montelupo** zu sehen ist. Das zugehörige Keramikmuseum verdankt seine Existenz Keramiken (12.–18. Jh.), die 1975 bis 2007 aus einem 27 m tiefen Stadtbrunnen geborgen wurden.

Museo Archeologico di Montelupo: Via S. Lucia, Keramikmuseum Piazza Vittorio Veneto 11 | Apr. – Okt. Fr. 14 – 18, Sa. 9 – 13, Nov. – März Fr., Sa. 9 – 13 Uhr | Eintritt: 5 €, mit Museen in Empoli und Vinci 8 € | www.museomontelupo.it

Geburtsort eines Universalgenies

★ Vinci

Das beschauliche Vinci (14 600 Einw.) steht ganz im Zeichen von Leonardo da Vinci und ist Zentrum des Tourismusgebiets »Terre del Rinascimento«. Das Universalgenie erblickte im 3 km entfernten Flecken Anchiano, einem Ortsteil von Vinci, am 15. April 1452 das Licht der Welt (sein Geburtshaus, die **Casa Natale di Leonardo**, ist eher

Beschaulich und berühmt: Obwohl Vinci genau genommen gar nicht der Geburtsort Leonardos ist, kennt die ganze Welt seinen Namen.

unspektakulär). Das großartige **Museo Leonardiano** ist in der Burg der Conti Guidi (10.–13. Jh.) sowie in der Palazzina Uzielli an der Piazza dei Guidi eingerichtet. Es zeigt über 60 Modelle, die nach Leonardos Zeichnungen konstruiert wurden, z. B. Leonardos »Automobil« und ein hölzernes »Fahrrad«. Die Ausstellung **Impossibile Leonardo** vermittelt Leonardos Werke digital.
In Vincis historischem Ortskern dominiert am Burgplatz eine Holzskulptur von Mario Ceroli, die dieser nach Leonardos Vitruvianischem Menschen, seiner berühmten Skizze von 1490, geschaffen hat. Sie ist Teil des Skulpturenwegs, zu dem auch das Bronzepferd »Il cavallo« (1997) auf der Piazza della Libertà gehört; Vorbild für das Werk von Nina Akamu war Leonardos nie ausgeführter Entwurf (1488/89) für ein Reiterstandbild Francesco Sforzas in Mailand.

Casa Natale di Leonardo: März–Okt. tgl. 10–19, Nov.–Feb. bis 17 Uhr | Eintritt: 3 € (auch Kombiticket)
Museo Leonardiano: Tickets in der Palazzina Uzielli | März–Okt. tgl. 9.30–19, Nov.–Feb. bis 18 Uhr | Eintritt: 7 € (auch Kombiticket) | www.museoleonardiano.it
Impossibile Leonardo: Via di Anchiano 14 | tgl. März–Okt. 10–19, Nov.–Feb. 10.30–17.30 Uhr| Eintritt: 3 € oder Kombiticket (s. oben) www.toscananelcuore.it/leonardo-una-mostra-impossibile

SANSEPOLCRO

Provinz: Arezzo (AR) | **Höhe:** 330 m ü. d. M. | **Einwohnerzahl:** 15 900

Bekanntester Bürger der seit 1520 Stadtrechte genießenden Gemeinde ist ein Astronaut: Jedes italienische Kind kennt Roberto Vittori, Jahrgang 1964. Und der Brigadegeneral sorgte dafür, dass der tatsächlich berühmteste Sohn der Stadt nun zu den Sternen aufstieg: Piero della Francesca!

Dreimal war der hochdekorierte ESA-Spezialist Vittori in der Erdumlaufbahn: 2002, 2005 und 2011, damals auf dem letzten Space-Shuttle-Flug. Mit ihm reiste eine Mini-Armbrust, eine »balestra«, die Sansepolcros Handwerksmeister aus Edelholz und Silber als zusammensteckbaren Bausatz gefertigt hatten. Ihr Name »Petra de Burgo« rühmte den Renaissancemaler Piero della Francesca, der seine Werke mit »Petro de Burgo« signierte. Der in Sansepolcro geborene wie verstorbene Piero (1416/17–1492) griff 1453 selbst zu einer der 160 städtischen Armbrüste, um am traditionellen Wettstreit mit der umbrischen Stadt Gubbio, dem Palio della Balestra, teilzunehmen, der

Die Stadt Piero della Francescas

SANSEPOLCRO ERLEBEN

Via Matteotti 8
Tel. 0575 74 05 36

RELAIS OROSCOPO DI PAOLA E MARCO €€
Hier kann man fürstlich speisen und auch majestätisch nächtigen. Die Küche von Paola und Marco ist weit über Sansepolcro hinaus bekannt.
Via Togliatti 68
Loc. Pieve Vecchia
Tel. 39 36 92 15 13
www.relaisoroscopo.com

bis heute ausgetragen wird (am 2. So. im Sept. in Sansepolcro). Nach Vittoris Flug ins All erhielt das »Weltraumkatapult« einen Ehrenplatz im Städtischen Museum »Piero della Francesca«. Auch sonst steht der Renaissancekünstler im Mittelpunkt des Städtchens, das zudem für seine Goldschmiedekunst bekannt ist.

Wohin in Sansepolcro?

★ Museo Civico

Gut Ding will Weile haben

Im Ratssaal des Palazzo dei Conservatori von 1458, in dem zugleich das Museo Civico beheimatet ist, schuf Piero 1463 die »Resurrezione« (Auferstehung). Das Fresko greift den Gründungsmythos der Stadt auf: Die früher Borgo del Santo Sepolcro genannte Stadt verdankt ihren Namen Jerusalems »Heiligem Grab«. Reliquien von diesem sollen im 10. Jh. von zwei Pilgern in den Ort gebracht worden sein, wo sie diesen ein Oratorium errichteten. Womöglich hat sich Piero auf dem Fresko selbst porträtiert: unter dem auferstehenden Christus als zweiter von links – sitzend, bleich und mit geschlossenen Augen.
Perspektive und geometrische Strenge kennzeichnen schon Pieros erstes Großwerk, den Misericordien-Altar für Sansepolcros Laienbruderschaft: 1445 hatte er sich verpflichtet, die 23 Tafelbilder um das Mittelbild der Schutzmantelmadonna in 36 Monaten zu vollenden. Es dauerte 15 Jahre! Zu bestaunen sind weitere Werke Pieros und eine Terrakotta-Büste des Malergenies von Angelo Tricca. Die Pinakothek vereint Gemälde (14.–16. Jh.) u. a. von Luca Signorelli und dem 1536 in Sansepolcro geborenen Santi di Tito.
Via N. Aggiunti 65 | Mitte Juni–Mitte Sept. 10–13.30, 14.30–19, sonst 10–13, 14.30–18 Uhr | Eintritt: 10 €
www.museocivicosansepolcro.it

Die Welt der Heilpflanzen

Aboca Museum

Die Heilpflanzenfirma Aboca unterhält im Palazzo Bourbon del Monte ein Museum zur Mythologie und Geschichte medizinischer Kräuter mit raren Pflanzen, Botanikbüchern (16. – 20. Jh.) und Kräuterladen.

Via N. Aggiunti 75 | April – Sept. tgl. 10 – 13, 15 – 19, Okt. – März Di. – So. 10 – 13, 14.30 – 18 Uhr | Eintritt: 8 € | www.abocamuseum.it

Duplizität der Ereignisse

Die Basilika in der Via Matteotti gehörte zum 1012 – 1049 errichteten Kamaldulenser-Kloster. Am 12. Oktober 1492 wurde hier Piero della Francesca beigesetzt. Exakt an jenem Tag betrat Kolumbus die Neue Welt. Das überlebensgroße Nussholzkruzifix (12. Jh.; linke Chorkapelle) zeigt Einflüsse des »Volto Santo« aus Lucca.

Rund ums Rathaus

Palazzo delle Laudi

Der Laudi-Palast am Anfang der Via Matteotti ist heute Sitz des Rathauses; der Palast mit arkadengesäumtem Innenhof entstand an der Schwelle zum Barock (1591 – 1609). In der Via Matteotti und der Via XX Settembre sowie auf der Piazza Torre di Berta und der Piazza Gramsci werden jeweils dienstags und donnerstags sehenswerte Wochenmärkte abgehalten.

Rund um Sansepolcro

Kampf um die Vorherrschaft

Anghiari

Das hübsche »Cittá Slow«-Dorf (5650 Einw.) erlangte durch die Schlacht von Anghiari am 29. Juni 1440 Berühmtheit. Das mit dem Papst und Venedig verbündete Florenz besiegte hier das Heer des Herzogs von Mailand. Leonardo da Vinci hielt das Ereignis 1503 – 1506 auf einem monumentalen, aber unvollendeten Gemälde für den großen Saal des Palazzo Vecchio in Florenz fest, das später verschwand (► S. 152). Das Museo della Battaglia di Anghiari im Palazzo del Marzocco widmet sich dem Schlachtenverlauf.

Tipp: Exquisite Stoffe fertigt die Leinenweberei Busatti in der Via Mazzini 14 (www.busatti.com).

Piazza Mameli 1 – 2 | April – Okt. tgl. 9.30 – 13, 14.30 – 18.30, sonst bis 17.30 Uhr | Eintritt: 4 € | www.battaglia.anghiari.it

Monterchi

Ein einziges Werk von Piero della Francesca lockt ins unscheinbare Monterchi. Bei der Restaurierung der Wallfahrtskapelle kam 1988 sein Fresko **»Madonna del Parto«** (Maria der Entbindung, um 1460) zum Vorschein.

Via della Reglia 1 | Mitte März – Okt. tgl. 9 – 13, 14 – 19, sonst tgl. 10 bis 13, 14 – 17 Uhr | Eintritt: 6,50 € | www.madonnadelparto.it

★★ SIENA

Provinz: Siena (SI) | **Höhe:** 322 m ü. d. M. | **Einwohnerzahl:** 53 900

Siena mit seiner rotbraun leuchtenden Silhouette und umschlossen von einem mächtigen Mauerring ist ein über Jahrhunderte gewachsenes städtebauliches Gesamtkunstwerk, ja eines der schönsten urbanen Gebilde Italiens. Bürgerstolz, Glück und Freude sind Sienas Werbeträger nicht nur zum weltberühmten Palio. Und wenn Rockstar Gianna Nannini für Siena die Werbetrommel rührt, geht auch in Zukunft nichts schief!

Urbanes Gesamtkunstwerk

Florenz und Siena – es ist die unendliche Geschichte einer Rivalität, die bis zum heutigen Tag fortgesetzt wird. Die Waffen der modernen Zeit sind nicht mehr aus Stahl und Eisen, sondern Besucherzahlen. Dabei mutet es auch für Toskana-Reisende fast wie eine Glaubensfrage an, für welche der beiden Städte nun das Herz höher schlagen soll: für Florenz, die Wiege der Renaissance in den Niederungen des Arno, oder doch für das in luftigerer Höhe thronende Siena, Zentrum der toskanischen Gotik? Doch warum sollten Sie sich überhaupt in diesen ewigen Wettstreit hineinziehen lassen? Genießen Sie doch am besten ganz unbefangen das mittelalterliche Flair, die atemberaubende Kunst der vielen Kirchen und Museen und die verwinkelten Gässchen. Und natürlich Licht und Leute auf einem der schönsten Plätze der Welt, der Piazza del Campo. Da mögen die Florentiner so lautstark protestieren, wie sie wollen ...

Drei Hügel und eine Dauerfehde

Geschichte

Sienas drei historische Stadtteile, die Terzi (Drittel), erstrecken sich über drei Hügel. Im Süden liegt der Terzo di Città um die Einkaufsmeile Via di Città mit der Pinacoteca Nazionale und dem Dombezirk auf dem höchsten Punkt der Stadt, im Norden der von wohlhabenden Kaufleuten mit schmucken Palästen gestaltete Terzo di Camollia um die Via Banchi di Sopra und im Osten der Terzo di San Martino.

Die Geschichte der Stadt ist seit der Römerzeit durch Quellen belegt. Die Rivalitäten der kaisertreuen Stadt mit dem papsttreuen Florenz endeten 1235 mit einem harten Frieden für Siena, der eine Reform der städtischen Regierung mit sich brachte. Von nun an lag sie bei einem Gremium von zwölf Adligen und zwölf Bürgern. Ihren Wohlstand verdankte die Stadt nicht zuletzt den Silberminen von Montieri und den blühenden Geldgeschäften – die Sieneser Bankhäuser gehörten zu den zahlungskräftigsten in ganz Europa. Nach einem triumphalen Sieg über die Florentiner in der Schlacht von Montaperti im Jahr 1260 musste sich die Stadt 1269 erneut Florenz unterordnen und die Stadtregierung den Kaufleuten überlassen. Diese riefen den

Die Sieneser verbinden mit der Piazza del Campo Stolz, Glück, Freude – und auch Tränen.

Neunerrat als Regierungsorgan ins Leben, der Siena von 1287 – 1355 eine friedvolle Periode bescherte, mit der eine großartige Kulturblüte einherging. 1348 verursachte die Pest einen katastrophalen Bevölkerungs- und Wirtschaftsrückgang. Von 1487 bis 1512 regierte Pandolfo Petrucci, genannt »Il Magnifico«, die Stadt. Unter seinen weniger beliebten Nachfolgern wurde Siena bald erneut zum Zankapfel kaiserlicher und päpstlicher Interessen. 1559 wurde es im Frieden von Chateau-Cambrésis an Herzog Cosimo I. abgetreten – das Ende der freien Stadtrepublik war damit besiegelt.

★★ Piazza del Campo

Die Piazza del Campo ist seit sieben Jahrhunderten Sienas pulsierendes Herz, der urbane Treffpunkt und Ort überbordender Emotionen.

Die Sienesen verbinden mit dem kurz »Il campo« genannten Platz Stolz, Glück, Freude, auch bittere Tränen. Stets bemühten sich hier die Stadtgewaltigen um ästhetische Einheit. Das bunte Treiben auf der Piazza – Italiens ältester Fußgängerzone – genießt man am besten zu einem Cappuccino oder Cocktail in einem der Cafés oder der Osteria del Bigelli (Piazza del Campo 60). Oder man holt sich in einer der Gelaterie der angrenzenden Gassen ein Eis, sucht sich eine Sitzgelegenheit auf der Piazza – gern auch auf dem Pflaster – und vergisst bei einer herrlichen Erfrischung die Zeit.

Herz der Stadt

Der Platz

Der Campo war nie historisches Zentrum, aber auch nicht nur »Acker« oder »Feld«, wie sein Name nahelegt. 1169 erwarb Siena den Campo, eine unwirtlich sumpfige Talmulde, die damals auch die heutige Piazza del Mercato mit einschloss. Hierher strömten die Abwässer aus dem höher liegenden Stadtzentrum am Castelvecchio. Doch der Campo war auch ein wichtiger Verkehrsknotenpunkt, an dem die Fernhandelsstraßen von Florenz nach Rom und von der Tyrrhenischen Küste nach Perugia zusammentrafen. Das weckte Begehrlichkeiten. So wurde 1193 ein den Campo vom Marktplatz teilendes Mäuerchen errichtet, an dem die Brackwasser reguliert

Alles im Blick: Von der Aussichtsplattform des Rathausturmes betrachtet, präsentiert sich »il campo« wie ein Fächer.

abflossen. 1194 entstanden Zollhaus und Münze. Bis 1270 veranstaltete der Rat der 24 hier Vieh-, Geflügel- und Getreidemärkte sowie Handelsmessen. Mit der Herrschaft der Neun musste dann ein Sitz mit Magistratur her, am besten dort, wo sich alle Sienesen trafen. So entstand am tiefsten Punkt des Campo 1298–1310 der Palazzo Pubblico, Sienas historisches Rathaus. Die Talsenke – ein Oval mit 333 m Umfang – wurde 1333/34 und 1347/48 mit rotem Backstein gepflastert. Weiße Travertinstreifen teilen die Piazza fächerförmig in neun Segmente auf und erinnern so an den Governo dei Nove. Das so prächtig gestaltete Halbrund gilt den Sienesen seither als größte und schönste Conchiglia (Muschel) der Welt. Nur Spötter kritisieren es als Saponiera (Seifenschale) – und spielen so auch auf die rutschige Rennbahn des berühmten Palio an, des spektakulären Pferderennens, das hier zweimal im Jahr stattfindet (▶ S. 318).

Brunnen der Freude

Fonte di Gaia

Eine gute Übersicht erlaubt auch die stets umlagerte Fonte di Gaia. Unter Sienas Damen brandete spontan Jubel auf, als hier 1346 kühlendes Nass aus Sienas erstem öffentlichen Brunnen sprudelte. Eine 30 km lange Wasserleitung hierher hatte die gravierende Trinkwassermisere der Stadt beendet. Jacopo della Quercia dekorierte 1409 bis 1419 das Bassin mit Statuen und Reliefs, die Sienas mythische Stadtgründung thematisieren. Leidenschaftliche Palio-Fans zertrümmerten 1743 die Brunnenstatue der Rea Silvia für einen besseren Blick auf die Pferde.

Doch das rief Violante Beatrix von Bayern auf den Plan. Als Stadtgouverneurin verpasste sie Sienas hitzigen Herren deftige Benimmregeln. Zudem sorgte die musische, sprachgewandte Münchnerin von 1717 bis zu ihrem Tode 1731 für einen Wirtschaftsaufschwung, verbot die Kastration von Sängerknaben und ermöglichte erstmals den Einzug von Sängerinnen in Sienas Kirchen. 1729 legte sie mit der Nuova divisione dei confini delle Contrade die bis heute gültigen Grenzen der 17 Stadtteile fest. Violantes Clou war dabei die Schaffung neutraler Zonen. So wurde der Campo auch für Frauen zu weltlichen Anlässen zugänglich, der Domplatz für alle und die Piazza Salimbeni für Finanzgeschäfte geöffnet.

Die resolute Violante schätzte auch die **Capella di Piazza** (Platzkapelle) vor dem Palazzo Pubblico. Dabei war der Prachtbau auf einem See bitterer Tränen entstanden: Pestüberlebende schufen sie 1352 als Dank an die Jungfrau Maria für ihre Rettung.

Profaner Prachtbau

Palazzo Pubblico, Museo Civico

Der mächtige Travertin- und Backsteinblock des gotischen Ratsgebäudes an der Platzsüdseite wird durch die Reihen spitzbogiger Drillingsfenster und die Zinnen aufgelockert. In den Bogenfeldern ist das weiß-schwarze Wappen Sienas, die »Balzana«, angebracht. An der Fassade

»GEH UND KEHRE ALS SIEGER ZURÜCK!«

Dies, und nur dies, wünschen Geistliche der Sieneser Bezirke »ihren« Jockeys, den Fantini, für den Parforceritt auf der Piazza del Campo. Denn beim Palio, Italiens berühmtestem Pferderennen, gilt die Devise »Alles oder nichts!«: Nur der Sieg zählt! Und so preschen die Reiter ohne Sattel und nur mit Zügel und Gerte ausgerüstet auf den Pferderücken klebend in rasantem Tempo ins Ziel. Kaum 80 Sekunden dauert dies ohrenbetäubende Spektakel. Danach aufbrandender Jubel, unbändige Freude, Gesänge und Umarmungen hier, dort stummes Entsetzten, Schreie, stille Wut, tiefe Trauer! Abgründe tun sich auf, denn der Palio ist weitaus mehr als »nur« ein Rennen ...

Bis heute weiß niemand, wer genau in der Nacht des 23. September 1967 das unerhörte Sakrileg beging und den Palio klaute. Denn der **Palio** (von lat. »pallium« = Tuch) ist eigentlich eine Siegestrophäe, nicht etwa das Rennen! Die seidene, der Schutzpatronin Sienas geweihte Standarte wird alljährlich von einem Künstler neu gestaltet. Wären die Täter aus Florenz gewesen, ganz Siena hätte sich damals empört: Aufstand gegen die alte Rivalin nicht ausgeschlossen! So aber erfüllten Gerüchte und Tausende polemische Anfeindungen die Gassen: Jeder gegen Jeden! Um Tumulten zu entgehen, wurde das Rennen doch gestartet: Ausnahmsweise ging es »nur« um einen flugs herbeigezauberten Palio, ein weißes Laken! Dem wurde Marzis Entwurf des prächtigen Originals angeheftet.

Diesen »Palio del bozzetto« (Skizzen-Palio) bewahrt die 1967 siegreiche Contrade Giraffe auf. Wie alle 17 Contrade, Sienas fest eingegrenzte Stadtteile, die im Wettstreit um den Palio sind, besitzt sie ein Museum. Dort hütet die Giraffe nun einträchtig nebeneinander Marzis Original samt blankem Tuch mit Skizze. Es waren wohl Studenten aus Bologna, die Marzis Meisterwerk stibitzten: Nur ein Scherz – sie gaben es heimlich zurück. Den Tausch des Provisoriums mit dem Original akzeptierten die Giraffen aber nicht: Das Unikum blieb, die Trophäe auch! Und die Erkenntnis, dass die Geschichte des Palio voller Intrigen, handfester Skandale, Geheimpakte, Bestechung, gar Betrug und Blutvergießen, aber eben auch voller Skurrilitäten ist.

Violante richtete es

Los ging es mit dem Palio im 10. Jh., richtig offiziell wurde das Rennen aber erst 1310. Seither findet es jährlich am **16. August** zu Ehren der Heiligen Jungfrau statt. 1656 kam dann das zweite

Prächtig geschmückt sind Ross und Reiter bei der Parade, die vor dem Palio stattfindet.

Spektakel vor historischer Kulisse – beim Palio wird dreimal die Piazza del Campo umrundet.

jährliche Rennen am **2. Juli** zu Ehren der Madonna von Provenzano hinzu. Rennablauf, Regeln und die Festlegung der **Contrade** besorgte dann Violante, die resolute Adelsdame aus Bayern (▶ S. 317): Ursprünglich waren Contrade Wehreinheiten im unabhängigen Siena, denen ein Bannerträger (Gonfalonieri) vorstand. Die Namen der Contrade wurden 1370 festgelegt. Abgesehen von Torre für den Stadtteil um den Rathausturm und Onda (Welle) für die Mannen aus Sienas Hafen Talamone, sind dies Tiernamen – z. B. Adler, Panther, Stachelschwein oder Schildkröte. Nach Ausschweifungen, Skandalen und jahrhundertlang angestauten Beschwerden legte dann Violante 1721 jenes Reglement fest, dem die Contrade bis heute ihre Bedeutung verdanken. Jeder Sienese, ob Mann oder Frau, wird in seine Contrade geboren und bleibt lebenslänglich ein Contradialo – überall auf der Welt!

Gut auch, dass sich die sittenstrenge Violante auch um einige im Begeisterungsrausch ungestüme Herren kümmerte – und so den Palio ein wenig domestizierte! Und so geht heute weniger den Fans als den Fantini beim dreimaligen Umrunden der Piazza manchmal der Gaul durch. Zwar landet nicht selten auch ein Gertenhieb auf dem Körper des Kontrahenten, neunschwänzige Katzen werden aber schon lange nicht mehr geduldet.

Mehr als nur Palio

Das Stadtfest ist indes nicht nur zum Rennen ein Erlebnis. Fünf Tage vorher werden die Holztribünen aufgebaut. Die Rennbahn auf der abschüssigen Piazza del Campo erhält eine 20 cm hohe und 7,5 m breite Aufschüttung aus Tuff und Sand, die berüchtigte **Curva di San Martino** erhält gar Matratzenschutz. Vorab erfreut man sich auch an den Ausscheidungsrennen oder am festlich geschmückten Siena, bewundert die schnellen Pferde bei der Rennauslosung oder eilt am Renntagmorgen zur Einsegnung von Pferd und Reiter in eine Contrada-Kirche. Dort wird der Geistliche dann »Vae torna vincitore – Geh und kehre als Sieger zurück!« ausrufen. Auf der **Passeggiata Storica** zur überfüllten Piazza del Campo paradieren farbenprächtige Fahnenschwinger, Trommler und Pfeifer, die sechs Stabträger, Vertreter der Zünfte und Komparsen der zehn für das Rennen ausgelosten und sieben nicht teilnehmenden Contrade. Dabei sind auch die sechs »toten« Contrade Bär, Eiche, Hahn, Löwe, Schwert und Viper, die es heute nicht mehr gibt. Zwei Stunden dauert es, bis der von vier Chianina-Ochsen gezogene Triumphwagen mit Martinella-Glocke und Siegestrophäe auftaucht.

Sieger, Spitznamen und – Schnuller

Wer das Glück (und das nötige Kleingeld) hatte, um ein Ticket zu ergattern, sollte ein Tabu beachten: Nie darf auf ein Pferd, einen Reiter oder eine Contrada gewettet werden! Das bringt Unglück! Eher schon sollte man die Spitznamen der Jockeys kennen. Die haben nicht erst seit dem Fantino »Mangiagatto« (Katzenesser) Tradition. So gilt Andrea Degortes alias »Aceto« (Essig) auch als »Re della piazza« (König der Piazza). Mit 14 Siegen zwischen 1964 und 1996 rangiert er an dritter Stelle der ewigen Bestenliste. Dabei ist der beste Jockey nichts ohne das richtige Pferd, dem eigentlichen Sieger. Dieses wird dem Jockey vor dem Rennen zugelost – so kommt zum Geschick als Reiter auch die nötige Portion Zufall!

Wenn sich der Campo nach dem Rennen leert, schmückt sich Siena in Windeseile mit den Farben der siegreichen Contrada. Beim opulenten Festbankett erhält das Siegerpferd den Ehrenplatz am Kopfende! Ungewöhnlich verhält sich auch manche Contrada: Kürzlich trugen alle Mitglieder einer Contrade, die lange nicht siegreich war, Babyschnuller! Ein Zeichen der Neugeburt des Stadtteils – und des Lebensgefühls beim Palio!

Rund um den Palio herrscht in ganz Siena eine ausgelassene Feierstimmung.

findet sich auch die Kapitolinische Wölfin – ein Hinweis auf die sagenhafte Stadtgründung durch Senus, Sohn des Remus. Und freilich ließen es sich die Medici-Großherzöge nicht nehmen, 1570 – elf Jahre nach der endgültigen Machtübernahme in Siena – ihr eigenes Wappen in der Mitte des ersten Obergeschosses anzubringen.
Im Palast wartet das Museo Civico mit herrlichen **Fresken von Lorenzetti** auf, die den selbstbewussten Geist der Republik widerspiegeln. Herausragend ist die Allegorie »Das gute und das schlechte Regiment« (1340), die Ambrogio Lorenzetti für die Sala della Pace (Friedenssaal) entwarf: Im »Buongoverno« sind Tugenden wie Gerechtigkeit, Frieden und Eintracht sowie Alltagsszenen mit Sienas Stadtvedute dargestellt, während der »Malgoverno« die Auswirkungen von Tyrannei, Hochmut, Betrug, Verrat und Misswirtschaft zeigt. Das Fresko gilt als eines der frühesten Beispiele profaner Bildkunst in Italien. In der **Sala del Mappamondo** schuf Simone Martini die »Maestá« (= thronende Madonna, um 1315) und gegenüber das gotische Reiterbild des Feldherrn Guidoriccio da Fogliani (1329). Die vielen Beispiele einer »Maestà« in Siena erklären sich aus der Verehrung der Gottesmutter seit der siegreichen Schlacht von Montaperti 1260; vor der Schlacht waren ihr die Stadtschlüssel mit der Bitte um Hilfe zum Sieg geweiht worden – Siena nannte sich anschließend »Civitas Virginis«.
Mitte März – Okt. 10 – 19, sonst bis 18 Uhr | Eintritt: 10 €, mit Santa Maria della Scala u. Torre del Mangia 20 € | Vorbestellung: ticket@comune.siena.it oder Tel. 0577 29 26 15 | www.comune.siena.it

Überragend!

Torre del Mangia

Wenn Ihnen die mitunter wuselige Betriebsamkeit auf dem Campo zu viel wird, gibt es eine herrliche Möglichkeit, über den Dingen zu stehen. Rund 400 Stufen später liegt ihnen die Piazza, Sienas Dächermeer und die sanft gewellte Landschaft der Zentraltoskana zu Füßen – die Aussicht vom Rathausturm, einem der kühnsten Bauten des Mittelalters (1325 – 1348), ist schlichtweg grandios. 102 m misst die Torre del Mangia bis zum Blitzableiter über dem Glockenkäfig! Die Architekten, die Brüder **Minuccio** und **Francesco di Rinaldo** wollten, dass die Turmspitze exakt das Niveau der Sieneser Domkuppel erreichte. So erwuchs aus der Senke ein Riese, der dem Erzbischof Paroli bot! 40 Minuten sind für den Aufstieg einzuplanen, 50 Besucher dürfen gleichzeitg hinauf.
Sienas Wahrzeichen, das auch das Erdbeben von 1798 überstand, verdankt seinen Namen dem ersten Glöckner: Giovanni di Balduccio stieg zwar nur bis 1360 auf, blieb aber im Gedächtnis: Ihm eilte der Ruf voraus, keiner Speise aus dem Wege zu gehen. Er verprasste sein Geld in den Osterie der Stadt und erhielt den Spitznamen Mangiaguadagni (»Verdienstfresser«), aus dem »Mangia« wurde. Der gargantueske Giovanni wurde durch ein mechanisches Läutwerk ersetzt, dem 1400 die »Mangia automa« folgte. Schon der nächste »Auto-

SIENA ERLEBEN

Complesso Santa Maria della Scala
Piazza Duomo 1, Tel. 0577 28 05 51
www.terresiena.it

Die Altstadt ist Fußgängerzone mit videoüberwachter Zona al Traffico Limitato (ZTL). Kostenpflichtig parkt man an der Fortezza Medicea, auf den Plätzen Santa Caterina und San Francesco (beide mit Rolltreppen zur Altstadt) und in den Parkhäusern (www.sienaparcheggi.com). Auch vom Bahnhof führen Rolltreppen zur Oberstadt.

Großartig sind die Konzerte der Domchöre: Der 2016 neu gegründete Domchor »Guido Chigi Saracini« tritt jährlich 15-mal im Dom auf. Und auch der renommierte alte Domchor »Agostino Agazzari« ist regelmäßig aktiv.

1 OSTERIA LE LOGGE €€€
Gianni und Laura Brunelli eilen frühmorgens auf Sienas Märkte. Aus den ergatterten Zutaten zaubert Gianni dann seine experimentierfreudige Küche. Unschlagbar sind die Filets – außen knusprig, innen »al minuto«! An der nahen Via Luparello lagern in Giannis Jazz Live Club / Vineria »unTubo« 11 000 Flaschen (www.untubo.com Mo. – Sa. 19 bis 3 Uhr).
Via del Porrione 33
Tel. 0577 4 80 13
osterialelogge.it
So. geschl.

2 ANTICA OSTERIA DA DIVO €€€
Die Nischen des mit moderner Kunst geschmückten Tuffsteingewölbes sind der perfekte Ort für ein romantisches Dinner. Aus der Küche kommen feine Sieneser und Maremma-

mat« (1425) besaß eine Holzstatue, die den Glöckner darstellte. Die letzte Mangia-Statue wurde 1824 stibitzt, tauchte 1927 wieder auf und steht seitdem ramponiert im Hof des Palazzo Pubblico.
März – Mitte Okt. 10 – 19, sonst bis 16 Uhr | Eintritt: 10 € (s. auch Palazzo Pubblico)

Päpstliches Domizil

Palazzo Piccolomini-Papesse

An der Nordostecke des Campo – die Hauptfassade ist zur Via di Cittá 126 ausgerichtet – steht dieser Renaissancepalast, der 1469 bis 1509 wohl für Giacomo und Andrea Piccolomini, zwei Neffen von Papst Pius II., eventuell aber auch für die Papstschwester Caterina Piccolomini errichtet wurde. Letztere trug den Spitznamen »Papesse« (»Päpstin«). Er beherbergt seit 1858 das Staatsarchiv und die Tavolette di Biccherna, 105 bemalte Holztäfelchen, die von 1258 bis ins 19. Jh. für Sienas Finanzverwaltung gefertigt wurden und als Kunstwerke Aktendeckel zierten.
Führungen: Mo. – Sa. 9.30, 10.30, 11.30 Uhr | Eintritt frei
www.archiviodistato.siena.it/museo

küche, z. B. Ribollita, Risotto Carnaroli mit Schwarzkohl (cavolo nero) und Pecorino oder Wildschwein (cinghiale), wie es schon Brunelleschi schmeckte – mit dreierlei Pfeffer, Brot und Gemüse.
Via Franciosa 25/29
Tel. 0577 28 60 54
www.osteriadadivo.it

❸ IL MESTOLO €€€
Nicoletta und Gaetano führen Sienas bestes Fischrestaurant! Nicolettas kreative Küche und die elegante Atmosphäre überzeugen aber auch Liebhaber der toskanischen Landküche. Am besten ist man mit der Wahl des fünfgängigen Degustationsmenüs beraten.
Via Fiorentina 81
Tel. 0577 5 15 31
www.ilmestolo.it, So. geschl.

❹ TRATTORIA PAPEI €€
Ein Klassiker der Sieneser Gastroszene. Vorspeisen, frische Pastagerichte oder Fasan mit Pinienkernen locken! Zum Dessert sollte man sich die Sieneser Mandelplätzchen (Ricciarelli) nicht entgehen lassen!
Via del Mercato 6
Tel. 0577 28 08 94
www.anticatrattoriapapei.com

❶ PALAZZO RAVIZZA €€€
Viel Charme unweit des Campo! Das Traditionshaus (seit 1924) vermietet klassisch elegante Zimmer mit Stuck und handbemalten Terrakottafliesen. Das Frühstück wird im Garten serviert. Mit Parkplatz und Sienas englischer Buchhandlung.
Pian dei Mantellini 34
Tel. 0577 28 04 62
www.palazzoravizza.it

❷ LOCANDA GARIBALDI €€
Für Sparfüchse! Im günstigen, nur wenige Schritte von der Piazza del Campo entfernten Hotel betreibt die sympathische Silvia Bettina auch eine sehr gute Osteria. Das Frühstück wird extra berechnet.
Via G. Duprè 18, Tel. 0577 28 42 04

Sienas jüdisches Erbe

Sinagoga di Siena

Zwei Gehminuten vom Campo steht Sienas 1786 errichtete Synagoge, in der 700 Jahre hebräischer Stadtkultur dokumentiert sind. Mahntafeln erinnern an den Holocaust. Und an den 28. Juni 1799: An diesem Tag wurde das Ghetto verwüstet, papsttreue »Viva Maria«-Revolteure töteten 13 Menschen. Drei Opfer wurden mit dem Holz des gestürzten napoleonischen Freiheitsbaums auf dem Campo verbrannt.
Vicolo delle Scotte 14 | So., Mo. 11 – 18 Uhr | Di., Mi., Do. 14 – 18, Okt. – Ende Mai So., Mo., Do. 10.30 – 17.30 Uhr, Führungen halbstündlich | Eintritt: 6,50 € | www.jewishtuscany.it

Von der Piazza del Campo zum Dom

Straßenschlucht

★ Via di Città

Von der Piazza del Campo sind es nur ein paar Schritte bergauf zur Via di Città. Die geschwungene Hauptstraße in der Altstadt erscheint auch aufgrund der hoch aufragenden Gebäude, die sie säumen, wie eine enge Schlucht. U. a. steht hier die **Loggia della Mercanzia**: Der Bau zeigt den Übergangsstil von der Spätgotik zur Renaissance; das Obergeschoss wurde im 17. Jh. aufgesetzt. An den Pfeilern mit reich geschmückten Kapitellen sind die Statuen von Petrus und Paulus, Viktor und Ansano zu sehen. Elegant passt sich der **Palazzo Chigi-Saracini** von 1320 der Biegung der Via di Città an. Seine Fassade, von einem mächtigen Turm überragt und von spitzbogigen Fenstern durchbrochen, gehört zu den schönsten der Stadt. Der Palast mit Galerie, Musikinstrumentensammlung und Laden ist im Rahmen von Führungen zu besichtigen. Außerdem veranstaltet die Accademia Musicale Chigiana, Sienas Musikhochschule, hier wunderbare Sommerkonzerte.

Palazzo Chigi-Saracini: Via di Città 89 | Tel. 0577 22091 | Mo. – Sa. 11.30, Do., Fr. auch 16, Juli, Aug. Mo. – Fr. 17.30, Sa. 11 Uhr | Eintritt: 10 € | www.chigiana.it

★★ Duomo Santa Maria Assunta

Die schönste gotische Kirche Italiens

Vom Scheitel bis zur Sohle, so lässt sich Sienas Kathedrale im übertragenen Sinn neuerdings betrachten. Denn nicht nur die Krypta, die uralte Unterkirche des Doms (▶ S. 326), steht zur Besichtigung offen, sondern nun auch die Kuppel. Letzteres ermöglicht die neue Tour **Porta di Cielo** (Himmelstor): Wie auf der Jakobsleiter geht es hinauf zum Kathedralendach mit grandiosen Ausblicken ins Kirchenschiff und auf Siena hinunter. Nach unten wird man dann auch im Kircheninnern bevorzugt schauen, ist doch das großartigste Kunstwerk hier der Fußboden. Da mag man sich kaum ausmalen, was aus dem Dom geworden wäre, hätten die Stadtherren ihre ehrgeizigen Pläne verwirklicht. Denn 1339 beschloss die Bürgerschaft die Domerweiterung zum größten Bauwerk Italiens: Das Bestehende sollte als Querschiff in eine neue, über 100 m lange Kirche integriert werden. Geldmangel und die Pest 1348 führten zum Aus. Und so blieb es bei dem Dom, der Mitte des 12. Jh.s über einem Vorgängerbau (9. Jh.) begonnen wurde, der wiederum auf einem antiken Minerva-Tempel stand. 1264 war das Domgewölbe fertig, ab 1316 wurde der Chor nach Osten verlängert und erst 1667 kam die Domlaterne hinzu. Die polychrome **Westfassade** (1284 – 1297) des Doms entwarf Giovanni Pisano mit üppigem Skulpturenprogramm und drei Portalen, wobei sich der Künstler an den Kathedralenfassaden Frankreichs orientierte und die romanische Formensprache überwand.

Der durch hohe Arkaden dreigeteilte **Innenraum** bildet den dunklen Kontrast zur strahlenden Fassade. Das Mittelportal ist an der Fassadeninnenseite mit Reliefs zum Marienleben (1483) und zur Legende des hl. Ansano (um 1480) geschmückt. Auf dem Gesims unterhalb des Obergaden sind die Büsten von Christus und 172 Päpsten – von Petrus bis Lucius III. (†1185) – zu sehen, ergänzt von 36 Medaillonporträts römischer Kaiser (15. / 16. Jh.) in den Bogenzwickeln. Einmalig ist jedoch vor allem der **Marmorfußboden**, der ab 1369 über 200

1 Osteria le Logge
2 Antica Osteria da Divo
3 Il Mestolo
4 Trattoria Papei

1 Palazzo Ravizza
2 Locanda Garibaldi

SIENAS STOLZ

Auf dem höchsten Punkt der Stadt erhebt sich der stattliche Dom Santa Maria mit romanischen und gotischen Stilelementen in der Fassade. Unterhalb des Chors schließt sich das Baptisterium San Giovanni an, während seitlich noch Überreste des »Neuen Doms« zu sehen sind, mit dem die Sieneser im 14. Jh. den bestehenden erweitern wollten.

März–Okt. Mo.–Sa. 10.30–19, So. 13.30 bis 18, Nov.–Feb. Mo.–Sa. 10.30–17.30, So. 13.30–17.30 Uhr | Eintritt: Juli, Aug. 8 €, sonst 5 € (Wintermonate frei)

1 Marmorfassade
Ende des 13. Jh.s entwarf Giovanni Pisano die Fassade des Doms, inspiriert von der französischen Gotik.

2 Libreria Piccolomini
Die Piccolomini-Bibliothek wurde von Kardinal Francesco Piccolomini (später Pius III.) zu Ehren seines Onkels Pius II. gegründet. Hier befinden sich die berühmten Fresken von Pinturicchio mit Szenen aus dem Leben des späteren Papstes.

3 Capella di San Giovanni
In der Renaissancekapelle sind ein Freskenzyklus von Pinturicchio und eine Bronzestatue Johannes' des Täufers von Donatello (1457) zu sehen.

4 Kanzel von Nicola Pisano
Die oktogonale Kanzel von Nicola Pisano (13. Jh.) ruht auf Säulen, die von Löwen gestützt werden.

5 Marmorfußboden
Der Fußboden des Sieneser Doms weist einzigartige Marmorintarsien auf. Um diese zu schonen, sind sie die meiste Zeit des Jahres größtenteils abgedeckt. Zu einem kompletten Eindruck verhilft dann das Schaubild im Dommuseum.

6 Battistero di San Giovanni
Als 1316 der Domchor erweitert wurde, wurde eine Unterkirche (das Baptisterium) errichtet.

7 Museo dell'Opera Metropolitana
Im Erdgeschoss des Dommuseums sind u. a. die von Pisano und seinen Mitarbeitern gefertigten überlebensgroßen Originalskulpturen der Fassade zu sehen, die dort durch Kopien ersetzt wurden.

8 Il Facciatone
Die Domerweiterungspläne wurden wegen Geldmangels, technischer Probleme und des Ausbruchs der Schwarzen Pest 1348 gestoppt. An diese Ambitionen erinnert heute noch die teilweise vollendete Außenmauer – Il Facciatone (die große Fassade) genannt.

9 Krypta
Auf der Domrückseite liegt der Zugang zur Krypta aus dem 13. Jahrhundert. Sie wurde erst 1999 nach 700 Jahren wiederentdeckt. Ihre Wände sind mit gut erhaltenen Fresken aus dem 13. Jh. bemalt, die frühe Künstler der Sieneser Schule geschaffen haben.

9
8
7
5
1
©BAEDEKER

DUOMO SANTA MARIA ASSUNTA

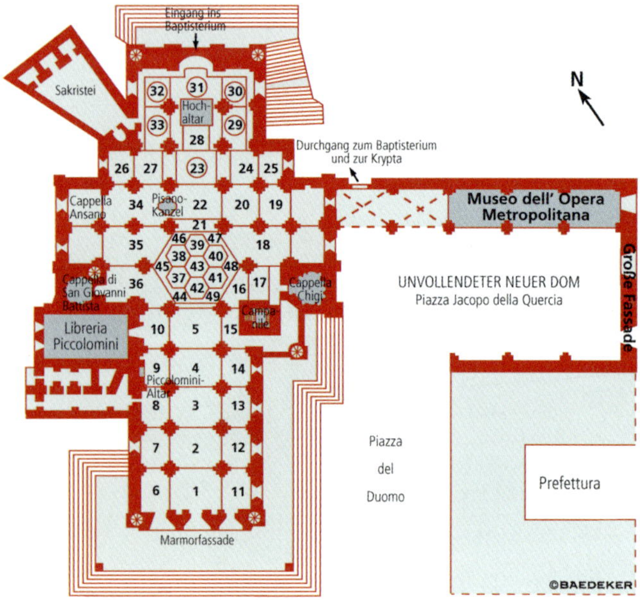

Marmorne Fußbodenbilde

- **1** Hermes Trismegistos
- **2** Wappen von 13 toskan. Städten
- **3** Kaiseraltar
- **4** Glück
- **5** Glücksrad, Vier Philosophen
- **6-15** Sibyllen
- **16** Sieben Menschenalt
- **17** Glaube, Hoffnung, Nächstenliebe, Religion
- **18** Jephtha besiegt die Ammoniter
- **19** Absaloms Tod
- **20** Kaiser Siegmund
- **21** Moses' Quellwunder
- **22** Tanz um das Goldene Kalb
- **23** David und Goliath
- **24** Moses
- **25** Samson besiegt die Philister
- **26, 27** Josua
- **28** Abrahams Opfer
- **29** Klugheit
- **30** Mäßigung
- **31** Barmherzigkeit
- **32** Gerechtigkeit
- **33** Tapferkeit
- **34** Judith schlägt Holofernes den Kopf ab
- **35** Kindermord zu Bethlehem
- **36** Herodes' Sturz
- **37-49** Ahab und Elias

Jahre hinweg entstand. Einem aufgeschlagenen Buch vergleichbar, erzählen 56 Bildwerke – in den Marmor geritzt oder als Intarsienarbeit – Geschichten aus dem Alten Testament und zeigen Tugenden und Allegorien. Wer sie in ihrer ganzen Pracht sehen will, muss den Siena-Besuch genau planen: Nur im Juli und von Mitte August bis Mitte Oktober sind sie größtenteils von ihren Schutzabdeckungen befreit.

Am besten startet man den Rundgang am **Piccolomini-Altar** (drittes Joch, nördliches Seitenschiff). Andrea Bregno schuf ihn 1485 für den Sieneser Kardinal Francesco Piccolomini, Michelangelo Buonarotti werden die Statuen des Petrus und Paulus, des hl. Pius und hl. Augustinus zugeschrieben. Neben dem Altar befindet sich der Eingang zur **Piccolomini-Bibliothek**. Die von Lorenzo di Mariano 1497

gestaltete Eingangswand ist ein Meisterwerk der Hochrenaissance. Auftraggeber der herrlichen Bibliothek war 1492 Sienas Bischof, Kardinal Francesco Piccolomini, der 1503 als Papst Pius III. nach nur 26-tägigem Pontifikat an Gicht verstarb. Die Fresken an Decke und Wänden (1503 – 1508) malten Pinturicchio und seine Schüler teils im grotesken Stil. Die Wandbilder zeigen zehn Szenen aus dem Leben Papst Pius' II., dem Onkel Francescos.
Wieder in der Kathedrale geht es weiter zur Renaissance-Kapelle Johannes' des Täufers (Cappella di San Giovanni Battista; 1482) mit Donatellos Spätwerk, der Bronzestatue des Heiligen (1457), und zur Kapelle des hl. Ansanus (Cappella Ansano) mit der ebenfalls von Donatello geschaffenen bronzenen Grabplatte des Bischofs Giovanni Pecci (1430). Besondere Beachtung verdient jedoch vor allem die überbordend verzierte **Kanzel**, die Nicola Pisano mit seinem Sohn Giovanni und Arnolfo di Cambio schuf (1266 – 1268). Sie ruht auf neun Säulen aus Granit, Porphyr und Marmor. Die äußeren stehen auf Sockeln bzw. Löwenfiguren, die Mittelsäule ist am Fuß mit Allegorien der Sieben Freien Künste und der Philosophie verziert.
Den **Chor** beherrscht der marmorne Altar von Baldassare Peruzzi (1532). Die 38 Intarsien des Chorgestühls schuf Giovanni da Verona 1503–1505 für das Kloster Monte Oliveto Maggiore. Doch 1813 beorderte Sienas Erzbischof sie hierher. Die Chigi-Kapelle (Cappella Chigi) im südlichen Querhaus stattete Gian Lorenzo Bernini 1659 – 1662 mit Statuen des hl. Hieronymus und der hl. Maria Magdalena aus.

Duomo: März – Okt. Mo. – Sa. 10.30 – 19, So. 13.30 – 18, Nov. – Feb. Mo. – Sa. 10.30 – 17.30, So. 13.30 – 17.30 Uhr | Eintritt: Juli, Aug. 8 €, sonst 5 € (Wintermonate frei), Bibliothek 2 €, 3 Tage gültiger OPA Si Pass für alle Domeinrichtungen 8 – 15 € | Ticket-Buchung unter Tel. 0577 28 63 00 oder opasiena@operalaboratori.com | http://operaduomo.siena.it
Porta di Cielo: Öffnungszeiten s. Dom | Eintritt 20 € (inkl. Museen)

Unter dem Dom

★ Battistero di San Giovanni

Zur Besichtigung des Baptisteriums unter dem Domchor verlässt man den Dom und steigt die Treppen zur Piazza San Giovanni hinab. Es entstand 1316–1327. Die Fresken im Inneren des Zentralraums schuf Lorenzo di Pietro 1447–1450, die Fresken mit Wundern des hl. Antonius von Padua an der Nordwand Benvenuto di Giovanni 1460 und die »Fußwaschung« in der Lünette Pietro di Francesco degli Orioli 1489. Auf einem sechseckigen Podest steht der wohl von Jacopo della Quercia gearbeitete marmorne Taufbrunnen (1417–1431) mit Personifikationen der Tugenden, u. a. Donatellos Statuen »Glaube« und »Hoffnung«. 1999 stieß man auf die 700 Jahre verborgene **Domkrypta**. Ihre Fresken (um 1280) gelten als »Morgenröte« der Sieneser Schule (Meister Guido da Siena, Guido di Graziano).

März – Okt. tgl. 10.30 – 19, sonst 17.30 Uhr | Eintritt: mit OPA Si Pass (s. Duomo)

Meisterwerke der mittelalterlichen Bildhauerkunst

★ Museo dell'Opera Metropolitana

Eine Ahnung von den geplanten Ausmaßen der Domerweiterung vermittelt das Dommuseum, das sich an das östliche Querschiffs des Doms anschließt. Denn hierbei handelt es sich um das im 14. Jh. begonnene, vorgesehene Langhaus. Von der Aussichtsplattform auf der Fassade (**Il Facciatone**) eröffnet sich eine andere Perspektive auf den Dom. Sie erreichen sie über eine Treppe, die aufgrund ihrer Enge nicht unbedingt für schwache Nerven geeignet ist.

Den Reigen der Bildhauermeisterwerke im Museum eröffnet im Erdgeschoss Donatellos »Madonna der Vergebung« (1457–1459). Es folgen Skulpturen, die einst die Domfassade schmückten. Die Sybillen, Propheten und antiken Philosophen entwarf Giovanni Pisano. Absoluter Blickfang am Ende des Saals ist aber ein »Auge« mit 6 m Durchmesser: Die **Buntglas-Fensterrosette** (1287–1290) von Duccio di Buoninsegna (ca. 1250–1319) befand sich einst über der Domkanzel. In der ersten Etage setzt erneut Duccio mit seinem 1308–1311 geschaffenen Marien-Hochalterbild, der weltberühmten »Maestà«, den Akzent. In den folgenden Räumen sind wertvolle illustrierte Manuskripte und Sieneser Holzschnitzkunst ausgestellt. 200 wertvolle und glänzende Objekte füllen die Domschatzkammer, darunter das Kopfreliquiar des hl. Galgano (Ende 13. Jh.) oder die fantastische »Goldene Rose« von Gian Lorenzo Bernini. Die letzte Etage bewahrt Sieneser Tafelbilder (13.–19. Jh.).

Apr. - Okt. 10 - 19, März 10.30 - 19, Winter bis 17.30 Uhr | Eintritt: mit OPA Si Pass (s. Duomo)

Weitläufiger Museumskomplex

S. M. S. Complesso Museale di Santa Maria della Scala

Das nach der Domtreppe (»scala«) benannte Krankenhaus Ospedale di Santa Maria della Scala an der Piazza Duomo geht der Legende nach auf den Schuster Sorore (823–896) zurück, der sein Heim Pilgern und Kranken öffnete. Der riesige Komplex wartet mit großartigen Fresken auf; Beachtung verdienen vor allem im ehemaligen **Pilgersaal** die Arbeiten von Domenico di Bartolo, die die Aufgaben des Ospedale in der Kranken- und Armenfürsorge illustrieren. Die **Magazzini della Corticella** bergen einen weiteren Schatz: Reliquien aus Konstantinopel, die der Sieneser Rektor Andrea Tori 1359 vom Florentiner Kaufmann Torrigiani für 3000 Florin erwarb.

Der modernen Kunst widmet sich der Sonderausstellungsbereich im S.M.S Contemporanea, der Geschichte der Kindheit das Museo d'Arte per Bambini. Außerdem sind in dem Komplex die Originalreliefs der Fonte di Gaia, die neue Pilgerherberge und das Nationale Archäologiemuseum zu sehen. Letzteres zeigt Funde von den Etruskern bis ins Mittelalter.

Mitte März - Mitte Okt. 10 - 19, Do. bis 22, sonst Mo., Mi., Fr. 10 - 17, Do bis 20, Sa., So. 10 - 19 Uhr | Eintritt: 9 € | www.santamariadellascala.com

OBEN: Aus dem Dächermeer Sienas ragen am höchsten Punkt der Stadt die Kuppel und der Glockenturm des Doms heraus.

UNTEN: Herausragendes Kunstwerk im Dom ist die prächtig verzierte Kanzel Nicola Pisanos.

Stille Winkel und alltägliche Viertel – auch Sienas unbekanntere Ecken verdienen es, bei einem Stadtspaziergang entdeckt zu werden.

Südliche Altstadt

Viel Gotik … und ein bisschen Renaissance

★ Pinacoteca Nazionale

Die himmlische Ruhe, die die gotischen Meisterwerke – oft mit reichlich Blattgold verziert – verströmen, überträgt sich auf sonderbare Weise auch auf den Besucher, der durch die Gänge und Säle des eleganten spätgotischen Palazzo Buonsignori und des angeschlossenen Palazzo Brigidi wandelt. Dies mag auch daran liegen, dass die Pinacoteca Nazionale vergleichsweise wenig Kunstinteressierte anlockt. Dabei zeigt sie eine außerordentliche Sammlung der Schule von Siena aus dem 12.–16. Jahrhundert. Während man sich in diesem Zeitraum im 75 km entfernten Florenz allmählich der Renaissance zuwandte, hielten die Sieneser noch länger am Altbewährten fest.
Nichtsdestotrotz gehen Liebhaber der Renaissance auch in der Sieneser Pinakothek nicht ganz leer aus. In den Sälen 27–30 des ersten

Stocks können diese die Werke von Giovanni Antonio Bazzi, genannt Sodoma, und Domenico Beccafumi bewundern, der schon zu den frühen Manieristen zählen darf. Etwas verwirrend beginnt der Rundgang jedoch zuvor im zweiten Stock mit Arbeiten des 12. Jahrhunderts. In Saal 1 ist mit dem Paliotto del Salvatore des Meisters von Tressa, einem Altaraufsatz mit segnendem Erlöser, zugleich das **älteste datierte Werk der Sieneser Schule** (1215) zu sehen. In den folgenden Sälen geht es chronologisch geordnet weiter, u.a. mit einer byzantinisch beeinflussten »Madonna mit Kind« (um 1262) von Guido da Siena oder einer mehrteiligen Altartafel (um 1310) von Duccio di Buoninsegna, auf der der Begründer der gotischen Malerei Sienas eine lebensnah dargestellte Madonna verewigte. Einige Höhepunkte der Sieneser Malerei finden sich dann in den Sälen, die sich dem 14. Jh. widmen, darunter die Tafelbilder der Brüder Ambrogio und Pietro Lorenzetti in Saal 7 und Werke von Andrea und Taddeo di Bartolo in Saal 10 und 11. Protagonist der reizvollen Sieneser Malerei der ersten Hälfte des 15. Jh.s ist in den Sälen 12 und 13 Giovanni di Paolo: Er setzte bereits die Zentralperspektive ein. Die Spätgotik bricht ab Saal 14 an.

Das dritte Obergeschoss beherbergt die Sammlung der Sieneser Familie Spannocchi mit **flämischen und deutschen Meistern** (16./17. Jh.), der »Lucrezia« von Lucas Cranach d. J. und Albrecht Dürers »San Girolamo« (hl. Hieronymus) von 1514.

Via San Pietro 29 | Di.-Sa. 8.15-19.15, So., Mo. 9-13 Uhr | Eintritt: 8 € | http://pinacotecanazionale.siena.it

Kirche und Kunst

Sant' Agostino

Die ab 1259 im Gebiet der Contrada della Tartuca (Schildkröte) erbaute Basilika des hl. Augustinus von Hippo bewahrt die »Kreuzigung« von Perugino (1506) und ein Maestà-Fresko von Ambrogio Lorenzetti in der Cappella Piccolomini. Das berühmte, Simone Martini zugeschriebene Triptychon ist nun in Saal 5 der Pinakothek.

Piazza S. Agostino 1 | Mitte März-Okt. Mo.-Sa. 14.30-17.30 Uhr Eintritt: 2,50 €

Naturhistorische Wunderkammer

Museo di Storia Naturale, Orto Botanico

Im einstigen Kamaldulenserkloster hat seit 1691 die Accademia dei Fisiocritici ihren Sitz. Das aus den Kuriositäten einer »Wunderkammer« erwachsene Naturhistorische Museum besitzt eine geologische, zoologische und paläontologische Abteilung. Der 2 ha große Botanische Garten entstand 1784 aus dem **Heilkräutergarten** (Orto dei Semplici) von Santa Maria della Scala.

Museo di Storia Naturale: Mo.-Fr. 9-14 Uhr | Eintritt frei www.fisiocritici.it

Orto Botanico: Via Pier Andrea Mattioli 4 | Mai bis Mitte Sept. 9.30-18.30, sonst 10-17.30, Winter bis 16 Uhr | Eintritt: 5 €

Vom Dom zum Forte di Santa Barbara

Schutzpatronin Europas

Casa di Santa Caterina

Am Domplatz wurde die hl. Katharina von Siena (1347–1380) im Baptisterium getauft, später pflegte sie hier Kranke und Arme in Santa Maria della Scala, wo ihr das Oratorio di Santa Caterina della Notte gewidmet ist. Er ist also ein idealer Startpunkt, um auf den Spuren von Europas Schutzpatronin zu wandeln. Erster Halt ist Katharinas Geburtshaus, das 1464 – nur drei Jahre nach ihrer Heiligsprechung – errichtete Santuario-Casa di Santa Caterina. Im Renaissanceportal liest man »Sponsae Kristi Catherinae Domus« (Haus der Katharina, Braut Christi). Für die Pilger baute man im 16. Jh. das Obere Oratorium und schmückte es mit Wandbildern aus Katharinas Leben. Im Oratorio del Crocefisso von 1623 befindet sich das 1565 nach Siena verbrachte Kruzifix, vor dem die Heilige laut Überlieferung 1375 in Pisa die Wundmale Christi empfing. Durch das Lädchen des Sanktuariums gelangt man zur Sammlung prächtiger Keramiken, Amphoren und Vasen, die Öl für die Votivlampe der hl. Katharina enthielten und von italienischen Städten gestiftet wurden.
Ein wenig weiter steht mit der **Fonte Branda** Sienas ältestes und größtes Brunnenhaus von 1198. Seine heutige Gestalt erhielt das Brunnenhaus um 1246 durch Giovanni di Stefano. Ringsum verbrachte Katharina ihre Kindheit. Der Brunnen garantierte auch die Existenz der Färberei des Vaters. An der **Salita del Costone** soll Katharina ihre ersten Visionen erhalten haben.

Casa di Santa Caterina: Costa di S. Antonio 6 | Sanktuarium tgl. 9.30–19, Oratorium tgl. 9.30–12.30, 15–18 Uhr | Eintritt frei

Das Antlitz einer Heiligen

San Domenico

Höhepunkt am »Katharinenweg« ist die ab 1226 erbaute Dominikanerkirche. Im wuchtigen, auch Basilica Cateriniana genannten Ziegelbau scharen sich die Gläubigen um das von Andrea Vanni 1370/1380 – also noch zu Lebzeiten der Heiligen – gemalte Fresko in der Katharinenkapelle. Es gilt als ältestes Bildnis der hl. Katharina. Die Kapelle birgt zudem zwei Hauptwerke von Sodoma (um 1525), die Szenen aus dem Leben Katharinas darstellen. Zwar ist Katharina in Roms Kirche Santa Maria sopra Minerva beigesetzt, zwei Reliquien werden aber hier aufbewahrt: ihr Haupt – »La sacra testa« – und ein Finger.

Piazza S. Domenico 1 | tgl. März–Okt. 7–18.30, Nov.–Feb. 8.30–18 Uhr | www.basilicacateriniana.com

Ausblick mit Wein

Forte di Santa Barbara

Im Jahr 1559 konnte Cosimo I. de' Medici endlich auch Siena dem Machtbereich von Florenz einverleiben. Schon ein Jahr später gab er an der Stelle einer zerstörten Zitadelle diese Festung in Auftrag. Von

Weinliebhaber haben in der Enoteca Italiana die Qual der Wahl.

den Mauern dieser mächtigen Fortezza Medicea bietet sich ein schöner Blick über die Stadt.

In den Gewölben der ersten Bastion links in der Festung Großherzog Cosimos I. entkorkt die **Enoteca Italiana** 1500 ausgezeichnete Tropfen von 600 Weingütern und unterrichtet in einer Ausstellung über italienischen Weinbau. Angeschlossen ist das Ristorante Millevini. Die Weinkarte listet mehr als 1000 Weine auf.

Enoteca: https://de-de.facebook.com/EnotecaItaliana1933

Vom Campo in die nördliche Altstadt

Himmlische Genüsse, irdischer Mammon

Vom Croce di Travaglio zur Piazza Salimbeni

Zeit für eine Stärkung? Dann sollten Sie das Croce di Travaglio, das »Kreuz der Mühen«, ansteuern, wo die Via di Città auf die Einkaufsstraßen Via Banchi di Sopra und Via Banchi di Sotto trifft. In unmittelbarer Nähe stellt die **Drogheria Manganelli**, Via di Città 71/73, seit 1879 nach überlieferten Rezepten Panforte her, Sienas berühmtes Früchtebrot. Mit »Bello e impossibile« auf den Lippen geht es dann zur nächsten Berühmtheit: In Gianna Nanninis Elternhaus, der Bar **Pasticceria Nannini**, locken aber weniger Memorabilia der »Rockröhre«, als vielmehr Panpepato (Pfefferbrot) und Feigen-Nuß-Torte (Via Banchi di Sopra 24; www.pasticcerienannini.it). Wem eher der

Sinn nach etwas Pikantem steht, der pilgert zu den Schinken- und Käsespezialitäten von **De Miccoli** (Via di Città 93–95).

Die fotogene Piazza Salimbeni war 2016 auf allen TV-Kanälen. Denn im wehrhaft gotischen **Palazzo Salimbeni** (14. Jh.) hat Italiens älteste existierende Bank ihren Sitz. 1472 als Monte della Pietà gegründet, vergab der »Geldberg der Barmherzigkeit« damals günstige Kredite an klamme Bürger. Als Monte dei Paschi existiert die Bank seit 1624. Ungezügelte Zukäufe brachten die Bank ab 2008 in Turbulenzen. Der Staat musste mit Milliarden Euro einspringen! Die exquisite Kunstsammlung der Bankstiftung öffnet nur zum Palio (Eintritt frei).

★ Oratorio di San Bernardino

Prachtvoll ausgemalte Kapelle

Unmittelbar vor der Stadtmauer befindet sich im Norden der Altstadt die gotische Ordenskirche **San Francesco** von 1326–1484. Im hallenartigen Innenraum des außen recht schmucklosen Gotteshauses fällt die schwarz-weiße Wandbemalung auf, die die Marmorverkleidung des Doms imitiert. An den Längswänden hängen Standarten der alten Handwerkszünfte. Der eigentliche Grund für einen Abstecher hierher ist aber das kleinere Oratorio di San Bernardino nebenan, das an dem Ort steht, an dem der hl. Bernhardin (1380–1444),

Für viele Toskana-Besucher verkörpert die Crete Senesi den Inbegriff einer toskanischen Landschaft.

auch er Franziskaner, Ende des 15. Jh.s predigte. Die imposanten Fresken (16. Jh.) steuerten Sodoma, Domenico Beccafumi und Girolamo del Pacchia bei. Das angeschlossene **Museo Diocesano di Arte Sacra (MDAS)** zeigt Werke der Sieneser Schule (13.–18. Jh.).

März – Okt. 13.30 – 19 Uhr | Eintritt: mit OPA Si Pass (s. Duomo)

Rund um Siena

Trutzige Mauerkrone

★ Monteriggioni

Bereits die Anfahrt ist ein Genuss – sofern Sie denn auf die Autobahn verzichten. Wunderbar ist die Fahrt über die Landstraße, die durch Wald, Weinberge und Felder führt. Nicht weniger beeindruckend ist dann die Lage des 1203 gegründeten Festungsdorfs, das sich auf einem Hügel über dem Elsa-Tal erhebt und das schon Dante in der »Göttlichen Komödie« (Inferno, 31. Gesang) erwähnte. Es wird komplett von einem intakten Bilderbuch-Mauerring mit Zinnen und 14 Wehrtürmen umgeben, der aus der Ferne betrachtet einer steinernen Krone gleicht. Ziele im Mauerrund sind die Kirche **Santa Maria Assunta** (13. Jh.) und das Museum **Monteriggioni in Arme**, wo Rüstungen und Waffen unterhaltsam ausgestellt sind. Zudem bietet Monteriggioni im Juli ein stimmungsvolles Ambiente für das hiesige Mittelalterfest (www.monteriggionimedievale.it).

Ab Monteriggioni starten viele Aktivitäten auf der Via Francigena. Ein schöner Wanderweg (4 km) führt zur verträumten **Abbadia a Isola** (11./12. Jh.), einem Zisterzienserkloster mit wunderbarer Basilika.

Monteriggioni in Arme: April – Mitte Sept. tgl. 9.30 – 13.30, 14 – 19.30, Mitte Sept. – Okt. tgl. 10 – 13.30, 14 – 18, sonst 10 – 13.30, 14 – 16 Uhr
Eintritt: 3 €

Abbadia a Isola: Sommer Mo. – Fr. 9 – 13, Sa., So. 9 – 13, 15 – 18 Uhr

Unwirkliches Lehmland

★ Crete Senesi

Südöstlich von Siena erwarten Sie Panoramen, wie sie viele Bildbände und Kalender zieren. Die kargen und sanft gewellten Hügel üben eine eigentümliche, ja regelrecht bizarre Faszination aus. Nur vereinzelt bieten kleine Zypressenhaine, Bauernhöfe oder Weiler dem Auge einen Bezugspunkt in der unwirtlichen Landschaft. Dabei ist diese von Menschenhand geschaffen und fortwährend von einer Erosion bedroht, die das Ergebnis von massiver Abholzung und Überweidung ist. An vielen Stellen ist der Boden fortgeschwemmt und der Lehmboden tritt zutage – der Name Crete leitet sich von »creta« (Ton, Kreide) ab.

Hauptort der Crete ist in deren Ausläufern das Städtchen **Asciano**. Hier zeigt das Museo Civico Archelogico e d’Arte Sacra im Palazzo Corboli Sieneser Kunst aus dem 13.–19. Jh. sowie Gold- und Bronzefibeln aus fünf etruskischen Kammergräbern, die am Poggio Pinco östlich der Stadt gefunden wurden. Kulinarische Kostbarkeiten liegen hingegen in der Erde der Crete verborgen: weiße Trüffeln! So avancierte **San Giovanni d'Asso** mit Trüffelfesten im März und November und Italiens erstem Trüffelmuseum zur Hochburg des edlen Speisepilzes. Reste eines etruskisch-römischen Bades sind in der Terme Antica Querciolaia (www.termeaq.it, Wassertemperatur 35–39 °C) in **Rapolano Terme** erhalten. Wohltemperiert geht es auch in der Terme San Giovanni (www.termesangiovanni.it, Wassertemperatur 39–40 °C) ebenfalls in Rapolano zu.

Museo Civico Archelogico e d'Arte Sacra: Corso Matteotti 122
April – Sept. Mi. – So. 10 – 13, 14 – 18, sonst Sa. 14 – 17, So. 10 – 13, 14 – 17 Uhr | Eintritt: 5 €, mit Museo Cassioli 7 €

Museo del Tartufo: Piazza Gramsci 1 (Kastell) | April – Nov. Fr. – So. 10 – 13, 15 – 18 Uhr | Eintritt: 4 €

Miniaturdorf

★ Borgo di Murlo

Genetiker der Universität Turin haben es herausgefunden. Im mittelalterlichen Festungsdorf Murlo (2350 Einw.) lebt die »etruskischste« Bevölkerung Italiens. Tatsächlich liegt Murlo mitten im Stammland der Etrusker, die sicher schon die strategisch günstige Lage des Ortes zu schätzen wussten. Heutige Besucher werden eher von der landschaftlichen Schönheit rund herum angetan sein. Bezaubernd ist aber auch die Anlage des Dorfes: Die wie in einer Wagenburg angeordneten Steinhäuser thronen trutzig auf einem kleinen Hügel. Im imposantesten Gebäude, dem Palazzo Vescovile, hütet das **Antiquarium di Poggio Civitate** die Funde aus der gleichnamigen etruskischen Nekropole, z. B. ein fast vollständiges Dach und einen Tempelgiebel (5. Jh. v. Chr.).

Antiquarium Murlo: Mitte März – Mitte Okt. Di. – So. 10 – 13.30, 15 – 19, sonst Fr. – So. 10.30 – 13.30, 14.30 – 17.30 Uhr | Eintritt: 5 €

Das toskanische Excalibur

★ San Galgano

Die Ruine der Zisterzienserabtei ist einer der suggestivsten Schauplätze der Toskana. An Emotionalität schwerlich zu überbieten ist eines der abendlichen Konzerte in dem dann festlich erleuchteten Kirchenschiff. Wo sich einst das Kirchendach befand, funkeln heute die Sterne am toskanischen Nachthimmel.

Der Legende nach wies der Erzengel Gabriel den jungen Adligen Galgano Guidotti aus dem nahen Chiusdino in einem Traum am Weihnachtstag 1180 an, den Weg zu Gott in einer Einsiedelei auf dem Hügel Montesiepi zu suchen. Dort verzichtete Galgano fortan auf Gewalt und stieß sein Schwert in einen Fels. Kurze Zeit nach der Heiligsprechung des Eremits 1185 ließen sich Zisterzienser im fruchtbaren Tal nieder. 1224–1288 erfolgte der Bau der **Abbazia di San Galgano**, die dank päpstlicher wie kaiserlicher Zuwendungen wohlhabend und mächtig wurde. Doch Hunger, Pest und 1364 der Überfall des Florentiner Söldnerführers Giovanni d'Acuto setzten der Blüte ein Ende. 1550 verkaufte Abt Girolamo Vitelli die Bleidächer des 71 m langen,

BAEDEKER ÜBERRASCHENDES

6X DURCHATMEN

Entspannen, wohlfühlen, runterkommen

1. BILDERBUCH-BERGIDYLL

Frische Luft, saftiges Grün, plätschernde Bäche und das alles eingerahmt von den Gipfeln der Alpi Apuane – in der herrlichen Natur der **Garfagnana** ruhen Sie in sich. (▶ **S. 50**)

2. MYSTISCH

Der Himmel über der dachlosen Abteiruine von **San Galgano** und das »toskanische Excalibur« im Felsen machen die abgelegene Heiligen-Einsiedelei zum mystischen Erlebnis. (▶ **S. 338**)

3. PLATZ FÜR STILLE

Die Piazza des winzigen Bergdörfchens Poggio, zu Füßen des **Monte Capanne auf Elba** gelegen, bietet vor allem in den Mittagsstunden viel Ruhe und grandiose Ausblicke aufs Meer. (▶ **S. 122**)

4. FÜRSTLICHER GARTEN

Giambolognas gigantische Statue des Apennin ist Höhepunkt des Spaziergangs durch den lauschig ruhigen Park von **Pratolinos** Villa Demidoff, den schon Michel de Montaigne als wunderbar empfand. (▶ **S. 253**)

5. KONTEMPLATIV

Absolute Stille, die abends in diffuses Licht getauchte Klosterterrasse **La Vernas** und der Sternenhimmel führen Sie unmittelbar zurück in die Zeit des Hl. Franz von Assisi. (▶ **S. 79**)

6. ASKETISCH

Schauen Sie genau hin: Eines der grandiosen Fresken im Kreuzgang zeigt Benediktiner wortlos beim kargen Mönchsmahl: Ora et labora – arbeite und bete! Einprägsam und unvergesslich, so ist sie, die Abbazia **Monte Oliveto Maggiore**. (▶ **S. 227**)

Besonders stimmungsvoll präsentiert sich San Galgano, das Musterbeispiel zisterziensischer Sakralarchitektur, bei einem der abendlichen Konzerte.

dreischiffigen Sakralbaus, dessen Dachstuhl 1768 nachgab und seither den grandiosen Blick zum Himmel freigibt. 1786 stürzte der Glockenturm ein, 1789 löste Großherzog Leopold I. das Kloster auf. Was geblieben ist, ist das auf dem Grundriss eines lateinischen Kreuzes errichtete Gemäuer, das nichtsdestotrotz als das klassische Beispiel der Zisterziensergotik in Italien gelten darf: Türstürze tragen kunstvolle Blütenkapitelle, das Hauptportal schmückt ein mit Akanthusblättern verzierter Fries.

Über dem Grab des hl. Galgano einige Hundert Meter nördlich der Klosterkirche steht die romanische **Rotunde des Eremo di Montesiepi**. Die Kuppel der Einsiedelei erinnert an Etruskergräber, Verschwörungstheoretiker sehen in dem Bau eher ein Werk der Templer auf Gralssuche. Die spiralförmigen Steinringe sind aber ein Mittelaltersymbol für zum Schöpfer strebende Menschen. Wie das sagenhafte Excalibur steckt in der Mitte Galganos legendäres Schwert im Felsen. Die im 14. Jh. angefügte Kapelle birgt herrliche Fresken des Sienesers Ambrogio Lorenzetti, die derzeit restauriert werden.

In Chiusdino thematisiert das **Museo Civico e Diocesano di Arte Sacra di San Galgano** die Heiligenvita, u.a. mit Giovanni d'Agostinos Basrelief »San Galgano« (15. Jh.) aus Galganos Geburtshaus.

Abbazia di San Galgano: Juli, Aug. 9–20, Juni, Sept. bis 19, April,

Mai, Okt. bis 18, Nov.–März bis 17.30 Uhr | Eintritt (mit Museo Civico Chiusdino): 4 € | www.sangalgano.info
L'Eremo di Montesiepi: tgl. 9 Uhr bis Sonnenuntergang | Eintritt frei
Museo Civico Chiusdino: Via Umberto I. 19 | April–Sept. tgl. 10–19, Okt.–März 12–18 Uhr

VAL DI CHIANA (VALDICHIANA)

Provinzen: Siena (SI), Arezzo (AR)

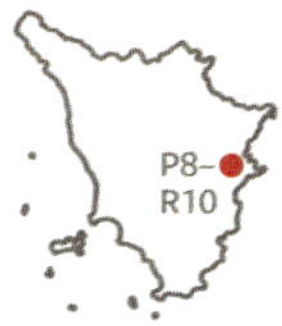

Das Val di Chiana ist Schauplatz eines jahrtausendelangen Kampfes zwischen Mensch und Natur. Zweimal in seiner Geschichte, in etruskischer Zeit und nochmals Mitte des 18. Jh.s, wurde das weite Tal zwischen den Provinzen Siena und Arezzo trockengelegt. Heute ist es eine von der Landwirtschaft geprägte Region, die aber auch ihre landschaftlichen Reize in die Waagschale zu werfen weiß. Bekannt ist das Val di Chiana aber vor allem für die größte Rinderrasse der Welt, das Chianina-Rind, und einen feinen DOC-Weißwein.

Vom Pestsumpf zur Kornkammer

Etrusker, Römer und illustre Gelehrte (Leonardo, Galilei) mühten sich um die Urbarmachung des Chiana-Tals, das Dante als »unbewohnbaren Pestsumpf« schmähte. Erst den Habsburgern gelang dies Mitte des 18. Jahrhunderts. Rasch entwickelte sich das Val di Chiana zur Kornkammer Italiens. Arkadiensucher Goethe zeigte sich in seiner »Italienischen Reise« 1786 entzückt und entdeckte nirgends schönere Schluchten und Felder als im Valdichiana.
Hätte Goethe den Chianina-Ochsen »Fiorino« erlebt, diesem wäre ein Sonderlob sicher gewesen. Das Ungetüm mit 2,05 m Risthöhe ist seit 2007 im Guinnessbuch der Rekorde verewigt. Selbst »normale« Chianina-Rinder erreichen 1,60 m und wiegen 800 kg. Längst gehören im Tal die Ochsenkarren, die die lange Zeit vor allem als Arbeitstiere geschätzten Rinder schleppten, der Vergangenheit an. Geblieben ist aber der Mythos Bistecca Fiorentina – bis heute werden die herrlichen Rindersteaks aus dem Fleisch der Chianina-Rinder zubereitet.

»Herausragende« Kleinstadt

Castiglion Fiorentino

Das lebhafte, auf einem Hügel sitzende Provinzstädtchen am Ostrand des Tals wartet an der Piazza del Municipio mit den wappengeschmückten Loggien Vasaris (1513) auf. Die 35 m hohe **Torre del**

Cassero (ca. 1350) kann man besteigen, seit 1804 schlägt hier die Glocke »Calfurnia«. Die **Pinacoteca Comunale** in der 1191 erstmals erwähnten Kirche Sant'Angelo al Cassero präsentiert hochkarätige Goldschmiedekunst und Meisterwerke aus den Schulen Arezzos und Sienas, u. a. ein Tafelbild »Hl. Franziskus« (um 1280) des Margaritone d'Arezzo und eine »Madonna« von Taddeo Gaddi (um 1350). Das **Museo Civico Archeologico** im Palazzo Pretorio von 1412 arbeitet 2800 Jahre Ortsgeschichte auf, die mit einer etruskischen Wehrsiedlung begann. Unterirdisch geht es auf dem **Percorso Archeologico Sotteraneo** in die Krypta von Sant'Angelo mit Wänden aus Blöcken der Etruskermauer (4. Jh. v. Chr.) und unter der Piazza del Cassero zu einem Etruskertempel (4.–2. Jh. v. Chr.).

Torre del Cassero: Mai–Sept. Sa., So. 10–13, 16–19 Uhr | Eintritt: 1,50 €
Pinacoteca Comunale: Via del Cassero | Mai–Sept. Di.–Fr. 10 bis 12.30, 16–18.30, Sa., So. 10–18, sonst Fr.–So. 10–12.30, 15.30 bis 18 Uhr | Eintritt: 3 €, mit Arch. Museum 5 €
Museo Civico Archeologico: Via del Tribunale 8 | Mai–Sept. Di.–Fr. 10–12.30, 16–18.30, Sa., So. 10–18, sonst Fr.–So. 10–12.30, 15.30 bis 18 Uhr | Eintritt: 3 €, mit Pinakothek 5 € | www.museicastiglionfiorentino.it

Mittelalterlicher Burgriese

Castello di Montecchio Vesponi

Es ist noch immer ein imposanter Anblick, den das 1014 erstmals erwähnte Kastell heute noch bietet. Mit 270 m langer Zinnenmauer und acht massiven Wehrtürmen gehört sie zu den mächtigsten Burgen der Toskana. Über all dem thront der 30 m hohe, auf quadratischem Grundriss ruhende Zentralturm. 1384 ging das Castello an John Hawkwood alias Giovanni d'Acuto, der 1377–1394 Söldnerführer der Florentiner Truppen war. Orietta Floridi Viterbini, letzte Nachkommin des Haudegens, begrüßte hier 1992 Queen Elizabeth II. Seit 2006 finden archäologische Grabungen statt.

nur im Rahmen von Führungen, Sa. 10, 11 und 12 Uhr
www.castellodimontecchio.it

Steinerne Perle des Val di Chiana

Lucignano

Die mittelalterlichen Kopfsteinpflastergassen machen Lucignano zur Perle des Val di Chiana. Noch heute erkennt man den einstigen Befestigungsring des Burgdorfs: In einer Ellipse angeordnet stehen die Häuser der äußersten Reihe um den idyllischen Ortskern mit seinen engen und mitunter steilen Gassen und alten gepflasterten Plätzen. Über dem charmanten Dorf thront die Kirche San Michele (Ende 16. Jh.). An ihrer Rückseite steht der Palazzo Comunale mit dem **Museo Comunale**. Prunkstücke sind zwei Werke von Luca Signorelli und der ab 1350 aus Gold, Silber, Bergkristall und Korallen gefertigte Lebensbaum (L'albero della vita), der auch »Liebesbaum« (L'Albero dell'Amore) genannt wird. Bekannt wurde Lucignano übri-

Wehrhaft und trutzig – das Castello di Montecchio Vesponi gehört zu den mächtigsten Burgen der Toskana.

gens 2010 durch den Film »Die Liebesfälscher« des Iraners Abbas Kiarostami (Juliette Binouche wurde in Cannes für ihre Hauptrolle ausgezeichnet).

Museo Comunale: Piazza del Tribunale 22 | Sommer Do.–So. 10.30–13, 14.30–18, Winter Fr.–So. 10–13, 14.30–17.30 Uhr Eintritt: 5 € | www.visitlucignano.it

Feine Keramik

Monte San Savino

In dem reizenden Ort lohnt die Keramikausstellung des **Museo Comunale** im wehrhaften Cassero von 1384 einen Abstecher. Sie zeigt Exponate mit volkstümlichen Motiven, z. B. Gänsen (17./18. Jh.), aber auch moderne Keramik von Salvatore Cipolla oder Sergio Guidi. Am Corso Antonio da Sangallo stehen stolze Palazzi und die Loggia der Kaufleute (1520). Gegenüber besitzt der wuchtige Palazzo del Monte (frühes 16. Jh.) einen hübschen Innenhof. Hier wurde 1487 der wohl berühmteste Sohn des Ortes geboren: Papst Julius III., der 1550–1555 auf dem Stuhl Petri saß.

Museo Comunale: Piazza Gamurrini | April–Okt. Di. 9–13, Mi.–Fr. 9–13, 16–19, Sa., So. 9–13, 14.30–19.30, sonst Mi.–Fr. 9–13, Sa., So. 9–13, 16–19 Uhr | Eintritt frei

★★ VAL D'ORCIA

Provinz: Siena (SI)

Die sanft gewellten Hügel zwischen San Quirico d'Orcia, Sarteano und Radicofani gelten unzweifelhaft als Paradebeispiele für die Schönheit der Toskana. Wahre Ikonen der seit der Renaissance umsichtig von Menschenhand geformten Bilderbuchlandschaft sind die Zypressenhaine und -alleen. Aber auch der Thermaltourismus floriert. Und Wein, Oliven und Käse mischen in der ersten Liga Italiens ganz oben mit.

Toskanische Bilderbuchlandschaft

So viele berühmte Künstler können sich nicht täuschen. Das einmalige Ambiente des Val d'Orcias schätzten schon Sienas Maler im 15. Jahrhundert. Bertolucci drehte hier »Gefühl und Verführung« (1996), Ridley Scott das Historiendrama »Gladiator« (2000), Anthony Minghella den Oscar-Abräumer »Der Englische Patient« (1992), Fellini Szenen für »Achteinhalb« (1963). Und schließlich ernannte auch die UNESCO das Val d'Orcia zum Weltkulturerbe. Für heutige Besucher dürfte jedoch weniger die Kunst im Zentrum des Interesses stehen als vielmehr die zauberhaft harmonische Landschaft, deren

Besonders intensiv erleben Sie die Landschaft des Val d'Orcia als Wanderer oder Radfahrer.

VAL D'ORCIA ERLEBEN

PARCO ARTISTICO NATURALE & CULTURALE

Palazzo Pretorio, San Quirico d'Orcia, Tel. 0577 89 83 03
www.parcodellavaldorcia.com

SAN QUIRICO D'ORCIA

Piazza Chigi 2, Tel. 0577 89 97 28
www.comunesanquirico.it

RISTORANTE LA PARATA €€

Giancarlo Diodato bereitet dreimal pro Woche frische Pasta: Pici, gefüllte Ravioli und Pappardelle mit Wildschweinragout. Schön sitzt man auf der Terrasse.
Piazza del Moretto 40
Bagno Vignoni, Tel. 0577 88 75 08
www.trattoriapizzerialaparata.com, Do. geschl.

Farbenspiel sich dem Wechsel der Jahreszeiten anpasst. Im Frühjahr sprenkelt rot leuchtender Klatschmohn saftig grüne, kegelförmige Hügel, die im Sommer goldgelbe Weizen- und Sonnenblumenfelder überziehen. Im Herbst schließlich malen die Brauntöne der lehmigen Böden ein fast schon mystisches Bild, aus dem vereinzelt kleine Gehöfte und Zypressenhaine ragen, während Nebel in die Talmulden kriecht und kleine Landsträßchen ihre Kurven ziehen – ein Traum für Landschaftsmaler wie Fotografen.
18500 ha, knapp ein Drittel des Gebiets, stehen inzwischen als Parco Artistico Naturale & Culturale unter Schutz. Trekkingfans schwören hier auf den Mittelalterweg (Sentiero del Medioevo) zwischen Montalcino und San Quirico oder den »Fürsten der Rundwanderwege«, den Anello di Bagno Vignoni.

Sympathisches Städtchen in großartiger Umgebung

San Quirico d'Orcia

San Quirico d'Orcia ist das vielleicht schönste der aussichtsreichen Orte des Tales. Seine Topattraktion liegt aber zweifelsohne in dessen Umgebung. Die Szenerie südlich der Via Cassia im Ortsteil I Triboli gehört mit zum Schönsten, was die Landschaft der Toskana zu bieten hat, das Val d'Orcia präsentiert sich in seiner vollen Pracht. In dem wehrhaften Dörfchen über den Flusstälern von Asso und Orcia empfing 1154 Friedrich Barbarossa die Gesandten von Papst Hadrian IV. – das Ereignis wird alljährlich am dritten Sonntag im Juni gefeiert. Seine Geschichte reicht aber noch deutlich weiter zurück und hat – wie so oft in der Toskana – auch ein etruskisches Kapitel. So wird vermutet, dass San Quirico jener Etruskerort »Ena« ist, in dem um 250 v. Chr. etruskische Seher und Priester den längsten bisher entdeckten Etruskertext verfassten. Diese »Agramer Mumienbinde«, ein 3,4 m langer Leinenstreifen mit 1200 Ritualwörtern und etruskischem Götterkosmos, ist nach langer Odyssee über Ägypten und Wien nach Zagreb gelangt.

Baden leider verboten: das Thermalbecken mitten in Bagno Vignoni

In San Quricio selbst ist vor allem die **romanische Kollegiatskirche** sehenswert. Sie erhielt Anfang des 14. Jh.s ein wunderbares Seitenportal mit auf Löwen stehenden Atlanten aus der Werkstatt Giovanni Pisanos. Das ältere Westportal (um 1080) zieren geflügelte Fabelwesen aus Drache, Schlange, Krokodil und Vögeln.

Unter Wasser

★ Bagno Vignoni

Wo andere Weiler ihren Hauptplatz haben, wird es in Bagno Vignoni nass. Mitten im Ort befindet sich ein von alten Steinhäusern eingefasstes Becken mit rund 40 °C warmem Thermalwasser, über dem an klaren, kühlen Tagen die Dampfschwaden wabern. Den winzigen Kurort liebten schon die Etrusker. Er lag perfekt auf halber Strecke an ihrer Via Termale, die einst Chiusi mit Roselle verband. Den idealen Platz für Badepausen schätzten auch die Römer, die bußfertige Katharina von Siena und Lorenzo de Medici.

In dem berühmten Becken, das 1983 Andrei Tarkowski als Kulisse für seinen Kultfilm »Nostalghia« diente, darf schon seit einiger Zeit nicht mehr gebadet werden. Frei zugänglich ist jedoch der **Parco dei Mulini** mit alten Mühlenfundamenten, deren Mühlsteine einst Thermalwasser antrieb. Ein ausgeschilderter Weg führt bergab zur Badestelle mit freiem Eintritt. Wellness und Spa samt römischer Sauna bieten die Thermen (37–39°C) im **Albergo Le Terme**.

Spa im Albergo Le Terme: Piazza delle Sorgenti 13 | Mo.–Do. 8 bis 19.30, Fr.–So. 8–24 Uhr | Eintritt: 28–38 € | www.albergoleterme.it

VERSILIA

Provinz: Massa-Carrara und Lucca

Die Toskana kann auch Strandurlaub! Kilometerlange goldene Strände mit feinem Sand, glasklarem Meer und der grandiosen Kulisse der ▶ Alpi Apuane schaffen die perfekten Rahmenbedingungen für Badenixen und Sonnenanbeter. Bereits im 19. Jh. machte daher eine zunächst recht exklusive Gästeschar die Küste der Versilia zur »Toskanischen Riviera«. Heute sind die einst mondänen Seebäder vor allem im Juli und August quirlige Hotspots.

Toskanische Riviera

Berührungsängste darf man dann freilich keine haben. Denn kleine, idyllische und menschenleere Badebuchten werden Sie vergeblich suchen, stattdessen stehen knallbunte Sonnenschirme fein säuberlich in Reih und Glied. Aber das kann ja auch durchaus sein Gutes haben – so erwartet Sie an der Versilia, dem Küstenabschnitt zwischen Viareggio und der Grenze zu Ligurien, eine perfekte Infrastruktur, die ein unbeschwertes Urlauben garantiert. Die Via Aurelia und die Autostrada erschließt Hunderte von Küstenhotels, die für jeden Geldbeutel das Passende bieten. Zwischen Viareggio und Forte können Sie das Auto aber auch getrost stehen lassen, erschließen doch Radwege die Sandstrände. Noch bequemer geht es zum Sonnenschirm gar mit kostenpflichtigen Shuttle-Bussen.
Die Stabilimenti balneare (Badeanlagen) sind in der Hochsaison kein billiges Vergnügen, Gebühren von bis zu 20 € am Tag werden fällig. Dafür erhält man aber bequeme Strandliegen, sanitäre Einrichtungen und allerlei Amüsement. Gleichwohl gibt es auch immer wieder freie Abschnitte, selbst am 4 km langen Familienstrand Lido di Camaiore: Rund um die Piazza Lemmetti ist er kostenlos – mit Duschen, Toiletten und Schattenspendern. Kostenfrei und sehr beliebt ist nahe Viareggio der Strand La Lecciona bei Torre del Lago, hier gibt es auch Bereiche für Urlauber, die gern textilfrei die Sonne anbeten.

Vom Sumpf- zum Strandgebiet

Geschichte

Der Weg zum perfekten Strandurlaubsziel war für die Versilia nie einfach. Der Aufschwung für die antike unwirtliche Sumpflandschaft der Fossis Papirianis kam erst ab 1513 mit Medici-Papst Leo X. Die Entwässerungskanäle zwischen Camaoiore, Pietrasanta und Forte dei Marmi zeugen davon.

Tradition verpflichtet

Forte dei Marmi

Fortes Noblesse lebt bis heute in den vielen Cafés der Fußgängerzonen rund um die Piazza Garibaldi, in den blumengeschmückten Häusern, den Luxusboutiquen und im Modemarkt (Mi. und So.; www.ilmerca

todelforte.it) fort. Das vornehme Seebad (7500 Einw.) entwickelte sich um die 1782–1788 erbaute kleine Festung Fortino di Leopoldo I. Zu Beginn des 20. Jh.s sah der Badeort illustre Gäste wie d'Annunzio samt Muse Eleonora Duse. In den 1920er-Jahren machte FIAT-Familie Agnelli Forte zu ihrem Sommerdomizil. Ihre Villa Costanza mit Tunnel zum Strand wurde zum Luxushotel **Augustus** (www.augustus-hotel.it). Thomas Mann schrieb hier 1926 an »Mario und der Zauberer« und verewigte Forte in der Novelle als »Torre di Venere« (Turm der Venus). Tochter Elisabeth ließ sich in der Casa Mann-Borghese von 1957 nieder (Via T. Mann 4/Via Donatello).

Klein-Athen

Pietrasanta

Das toskanische Mekka der Bildhauer hat zufälligerweise auch den passenden Namen: »heiliger Stein« (tatsächlich hieß der Stadtgründer so). Den stolzen Beinamen »Piccolo Atene« (Klein-Athen) haben sich die hiesigen Künstler, Werkstätten, Gießereien und zig Galerien aber mit viel Schweiß ehrlich verdient. Und so ist Pietrasanta der ideale Ort, um eine künstlerische Ader auszuleben. Besuchen Sie die Ateliers, wo Sie den Skulpteuren über die Schulter schauen oder Kurse belegen und selbst kreativ werden können (▶ S. 12). An jedem ersten Sonntag des Monats lädt zudem der Antiquitätenmarkt zum Stöbern ein.
Das Herz der Stadt schlägt am Domplatz, der dank seiner vieler Cafés ein einladendes Flair verströmt. Alljährlich finden hier Skulpturenschauen statt, z. B. 2016 mit Dalís riesenhaften Stelzenfiguren. Breite Treppen führen zum **Duomo San Martino** mit Baptisterium; schräg gegenüber steht die Torre dell'Orologio (1534). Im Palazzo Moroni am oberen Platzende ist seit 2017 das Archäologische Museum der Versilia beheimatet. Im säkularisierten Konvent Sant'Agostino besitzt das **Museo dei Bozzetti** 700 Gipsmodelle und Skulpturentwürfe von 350 Künstlern, u. a. von Henri Georges Adam, Niki de Saint Phalle, Jean Robert Ipousteguy oder Kan Yasuda. Liebhaber der Bildhauerkunst kommen außerdem im großartigen **Parco Internazionale della Scultura Contemporanea** (Internationaler Park der zeitgenössischen Skulptur) auf ihre Kosten. Er vereint 60 moderne Skulpturen im öffentlichen Raum, darunter Jospeh Sheppards bronzener »Arlecchino« (2011) an der Piazza Giosue Carducci.
Ein skurriler Besuchermagnet ist die **Chiesa della Misericordia** mit Fernando Boteros Monumentalfresken »Porta del Paradiso« und »Porta dell'Infermo« (1993). Unzweifelhaft lässt Botero auch Adolf Hitler in der tiefsten Hölle schmoren.
Für einen Abstecher ins Hinterland – u. a. können in Pietrasanta auch Vespas geliehen werden – empfehlen sich das Bergstädtchen **Seravezza** mit Michelangelos famosem Marmorsteinbruch »Cappella« und diversen Bildhauerschulen im Umland sowie das winzige Dorf **Sant'Anna di Stazzemma**, das im August 1944 Schauplatz einer SS-

VERSILIA ERLEBEN

Viale Giosuè Carducci 10
Viareggio
www.turistafaidate.it/versilia-guida-completa-6956/

DA LORENZO €€€€
Lorenzo Viani, Neffe des gleichnamigen Malers, und Tochter Chiara verwöhnen ihre Gäste im eleganten Ambiente voller Kunstwerke mit allerbesten Fischgerichten und exquisiten Weinen aus der Cantina!
Via Giosuè Carducci 61, Forte dei Marmi, Tel. 0584 87 40 30
www.ristorantelorenzo.com
Mitte Juni – Mitte Sept. nur abends, Sept. – Juli Mo. geschl.

TRATTORIA IL MARZOCCO €€€
An einem Tisch vor der Tür lässt sich das Leben in der Fußgängerzone in vollen Zügen genießen! Sizilianisch-Mediterranes mit englischsprachigem Service, dazu Couscous oder vegetarische Gerichte.
Via Marzocco 64, Pietrasanta
Tel. 0584 7 14 46
www.trattoriailmarzocco.it
So. geschl.

PLAZA E DE RUSSIE €€€€
Erstes Haus am Platz! Das 1871 erbaute Belle-Époque-Hotel kooperiert mit Fortes luxuriösem Hotel Byron. Im Ristorante Lunasia mit Dachterrasse kocht Chef Luca Landi herausragend!
Piazza d'Azeglio 1
Viareggio
Tel. 0584 4 44 49
www.plazaederussie.com

Gräueltat wurde. Der 560 Opfer wird u. a. im Ortskern und im Parco Nazionale della Pace (Friedensnationalpark) gedacht.

Museo dei Bozzetti: Via S. Agostino 1 | Sommer Mo. 9 – 13, Di. – Sa. 9 – 13, 19 – 24, So. 19 – 24, sonst Mo. 14 – 19, Di. – Sa. 9 – 13, 14 – 19, So. 16 – 19 Uhr | Eintritt frei | www.museodeibozzetti.it
Chiesa della Misericordia: Via Mazzini 103 | tgl. Juli – Aug. 8 – 23, sonst 8 – 19.30 Uhr

Seebad mit Flair

Viareggio

Das mondäne Seebad Viareggio (62 500 Einw.) ist geprägt von Villen, Hotels und Cafés, die nach dem Stadtbrand 1917 im italienischen Jugendstil erbaut wurden. Überhaupt ist die Stadt noch sehr jung … und jung geblieben. Maria Louisa von Spanien, Herzogin von Lucca, löste um 1820 den Badetourismus im damaligen Fischerdorf aus, indem sie die Viale dei Tigli zu ihrem Palazzo Borbone bauen ließ. Um 1880 entstanden um die pinienbestandene Piazza d'Azeglio, an der Piazza Mazzini und der Piazza Puccini vornehme Hotels für Prominente, in denen Puccini, D'Annunzio oder Thomas Mann abstiegen. Noch immer säumen 200 Hotels und Pensionen – die älteren mit prächtigen Stuckfassaden – die breite Uferstraße. Parallel dazu ver-

läuft die 3 km lange, von Palmen und Pinien bestandene Strandpromenade – auf der Passegiata heißt die Devise wie schon vor 100 Jahren »Sehen und gesehen werden«. Die dortigen Jugendstilpavillons machten Viareggio zur »Perla del Tirreno«, der »Perle am Tyrrhenischen Meer«. Großartig ist auch die **Villa Paolina Bonaparte** von 1822, weniger wegen der hier ausgestellten 200 Musikinstrumente und archäologischen Funde als vielmehr wegen der monumentalen Räume in der Sommerresidenz von Napoleons Schwester.
In der fünften Jahreszeit zeigt Viareggio noch ein anderes Gesicht. Dann wird hier ein prächtiger Karneval mit farbenfrohen Umzügen gefeiert. Das ganze Jahr über kann man in der **Citadella del Carnevale** Modelle von Umzugswagen und im zugehörigen Museum Viareggios Karnevalsfigur Burlamacco besichtigen.

Villa Paolina Bonaparte: Via Machiavelli 2 | Mitte Juni – Mitte Sept. Di. – So. 18 – 23, Mitte Sept. – Mitte Juni Di. – So. 15.30 – 19.30 Uhr | Eintritt: 3 € | www.comune.viareggio.lu.it

Citadella del Carnevale: Via S. M. Goretti 5 | Juni – Sept. Fr. – So. 21 – 23, sonst Sa., So. 16 – 19 Uhr | Eintritt: 3 € | https://viareggio.ilcarnevale.com/luoghi/la-cittadella

Ort der Muße

Parco Naturale di Migliarino, San Rossore e Massaciuccoli

Wer ein wenig dem Strandleben entfliehen will, findet im 23 000 ha großen Parco Naturale di Migliarino, San Rossore e Massaciuccoli herrliche Pinien- und Steineichenwälder vor. Verwaltungssitz ist die 1821 als Jagdcasino für Maria Louisa von Spanien erbaute **Villa Borbone**. Die Hauskapelle wurde Mitte des 19. Jh.s zur repräsentativen Grablege der Bourbon-Parma ausgebaut. Kapelle wie Park sind zugänglich. Der Lago di Massaciuccoli ist letztes Zeugnis der früheren Lagune, die durch Ablagerungen von Arno und Serchio verlandete. Boots- und Kanuausflüge starten an der Oasi Lipu Massaciuciolli und Foresteria.
Torre del Lago Puccini am Massaciuccoli-See erhielt 1938 seinen Beinamen dank Giacomo Puccini, der hier Ende des 19. Jh.s eine Jugendstilvilla erwarb und vor Ort »Manon Lescaut«, »La Bohème«, »Tosca« und »Madame Butterfly« komponierte. Im **Museo Villa Puccini** ist das original möblierte Schlafzimmer von Giacomo und Elvira Puccini zu bestaunen. In einer Kapelle neben seinem Arbeitszimmer ist der Komponist beigesetzt.
Der Maestro wollte seine Opern unter freiem Himmel hören. Seinen Wunsch erfüllt das **Gran Teatro all'aperto Giacomo Puccini**. Die Seebühne besitzt eine Open-Air-Tribüne (3100 Plätze). Seit 1930 findet hier jeden Sommer das Puccini-Festival (www.puccinifestival.it) statt. Konzerte werden auch im Auditorium (600 Plätze) veranstaltet, dessen Vestibül mit Kostümen aus Puccini-Opern dekoriert ist.

Villa Borbone: Viale dei Tigli | Mo. – Sa. 9 – 12, Mo., Mi. auch 15 bis 18 Uhr | Eintritt frei

Lange, breite Sandstrände wie der Lido di Camaiore mit seiner modernen Seebrücke sind das Markenzeichen der Versilia.

Puccini-Museum: Viale G. Puccini 266 | Juli, Aug. 10 – 12.40, 16 – 20.40, Apr. – Okt. 10 – 12.40, 15 – 18, Nov. Sa., So. 10 – 12.40, 14 – 17.20, Dez. Jan. 10 – 12.40, 14 – 17.20, Febr., März 10 – 12.40, 14.30 – 17.20, Uhr, Mo. geschl. | Eintritt: 7 € | www.giacomopuccini.it

★★ VOLTERRA

Provinz: Pisa (PI) | **Höhe:** 531 m ü. d. M. | **Einwohnerzahl:** 10 500

Kunst oder Kitsch? Diese Frage erscheint in Volterra von nachrangiger Bedeutung. Gemacht wird, was gefällt – grazile Jugendstillampen, -vasen und -schalen genauso wie allerlei verschnörkelte Tierfiguren und Buddhas. Nur der Werkstoff ist immer derselbe: Seit über 2000 Jahren steht Volterra im Zeichen des Alabasters, bis heute dringt aus einigen Ateliers noch das Surren der Schleifmaschinen und der feine weiße Staub in die Straßen und Gassen der uralten Etruskerstadt. Doch ausgerechnet ihr berühmtester Kunstschatz, die sagenhafte Figur »Ombra della sera«, ist aus Bronze.

Stadt des Alabasters

Hinter den hohen Stadtmauern Volterras lebten illustre Persönlichkeiten. Vorneweg schreitet der hl. Linus, Märtyrer und zweiter Papst (ca. 67–79). Angeblich ordnete er die Kopfbedeckung für Frauen in Kirchen an. Wirklich berühmt sind seit jeher aber Volterras Alabastrai, die Alabasterkünstler, die in ihren Werkstätten (botteghe) seit dem 6. Jh. v. Chr. den kostbaren, weißsamtigen und geheimnisvoll durchscheinenden »Stein der Götter« veredeln. Bis heute wird auf höchstem Weltniveau produziert. Und man kann an dem Wissen der Alabastrai teilhaben, ihnen über die Schulter schauen, wenn sie mit ruhiger Hand an der Drehbankstange sitzen, den Stein mit Schnitzmessern bearbeiten und ihren Werken den Feinschliff geben (▶ Volterra erleben, S. 353).

Stolze Etruskerstadt

Geschichte

Die Besiedlungsgeschichte des Stadthügels reicht bis in die Jungsteinzeit zurück. Als in der Umgebung des etruskischen Velathri Eisenerz entdeckt wurde, erlebte die Siedlung, mächtiges Mitglied des etruskischen Zwölfstädtebunds ab dem 4. Jh. v. Chr. einen wirtschaftlichen Aufschwung. Sie prägte eigene Münzen und errichtete eine mehr als 7 km lange Ringmauer. Im Mittelalter entwickelte sich Volterra zu einem wohlhabenden Freistaat, der 1361 von Florenz unterworfen wurde.

Wohin in Volterra?

Antike moderne Kunst

★★ Museo Etrusco Guarnacci

Nicht wenige Besucher stehen etwas ungläubig vor der Hauptattraktion des Museums. Wie bitte, diese elegante Figur eines überschlanken Jünglings soll tatsächlich rund 2300 Jahre alt sein? Vielmehr mutet sie doch so modern an, erinnert sie an Alberto Giacomettis Statuen. Aber tatsächlich ist die 57,5 cm hohe Bronzestatuette in Saal 22, der Gabriele d'Annunzio 1910 im berühmten Volterra-Roman »Vielleicht – Vielleicht auch nicht« den Namen »Ombra della sera« (Abendschatten) gab, das bedeutendste der im Museo Etrusco Guarnacci ausgestellten etruskischen Kunstwerke. Und derer besitzt das großartige Museum viele. Dabei überrascht es in Volterra keineswegs, das viele Arbeiten aus Alabaster – daneben aber auch aus Tuff und Terrakotta – gefertigt sind. Sogar eine Alabaster-Werkstatt nach etruskischem Vorbild ist zu sehen.
Seine Existenz verdankt das Museum dem Geistlichen Mario Guarnacci (1701 – 1785), der seine Sammlung 1761 der Stadt vermachte. Rund 600 etruskische Aschenurnen (Cisten) aus dem 4.–1. Jh. v. Chr. beweisen, dass Volterra einst das Zentrum der Urnenherstellung war. Die Deckel tragen wunderbare Figuren der Verstorbenen, die Seiten sind mit mythologischen Reliefs verziert und waren ur-

Mit etwas Glück kann man in einer der Alabaster-Werkstätten Volterras Künstlern bei ihrer Arbeit zuschauen. Das von ihnen produzierte Angebot bewegt sich irgendwo zwischen Kunst und Kitsch.

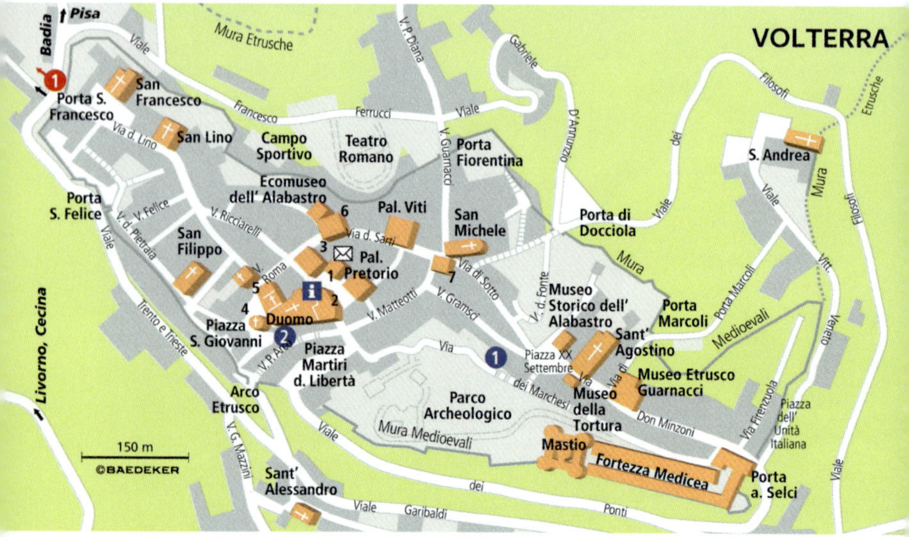

1 Piazza dei Priori
2 Palazzo dei Priori
3 Bischofspalast
4 Battistero
5 Museo Diocesano d'Arte Sacra
6 Museo Civico Pinacoteca
7 Casa-Torre Toscano

1 Ombra della Sera
2 Il Sacco Fiorentino

1 Villa Nencini

sprünglich bemalt. Besondere Beachtung verdienen u.a. der großartige, etruskische Kriegerhelm aus Bronze (Saal 1), das römische Mosaik aus den Thermen von San Felice (Saal 13), die für ihren Realismus und die ausdrucksstarken Gesichter gerühmte »Urna degli Sposi« (Urne der Brautleute; ca 90 – 80 v. Chr., Saal 20) sowie der an den »Abendschatten« erinnernde bronzene » Portatore d'Acqua« (Wasserträger, Saal 33). Saal 26 präsentiert Funde aus Volterras Römischem Theater.

Alles Alabaster!

Eco-museo dell' Alabastro

Im Torre Minucci des Renaissancepalastes Minucci-Solaini widmet sich das Alabastermuseum dem Material, das für Volterra so bedeutend ist. Man erfährt viel Wissenswertes u.a. über die vier Qualitätsstufen des Alabasters, vom nicht durchscheinenden, weiß-grauen Bardiglio bis zum transparenten Alabastro Agatha, einem hellgelben bis dunkelbraunen, sehr fein strukturierten Stein, der bei Volterra und Siena vorkommt und rund das Vierfache eines Bardiglio kostet.

VOLTERRA ERLEBEN

Piazza dei Priori 20
Tel. 0588 8 72 57
www.volterratur.it

VOLTERRA CARD

Die an den Museumskassen erhältliche Sammelkarte (72 Std. gültig; 16 €) berechtigt zum Eintritt in Alabastermuseum, Pinakothek mit Museo Civico, Museo Etrusco Guarnacci, Palazzo dei Priori, Teatro Romano und Archäologischen Park.

ALABASTRO SONORO

Giorgio Pecchioni entlockt in seiner Werkstatt dem Alabaster musikalischen Klang. Neben einer Alabaster-Flöte nach dem Vorbild eines Etruskerfreskos baut er auch Trommeln, Gitarren und sonstige Musikinstrumente aus dem »schimmernden Gold« Volterras.
Via A. Cinci 22, Tel. 0588 8 63 54
www.alabastrosonoro.com

ALAB'ARTE

Sogar zur Hand gehen darf man Roberto Chiti und Giorgio Finazzo in ihrem Atelier in der Via Orti di Sant' Agostino 28. Ihre feinen Skulpturen verkaufen sie im Laden an der Via Don Minzoni 18, nur wenige Schritte von Volterras Alabastermuseum entfernt.
www.alabarte.com

COOPERATIVA ARTIERI DELL'ALABASTRO

Die 1895 gegründete Kooperative der Alabasterkünstler verkauft in ihrem Laden an der Piazza dei Priori 5 Werke ihrer Mitglieder und lädt zur Gruppenführung in ihre Werkstätten.
Via Provinciale Pisana 28
www.artierialabastro.it

GMG ALABASTRI

Schicken »Etruskerschmuck« hat GMG Alabastri.
Via Gramsci 40

OASI'S

Schräge Geschenke, von Alabaster-Eierbechern bis hin zu Alabaster-Katzen.
Via Gramsci 20
www.oasisalabastro.com

1 OMBRA DELLA SERA €€€

Massimo und Gattin Cinzia lieben Fisch, der sich kräftig auf der Speisekarte tummelt. Spezialitäten sind aber die rubinroten Spaghetti al Chianti (mit Wein und Rosmarin) und die Zuppa alla Volterrana, eine Variante der toskanischen Brotsuppe.
Via Gramsci 70, Tel. 0588 8 66 63
www.ristoranteombradellasera.it
Mo., Nov. und Ende Jan./Anf. Feb. geschl.

2 IL SACCO FIORENTINO €€

Das familiäre Restaurant mit Enoteca am Domplatz offeriert raffinierte toskanische Küche. Favoriten sind Lamm, Wildschwein, die Artischockencreme und die gute Käseauswahl.
Via G. Turazza 13
Tel. 0588 8 85 37
Mi. und Jan. geschl.

1 VILLA NENCINI €€

Mit Garten, Schatten spendenden Eichen und Pool! Im für Bankette gerüsteten Restaurant (gute Küche!) diniert man schöner auf der Terrasse.
Borgo Santo Stefano 55
Tel. 0588 8 63 86
www.villanencini.it

Außerdem kann man einen Blick in eine alte Alabasterwerkstatt werfen. Zu den sonstigen Exponaten zählen zwei etruskische Ascheurnen, zwei Kapitelle – die einzigen Beispiele für Alabasterarbeiten aus dem Mittelalter –, eine Sammlung herausragender Alabasterskulpturen des 18. und 19. Jh.s und diverse Alabastermedaillons.
Piazza Minucci 2 | Mitte März - Okt. tgl. 10 - 17.30, Nov. und Jan. - Mitte März 10 - 16.30, Dez. 10 - 18 Uhr | Eintritt: 8 €

Volterras Kunstschätze

Pinacoteca und Museo Civico

Der Minucci-Palast als Sitz der Pinakothek mit Museo Civico ist die Heimat der anmutigen »Madonna mit Kind und Heiligen« von Luca Signorelli (1491) sowie Domenico Ghirlandaios lebendiger Darstellung von »Christus mit den Heiligen Attinea, Greciniana, Benedikt und Romauld« (1492). Höhepunkt ist die leuchtende »Kreuzabnahme« von Rosso Fiorentino, die 1521 für die Kreuzkapelle von San Francesco entstand.
Via dei Sarti 1 | Mitte März - Okt. tgl. 10.30 - 17, sonst 10 - 16.30 Uhr Eintritt: 8 €

Sammelsurium einer wohlhabenden Familie

Palazzo Viti

Den Viti-Palast (Ende 16. Jh.) erwarb der Kaufmann Benedetto Giuseppe Viti 1850. Seine Alabasterkunstwerkstatt galt bis zur Schließung 1874 als bedeutendste in Volterra. Aus dieser stammen die Skulpturen im Treppenaufgang und zwei prächtige Alabaster-Kandelaber im Ballsaal, die für Mexikos Kaiser, den Habsburger Maximilian I., gefertigt wurden; bevor er sie allerdings in Empfang nehmen konnte, wurde er 1867 hingerichtet. In den zwölf Prunkräumen sind orientalische Paradiesvögel, chinesische Schachspiele und ein Bali-Tempel aus Balsaholz ausgestellt – allesamt Reisemitbringsel der Viti. Im Speisesaal beeindrucken chinesische Zeichnungen auf Reispapier (18./19. Jh.), im Roten Salon das mit Blattgold überzogene Mobiliar.
Via dei Sarti 41 | April - Okt. tgl. 10 - 13, 14.30 - 17.30 Uhr, sonst unter Tel. 0588 8 40 47 | Eintritt: 5 €

Im Herzen der Altstadt

Piazza dei Priori

Der Priorenplatz ist seit dem 13. Jh. Versammlungs- und Marktort Volterras. Wappen florentinischer Statthalter schmücken den **Palazzo dei Priori** (1208 – 1257). Als einstiger Amts- und Wohnsitz des Podestà ist er der älteste toskanische Stadtpalast und Schauplatz des historischen Fenstersturzes von Volterra: 1429 luden Stadtadlige, die um ihre Geschäfte mit Florenz fürchteten, den aufmüpfigen Rebell Giusto Landini hierher zum Essen ein. Stattdessen aber erhielt er einen Freiflug auf den Platz – und Florenz übernahm wieder die Macht. Feine Fresken schmücken den alten Ratssaal (Sala del Consiglio) sowie den heutigen Ratsaal, die ab 1289 nur zwölf Prioren vorbehaltene

Sala della Giunta. Der **Palazzo Pretorio** gegenüber war bis 1511 Sitz des Capitano del Popolo. Der Bau wird von der Torre del Podestà überragt – schauen Sie genau hin, um an deren Gesims ein Alabasterschwein, das »Porcellino«, zu erkennen.
Die Treppengasse Via Porta all'Arco führt zum **Arco Etrusco** (4./3. Jh. v. Chr.), dem einzigen erhaltenen etruskischen Stadttor im Mauerring. Die drei völlig verwitterten Köpfe am Außenportal stellen wohl Jupiter und die städtischen Schutzpatrone Castor und Pollux dar. Die Etrusker sahen in ihnen hingegen ihren Hauptgott Tinia mit Gattin Uni und Tochter »Menvra«, Roms Minerva.
Palazzo dei Priori: Mitte März – Okt. tgl. 10.30 – 17.30, sonst bis 16.30 Uhr | Eintritt: 5 €

Bedeutende Kirchen in Volterra

★ Duomo Santa Maria Assunta

Die enge Via Turazza führt zum 1120 geweihten Dom, der 1254 im Stil der Pisaner Romanik erweitert wurde. Der Kampanile wurde nach Einsturz 1493 neu errichtet, das dreischiffige Innere erhielt sein Aussehen im 16. Jh.: Die Wände versah man mit Streifen, Kapitelle und Säulenschäfte wurden verziert, eine Kassettendecke eingezogen. Domenichinos drei düstere Gemälde in der Cappella Inghirami zu Leben und Martyrium des hl. Paulus verströmen durch Hell-Dunkel-Effekte barocke Dramatik. Beachtung verdienen außerdem der Marmor-Baldachin (1471) über dem Altar, die Cappella dell'Addolorata und die farbige Terrakotta-Gruppe »Maria und Joseph mit dem Kind« vor Benozzo Gozzolis Fresko »Ankunft der Heiligen Drei Könige«.
Die 1315 angefügte Kreuzkapelle der Kirche **San Francesco** (13. Jh.) an der Piazza M. Inghirami malte Cenni di Francesco 1410 mit dem Freskenzyklus zur »Legenda Aurea« und Kindheit Christi aus – rund 25 Jahre nach Gaddis Zyklus in Santa Croce (Florenz) und 50 Jahre vor Piero della Francescas »Legende des hl. Kreuzes« (Arezzo).

Römisches Zeugnis

Teatro Romano

Unterhalb der Porta Fiorentina befindet sich die Ruine des Römischen Theaters (Ende 1. Jh.), das die wohlhabende Stadtfamilie Caecina stiftete. Als Baumaterialien dienten Sandstein (Wände), Tuff (Sitze) und Lava (Treppen). Ende des 3. Jh.s diente das Theater als Steinbruch für den Bau der benachbarten Therme. An der **Piazza Caduti Martiri dei Lager Nazisti** findet im Sommer der Samstagsmarkt statt.

Mächtiges Renaissance-Bollwerk

Fortezza Medicea

Volterra wird von der Medici-Festung überragt, in der heute ein Gefängnis untergebracht ist. Die Alte Burg im Osten wurde im 14. Jh. durch den Titularherzog von Athen errichtet, die Neue Burg entstand 1472 – 1475 im Auftrag von Lorenzo de Medici. Der Rundturm der Neuen Burg wird »Maschio« (Männchen) genannt, der halbelliptische Turm der Alten Burg »Femmina« (Weibchen).

Einmal im Monat wird die Fortezza zum Schauplatz einer ungewöhnlichen Begegnung, des **Cene Galeotte**. Häftlinge bekochen und bewirten – selbstredend im perfekten Kellnerhabit mit grauer Weste, weißem Hemd und schwarzer Fliege – bis zu 130 Gäste. Die von Köchen aus ganz Italien unterstützten Abendessen mit Wein renommierter Güter dienen der Resozialisierung. Die Nachfrage ist riesig, eine rechtzeitige Buchung unabdingbar. (»Knasteinlass«: 19.30 Uhr an der Via Rampa di Castello 4, weitere Infos unter www.cenegaleotte.it).
Im Archäologischen Park am Fuß der Medici-Festung wurden 1926 Reste der antiken Akropolis (**Acropoli Etrusca**) sowie die Fundamente zweier Tempel (2. Jh. v. Chr.) und einer Zisterne freigelegt.

Rund um Volterra

Mondlandschaft

★ Le Balze

Sehr eindrucksvoll sind die Balze (balza = Steilhang) nordwestlich der Stadt, eine unwirtliche, fast vegetationslose Landschaft, deren Hügel von tiefen Erosionsrinnen zerklüftet sind. Der fortschreitenden Verwitterung des weichen Sedimentgesteins sind schon etruskische Nekropolen, ein Abschnitt der antiken Mauern und eine mittelalterliche Kirche zum Opfer gefallen. Die Kamaldulenser-Abtei (Badia) musste 1861 wegen Einsturzgefahr aufgegeben werden.

Vom römischen Theater sind nur noch Reste übrig – einst wohnten hier bis zu 2000 Zuschauer den Aufführungen bei.

H
HINTER-GRUND

Direkt, erstaunlich, fundiert

Unsere Hintergrundinformationen beantworten (fast) alle Ihre Fragen zur Toskana.

Klassische Toskana-Landschaft: ein Hügel, ein Gehöft, Zypressen ►

DAS LAND UND SEINE MENSCHEN

Die mittelitalienische Toskana ist eine alte, seit Jahrtausend von Menschenhand geprägte Kulturlandschaft: Als typisch gelten akkurate Ackerfurchen, Weinberge, Olivenhaine, auch Mohnfelder. Doch das Landschaftsbild der Toskana, zu der auch die sieben Inseln des Toskanischen Archipels (Arcipelago Toscano) im Tyrrhenischen Meer zählen, ist weitaus kontrastreicher.

Bilderbuchlandschaften

Eine Region, viele Szenerien

Sanft gewellte Hügel, hier und da gekrönt von einem kleinen Zypressenhain, knallroter Mohn sprenkelt saftige grüne oder auch leuchtend gelbe Flächen, ein kleines Landsträßchen windet sich durch die Szenerie und führt zu einem einsam gelegenen Gehöft – das Idealbild, das wir mit der Toskana verknüpfen, entspricht den Klischees eines Hochglanzprospekts. Das Schöne dabei: Man muss keine Sorge haben, dass sich diese Klischees als Luftschlösser entpuppen. Doch das heißt noch lange nicht, dass sich die Landschaft einzig in dieser lieblichen Momentaufnahme erschöpft. Im Gegenteil, die Toskana kennt auch schroffe, ja karge Seiten. Und zwischen der alpinen Fauna und Flora des Apennins und den sumpfigen Ebenen der Maremma erweist sie sich als äußerst **abwechslungsreich**.

Apennin und Apuanische Alpen

Der Toskanische bzw. Etruskische Apennin bildet das gebirgige »Rückgrat« der Toskana. Grauer Sandstein prägt in der nördlichen Toskana den Nordapennin, der knapp nördlich der Toskana im Monte Cimone (Emilia-Romagna) mit 2165 m seine größte Höhe erreicht. Dem Apennin südwestlich vorgelagert sind die schroff aufragenden, bei Carrara bis an die Küste reichenden Apuanischen Alpen, die auf fast 2000 m Höhe ansteigen und für ihre Marmorvorkommen in der Nähe von Carrara berühmt sind.

Beckenlandschaft und Hügelland

Vom Apennin führen **Bergtäler** – die Lunigiana, die Garfagnana, der Mugello, das Casentino, das Valdarno oder das Val di Chiana – in die mittlere, vom Arno und weiteren Flüssen dominierte Toskana. Ein völlig anderes Landschaftsbild zeigt die Toskana südlich des Arno. Trotz der teilweise beträchtlichen Höhe, die in den Colline Metallifere bis auf 1056 m reicht, entsteht hier nicht der Eindruck eines Gebirges. Keine zusammenhängenden Höhenzüge, sondern ein sanft gewelltes Hügelland, aus dem einzelne Berge herausragen, bestimmen das Bild dieser Gegend, das so viele mit der gesamten Toskana ver-

So stellt man sich die Toskana vor: sanft gewellte Hügellandschaft, Zypressen und auf der Vespa mittenhindurch.

binden. Durch Erosion sind zudem Steilhänge, Rinnen und Schluchten entstanden, z. B. bei Volterra oder in den Crete von Siena. Die fruchtbaren Böden werden landwirtschaftlich intensiv genutzt. Höchste Erhebung der Toskana ist der **Monte Amaita** (1738 m), ein erloschener Vulkan im Südosten.

Toskanische Küste

Immerhin rund 300 km lang ist die toskanische Küste am Tyrrhenischen und Ligurischen Meer. Im Norden geht die Hügel- und Gebirgslandschaft recht abrupt in den schmalen Streifen der **Versilia-Küste** über, wo Sandstrände und eine gut ausgebaute touristische Infrastruktur anzutreffen sind. Ab Livorno und der Flussmündung des Cecina wandelt sich das Bild: Breite, von Pinienwäldern (Pinete) gesäumte Strände prägen die **Etruskische Riviera**, der sich ein sanft aufsteigendes Hinterland anschließt. Noch weiter im Süden folgt schließlich die sandige, weitgehend geradlinige Küste der Maremma, die jahrhundertelang wegen ihrer Sümpfe und Malaria gefürchtet war. Nachdem die **Maremma** während der Etruskerzeit schon einmal kultiviert und dicht besiedelt war, wurde sie ab dem 19. Jh. wieder nutzbar gemacht.

Toskanischer Archipel

Der Küste vorgelagert ist der Toskanische Archipel im Tyrrhenischen Meer. Die touristischen Hauptinseln sind Elba und Giglio. Ein Großteil der Inselgruppe steht samt rarer Flora und Fauna ganz oder teilweise unter Naturschutz und avanciert dank der Arbeit des 1996 eingerichteten Nationalparks Toskanischer Archipel, des größten Meeresschutzgebiets Europas, zur neuen Topattraktion für all diejenigen, denen nachhaltiger Tourismus am Herzen liegt.

Von Pflanzen und Tieren

Überraschend baumreich

Drei charakteristische Bäume werden Ihnen bei einer Rundreise durch die Toskana mit Sicherheit nicht nur einmal begegnen: die Olive mit ihren grün-silbrig glänzenden Blättern, die grazile, dunkelgrüne Säulenzypresse und die Schirmpinie. Nichtsdestotrotz dominiert in Gebieten wie dem des Chianti Classico vor allem ein **Mischwald** aus Eichen, Buchen, Tannen, Fichten, Ahornbäumen und Lärchen. Weit weniger, als manch einer erwarten mag, belegen dort Reben, nämlich rund 10% der 70 000 ha großen Gesamtfläche! Überhaupt hat sich dank Wiederaufforstung die Toskana wieder zur waldreichen Region gemausert. An der Küste dominieren Pinie, Kiefer, Pappel, Eukalyptusbaum und Korkeiche.

Macchia

Zwar hat die Landwirtschaft zahllose Pflanzen zurückgedrängt, doch finden diese heute in zahlreichen Schutzzonen und Naturparks ein neues Zuhause. Eine Besonderheit bildet die weithin dominierende, agrarisch kaum genutzte Macchia: Das Dickicht dieser **mediterranen Heide** aus immergrünen Büschen mit ledrigen Blättern oder Dornen verwandelt sich im Frühjahr in ein farbenprächtiges Blütenmeer. Zahlreiche Arten enthalten aromatische Harze und ätherische Öle mit intensivem Duft und dienen als Heilpflanzen. Klassische Vertreter der Macchia sind Erika, Ginster, Lorbeer, Salbei, Erdbeerbaum (Arbutus), Wacholder, Zistrose, Myrte, Mastixstrauch, Pistazie und Brombeere.

Bedrängte Fauna

Die Tierwelt der Toskana hat in den letzten Jahrhunderten nicht nur durch eine dichte Besiedlung, intensive wirtschaftliche Nutzung der Flächen und ein damit einhergehendes Verschwinden der ursprünglichen Waldformationen gelitten, sondern auch durch Luft- und Gewässerverschmutzung sowie die als Volkssport betriebene Jagd, der alljährlich viele Vögel zum Opfer fallen. Als ein Erfolg des Tier- und Naturschutzes ist es aber zu werten, dass die Zahlen der Wildbestände zuletzt wieder nach oben gingen: Reh- und Rotwild und vor allem Wildschweine sind heimisch. Auch der Wolf ist zurück – wird aber vor allem von den Hirten rund um Grosseto nicht gern gesehen. Ein Problem für Apennin-Wanderer können ausgewilderte Hunde sein. Etwa 30 000 weiße Langhornrinder leben in der Maremma, auch die Maremma-Pferde sind perfekt an das Klima angepasst. Meeressäuger (Wal, Delfin) sind im Toskanischen Archipel geschützt.

Stadt, Land, Dorf

Bevölkerung

Mit einer Bevölkerungsdichte von 162 Einwohnern / km² liegt die Toskana unter dem italienischen Durchschnitt (199 Einw./km²). Gleichwohl gibt es innerhalb der Region **große Unterschiede**: Allein in den Küstengebieten der Versilia und in den Großstadtregionen im Norden leben rund 70 % der Bevölkerung auf rund 20 % der toskanischen Gesamtfläche. Umso dünner ist das Hügelland der südlichen Toskana, vor allem in den Provinzen Siena und Grosseto, sowie der Apennin besiedelt, zumal dort der Rückgang der Bevölkerungszahl in den letzten Jahrzehnten besonders deutlich zum Tragen kam. Einen gewissen Ausgleich bieten die Zuwanderer aus anderen Teilen Italiens und aus dem europäischen Ausland.

Zwei Gesichter

Folgerichtig ist auch die Siedlungsstruktur bis heute deutlich in traditionell städtische und ländliche Gebiete unterteilt. Einerseits bestehen in den historischen Städten wie Florenz, Pisa oder Lucca eine über viele Jahrhunderte gewachsene Stadtkultur, andererseits gibt es in den Tälern und in den abgelegenen Hügellandschaften eine typisch ländliche Lebensweise mit Dörfern und vielen Einzelgehöften, die inmitten ihrer Felder liegen. Die Verbindung zwischen den beiden Lebenswelten stellten früher die Villen der städtischen Großgrund-

Die Toskana ist fern der Städte noch ländlich geprägt, Unterkünfte auf Bauernhöfen wie der Agriturismo Tenuta Scacciavolpe stehen denn auch hoch im Kurs.

Lage:
In der Mitte Italiens

Fläche:
22 994 km²

Einwohner:
3,75 Mio.
Im Vergleich:
Rom: 2,84 Mio.
Berlin: 3,52 Mio.
Bayern: 12,84 Mio.

▶ Regione Toscana

Die Toskana ist eine der 20 Regionen Italiens. Sie gliedert sich in neun Provinzen und die Metropolitanstadt Florenz.

Hauptstadt:
Florenz (Firenze)

A: Arezzo
B: Firenze
C: Grosseto
D: Livorno
E: Lucca
F: Massa-Carrara
G: Pisa
H: Pistoia
I: Prato
K: Siena

▶ Wichtigste Exportbranchen

Maschinenindustrie, Bauwesen, landwirtschaftliche Erzeugnisse, Chemie, Bekleidungsindustrie, Papierherstellung

Wirtschaft

Pro-Kopf-Einkommen:
ca. 27 500 Euro
Maximum: Prov. Florenz
33 750 Euro
Minimum: Prov. Massa-Carrara
22 750 Euro

Beschäftigungsstruktur:

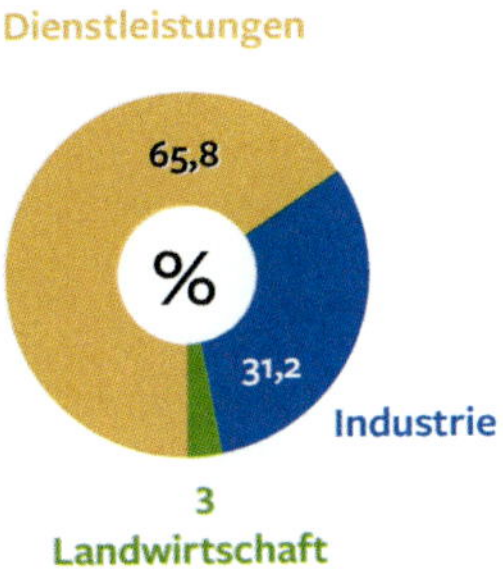

Arbeitslosenrate: **7,7 %** (2019)
Jugendarbeitslosigkeit (15-24 J.)
24,5% (2017)

Das Wetter

Durchschnittstemperaturen

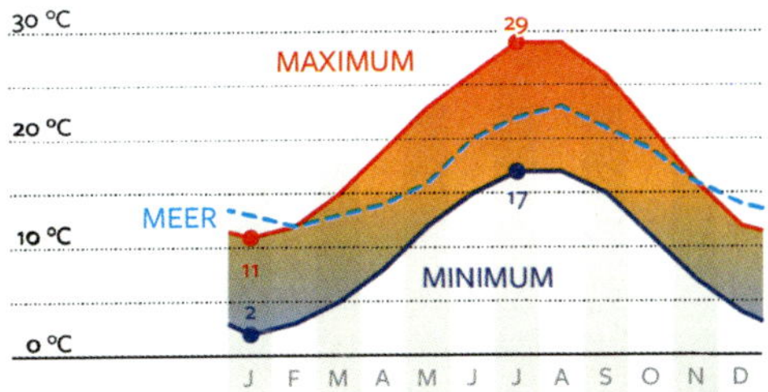

Niederschlag

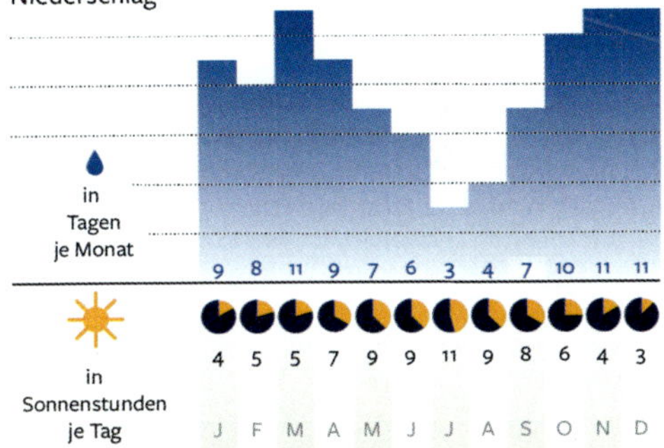

Palio di Siena – das härteste Pferderennen der Welt

Auf der Piazza del Campo findet zweimal im Jahr das härteste Pferderennen der Welt statt. Die 17 Contrade repräsentieren die Stadtteile Sienas und treten gegeneinander an. Die Grafik zeigt die Siege der Contrade von 1900 bis 2019.

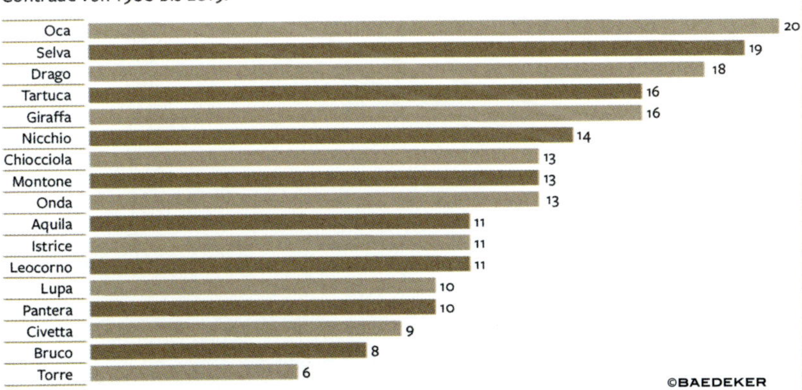

Kulturgut mit hohem wirtschaftlichen Stellenwert: 45–50 Mio. Hektoliter Wein pro Jahr produzieren die Winzer der Toskana.

besitzer dar, die meist nur im Sommer oder zur Jagd bewohnt wurden. Sie waren Teil der »Fattoria«, des Gutshofes, während das Land im Zuge der »Mezzadria« (Halbpacht) an Bauern vergeben war. Zwar wurde das **Mezzadria-System** inzwischen aufgehoben und die bäuerliche Bevölkerung ist durch Abwanderung vom Land stark reduziert worden, doch bis heute prägt diese Siedlungsstruktur vor allem den Süden der Toskana. Inzwischen werden viele Fattorien als Ferienhäuser oder Zweitwohnsitze genutzt.

Wirtschaft

In Italien Durchschnitt

Die Toskana gehört zu den wohlhabenderen Regionen des Landes, wenngleich zu den wirtschaftlich stärksten Gebieten weiter im Norden sich bereits eine kleine Kluft auftut. Diese resultiert auch durch ein großes Gefälle innerhalb der Toskana: Den reichen Provinzen – allen voran Florenz – stehen solche gegenüber, die, gemessen am Bruttoinlandprodukt pro Kopf, eher schon dem wirtschaftlich schwachen Süden Italiens zuzuordnen sind.

Wirtschaftsstruktur

Zwar ist die Wirtschaft der Toskana bis heute vielseitig aufgestellt, doch wie auch in anderen Teilen Europas ist die **Landwirtschaft** mit einem Anteil von rund 2 % aller Erwerbstätigen längst der kleinste der drei Wirtschafssektoren. Nichtsdestotrotz prägt sie am stärksten das Gesicht der Region. Die typische Bewirtschaftungsform früherer Zeiten, eine Mischkultur von Getreide, Wein und Oliven- oder Obstbäumen, wurde inzwischen vielerorts durch Monokulturen abgelöst. Die Hauptanbauprodukte in der Toskana sind Getreide, Zuckerrüben, Oliven, Wein (z. B. im bekannten Chianti-Hügelland zwischen Florenz und Siena), Obst, Gemüse und Sonnenblumen. Die Viehzucht (Rinder, Schweine) spielt nur eine untergeordnete Rolle, ebenso der Fischfang.
Rund 24 % der Erwerbstätigen sind in **Handwerk und Industrie** beschäftigt; u. a. ist die Toskana bis heute eines der Zentren der italienischen Textil- und Bekleidungsindustrie, die schwerpunktmäßig um Florenz und Prato zum Teil hochwertige Mode produziert (auch wenn Chinesen längst viele Betriebe in Prato besitzen). Traditionell stark vertreten ist auch die Glas- und Keramikindustrie (Elsa-Tal), während in einem Industriegürtel von Pistoia über Prato und Florenz bis zur Küste bei Livorno die Produktion von Investitionsgütern, vor allem im Maschinen- und Fahrzeugbau, heimisch ist. Der traditionsreiche Erzbergbau der Toskana wurde zwar nahezu eingestellt, doch hat sich die Erzverhüttung in Piombino erholt. Hingegen kämpft der Carrara-Marmorabbau gegen starke Konkurrenz.
Stärkster Sektor mit rund 63 % der Erwerbstätigen ist der **Dienstleistungsbereich**, der vor allem durch den **Tourismus** geprägt ist. Allein Florenz zählt im Jahr rund 7,5 Mio. Besucher. 2015 und 2016 waren mit je 2 % Wachstum gute Jahre, die Zahl der Übernachtungen stieg auf 44,8 Millionen.

Rosige Aussichten

Die Toskana hat die schwere Krise der italienischen Wirtschaft 2008 bis 2014 dank Diversifikation halbwegs gut überstanden und musste weniger Einbußen hinnehmen als andere Regionen. Dabei kommen Florenz und Siena als Innovations- und Wissenschaftszentren besondere Bedeutung zu. Sehr angeschlagen ging jedoch die älteste Bank der Welt, die **Banca Monte dei Paschi di Siena**, aus der Rezession hervor. Allein 2017 benötigte sie Zusatzkapital von 8,8 Mrd €. 2019 griff ihr der Staat mit 900 Mio. Euro unter die Arme; heute arbeitet sie wieder profitabel. Andere Wirtschaftszweige florieren, so etwa die toskanische Weinproduktion. Große Zukunftschancen sieht man auch bei der Herstellung von Bio-Lebensmitteln, in der Biomedizin und dem Ausbau alternativer Energiequellen wie der Geothermie rund um Larderello.

GESCHICHTE

Die Geschichte der Toskana ist geprägt von der städtischen Kultur. Den antiken Etrusker- und Römerstädten folgten die mittelalterlichen Stadtherrschaften, deren Architekturerbe noch heute das Bild der Toskana bestimmt.

Vor- und Frühgeschichte

Früheste Zeugnisse Früheste archäologische Funde datieren aus der Steinzeit: Steinwerkzeuge und Knochen aus dem Paläolithikum wurden nahe Arezzo und in den Apuanischen Alpen entdeckt. In der Bronzezeit entwickelten die ersten sesshaften Bewohnern der Toskana die sogenannte Belvedere-Cetona-Kultur: Der **Monte Cetona** bei Chiusi birgt Dorfreste der jüngeren Bronzezeit (1700 – 1000 v. Chr.).

Villanova-Kultur Bis 800 v. Chr. vollzieht sich der Wandel zur früheisenzeitlichen Kultur, die im 8. Jh. v. Chr. ihren Höhepunkt erreicht. Die in Nord- und Mittelitalien verbreitete Kultur wurde nach dem Hauptfundort Villanova bei Bologna benannt. Das Ende der Villanova-Zivilisation geht mit der Frühstufe der etruskischen Kultur einher, die rasch zur ersten Hochkultur Italiens aufsteigt.

Die Etrusker

Wer waren die Etrusker? Die Etrusker sind die ersten namentlich bekannten »Toskaner«. Die antiken Griechen nennen sie Tyrrhenoi, die römischen Nachbarn Tusci bzw. Etrusci. Sie selbst bezeichen sich als Ras'na bzw. Rasenna. Obwohl über 10 000 (oft nur kurze) etruskische Inschriften bekannt sind, bleibt die Herkunft der Etrusker ein Rätsel. Eine auf der Insel Lemnos entdeckte Inschrift zeigt dem Etruskischen ähnelnde Schriftzeichen, sogar Einflüsse aus Sardinien werden geprüft. Vermutlich mischte sich die Villanova-Zivilisation mit Kolonisatoren aus dem östlichen Mittelmeerraum.

Siedlungsgebiete Woher auch immer die Etrusker kamen, sie bemächtigten sich ihrer Siedlungsgebiete überwiegend friedlich. Im 9. Jh. bewohnten sie nachweislich das Küstengebiet um die heutigen Städtchen Cerveteri und Tarquinia, ab dem 6. Jh. erstreckte sich Etrurien dann nach Norden bis in die Po-Ebene und bald darauf in den Süden bis nach Kampanien.

Loser Städtebund Die Mehrheit des Volkes bestand aus Bauern, leibeigenen Pächtern oder Sklaven; an ihrer Spitze stand eine Land besitzende **Aristokra-**

EPOCHEN

DIE ETRUSKER

9. Jh. v. Chr.	Etrusker erscheinen auf der Apenninenhalbinsel.
ab dem 6. Jh. v. Chr.	Die Etrusker gründen Stadtstaaten auf dem Gebiet der heutigen Toskana und im Latium.
Ende 5. Jh. v. Chr.	Griechen beenden die Seeherrschaft der Etrusker.
ab 3. Jh. v. Chr.	Untergang des Etruskerreiches

DIE RÖMER

3. Jh. v. Chr.	Die Römer dringen in das Gebiet der Etrusker vor.
ab 88 v. Chr.	Römisches Bürgerrecht für die Bewohner Etruriens
297 n. Chr.	Etrurien wird zusammen mit Umbrien V. Region des Römischen Reiches.

MITTELALTER

6. Jh.	Langobardisches Herzogtum Tuscia
8./9. Jh.	Die Franken erobern das Langobardenreich und machen Tuscia zur Markgrafschaft.
12./13. Jh.	Wirtschaftsblüte und Autonomie der Städte; Konflikte zwischen Guelfen und Ghibellinen.
14. Jh.	Florenz entwickelt sich zu einem Zentrum der Geldwirtschaft.

HERRSCHAFT DER MEDICI

Anfang 15. Jh.	Cosimo begründet die Dynastie der Medici.
1569	Cosimo I. Medici wird Großherzog der Toskana.
1737	Die Medici-Dynastie stirbt aus; das Großherzogtum Toskana geht an die Habsburger.

DIE HABSBURGER

1799	Napoleon Bonaparte bemächtigt sich der Toskana. 1814 geht er auf Elba ins Exil.
1848	Großherzog Leopold II. flieht vor bürgerlichen Unruhen nach Neapel.

DIE TOSKANA IM VEREINTEN ITALIEN BIS HEUTE

17. März 1861	Die Toskana wird Teil des neu proklamierten Königreichs Italien.
1921	Gründung der Kommunistischen Partei Italiens in Livorno
1940	Italien tritt in den Zweiten Weltkrieg ein.
ab Sept. 1943	Italien kapituliert. Beim Rückzug der deutschen Wehrmacht werden Dörfer und Städte in der Toskana geplündert und zerstört.
1966	Der Arno überflutet die Innenstadt von Florenz.
2012	Havarie der »Costa Concordia« vor der Insel Giglio

Steine mit Geschichte: die alte Römerstraße in der Etruskernekropole Roselle (Rusellae)

tie. Die Etrusker verfolgten keinen Staatsgedanken, sondern errichteten einen losen Städteverbund, in dem jede größere Stadt (sowie das dazugehörige Umland) eigenen politischen Zielen nachging. Die übergeordnete Organisationsform bildete der **Zwölfstädtebund**. Sechs dieser wichtigsten Etrusker-Städte (Lukumonien) lagen auf dem Gebiet der heutigen Toskana: Arezzo, Chiusi, Cortona, Rusellae (Roselle), Populonia und Volterra. Das religiös-kultische Zentrum des Städtebundes befand sich im heiligen Fanum Voltumnae (Voltumnahain) bei Bolsena im Latium, wo sich die abgeordneten Stadtoberhäupter einmal jährlich berieten. Das Etruskerland war dicht besiedelt, Volterra hatte beispielsweise mehr als 50 000 Einwohner.

Handelsbeziehungen

Macht und Reichtum der Etrusker beruhten auf Eisen, Kupfer und silberhaltigem Blei. Ihr Bergbau konzentrierte sich auf Elba (von etrusk. »Ilva« = Eisen), die Verhüttung auf das Küstengebiet um Populonia. Etruskische Metallerzeugnisse genossen in der Antike Weltruf und wurden rund ums Mittelmeer und nach Nordeuropa gehandelt. Von ihren Heimathäfen verfrachteten sie die kostbare Handelsware über das gesamte Mittelmeer bis nach Iberien, Gallien, Karthago und in den Vorderen Orient. Der Reichtum weckte Begehrlichkeiten anderer Völker. Doch mit dem Sieg über die Griechen in der **Seeschlacht bei Alalia** (Korsika) um 540 v. Chr. beherrschten die Etrusker das Tyrrhenische Meer.

Römische Invasion

Aber bereits im 5. Jh. v. Chr. setzte die schleichende Erosion der etruskischen Macht ein, wichtige Seeschlachten gegen Griechen und Phönizier gingen verloren. Im Jahr 396 v. Chr. gelang dem aufstrebenden Rivalen Rom die Eroberung der Etruskerstadt Veji – angeblich gingen dabei auch 3000 Statuen verloren. Mangelnde Solidarität im Zwölfstädtebund begünstigte die Expansion der römischen Republik, die den unterworfenen Städten Autonomie gewährte. Doch als Etrurien in einer antirömischen Koalition Widerstand leistete, zog Rom das Schwert. Die Samnitenkriege (343–290 v. Chr.) führten zum Zusammenbruch der etruskischen Stadtstaaten, Etrurien wurde Roms Bundesgenosse.

Die Römer

Etrurien als Bundesgenosse

Im 3. Jh. v. Chr. verloren die Etruskerstädte ihre Autonomie an die Römer, die ganz Mittelitalien in ihrem Machtbereich eingliederten. Militärstützpunkte, Brücken und Heerstraßen entstanden. Die ab 241 v. Chr. gebaute Via Aurelia verlief entlang der tyrrhenischen Küste nach Pisa, die Via Cassia über Bolsena, Chiusi und Arezzo nach Fiesole. Volterra, Arezzo und Fiesole blühten auf und erhielten römische Tempel, Theater, Thermen und Aquädukte. Als Bundesgenosse litt Etrurien aber zugleich unter den Kriegen Roms gegen Karthago, Gallien und die Diadochenreiche: Rom verlangte Soldaten und Ressourcen. Nach Hannibals siegreicher **Schlacht am Trasimenischen See** (217 v. Chr.) schöpften die Zwangsverbündeten und Feinde Roms neue Hoffnung, doch Rom setzte sich letztlich militärisch durch.

Von der Boomregion zum Sorgenkind

Im 2. Jh. v. Chr. begann Etruriens Abstieg. Günstige Getreideimporte aus Roms Kolonien führten zur Verödung der heimischen Äcker und Weinberge, der Bergbau stagnierte, die Maremma-Küste versumpfte. Nach den Bundesgenossenkriegen (91–88 v. Chr.) erhielt Etrurien zwar römisches Bürgerrecht, die neue politische Gleichstellung bedeutete aber auch das Ende jeglicher Eigenständigkeit.
Die schon zuvor einsetzende Landflucht verstärkte sich in der Folge drastisch, Abertausende zog es in die Hauptstadt des Römischen Imperiums. Erst Octavian, seit 27 v. Chr. als Augustus erster römischer Kaiser, versuchte mit einer Landreform den auch die Städte Etruriens bedrohenden Verfall zu stoppen. Etruria wird mit dem nördlichen Latium zur VII. Region verschmolzen, doch der ökonomische Niedergang und das Erlöschen der Etruskerkultur war nicht mehr aufzuhalten.
Als in der Spätantike Kaiser Diokletian 297 n. Chr. das alte Etrurien administrativ mit Umbrien zusammenlegte, war der einst so stolze Landstrich fast ruiniert und vielerorts verödet. Mit dem Untergang

des Weströmischen Reiches (476) endete vorerst auch das schon vielerorts brachliegende urbane Leben. Es blieben Ruinen großartiger Tempel, Theater und Thermen.

Mittelalter

Langobarden

Im Zuge der Völkerwanderung entstand in vielen Regionen Italiens ein Machtvakuum, das in kurzer Abfolge mehrere Völker zu füllen versuchten. In der Toskana gelang es erst den ab 569 nach Norditalien eingewanderten Langobarden, langfristig Fuß zu fassen. Sie erneuerten die Landwirtschaft und übernahmen römische Strukturen. Hauptstadt des Langobarden-Herzogtums Tuscia wurde Lucca. Etwa zwei Jahrhunderte dauerte die friedliche, prosperierende Langobardenherrschaft, die Händler, Pilger und Handwerker anlockte.

Toskana als Teil Reichsitaliens

Sie endete mit Karl dem Großen, der im Zuge der Expansion des fränkischen Karolingerreichs im letzten Viertel des 8. Jh.s auch die Langobarden unterwarf. In Rom wurde er 800 zum römischen Kaiser gekrönt und übernahm den Schutz des Kirchenstaats. Zur Sicherung der Reichsgrenzen wurde Tuscia Markgrafschaft. In Lucca und San Miniato residierten nun fränkische Markgrafen.
Nach der Teilung des Karolingerreichs schwand der Einfluss der römisch-deutschen Herrscher in Norditalien, den ab 955 die Ottonen wieder zu festigen versuchten. Dabei bedienten sie sich vor allem der Bischöfe, die sie für reichspolitische Zwecke einsetzten. Dies mündete im Investiturstreit, bei dem es vordergründig um das Recht weltlicher Herrscher zur Amtseinsetzung Geistlicher ging; letztlich kämpften Kaisertum und Papsttum aber auch um die Vorrangstellung im Reich. Höhepunkt dieser Auseinandersetzung war der **»Gang nach Canossa«**: Auf ihrer Burg von Canossa vermittelte die mächtige Markgräfin Mathilde von Tuscia 1077 einen Ausgleich zwischen Kaiser Heinrich IV., der drei Tage im Büßerhemd vor der Burg ausharren musste, und Papst Gregor VII. Nach dem Tode Mathildes 1115, die ihre Güter dem Papst vererbte, entbrannten erneut Auseinandersetzungen zwischen Papst und Kaiser und ihren jeweiligen Parteigängern, die über Generationen andauerten. Zunächst profitierten lokale Adelsgeschlechter wie die Guidi bei Florenz, die Gheradesca zwischen Pisa und Volterra und die Berardenga zwischen Siena und Arezzo.

Aufstieg der Städte

Lukrativer See- und Fernhandel begründeten den Aufstieg der Städte. In Arezzo, Lucca und Florenz blühte die Textilproduktion, in Siena das Bankwesen und **Pisa wuchs zur mächtigen Seerepublik** mit Besitz- und Handelsrechten rund ums Mittelmeer. Mit dem Wirtschaftsaufschwung erlangten die toskanischen Städte auch die politische Autonomie: Volksversammlungen wurden konstituiert, Konsuln und Podestà (Stadtvögte) auf Zeit gewählt. Diese Selbstbestimmung der Städte konnten weder Kaiser noch Papst aufhalten. Die Städtepolitik der Stauferkaiser Friedrich Barbarossa und Friedrich II. scheiterte am erbitterten Widerstand der aufkeimenden Stadtstaaten. Allerdings führten die Rivalitäten zwischen Adels- und Patriziergeschlechtern zu einem zähen und kämpferischen Ringen um die politische Macht innerhalb der einzelnen Kommunen. Zur Taktik gehörte es dabei, sich der kaiserlichen oder päpstlichen Unterstützung zu versichern. Nach den Schlachtrufen **»Ghibellinen«** (abgeleitet von Waiblingen als Bezeichnung für die staufische Partei) und **»Guelfen«** (abgeleitet von Welfen für die päpstliche Partei) entstanden die Bezeichnungen für die gegensätzlichen Parteien in den Kommunen. Innerstädtische Rivalitäten eskalierten nach und nach auch zu Konflikten zwischen den urbanen Machtzentren der Toskana: Während Florenz in ständigem Streit mit Siena lag, war im ausgehenden 13. Jh. die Seemachtsherrlichkeit Pisas bereits erloschen. Die Rivalität mit Genua endete verhängnisvoll: 1284 verlor Pisa in der **Seeschlacht von Meloria** seine gesamte Flotte.

Ein neues Machtzentrum

Florenz profitierte, mehr als Lucca und Siena, vom Niedergang Pisas, dessen Hafen versandete. In der Zwischenzeit entwickelte sich eine auf Handel und Gewerbe aufbauende Geldwirtschaft und aus den reichen Kaufmanns- und Handwerkszünften erwuchs eine städtische Oligarchie, die von nun an die politischen Geschicke der Kommunen bestimmte. Noch in der zweiten Hälfte des 14. Jh.s wurden Arezzo, Pistoia, Prato, Cortona, Volterra, San Gimignano und Colle di Val d'Elsa von der Guelfenmetropole Florenz zwar nicht militärisch unterworfen, doch zumindest wirtschaftlich abhängig. Im Jahr 1406 dehnte Florenz schließlich seine Herrschaft offiziell auf Pisa aus. Nur Lucca und Siena bewahrten noch ihre Selbstständigkeit.

Die Herrschaft der Medici

Cosimo il Vecchio legt den Grundstein

Zu Beginn des 15. Jh.s stritten mächtige Adelsfamilien in Florenz um die politische Vorherrschaft am Arno. Zunächst behauptete sich Rinaldo degli Albizzi und schickte seinen Gegenspieler Cosimo de' Medici (1389 – 1464) ins Exil. Doch bereits ein Jahr später kehrte **Cosimo, Il Vecchio (der Alte)** genannt, unter dem Jubel des Volkes zurück, verbannte seine Gegner und besetzte die wichtigsten Ämter der Kommune mit treuen Gefolgsleuten. Cosimo stärkte die Wirtschaftskraft seines Familienunternehmens, hatte aber auch das Wohl der Stadt im Auge und tätigte zahlreiche Stiftungen (▶ S. 376ff).

Beinahe-Fall und Aufstieg

Nach der kurzen Amtszeit von Piero de' Medici betritt Lorenzo Il Magnifico (1449 – 1492) die politische Bühne, der mit Regierungsstil,

KUNST, KOMMERZ, KRIMIS

BAEDEKER WISSEN

Die Familie Medici steht für Renaissancekunst und Mäzenatentum, unermesslichen Reichtum und Geldgeschäfte im europäischen Maßstab. Spätestens ab 1434 herrschte sie über Florenz und bald schon über die gesamte Toskana. Am Mythos Medici wurde gleich nach dem Aussterben der durch Textilhandel begründeten Dynastie 1737 gewebt.

Seit Ende 2004 öffnen Wissenschaftler die 49 bekannten Medici-Gräber in den Florentiner Medici-Kapellen und der Kirche San Lorenzo. Ein erster Schreck markierte gleich den Beginn der Arbeiten. Unter der Gruft des letzten Medici, Gian Gastone, wurde eine weitere, bis dato unbekannte Krypta entdeckt. Sie enthielt acht Leichen, darunter Kinder und Jugendliche – allesamt unbekannte Medici. Ursprünglich wollten die Paläopathologen mehr zur Ernährung der Medici, ihren Krankheiten und Lebensumständen erfahren. Dies gelang: Die Medici aßen gern Fleisch und Gemüse, lebten das Leben des »**popolo grasso**« der Florentiner Oberschicht. Viele hatten Karies, doch die den Medici attestierte Erbkrankheit »Gicht« fand sich nicht. Stattdessen wurde eine genetisch bedingte Form der Arthrose entdeckt – Piero de' Medici (1416–1469), Sohn des großen Cosimo de' Medici und als »il Gottoso« (der Gichtige) bekannt, muss einen neuen Spitznamen erhalten. Der von Bronzino gemalte Garzia de' Medici (1547–1562) darf sich indes postum freuen. Denn zweifelsfrei erwiesen ist: Der Knabe kann nicht Mörder seines Bruders Giovanni sein. Beide starben an Malaria. Leber und Knochen eines veritablen Großherzogs verursachen hingegen weiter Rätselraten: War es Arsen oder doch die Malaria, die Francesco I. de' Medici nach elf Tagen fiebrigen Todeskampfes 1587 aus dem Leben scheiden ließ – nur wenige Stunden, bevor ihm seine Gattin Bianca Cappello folgte?

Scheinschwangerschaft? Komplott? Mord?

Die Venezianerin **Bianca Cappello** hatte 15-jährig heimlich den Florentiner Pietro Bonaventuri geehelicht und war 1564 nach Florenz geflüchtet. Doch das Leben mit dem Mitarbeiter der Salviati-Bank gestaltete sich bescheiden. Da traf es sich gut, den Erstgeborenen des Großherzogs kennenzulernen. Sie wurde seine Geliebte, später Mätresse, dann gar Großherzogin. **Franceso de' Medici** schenkte ihr Schmuck, Kleider und gar einen Palazzo. 1572 ließ er – vermutlich – ihren Gatten auf offener Straße ermorden und führte sie bei Hofe ein. Noch aber war er mit Johanna von Österreich verheiratet, die ihm zwar Töchter, doch keinen Erbfolger geboren hatte. Das änderte sich: 1577 gebar Johanna Sohn Filippo, der aber schon 1582 starb. Die um ihre Zukunft bangende Bianca begegnete der Herausforderung mit einer Scheinschwangerschaft samt simulierter Geburt. Ihr Sohn Antonio war wohl das Ergebnis einer Liaison des Großherzogs mit einer Dienerin. Johanna starb 1578, wenig später heiratete Bianca ihren Großherzog, 1583 wurde Antonio legitimiert. Doch 1587 endete das Eheglück in der Medici-Villa Poggio a Caiano. Malaria? Arsen? Das Abendessen jedenfalls hatten sie gemeinsam eingenommen.

Der Weg zur Macht

Gemeinhin wird der Aufstieg der Medici mit dem glorreichen Quattrocento (15. Jh.) gleichgesetzt. Freilich aber erfolgte dieser keineswegs aus dem Nichts, ihre »Ascesa« startete früher. Der älteste bekannte Vertreter der Familie war wohl **Medico di Potrone** (1046?–1102). Jedoch ist bis heute nicht geklärt, ob die Medici aus dem Mugello stammten, wie sie behaupteten und durch regen Landkauf und Villenbau bestätigten. Auch spätere Legenden wie die Herkunft aus dem Gefolge Karls des Großen entpuppten sich als Märchen bezahlter Hofschreiber. Und auch ob ein Medici je den Arztberuf ergiff, darf bezweifelt werden. Tatsächlich erwarben die Medici schon ab 1169 Immobilienbesitz nahe der heutigen Piazza della Repubblicca, im 12./13. Jh. machten sie gute Geschäfte im Tuchhandel und besetzten mehrere Mal das höchste in Florenz zu vergebende Amt des Gonfaloniere della Giustizia. Erste Bankgeschäfte führten die sechs Söhne des Averardo Medici, jedoch waren sie schlau genug, sie zur großen Pest 1348 und der Krise danach einzustellen, in der viele Familien der Oligarchie bankrott gingen.

1378 schlug Salvestro di Alemanno Medici als Gonfaloniere den berühmten **Sechswochenaufstand der Ciompi**, der einfachen Tucharbeiter des armen »popolo magro« und des Kleinbürgertums (»popolo Minuto«), erfolgreich nieder. Sein Sohn Niccoló wurde schon 1360 ermordet, dem mutmaßlichen Mörder, Onkel Bartolomeo di Alemanno, gelang die Annullierung der gegen ihn verhängten Todesstrafe. Alles in allem gelang also den Medici wie anderen Florentiner Familien der Aufstieg bereits im eher düsteren 14. Jahrhundert.

Religiöse Überhöhung war in Fürstenkreisen ein gern gesehenes Motiv. So haben sich in Botticellis »Anbetung der Könige« Mitglieder der Medici-Familie abbilden lassen.

Doch ihr Erfolg unterschied sich wesentlich von dem anderer Clans: Die Medici **trennten strikt Ökonomie und Heiratspolitik**. Gehandelt wurde nur mit aufstrebenden Wollhändlern des heimischen Viertels, geheiratet hingegen in die Florentiner Stadtoligarchie. Das Patentrezept ging auf.
Die Basis zur Dynastie legten Giovanni di Bicci de Medici (gest. 1429) und Cosimo de' Medici (genannt »il Vecchio – der Alte«; 1389–1464), die mit ihren Unternehmungen satte Gewinne erzielten. Den Reichtum beschleunigten das jahrzehntelange Abbau-Monopol auf das zur Tuchfärbung benötigte Alaun aus den Tolfa-Bergen und glänzende Geschäfte des Banco Medici mit den Päpsten. Als Bankiers der Päpste sollten die Medici später bis zu 60 % ihre Gewinen erwirtschaften. Das Handelsnetz dehnte sich in der Blütezeit der Dynastie bis Venedig, Brügge und auch in den Orient aus – die Medici waren einer der ersten europäischen Global Player!
Doch Mäzen und Magnat **Lorenzo il Magnifico** lebte über die Verhältnisse. Bei seinem Tode 1492 standen die Medici vor dem Bankrott. Letztlich aber konnten weder die Pazzi-Verschwörung 1478 noch Savonarolas Gottesstaat 1494–1498 den Aufstieg der Medici in Europas Riege der Fürsten aufhalten.

Mäzene

Geben gehörte im Florenz der Renaissance zum guten Ton! Die Geschäftsbücher Lorenzos des Prächtigen 1434–1471 weisen für Almosen, Stiftungen und Steuern rund 664 000 Goldflorin aus. Warum aber diese immensen Ausgaben? Zum einen stiftete man zur Beruhigung des schlechten Gewissens: Kreditgeschäfte waren anrüchig und von der Kirche geächtet. Durch frommes Mäzenatentum kam ihr das Geld jedoch zugute und sie billigte die Geschäftspraktiken indirekt, indem sie die Stiftungen annahm. Mit der Auswahl der zu unterstützenden Objekte und der Künstler bewiesen die Patrizier zugleich ihre Bildung, tugendhafte Gesinnung und den kultivierten Gebrauch des erworbenen Vermögens. Last, but not least diente die Freigebigkeit politischen Zwecken, denn die zahlreichen großen Privataufträge schufen Arbeitsplätze, waren sichtbarer Nachweis der wirtschaftlichen Leistungskraft der Familien und brachte ihnen Wählerstimmen für kommunale Ämter. Wichtig war auch die Einsicht, dass nicht die Menschen selbst, wohl aber ihre gestifteten Kunstwerke die Zeit überdauern und den Ruhm der Familie mehren würden.
Und an Ehrgeiz und Selbstbewusstsein mangelte es den Medici nie: Schon 1460 machten sie dies in Benozzo Gozzolis »Zug der Heiligen Drei Könige« in der Privatkapelle des Medici-Palastes deutlich. Später folgten elf Medici-Kardinäle, drei Medici-Päpste sowie die französischen Königinnen **Caterina de' Medici** (1519–1589) und **Maria de' Medici** (1575–1642). Letztere regierte für ihren minderjährigen Sohn, den späteren Ludwig XIII., schmiedete Allianzen die zerbrachen und zog sich zurück.
Das eher dekadente Ende der Medici beschrieben dann die Zeitgenossen genüsslich. Die erste Biografie des »House of Medici« schuf der Gruselromanautor und englische Diplomat Horace Walpole 1759. Neuere historische Erkenntnisse gibt es freilich viele, zumal seit 1995 im Medici Archive Project alle Medici-Dokumente online sind! Und wer weiß schon, welche Überraschungsfunde noch warten. Der Mythos Medici jedenfalls lebt! In Architektur, Sammlungen, Geschichte und Geschichtchen.

Er gilt als Idealtypus des Renaissance-Fürsten: Lorenzo der Prächtige, hier im Wandgemälde »Zug der Heiligen Drei Könige« von Benozzo Gozzoli.

Lebensführung, Weltanschauung, Bildung und Mäzenatentum den Idealtypus des Renaissance-Fürsten verkörperte. Unter Ausnutzung der Mittel der Medici-Bank sicherte er bis an die Grenze zum Bankrott die Hegemonie von Florenz in der Toskana. Dem »Prächtigen« folgt der »Unglückliche«: Piero. Infolge seiner nachgiebigen Haltung gegenüber dem französischen König Karl VIII. wurde er aus der Stadt gejagt. Der Dominikaner **Girolamo Savonarola** nutzte die Gunst der Stunde und proklamierte einen **Gottesstaat**, der jedoch 1498 am Widerstand der Bevölkerung und des Papsttums scheiterte. Während der Bußprediger auf dem Scheiterhaufen landete, erhielt Florenz wieder seine republikanische Verfassung.
Noch fast 15 unruhige Jahre vergingen, bis die Medici mit Unterstützung auswärtiger Truppen 1512 in ihre Heimatstadt zurückkehren konnten. Nach wechselhaftem Erfolg erhob Kaiser Karl V. den jungen **Alessandro de' Medici** 1531 zum Herzog von Florenz. Alessandros Ermordung (1537) durch einen Verwandten brachte **Cosimo I.**, Sohn des legendären Condottiere Giovanni delle Bande Nere, an die Macht.

Das Großherzogtum Toskana

Die imperialistische Politik Cosimos I. (1519–1574) richtete sich vor allem gegen das seine Unabhängigkeit zäh verteidigende Siena. Doch Cosimo nutzte geschickt die Rivalitäten zwischen Spanien, Deutschland und Frankreich und ließ Siena 1555 von kaiserlichen Truppen erobern. Papst Pius V. verlieh ihm 1569 den lang ersehnten Titel eines Großherzogs der Toskana. Damit waren die Medici auf dem Höhepunkt ihrer Macht – aus einem Stadt- hatten sie einen Flächenstaat gemacht, den sie **absolutistisch** und mit viel Prunk regierten. Doch der Höhepunkt markierte zugleich auch den Wendepunkt. Francesco I. und Ferdinando I. gehörten bereits in die schwächere Phase der Medici, wenngleich sie sich u. a. durch eine einträgliche Heiratspolitik am Hof absicherten. Cosimo II. und Ferdinando II. ließen sich die Zügel von ihren Müttern und Gattinnen aus der Hand nehmen. Und Cosimo III., ein religiöser Fanatiker, drangsalierte das Volk mit unbarmherzigen Steuern.

Bilanz einer Dynastie

Mit dem Tod des letzten, kinderlosen Medici, Gian Gastone, starb die Dynastie 1737 aus, die in den 150 Jahren zuvor allmählich an Glanz verloren hatte. Die Ära der Medici beendete trotz Kulturblüte die Stellung von Florenz als Europas Tuchhandels- und Bankenzentrum. Der feudale städtische Geldadel suchte im 16. Jh. risikoarme Geldanlagen und entdeckte den Großgrundbesitz – die **malerische Kulturlandschaft** der Toskana nahm Gestalt an.

Die Habsburger

Aufgeklärte Fremdherrschaft

Als Großherzöge der Toskana folgten die Habsburger mit **Franz Stephan von Lothringen**, der als Kaiser Franz I. von Wien aus regierte (eigentliche Regentin im Habsburgerreich war gleichwohl seine Gemahlin Maria Theresia). Österreichs Großmachtpolitik war soldatenhungrig, viele junge Toskaner wurden für die Armee angeworben. Doch die neue Fremdherrschaft zeigte sich auch aufgeklärt und reformfreudig. Traditionelle Wirtschaftszweige wurden saniert, die neue Rechtsordnung verschaffte den Bürgern Gleichheit vor dem Gesetz. Sorgenkind blieb indes die Landwirtschaft, auch weil eine Landreform Pächtern nur ein Mitspracherecht gab.

Unter den Erzherzögen Leopold und Ferdinand

Sohn und Nachfolger von Franz I. war von 1765 bis 1790 Erzherzog Leopold, der die Reformen konsequent fortsetzte. Er hob die Inquisition auf, konfiszierte kirchliche Ländereien und schuf 1786 Folter und Todesstrafe ab. **Agrargebiete** wie die Maremma und die Val di Chiana wurden nach großer Anstrengung wieder nutzbar. 1790 verließ der beliebte Erzherzog Florenz, um in Wien Nachfolger des kinderlosen Bruders Kaiser Joseph II. zu werden. Ferdinand III., Sohn Leopolds, regierte nun die Toskana zunehmend reaktionär!

Napoleonisches Intermezzo

1796 eroberte General Napoleon Bonaparte Oberitalien und bemächtigte sich 1799 der Toskana. Ferdinand III. war zuvor nach Wien geflohen. Der Franzose machte aus der Toskana den kurzlebigen Marionettenstaat **»Königreich Etrurien«**, der teilweise von seiner

Schwester Elisa Bonaparte Baciocchi regiert wurde. Nach Frankreichs Zusammenbruch verbrachte Napoleon 1814/15 ein knappes Jahr auf der Insel Elba, bevor er in Belgien sein »Waterloo« erlebte. Der **Wiener Kongress** stellte derweil die vornapoleonische Ordnung in Europa wie auch der Toskana wieder her: Ferdinand III. kehrte ins Großherzogtum zurück und betrieb dort bis zu seinem Tod 1824 eine restaurative Politik. Lediglich das Fürstentum Lucca fiel im Zuge des Wiener Kongresses an die Bourbonen.

Das Volk rebelliert

Leopold II. (1797 – 1870), Sohn Ferdinands III., spürte bereits früh den Gegenwind der aufkeimenden nationalen Freiheitsbewegung des Risorgimento, Italiens Ruf nach Einheit und Unabhängigkeit. Ab 1830 häuften sich Unruhen, Demokraten forderten eine verfassungsgebende Versammlung. Der Großherzog sah sich bald gezwungen, die Reformanregungen der Florentiner Liberalen um Bettino Ricasoli anzunehmen und eine **Verfassung** zu gewähren, die die Toskana zur konstitutionellen Monarchie machte.
Als aber im ersten italienischen Unabhängigkeitskrieg 1848/49 Venedig und Mailand gegen die österreichische Fremdherrschaft aufbegehrten, kam es auch in der Toskana zu Unruhen und in Florenz übernahmen republikanisch-bürgerliche Kräfte die Regierung. 1852 gelang es Leopold II., mithilfe österreichischer Truppen in die Hauptstadt der Toskana zurückzukehren. Die toskanische Befreiungsbewegung suchte daher den Schulterschluss mit Piemonts Ministerpräsidenten Camillo Benso di Cavour.

Die Toskana im vereinten Italien bis heute

L'Unità

Im **Befreiungskrieg von 1859** verlor Österreich Norditalien. Am 27. April 1859 dankte Leopold II. ab. Bis 1861 vollzog sich die Einigung Italiens: L'Unità (anfangs noch ohne Venetien und den Kirchenstaat). Im März 1860 bekannte sich die Toskana mit überwältigender Mehrheit in einer Volksabstimmung zum neuen Nationalstaat – damals noch Sardinien-Piemont –, um schließlich ein Jahr später Teil des neuen Königreichs Italien unter Vittorio Emanuele II. zu werden. 1865 löste Florenz Turin als Hauptstadt Italiens ab, ehe der König 1871 in Rom einzog.

Industrialisierung

Im jungen Italien fand die Toskana bald Anschluss an die Industrielle Revolution. In Livorno, Florenz, Pistoia und Piombino siedelte sich Schwerindustrie an, Prato wurde Zentrum der Textilindustrie. Dem Aufschwung folgte die Politisierung der Arbeiterschaft. Doch nicht die Sozialisten, Liberaldemokraten amtierten Ende des 19. Jh.s in vielen Rathäusern der Toskana. Und trotz Industrialisierung blieb die Toskana weitgehend ein nach dem jahrhundertealten Halbpachtsystem bewirtschaftetes Agrarland.

Erster Weltkrieg 1915 griff Italien auf der Seite der Alliierten gegen seine ehemaligen Dreibundpartner Deutschland und Österreich in den Ersten Weltkrieg ein. Zwischen 1914 und 1918 lief die toskanische Schwerindustrie auf Hochtouren.

Extreme Kräfte auf dem Vormarsch Nach Kriegsende erwartete Italiens Soldaten Arbeitslosigkeit, Streiks und Bauernunruhen folgten. Am 21. Januar 1921 wurde im toskanischen Livorno die **Kommunistische Partei Italiens** (PCI) gegründet. Die Macht im Land übernahmen aber im Oktober 1922 die faschistische Bewegung unter **Benito Mussolini** mit dem »Marsch auf Rom«. Der antifaschistische Widerstand war zwar in der Toskana größer als anderswo, doch die schwarzen Garden setzen sich auch hier durch. Die populistische Politik Mussolinis begeisterte die Massen, zumal die Arbeitsprogramme der Dreißigerjahre spürbare wirtschaftliche Verbesserungen brachten. Der Bau der zentralen Strecke des italienischen Eisenbahnnetzes (Florenz–Bologna) ließ die faschistische Propaganda als Heldentat feiern. Die Monarchie bestand nur noch pro forma.

Zweiter Weltkrieg Der Eintritt Italiens in den Zweiten Weltkrieg an der Seite Deutschlands im Jahr 1940 hatte in der Toskana alliierte Luftangriffe zur Folge, die vor allem Pisa trafen. 1943 landeten die Alliierten in Süditalien. Der faschistische Großrat entmachtete Mussolini, der im Juli 1943 verhaftet wurde; Anfang September 1943 kapitulierte Italien. Daraufhin befreiten die Deutschen Mussolini und besetzten Italien bis südlich von Rom, stießen aber in Nord- und Mittelitalien auf den erbitterten Widerstand der Partisanen. Die **italienische Resistenza** dauerte fast zwei Jahre. Während des schrittweisen Rückzugs der deutschen Truppen vernichtete die SS in den Provinzen Pisa, Arezzo, Siena und Florenz ganze Dorfgemeinden. Am 29. April 1945 erfolgte die deutsche Teilkapitulation in Italien.

Italienische Republik Am 2. Juni 1946 begründete ein Volksentscheid die italienische Republik, Vittorio Emanuele III. dankte ab. Aus den ersten nationalen Wahlen gingen die Christdemokraten (DC) als Sieger hervor, gefolgt von Sozialisten (PSI) und Kommunisten (PCI). In der Toskana, dessen neue alte Hauptstadt Florenz wurde, sahen die Machtverhältnisse jedoch anders aus. Die ersten Regionalwahlen gewann der PCI mit überwältigender Mehrheit. Und bis in die späten 1980er-Jahre blieb er stärkste Partei in der Toskana. Das **Sila-Gesetz** von 1950 sah denn auch eine Teilenteignung der toskanischen Großgrundbesitzer vor – endlich wurden Bauern auch Landbesitzer.

Flutkatastrophe 1966 Eine der schwersten Flutkatastrophen der toskanischen Geschichte suchte Florenz am 4. November 1966 heim. Der Arno trat über die Ufer, 35 Menschen starben.

Am 27. Mai 1993 fielen sechs Menschen einem Bombenattentat in der historischen Altstadt von Florenz zum Opfer. Die gewaltige Detonation verursachte erheblichen Sachschaden am Süd- und Westflügel der Uffizien, die bis 1998 renoviert wurden.

Bombenattentat 1993

Im Januar 2012 rammte das Kreuzfahrtschiff »Costa Concordia« einen Felsen vor der Insel Giglio und schlug leck. 32 der mehr als 4220 Passagiere und Besatzungsmitglieder kamen bei dem Unglück ums Leben. Die Bergung des Kreuzfahrtriesen erwies sich als langwierig und schwierig – erst im September 2013 konnte das Schiff aufgerichtet, nach Genua geschleppt und abgewrackt werden. Im Mai 2017 bestätigte das römische Kassationsgericht die Verurteilung des Kapitäns der »Costa Concordia« u. a. wegen mehrfacher fahrlässiger Tötung und Körperverletzung zu 16 Jahren Haft.

Havarie der »Costa Concordia«

Auch 2016 und 2017 standen Italien und die Toskana noch im Zeichen der Bankenkrise: Viele Klein- und mehrere Großbanken haben nach wie vor Probleme; die älteste aktive Bank der Welt, die Banca di Monte dei Paschi di Siena, konnte 2019 mit einer Summe von 900 Mio. Euro vom Staat gerettet werden.

Situation der Banken

Die havarierte »Costa Concordia« – rund 18 Monate lag das Wrack des Kreuzdampfers als Mahnmal menschlichen Versagens vor der Küste der Insel Giglio.

KUNSTGESCHICHTE

Rund 20 000 Kulturdenkmäler wurden in der Toskana gezählt – mehr als in jeder anderen Region Italiens. Dazu gehören Gräber aus der Etruskerzeit, mittelalterliche Stadtpaläste, Kirchen, Kapellen, außerdem Renaissance-Villen, herrliche Parks und private Gartenanlagen.

Etrusker und Römer

Erste ausgeprägte Kulturepoche

Die Etrusker begründeten ab 900 v. Chr. die erste Hochkultur Italiens: Im 5. Jh. v. Chr. florierten die im Zwölfstädtebund vereinten Städte, darunter Arretium (Arezzo), Velathri (Volterra) oder Curtuns (Cortona). Allerdings existiert kein Beispiel für einen Etruskertempel in der Toskana und auch die Grabungen am vermeintlich entdeckten Haupttheiligtum bei Orvieto (Umbrien) dauern noch an. Ein Grund hierfür mag sein, dass anders als griechische Tempel die heiligen Stätten der Etrusker nicht monumental gebaut, sondern mit raumplanerischem Gefühl in die Landschaft eingebettet waren. Der

Die hohe Kunstfertigkeit der Etrusker ist vor allem an den zahlreichen Urnen zu studieren: Dieses Beispiel steht im Museo Etrusco Guarnacci in Volterra.

Etruskertempel ruhte auf einem Podium, orientierte sich axial auf einen Vorplatz und wies eine tiefe Vorhalle auf. Rom übernahm später diese Baukunst.

Nekropolen und Gräberfunde

Am besten dokumentiert ist die grandiose Kunst der Etrusker in ihren Nekropolen. Ab Ende des 8. Jh.s v. Chr. entstand der Typus des Kammergrabs als Abbild eines Adelshauses mit mehreren Räumen oder gar großen Plätzen für Tanz und Spiel. Im 4. Jh. v. Chr. wich das **Kammergrab** dann allmählich dem großen, bemalten Bestattungssaal wie in der Tomba dei Rilievi in Cerveteri. Dieser war mit Grabbeigaben, Kunstobjekten und Vasen gefüllt, die Wein, Öl oder Korn enthielten.
Am besten lässt sich das hohe Niveau der etruskischen Kunstfertigkeiten im Guarnacci-Museum in Volterra sowie in den Archäologischen Museen in Chiusi, Cortona und Florenz studieren, die mit Reliefs verzierte **Ascheurnen aus Alabaster und Tuffstein** zeigen. Die abgebildeten, meist plastisch nicht durchgeformten Figuren verdanken ihre Expressivität Drehungen und verzerrten Proportionen.

Einzelne Kunstformen

Der »Bronzene Krieger« im Museo Archeologico in Florenz (► S. 175) zeigt zwar den griechischen Einfluss, doch besaß auch die etruskische **Plastik** eine zumindest partielle Eigenständigkeit. Ein einprägsames Beispiele für deren archaischen Charakter ist die ebenfalls in Florenz ausgestellte »Chimäre« aus Arezzo (► S. 66). Im 2. Jh. v. Chr. endete dann aber die Originalität der etruskischen Plastik im Sog Roms. Exemplarisch ist der »Arringatore« (Redner) im Museo Archeologico in Florenz: Inschrift und typushafte Starre sind etruskisch, Habitus und Kleidung aber römisch.
Die für die Zeit ab dem 6. Jh. v. Chr. nachgewiesene etruskische **Malerei** präsentierte auch im Totenkult Darstellungen aus dem Reich der Lebenden: Jagd, Fischfang und Bankette gehören zum Repertoire der Grabgemälde. Der hellenistische Einfluss wird im Pathos der Bewegung, im leidenschaftlichen Gesichtsausdruck, der Modellierung der Körper und der reichen Farbskala evident.

Römische Kulturgüter

Ab dem 4. Jh. v. Chr. dehnte Rom seinen Einfluss auf Mittelitalien aus und eroberte die Etruskerstädte. Die neuen Machthaber legten ein neues Straßensystem an, dessen Verlauf im Wesentlichen noch heute in der Toskana existiert. Der Kulturaustausch war aber bei Weitem keine Einbahnstraße, Rom profitierte enorm vom Know-how der Etrusker, z. B. beim Gewölbebau oder bei hydraulischen Konstruktionen. Der strenge axiale Grundriss römischer Stadtgründungen ist in der Kolonialstadt Lucca bis heute gut ablesbar: Die Hauptstraßen Cardo und Decumanus kreuzen sich auf dem Forum, heute die Piazza San Michele. Auch die ringsum parallel angelegten Straßenzüge, die die Stadt in Gebäudeblöcke (»insulae«) teilten, sind erhalten.

Romanik

Vorläufer der Renaissance

Bezeichnend ist der Begriff, der für die toskanische Romanik verwendet wird: **Proto-Renaissance** heißt sie, da sie anders als in Frankreich und Deutschland die Renaissance vorbereitete und für diese wie die Antike große Bedeutung hatte. Zwei Bauwerke in Florenz stehen an ihrem Beginn: das Baptisterium am Dom und die Kirche San Miniato al Monte. Das 1059 begonnene Baptisterium, ein achteckiger, zweistöckiger Zentralbau mit Chorkapelle, war so nahe am antiken Architekturverständnis, dass der Renaissancearchitekt Filippo Brunelleschi im frühen 15. Jh. das Bauwerk kopierte – tatsächlich hielt er es für römisch-antik. Durch und durch von antikem Gedankengut inspiriert ist die Fassade von San Miniato al Monte mit ihrer weiß-grünen Marmorinkrustierung und ihrem geometrischen Dekor.

Vor allem aber schrieb Pisa ab 1062 mit dem romanischen Dom Architekturgeschichte: Ein Novum waren die Konzeption der **Kirche als kreuzförmige Anlage** mit Querschiff und die Vierungskuppel nach byzantinischen Vorbildern. Typisch für die pisanische Architektur sind Blendarkaden mit Rautenmustern im unteren Bereich und Pilasterreihen mit Architrav in den oberen Geschossen nach antikem Beispiel. Hochromanisch sind die Zwerggalerien des Chores. Pisas Bischofskirche wirkte in der gesamten Toskana als Vorbild des städtischen Kirchenbaus im 12. und 13. Jahrhundert. Deutlich wird dies beispielsweise an Luccas Kirche San Michele in Foro, die den Grundriss einer dreischiffigen Säulenbasilika mit Querschiff und die Dekoration mit den um das Gebäude geführten Blendarkaden und Marmorinkrustationen übernimmt.

Die ab dem 11. Jh. meist außerhalb der dörflichen Siedlung erbauten schlichten, kleinen Landkirchen, die Pieve, folgten dem basilikalen Schema mit einer bzw. drei Apsiden. Ihre Pfeiler sind rechteckig, ihre Wände ungegliedert und schmucklos.

Plastik und Bildhauerei

Mit Ausnahme der reich verzierten Kapitelle nimmt die Bauplastik in der italienischen Romanik einen geringeren Stellenwert ein. Guglielmo führte den Figurenschmuck am oberen Teil der Domfassade von Pisa aus, dessen Stil – von der Lombardei beeinflusst – Sinn für reiche dekorative Wirkung zeigt und Anregungen aus der byzantinischen, islamischen und der antiken Kunst aufnimmt. Bildhauer schmückten die Innenräume mit Taufbecken, Kanzeln und Altarschranken.

In den Fünfzigerjahren des 13. Jh.s legte der aus Süditalien kommende **Nicola Pisano** mit der Kanzel für Pisas Baptisterium den Grundstock für die italienische Skulptur. Pisano löste sich von der rechteckigen Kanzelform und schuf ein freistehendes Sechseck mit Reliefplatten. Nach diesem Prinzip wurden fortan viele toskanische Kanzeln geschaffen. Neuartig war auch die Konzeption der Reliefs: Die Figuren heben sich nicht mehr silhouettenhaft vom Reliefgrund

Die Romanik brachte reich verzierte Kapitelle hervor. Dieses schöne Beispiel stammt aus der Abbazia Sant'Antimo bei Montalcino.

ab, sondern vermitteln einen räumliche Tiefe. Das intensive Antikenstudium des Bildhauers zeigt sich in der direkten Übernahme einzelner Figurationen wie in der Natürlichkeit vieler Einzelfiguren und weist damit bereits in die Renaissance.

Malerei

Die Tafelmalerei besaß keine durchgängige Tradition. Folgen für die Malerei hatte die veränderte Liturgie: Der Priester las die Messe nicht mehr hinter, sondern vor dem Altar, der nun mit einem **Tafelbild**, dem sogenannten Retabel, geschmückt werden konnte – für die Malerei eine neue Herausforderung. Die ältesten Tafelbilder zeigen Christus inmitten von Szenen aus seinem Leben, später treten Heilige hinzu. Ein häufig gewähltes Thema war zudem Christus am Kreuz. Byzantinischer Einfluss zeigt sich bei der Ersetzung des lebenden durch den toten Christus mit leicht nach links gedrehtem Körper und an der streng hieratischen Ausgestaltung der Figuren auf allen frühen Tafeln.

Palazzi und Geschlechtertürme

Ende des 11. Jh.s setzte der Wirtschaftsaufschwung der Städte ein, der Wohlstand einzelner Adelsfamilien nahm zu. Diese bauten sogenannte Geschlechtertürme, deren Höhe die Bedeutung des Besitzers anzeigte. In San Gimignano sind noch 15 der einst 72 dort stehenden Türme erhalten. Im 13. Jh. verlangte das erstarkte städtische Selbstbewusstsein nach neuen Kommunalpalästen wie dem Palazzo Pubblico an Sienas »Campo« und dem Palazzo Vecchio an der Piazza Signoria in Florenz. Überhaupt drückte sich die gestiegene Bedeutung und Emanzipation der Städte in **architektonischer Monumentalität** aus, schon früh wurden in Florenz Wettbewerbe für neue öffentliche Bauten ausgeschrieben und die Zünfte mit der Errichtung, Pflege und Instandhaltung einzelner Bauwerke betraut. In Siena kümmerte sich derweil eine städtische Verschönerungskommission um die Ausgestaltung von Straßen und Plätzen.

Gotik

Kirchen

Als Stunde Null der Gotik in der Toskana gilt der Baubeginn der Zisterzienserabtei San Galgano (heute Ruine), die ab 1224 als dreischiffige, rippengewölbte Basilika mit Querhaus und flach abschließendem Chor errichtet wurde. Der Bau folgt dem Vorbild burgundischer Zisterzienserkirchen, während die Wandgliederung mit Arkaden, Scheintriforien (vorgeblendeten Gängen in der Hochwand) und Lanzettfenstern neue Wege einschlägt. Auch andere Bettelorden bedienten sich dieses neuen Formenschatzes, sichtbar z. B. an San Domenico in Arezzo.

Der Sieneser Dom

Was Florenz und vor allem Pisa für die romanische Baukunst bedeutet hatten, war Siena für die Gotik. Im frühen 13. Jh. fassten die Sienesen erstmals den Plan zur Umgestaltung des Doms. Im Ostteil betraf sie das Querschiff, den geraden Chorabschluss, die quadratischen Chorseitenkapellen und die gewaltige Kuppel über der sechseckigen Vierung. Im ungewöhnlich hohen Langhaus wurden Gewölbe eingezogen. Die ab 1284 von Giovanni Pisano neu gestaltete Fassade sollte durch ihre Höhe und die Fülle des bauplastischen Schmucks an den drei Portalen einen größeres Langhaus vortäuschen. (Rund 50 Jahre folgten noch ehrgeizigere Pläne, die letztlich scheiterten; ▶ S. 324).

Plastik

Der Schmuck der Domfassade von Siena gehört zum bedeutendsten Figurenprogramm der italienischen Gotik. Angeregt von der südwestfranzösischen Plastik schufen **Giovanni Pisano** und seine Werkstatt eine Folge von Skulpturen zur Mariengeschichte und der Ankunft Christi. Die Kanzel für den Sieneser Dom entwickelten die Pisani aus der Kanzel des Doms in Pisa weiter: Die Form wurde zum Achteck erweitert, die Bilderwelt dominiert mit kleinformatigen Figuren und windet sich scheinbar um die Brüstung. Die ausdrucksstarken Personen wirken in ihren Gewändern geschmeidiger als in der französischen Plastik. Die Pisani-Nachfolger **Arnolfo di Cambio** und **Tino da Camaino** ließen mehr Einfluss der internationalen Gotik zu und verloren an Ausdruckskraft. Und die Arbeiten von **Jacopo della Quercia** zeugen von genauer Naturnachahmung und exaktem Antikenstudium, verbunden mit einem hohen Maß an gotischer Stilisierung.

Der gotische Musterbau der Toskana: Sienas Dom mit seiner opulenten »Zuckerbäckerfassade« ist der ganze Stolz der Stadt.

Malerei

Zentren der stark von der byzantinischen Kunst beeinflussten Malerei der toskanischen Gotik waren ab Mitte des 13. Jh.s Florenz und Siena, ihre wichtigsten Vertreter **Cimabue** und **Duccio di Buoninsegna**. Wirklichkeitsferne Abstraktion kennzeichnet die Malweise des Florentiners Cimabue: Er versucht eine Vision der transzendenten Welt auf der Tafel festzuhalten. Der Sienese Duccio stellt die Muttergottes in der »Maestà« von 1311 – heute im Museo dell'Opera – und die 1285 entstandene Madonna Rucellai in der florentinischen Kirche Santa Maria Novella ungezwungen, ja elegant und anmutig dar. Duccios Menschenbild ist vom klassischen Maß bestimmt, die Körper seiner Figuren sind beachtlich differenziert gestaltet.
Einen für die Entwicklung der Malerei richtungsweisenden Schritt vollzog **Giotto**: In seinen Fresken der Peruzzi-Kapelle und der Bardi-Kapelle in Santa Croce (Florenz) versucht er in ständigem Streben nach harmonischem Maß und Gleichgewicht neue Bewusstseinsinhalte zu erfassen und mitzuteilen. Detailrealismus, Farbenreichtum und perspektivische Tiefe kennzeichnen die Gemälde des bereits zu Lebzeiten berühmt gewordenen Künstlers, dessen Werk der Renaissancemalerei den Weg ebnete.
Herausragend in Pisa war die Bemalung der Wandflächen im Camposanto. Mitte des 14. Jh.s arbeitete **Francesco Traini** an den nun res-

taurierten Fresken mit Darstellungen von Weltgericht, Paradies und Hölle. Anlass für die Darstellung der dem Tod begegnenden Ritter und Hofdamen war die große Pest 1348.

Renaissance

Die Wiedergeburt der Antike

Florenz wurde Anfang des 15. Jh.s Italiens Speerspitze der Frührenaissance. Die Künstler stellten die mit wissenschaftlichen Methoden erkennbare physische Welt in den Mittelpunkt ihres Schaffens und gaben diese realistisch und zugleich idealisiert wieder. Vorbilder lieferte die Antike, zur Leitidee avancierte die »Würde und Vortrefflichkeit des Menschen« in seiner Individualität: Jeder besaß einen ihm eigenen Wissens- und Wirkungskosmos. Der Renaissancekünstler stieg so vom schlichten Handwerker zum Humanisten auf, der durch »virtù« (Tüchtigkeit) individuell Gedachtes in individuellen Werken formulierte.

Architektur

Zwei Persönlichkeiten prägten die Renaissancearchitektur: **Filippo Brunelleschi** (▶ S. 400), Erbauer der Domkuppel in Florenz, setzte als Erneuerer der Baukunst auf klare Gliederung, Proportion und geometrische Form, Gleichmaß von Raumdisposition und Beleuchtung und die Aufnahme antiker Motive und byzantinischer Tradition. Der Humanist Leon **Battista Alberti** schuf den theoretischen Überbau mit seinen Schriften zur Architektur und wirkte als Baumeister und Berater an Fürstenhöfen.

Kirchen

Die klassische Renaissancefassade wurde an **Santa Maria Novella in Florenz** entwickelt. Mit monumentalen Blendarkaden im Erdgeschoss und weiß-grünen Inkrustationen knüpfte sie an die Proto-Renaissance an. Neu waren u. a. große Voluten als Verbindung zwischen Langhaus und niedrigeren Seitenschiffen. Wegweisend war zudem die Kirche Santa Maria dei Carceri in Prato. Den Zentralbau entwarf Giuliano da Sangallo.

Profanbauten

Stärker denn je manifestiert sich der neue Stil in der Profanarchitektur. Stadtpaläste ersetzten die burgartigen Wohnkomplexe der Adelsfamilien. Diese Palazzi waren durch Aufbau, klare Stockwerkeinteilung und symmetrische Fassadenanordnung auf monumentale Wirkung ausgerichtet. Eine wichtige Veränderung im Grundriss war die Verlegung der Treppe vom Hof ins Palastinnere. So entstanden quadratische Arkadenhöfe. Wappen und allegorische Anspielungen an Friesen, Kapitellen, Tür- und Fensterrahmen rühmten den Bauherrn. Die dreistöckige Fassade des um 1457 begonnenen Palazzo Rucellai in Florenz übernahm mit ihrer Gliederung durch Pilaster die Säulenordnung des Kolosseums in Rom.

OBEN: An Detailfreudigkeit und Plastizität kaum zu überbieten sind die zehn Bronzetafeln, die Lorenzo Ghiberti für die Paradiestür des Florentiner Baptisteriums schuf.
UNTEN: Sein anfänglicher Bildhauer-Konkurrent Filippo Brunelleschi wandte sich später der Architektur zu und setzte sich mit der Domkuppel ein Denkmal.

»WIEDERGEBURT« DER ANTIKE

Zu Beginn des 15. Jahrhunderts begannen die großen italienischen Architekten, sich für die Formensprache der Antike zu interessieren, Bauten der Griechen und Römer wurden Vorbilder für ihre eigenen Werke. Als Schöpfer der Renaissancearchitektur gilt Filippo Brunelleschi, nach dessen Plänen die Kuppel des Florentiner Doms gebaut wurde und der sein Wissen aus dem Studium griechisch-römischer Bauwerke bezog. In der Malerei war die Wiederentdeckung der Zentralperspektive wichtig, sie ermöglichte die Darstellung des dreidimensionalen Raums auf der Leinwand.

ITALIEN

▶ **Die wichtigsten Personen und Werke**

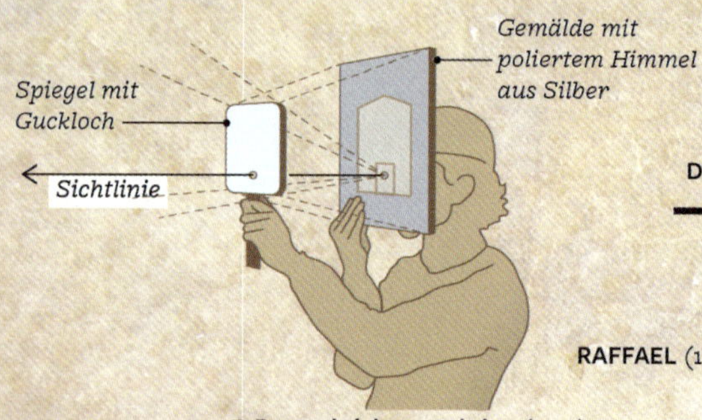

Der vitruvianische Mensch (1492)

RAFFAEL (1483–1520, Maler, Architekt)

Perspektivkonstruktion (1410)

FILIPPO BRUNELLESCHI (1377–1446, Architekt, Bildhauer)

BRAMANTE (1444–1514, Baumeister)

David (Bronze, 1430–1433?, 1444–1446?)

DONATELLO (1386–1466, Bildhauer)

DEUTSCHSPRACHIGER RAUM

AGRIPPA VON NETTESHEIM (1486–1535, Theologe, Jurist, Arzt)

ALBRECHT DÜRER (1471–1528, Maler, Grafiker)

HANS HOLBEIN D. Ä. (1465–1524, Maler)

SEBASTIAN BRANT (1457–1521, Jurist, Dichter)

1400 1450

»QUATTROCENTO«
FRÜHRENAISSANCE IN ITALIEN

GOTIK

MITTELALTER

RENAISSANCE

▶ **Zentralperspektive**

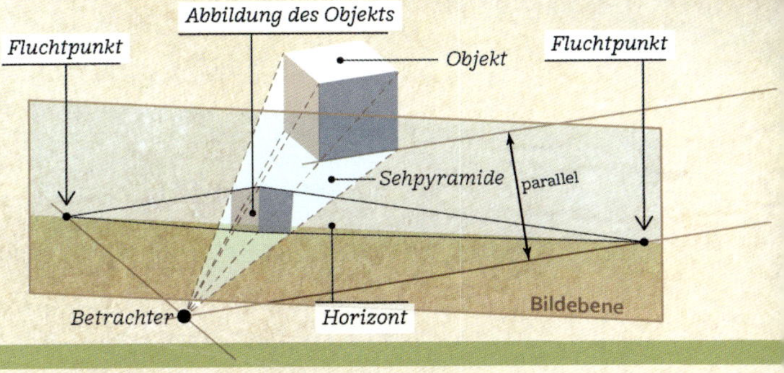

©BAEDEKER

Mona Lisa (1503–1506)

Das Abendmahl (1495–1498)

LEONARDO DA VINCI (1452–1519, Maler, Architekt, Bildhauer, Ingenieur, Anatom)

MACHIAVELLI (1469–1527, Philosoph, Dichter)

Sixtinische Madonna (1512–1513)

TIZIAN (zwischen 1488 und 1490–1576, Maler)

Petersdom (1506–1626)

David (1501–1504)

MICHELANGELO (1475–1564, Maler, Bildhauer, Architekt)

HANS HOLBEIN D. J. (1497–1543, Maler)

PARACELSUS (1493–1541, Arzt, Philosoph)

1500 | 1550 | 1600

FRÜHRENAISSANCE IM DEUTSCHSPRACHIGEN RAUM

»CINQUECENTO« HOCHRENAISSANCE IN ITALIEN

HOCHRENAISSANCE IM DEUTSCHSPRACHIGEN RAUM

SPÄTRENAISSANCE

BAROCK

Plastik Auch in der Bildhauerei vollzog sich in Florenz zu Beginn des Quattrocento (15. Jh.) ein grundlegender Wandel. Unvollendetes wie die Bronzetüren des Baptisteriums, der Statuenzyklus von Orsanmichele, der Bauschmuck für Dom und Kampanile harrte der Fertigstellung: die Chance für Bildhauer, die neue Vorstellung vom Menschen bildnerisch umzusetzen. Es entstand die europaweit wegweisende Neuerung der frei stehenden Plastik. Ein erstes Beispiel schuf **Donatello** (▶ S. 401) mit dem »David« um 1430/1433 (Florenz, Museo Nazionale del Bargello) nach Studien am lebenden Modell: Sinnliche Schönheit und Nacktheit waren regelrecht revolutionär. Donatello lernte von der Antike, kopierte sie aber nicht! Während die 28 Relieftafeln von **Lorenzo Ghiberti** an den Bronzetüren des Florentiner Baptisteriums (1403 – 1424) noch stark der Gotik verhaftet sind und nur zögerlich Motive der Frührenaissance aufnehmen, ist bei der Ruhe und Anmut ausstrahlenden Bronzestatuette des Stephanus (1427/1428) für Orsanmichele die Formenwelt der Renaissance schon ausgeprägt. **Luca della Robbia** und sein Neffe Andrea übertrugen die Fayencetechnik auf die Großplastik und schufen zahllose Majolika-Bildwerke. Anfangs schufen sie nur weiße Relieffiguren vor blauem Hintergrund, später wurden die Terrakotten farbenprächtig, z. B. beim Bilderfries am Ospedale del Ceppo (Pistoia).

Maßstäbe setzte jedoch ab Ende des 15. Jh.s vor allem das Universalgenie **Michelangelo Buonarroti** (▶ S. 406). Mit seinem Marmor-»David« schuf er eine Kultikone der europäischen Kunst, die heute gleich dreimal in Florenz bewundert werden kann – als Original in der Galleria dell'Accademia, als Kopie auf der Piazza della Signoria und dem Piazzale Michelangelo. Nicht minder bedeutsam sind seine Arbeiten für die Grabkapelle der Medici in San Lorenzo (Florenz). Seine außergewöhnlichen Fähigkeiten als Maler belegt hingegen das Gemälde »Die Heilige Familie«, das heute in den Uffizien zu sehen ist.

Malerei Mit den Brancacci-Fresken und dem Grabdenkmal mit der Hl. Dreifaltigkeit von Santa Maria Novella (Florenz) leitete **Masaccio** den Umbruch ein, den Giotto bereits angedeutet hatte: Er befolgt Perspektivregeln, die im Raum eingebundenen Körper sind durch Licht und Schatten plastisch herausgearbeitet. Die Gestaltung des perspektivischen Bildraums entwickelten **Paolo Uccello, Filippo Lippi** und **Andrea Castagno** weiter, während die Gotik außerhalb von Florenz noch vorherrschte. Das zeichnerisch Lineare der Florentiner Malerei bereicherte **Domenico Veneziano** ab 1438 durch intensive Kolorierung.

Mitte des 15. Jh.s begann dann auch in der Malerei verstärkt die Antikenrezeption. **Antonio del Pollaiuolo** faszinierten komplexe Bewegungsmotive. In seinen Werken unterstrichen Raum und Atmosphäre den Ausdruck seiner Personen. Der Karmelitermönch **Fra Filippo Lippi** verklärte in seinen Werken Bibelgeschehnisse mit weltlich-irdischer Schönheit, so beim 1452–1466 ausgeführten Freskenzyklus in

Pratos Dom und der »Verkündigung« in San Lorenzo (Florenz). Plastizität und Wirklichkeitsnähe kennzeichnen die von tiefer Frömmigkeit erfüllten Fresken von **Fra Angelico** im Florentiner Kloster San Marco. Ein Meister der Perspektive ist **Piero della Francesca**; sein 1452–1464 entstandener Freskenzyklus für die Kirche San Francesco in Arezzo zählt zu den ausdrucksstärksten Werken der Renaissancemalerei. Stimmungsvoll malte der Florentiner **Sandro Botticelli** idealtypische Porträtfiguren in seinen Gemälden, die er betont linear konzipierte. Verträumte Melancholie scheint aus seinen mythologischen Bildern wie der berühmten »Geburt der Venus« in den Uffizien.
Hauptprotagonist der Malerei der Hochrenaissance war indes **Leonardo da Vinci** (▶ S. 403). Er widmete sich im Sinne eines »uomo universale« nicht nur den schönen Künsten, sondern auch naturwissenschaftlich-technischen Studien und Architekturplänen.

Manierismus

Der absoluten Blütezeit der Hochrenaissance folgte ein von Seuchen, Armut, Kriegen und Gegenreformation geprägtes Jahrhundert. Die Florentiner Kunst löste sich vom strengen Naturvorbild, neue Herausforderungen boten die Themen Zerfall, Laszivität und Tod. Erfindung, Fantasie, Ausdruckskraft rückten zu Zentralbegriffen auf. Landschaftsmalerei und Stillleben wurden zu neuen Genres. Wichtigste Auftraggeber sind nun Kirche, Herzogshof und Adel. Das steigende Interesse an der Kunstgeschichte zeigen die Schriften von **Giorgio Vasari**, die Lebens- und Werkbeschreibungen italienischer Künstler enthalten. Beispielhaft für den Manierismus der Spätrenaissance ist die Statue des Apennin, die **Giambologna** für den Park der Medici-Villa Pratolino schuf. Der riesenhafte personifizierte Gebirgszug lässt Grenzen zwischen Natur und Kunst verwischen.
Durch die Phalanx genialer männlicher Künstler stieß in der Spätrenaissance Suor **Plautilla Nelli** (1524–1588): Die Nonne gilt als erste Florentiner Malerin der Geschichte. Am Arno bezeugen der »Cristo morto« im Museo di San Marco und das »Abendmahl« im Refektorium von Santa Maria Novella ihr großes Talent.

Erbe der Medici

In Florenz stand nicht nur die Wiege der Renaissance, auch eines der ältesten Kunstmuseen findet sich hier. In der privaten Kunstsammlung der Medici, die diese ab 1582 im ursprünglichen Verwaltungsgebäude der **Uffizien** zusammentrugen, wurden Kulturschätze aus der liturgischen Funktion befreit und bewahrt. Der weisen Entscheidung von **Anna Maria Luisa de' Medici** (1677–1743) ist es schließlich zu verdanken, dass die von ihr öffentlich zugänglich gemachte Kunstsammlung wie auch Florenz als Weltkapitale der Renaissance weiterexistieren. Die letzte Repräsentantin der Medici und Schwester des letzten Medici-Großherzogs Gian Gastone verbot jegliches Entfernen von Gemälden, Statuen, Bibliotheken und sonstiger Preziosen aus Florenz und dem gesamten Großherzogtum.

Barock

Wenig barocker Glanz

Anders als Italiens Barockzentren Rom oder Neapel hielt Florenz am Stadtbild der Renaissance fest. Eine kurze Blüte erlebte der Spätbarock in Florenz unter Großherzog Cosimo III., der in seinen Werkstätten einige Künstler beschäftigte. Zu den im Barockstil umgestalteten Gebäuden gehört der **Palazzo Pitti**. Er wurde im 17. Jh. erweitert und neu ausgeschmückt, die Dekoration der Säle im Piano Nobile übernahm der viel beschäftigte Maler und Architekt Pietro da Cortona, ein Meister der illusionistischen Deckenmalerei. In der zweiten Hälfte des 17. Jh.s errichteten Pier Francesco Silvani und Antonio Ferri den Palazzo Corsini mit monumentalem Treppenhaus und mit Stuck verziertem großem Saal. Die opulente Ausmalung des Chores in Santa Maria Maddalena dei Pazzi durch Pier Francesco Silvani und Cirro Ferri geriet vergleichsweise derb. Die Toskana war auf künstlerischem Gebiet nur noch Provinz.

19. und 20. Jahrhundert

»Fleckenmaler«

Auch im ausgehenden 18. und 19. Jh. konnte die Toskana nicht zu den Kunstzentren des Landes aufschließen. Rom und die antiken Altertümer Süditaliens stahlen ihr den Rang. Immerhin blieben die Uffizien

Die Macchiaioli machten häufig Landschaften und dörfliche Szenen zum Gegenstand ihrer Bilder: Telemaco Signorini, »Poggio all'isola d'Elba«, 1888.

der Treffpunkt aller Reisenden auf der Grand Tour. Ende der 1860er-Jahre sammelten sich um den seit 1847 an der Akademie von Florenz lehrenden **Giovanni Fattori** die Macchiaioli: Der Name der Künstlergruppe leitet sich vom italienischen »macchia« (Fleck) ab, was sich auf den fleckenartigen Malstil dieser italienischen Frühimpressionisten bezieht.

Jugendstil

Die Jugendstilbewegung hat in der Toskana mehr Spuren hinterlassen, als man es vielleicht von dieser Region erwarten würde. Jugendstilbauten bzw. Architekturdetails sieht man vor allem in Viareggio, wo nach dem Großbrand 1917 fast die gesamte Strandpromenade in dem neuen Stil errichtet wurde. Auch Lucca, Florenz, Pistoia und Pisa oder Montecatini Terme warten mit Jugendstil auf. Berühmtester regionaler Vertreter des Jugendstils war der Florentiner **Galileo Chini** (1873 – 1956). Er gründete 1896 eine Keramikmanufaktur und erregte mit seinen Dekorationen rasch Aufmerksamkeit im Ausland. Viele Anregungen verdankte Chini einem zweijährigen Aufenthalt in Bangkok, wo er an der Gestaltung des Königlichen Palastes beteiligt war. Später verlegte Chini seine Manufaktur nach Borgo San Lorenzo. Mit dem Architekten Alfredo Belluomini baute Chini das orientalisch anmutende Caffè Margherita in Viareggio.

Malerei

Die Avantgardekunst entwickelte sich vorwiegend in Italiens Großstädten, waren doch Kunstrichtungen wie der Futurismus geradezu unabdingbar mit der Erfahrung des Großstadtlebens und der Industrialisierung der Gesellschaft verknüpft. Das junge, 1883 in Cortona geborene Talent Gino Severini entwickelte federführend mit Umberto Boccioni den Futurismus in der Malerei. **Amadeo Modigliani** (▶ S. 406), 1884 in Livorno geboren, fand Anregungen für seine Kunst vor allem in Paris, das um die Jahrhundertwende Künstler aus ganz Europa anzog. Ein heute international bekannter Künstler blieb indes eng mit der Toskana verbunden: Dem aus Pistoia gebürtigen Bildhauer **Marino Marini** (1901 – 1980) sind Museen in Pistoia und Florenz gewidmet.

Architektur

Ein herausragendes Beispiel für Städtebau und Architektur der ersten Hälfte des 20. Jh.s ist der 1933 – 1936 entstandene Hauptbahnhof Santa Maria Novella in Florenz. Dank seiner modernistischen Formensprache gilt der Großbau als wegweisend für den italienischen Funktionalismus. Seine Marmorverkleidung nimmt zudem die örtliche Tradition auf. Ein beteiligter Architekt war Giovanni Michelucci aus Pistoia, den seine Heimatstadt ebenfalls mit einer Dauerausstellung würdigt.

Restaurierungen

Als gelungen gilt der Umbau und die Restaurierung des 1994 wiedereröffneten Dommuseums in Lucca durch Pietro Carlo Pellegrini, der vier Gebäude aus unterschiedlichen Epochen zu einem Komplex zusammenfasste. Großartig sind auch das in einer Textilfmanufaktur des 18. Jh.s eingerichtete und 2003 eröffnete Mueo del Tessuto in Prato und die Galerie für moderne und zeitgenössische Kunst GAMC in Viareggios Palazzo delle Muse von 1861.

Zeitgenössische Kunst

Neue Wege

Mit Ausnahme von Pietrasanta, das in den 1970er- und 1980er-Jahren viele auch ausländische Bildhauer von Rang beherbergte, war die Toskana lange keine zentrale Region für moderne oder zeitgenössische Kunst. Inzwischen jedoch kann man sie an vielen Orten erleben. Prominentestes Beispiel ist der **Giardino dei Tarocchi** unweit von Capalbio, ein märchenhafter Park mit kunterbunten fantastischen Skulpturen der im Mai 2002 verstorbenen **Niki de Saint Phalle**. Auf den Spuren der Französin wandelt auch **Daniel Spoerri**, der bei Seggiano einen sehenswerten Skulpturengarten angelegt hat. Zudem ist neuerdings »Landart« angesagt. Zahlreiche Wein- und Landgüter präsentieren heute moderne Kunst in ruralem Ambiente.

Zentren moderner Kunst

Auf zeitgenössische Kunst spezialisiert ist Prato: Seit 1988 zeigt das **Centro per l'Arte Contemporanea Luigi Pecci** Arbeiten u.a. von Richard Baquié, Willi Kopf sowie Anne und Patrick Poirier. Gratis und nur von Mai bis September nach schriftlicher Voranmeldung (6 Wochen im Voraus) ist die private Gori Collection des Textilmagnaten Giuliano Gori nahe Pistoia zu besichtigen. Die einzigartige Sammlung umfasst über 70 Werke von Alberto Burri über Dani Karavan, Bukichi Inoue, A. R. Penck, Richard Serra, Robert Morris, Enrico Castellani, Emilio Vedova und Pietro Coletta (Fattoria di Celle – The Gori Collection, Via Montalese 7, 51030 Santomato di Pistoia, www.goricoll.it). Sehenswert sind auch die Ausstellungen im Lu.C.C.A (▶ S. 205) sowie im BLU Palazzo d'Arte e Cultura und im Centro Espositivo San Michele degli Scalzi in Pisa.

Skulpturen im öffentlichen Raum

Der in Volterra geborene Künstler **Mauro Staccioli** hat einen Teil seiner Großskulpturen 1972–2009 markant rings um seine Heimatstadt platziert. Seine geometrischen Objekte sind z. B. an der Kirche San Lorenzo in Mazzolla, an der Zufahrt zur Fattoria Lischeto, an der Kirche Santa Lucia in Corbano oder an der Landstraße 68 (SR 68) nahe der Ortschaft La Mestola zu sehen. Und seit 2011 sind die Rasenflächen am Flughafen Pisa mit Skulpturengruppen des Bildhauers Giovanni Maria Manganelli geschmückt. Sein Projekt »volarearte« (etwa »Kunst des Fliegens«) mit den Installationen »Africa«, »Mare aperto«, »Oceano« sowie »Psiche« wurde begeistert aufgenommen.

INTERESSANTE MENSCHEN

Kämpferin im Untergrund: Anna Maria Enriques Agnoletti

1907–1944
Partisanin

Während Anna Maria Enriques Agnoletti außerhalb Italiens nur sehr wenigen Menschen ein Begriff sein dürfte, begegnet ihr Name auf zahlreichen Gedenktafeln in der Toskana, so etwa in Florenz, Sesto Fiorentino, Campi Bisenzio und Livorno. Die gebürtige Bolognesin wuchs in Neapel, Sassari und Florenz auf, wo sie als Mediävistin promovierte und im Staatsarchiv arbeitete. Auf Anraten der Mutter nahm die Jüdin den katholischen Glauben an und fand in der **Biblioteca Vaticana** des Kirchenstaats eine Anstellung. Ende 1943 trat sie wie ihr Bruder Enzo, später Senator, dem Widerstand bei und war als Partisanin in Livorno und Lucca, im Val di Chiana und im Val d'Orcia für das Radio CORA aktiv. Am 12. Mai 1944 wurde sie mit ihrer Mutter verhaftet, befragt und gefoltert, einen Monat später mit fünf weiteren Partisanen nahe Sesto Fiorentino erschossen.

Das Leben ist schön: Roberto Benigni

geb. 1952
Schauspieler und Komiker

»La vita è bella – Das Leben ist schön« machte ihn 1997 weltberühmt. Die so wundervoll komische, aber eben auch herzbewegend traurige Holocaust-Tragikomödie ließ nicht wenige der Millionen Kinobesucher Tränen vergießen und wurde mit drei Oscars ausgezeichnet. Auch aufgrund dieses Filmes gilt Roberto Benigni manchem Kritiker gar als **moderner Charlie Chaplin**. Sicher ist jedenfalls, dass Roberto Benigni, 1952 in Misericordia bei Arezzo geboren, derzeit zu den größten Multitalenten der Filmbranche gehört.

Der Komiker, Entertainer, Schauspieler und Filmemacher wurde zwar katholisch erzogen, dennoch – oder vielleicht gerade deshalb – ist die römisch-katholische Kirche seit seinen ersten Auftritten ein beliebtes Objekt seiner Komik und Satire. Anfang der 1970er-Jahre begann er seine Schauspielkarriere in Rom mit alternativem Theater und One-Man-Shows. Sein Leinwanddebüt gab er 1977 in »Berlinguer ti voglio bene« von Giuseppe Bertolucci, dem Bruder von Starregisseur Bernardo. Neun Jahre später gelang mit der Komödie »Down by Law« von Jim Jarmusch der Durchbruch als Filmschauspieler. Zuletzt war Benigni in Woody Allens »To Rome with love« (2011) und auf seiner Welttour »Tutto Dante« höchst erfolgreich.

Begründer der italienischen Prosa: Giovanni Boccaccio

1313–1375
Dichter

Als unehelicher Sohn eines großbürgerlichen Kaufmanns aus Certaldo wurde Boccaccio vermutlich in Paris geboren. Er wuchs in Florenz auf und ergriff zunächst den Beruf des Vaters. Handelsreisen führten ihn nach Neapel, wo er sich zum Studium der alten Sprachen entschloss und anschließend als Autor lateinischer und italienischer Literaturwerke für viele Jahre dort blieb. Um 1340 hielt er sich wieder in Florenz auf, wo er mit dem Humanisten und Gelehrten **Petrarca** zusammentraf und sich mit ihm um die Wiederbelebung der lateinischen und griechischen Sprache und Literatur bemühte. Unter dem Eindruck der großen Pestepidemie 1348 entstand sein berühmter Novellenzyklus **»Il Decamerone«**, der heute als Ursprung der italienischen Prosa angesehen wird. In den 100 Erzählungen, die von zehn Personen an zehn Tagen vorgetragen werden, geht es um Fragen der Liebesmoral vor dem Hintergrund einer Katastrophe, die die Schranken der Gesetze, der Religion und Moral außer Kraft setzt. Neben vielen weiteren Werken schrieb der Bewunderer Dantes auch eine »Vita di Dante« (um 1360) und erhielt 1373 von der Stadt Florenz den ersten öffentlichen Lehrstuhl für die Deutung der »Göttlichen Komödie«.

Baumeister der Renaissance: Filippo Brunelleschi

1377–1446
Architekt

Der gebürtige Florentiner Baumeister und Bildhauer Brunelleschi gilt als eigentlicher Schöpfer der Renaissancearchitektur. Angeregt wurde er zu seinen Neuerungen durch die antiken Denkmäler, die er zusammen mit seinem Freund, dem Bildhauer Donatello, in Rom studierte. Umgesetzt hat er seine Erkenntnisse u. a. in den beiden florentinischen Kirchen **San Lorenzo** und **Santo Spirito**. In einer kühnen Synthese aus frühchristlichen basilikalen Baugedanken und antikisierender Formensprache (Säule, Pilaster, Kapitell, Gebälk) schuf Brunelleschi ein lichtdurchflutetes, proportional gleichgewichtiges Raumgefüge, in dem das Raumganze in ständiger Wechselwirkung mit den Einzelformen steht.

Zu Brunelleschis größten Ingenieurstaten zählt zweifelsohne die gewaltige freitragende, doppelschalige Konstruktion der **Domkuppel in Florenz**, von der Michelangelo gesagt habe soll, er baue zwar eine höhere, aber keine schönere. Aber auch für die malenden Kollegen hat Brunelleschi Bahnbrechendes geleistet: Aus der optischen Lehre von Euklid entwickelte er die **zentralperspektivische Projektion**, d. h. die wissenschaftlich exakte Darstellung eines dreidimensionalen Raums auf einer Fläche, was der Malerei ungeahnte Möglichkeiten eröffnete.

Verfasser der »Göttlichen Komödie«: Dante Alighieri

1265–1321
Dichter

Der Spross einer angesehenen florentinischen Patrizierfamilie wuchs in einem Stadtviertel nahe dem Dom auf, zu einer Zeit, als in den Städten Norditaliens der Kampf zwischen Ghibellinen und Guelfen tobte. Der junge Adelige studierte Rechtswissenschaft und ging danach in die Politik. Im selben Jahr, als er zum Mitglied der Signoria gewählt wurde (1300), brachen erneut blutige Kämpfe zwischen den Adelsgruppen in der Stadt aus, sodass der Papst den französischen Prinzen Karl von Valois nach Florenz schickte. Die Guelfen wurden der Verschwörung beschuldigt und ihre Anführer aus der Stadt verbannt. Das Urteil für ihren Anhänger Dante lautete **lebenslange Verbannung**, die später in eine Todesstrafe umgewandelt wurde. Verbittert und auf fremde Hilfe angewiesen, lebte Dante bis zu seinem Tod 1321 in Norditalien, zuletzt in Ravenna.
Während seiner Exiljahre entstanden seine wichtigsten Werke, darunter auch die »Commedia«, die später mit dem Beinamen »Divina« versehen zur **»Göttlichen Komödie«** wurde. Dante verfasste sie in toskanischem Dialekt, dem Vorläufer der italienischen Nationalsprache. Das aus 100 Gesängen in Versform komponierte, allegorische Gedicht thematisiert die grundlegenden Fragen zu Theologie und Philosophie, Kirche und Staat sowie die politisch-soziale Situation Italiens zur Zeit des Dichters.

Bedeutendster Bildhauer des »Quattrocento«: Donatello

um 1386–1466
Bildhauer

Keinem anderen Künstler im 15. Jh. gelang es, Donato di Niccolò di Betto Bardi – kurz Donatello – an Ausdruckskraft, Themenvielfalt und Reichtum des Schaffens zu übertreffen. Seine Lehrlingsjahre verbrachte er u. a. in der Werkstatt von Ghiberti, als Meister schuf er in seiner Heimatstadt Florenz Standbilder für den Dom sowie für die Kirche Orsanmichele. Die Begegnung mit der römischen Antike führte ihn dann weit über das mittelalterliche Kunstempfinden hinaus. Mit dem um 1430 entstandenen **»David«** (heute im Museo Nazionale del Bargello in Florenz) schuf er die erste Aktdarstellung, mit dem »Denkmal des Gattamelata« in Padua das erste Reiterstandbild und mit der Figurengruppe **»Judith tötet Holofernes«** vor dem Florentiner Palazzo Vecchio das erste vollkommen frei stehende Gruppenmonument. Die Medici ehrten den Bildhauer, indem sie ihn in der Krypta Cosimos d. Ä. in San Lorenzo in Florenz beisetzen ließen.

Rebellin mit spitzer Feder: Oriana Fallaci

1929–2006
Journalistin

Die für ihren konfrontativen Interviewstil berühmte Journalistin und Autorin wuchs in einer liberalen Florentiner Familie auf, deren Vater als Partisan im Widerstand war. Oriana Fallaci machte erstmals während ihrer Berichterstattung vom Ungarn-Aufstand 1956 auf sich aufmerksam und bereiste danach alle Krisenherde der Welt. Interviews und Reportagen erschienen in Magazinen wie »Times«, »Life« und »New York Times«. Sie befragte Arafat und Astronauten, Brandt, Bush und Blair und ließ sogar Henry Kissinger erblassen. Ayatollah Khomeini brach 1979 das Gespräch mit ihr ab, als sie ihren Tschador abnahm und ihn als »dummen Lappen aus dem Mittelalter« bezeichnete. Neben ihrer Tätigkeit als Zeitschriftenjournalistin behandelte sie als Autorin in insgesamt **20 Büchern**, die in 31 Ländern erschienen, auch brisante Fragen ihrer Zeit. Berühmt wurden »Wir, Engel und Bestien« zum Vietnamkrieg, »Brief an ein nie geborenes Kind« zur Abtreibungsdebatte der 1980er-Jahre und ihr wegen islamkritischer Positionen kontrovers diskutierter Band »Die Wut und der Stolz«, der nach den Anschlägen vom 11. September 2001 erschien.

»Und sie bewegt sich doch«: Galileo Galilei

1564–1642
Astronom

Die Kirche brauchte lange, um ihren Irrtum einzugestehen: 1992 hob sie den Bann über Galileo Galilei auf – genau 360 Jahre, nachdem sie seine Lehre als ketzerisch verurteilt hatte. Bereits mit 25 Jahren erhielt der Mathematiker, Physiker und Philosoph in seiner Vaterstadt Pisa einen Lehrstuhl für Mathematik. Hier soll er auch Experimente durchgeführt haben, die ihn zu bahnbrechenden Erkenntnissen führten: Der Kandelaber im Dom brachte ihn zur **Erforschung der Pendelbewegung**, der Schiefe Turm diente ihm bei der Untersuchung des **freien Falls**. In Padua, wo er ab 1592 lehrte, entwickelte er u. a. die Fallgesetze. 1609 baute er das ein Jahr zuvor in Holland erfundene **Fernrohr** nach und erforschte mit ihm den Sternenhimmel.

Als Galilei öffentlich für das bereits von Kopernikus begründete heliozentrische Weltbild eintrat, brachte ihn dies in heftigen Widerstreit mit der offiziellen Meinung der Kirche, die 1616 seine Lehre verbot. Zum Prozess kam es durch seine 1632 erschienene Schrift, in der Galilei darlegte, warum die Erde eine Kugel ist, die sich um die Sonne dreht. Im Juni 1633 erging das Urteil: Abschwörung seiner Lehre und unbefristete Haft, die er die meiste Zeit in Arcetri verbrachte. Legendär – wenn auch wohl erfunden – ist Galileis berühmter Satz **»Eppur si muove – und sie [die Erde] bewegt sich doch!«**, den er beim Verlassen des Gerichtssaal von sich gegeben haben soll.

Pionier auf vielen Gebieten: Leonardo da Vinci

1452–1519
Ingenieur, Künstler und Naturforscher

Das Renaissance-Genie Leonardo da Vinci vereinte herausragende Fähigkeiten als Maler, Bildhauer und Baumeister, als Naturforscher und Ingenieur. Bereits mit 20 Jahren wurde er in die Malergilde von Florenz aufgenommen. Von 1482 bis 1498 wirkte Leonardo am Hof des Herzogs Lodovico Sforza in Mailand, danach lebte er nochmals in Florenz, in Mailand, in Rom, 1517 folgte er einer Einladung von König Franz I. nach Frankreich. Sein wohl berühmtestes Gemälde, die mit wundervoller Grazie rätselhaft lächelnde **»Mona Lisa«** (1503–1505), befindet sich heute im Pariser Louvre, ebenso **»Die hl. Anna Selbdritt«**. Da Vinci war auch als Festungsbaumeister tätig, er widmete sich intensiv wissenschaftlichen Aufgaben, sezierte Leichen, schrieb einen Aufsatz über die Anatomie des menschlichen Körpers und illustrierte ihn mit Zeichnungen. Er führte Flugexperimente durch, beobachtete den Vogelflug, untersuchte Strömungsgesetze von Luft und Wasser, betrieb botanische und geologische Studien. Seine Zeichnungen, die Bewegungsstudien des menschlichen Körpers, naturwissenschaftliche Aufzeichnungen, Entwürfe für Bauten und technische Projekte beweisen eine **einmalige Universalität**.

Die Erfindung der Staatsräson: Niccolò Machiavelli

1469–1527
Historiker und Staatsphilosoph

Als Historiker war Niccolò Machiavelli der große Chronist seiner Vaterstadt Florenz, als Kanzleisekretär der Republik Florenz (1498 bis 1512) ein überzeugter Anhänger des republikanischen Systems, in dem die Menschen seiner Meinung nach am ehesten zur freien Selbstentfaltung gelangen konnten. Die römische Republik, die den Gemeinnutz zum Wohle aller Bürger vor den Eigennutz gestellt hatte, diente ihm als Vorbild, wie er in seinen **»Gedanken über Politik und Staatsführung«** (»Discorsi«) ausführte. Bei der Analyse seiner eigenen Epoche gelangte er indes zu scharfsinnigen, aber wenig erfreulichen Erkenntnissen über die Regeln der Politik. So kann man in seiner berühmten Schrift **»Der Fürst«** (»Il Principe«) nachlesen: »Der Herrscher, der es am besten versteht, wie ein Fuchs zu handeln, ist noch immer am besten weggekommen. Aber wer diese Fä-

BAEDEKER WISSEN

UND SIE BEWEGT SICH DOCH!

Dass Galileo Galilei diesen Satz sagte, nachdem er offiziell der kopernikanischen Theorie abgeschworen hatte, fällt in den Bereich der Legende. Tatsache ist aber, dass die Katholische Kirche erst 1992 Galileo rehabilitiert hat – 360 Jahre nachdem sie seine Lehre als ketzerisch verurteilt hat.

▶ **Geozentrisches Weltbild (schematisch; nach Ptolemäus/Aristoteles)**
Das geozentrische Weltbild stellte die Erde und somit auch den Menschen in den Mittelpunkt des Universums. Es gehörte zu den Grundüberzeugungen der Katholischen Kirche.

▶ **Planeten und ihre Abstände zur Sonne in Mio. km (schematische Darstellung)**

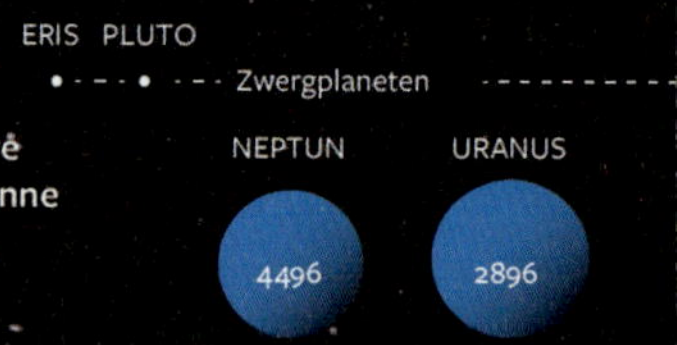

▶ **Stationen des Galileo Galilei**

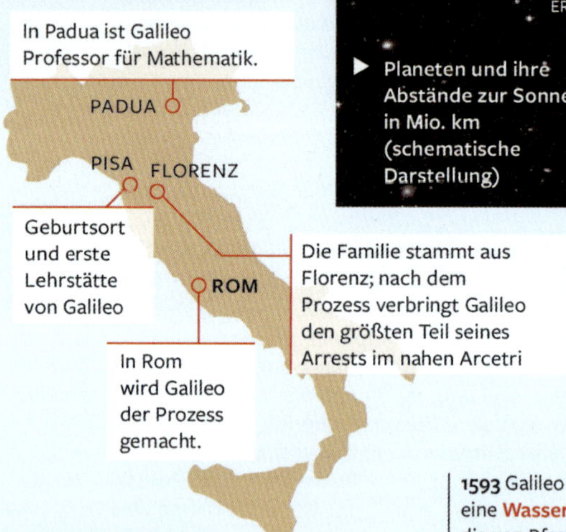

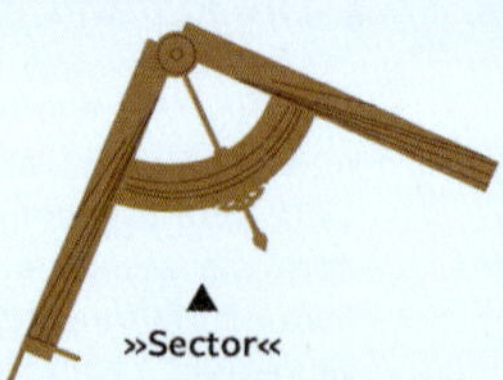

▲ **»Sector«**

▶ **Leben, Entdeckungen und Erfindungen des Galileo Galilei**

1564 Galileo Galilei wird geboren.

1592–1610 Professor für **Mathematik** an der Universität von Padua

1593 Galileo erfindet eine **Wasserpumpe**, die von Pferden angetrieben wird. 1594 bekommt er dafür das Patent vom Venezianischen Senat.

1597 erfindet Galileo den **»Sector«**, ein Instrument zur Berechnung von Proportionen. Es wurde u.a. eingesetzt in der Landvermessung und in der Navigation.

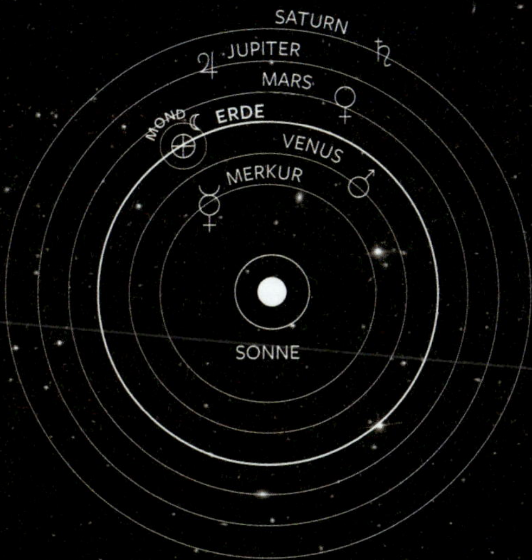

◀ **Heliozentrisches Weltbild (schematisch; nach Kopernikus)**
Nikolaus Kopernikus (1473–1543) untermauerte die Theorie vom heliozentrischen Weltbild. Damit stellte er das geozentrische Weltbild und somit eine Grundfeste der Katholischen Kirche in Frage.

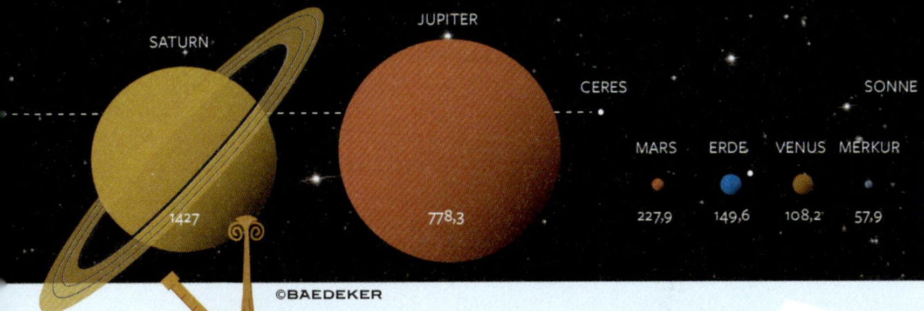

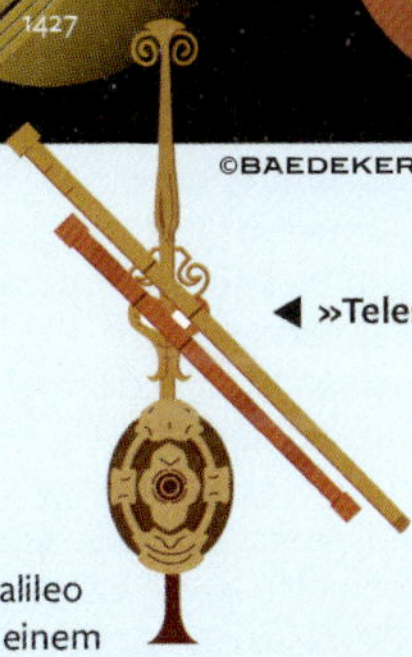

◀ »Teleskop«

»Dialogo« ▶

1609–1611 Galileo entdeckt mit einem von ihm konstruierten **Teleskop** u.a. die bergige Gestalt des Mondes, vier Jupitermonde und die Ringe des Saturns.

1613 »Lettere solari«, Die Sonnenbriefe. Galileo schreibt über seine Theorien und Beobachtungen der Sonnenflecken.

1624–1630
Galileo verfasst den **»Dialog über das ptolemäische und das kopernikanische Weltsystem.«** Dabei wird das kopernikanische (heliozentrische) Weltbild als das richtige dargestellt.

1632 Der **»Dialogo«** wird veröffentlicht.

1633 Prozess gegen Galilei. Er muss der kopernikanischen Theorie abschwören und bekommt lebenslänglichen Hausarrest.

higkeit besitzt, muss sie geheim zu halten wissen, und er muss ein geschickter Heuchler und Betrüger sein.« Zu seinen Lebzeiten waren die Schriften Machiavellis nur einem kleinen Kreis von Intellektuellen bekannt.

Universalgenie: Michelangelo Buonarroti

1475–1564
Maler, Bildhauer und Architekt

Caprese ist ein kleines Dorf im Casentino, einem stillen, abseits der großen Routen gelegenen Teil der Toskana. Hier wurde an der Schwelle zur Frühen Neuzeit der Maler, Bildhauer, Baumeister, Dichter und Forscher Michelangelo geboren. Mit 13 Jahren begann er seine Laufbahn als Lehrling in der Werkstatt des Florentiner Malers Domenico Ghirlandaio. Neben der Neigung zur Malerei entwickelte er mehr und mehr die Leidenschaft zur Bildhauerei. 1489 wurde der junge Michelangelo in die Bildhauer-Akademie der Mediceischen Gärten aufgenommen. 1496 verließ er Florenz, um in den folgenden vier Jahrzehnten zwischen der Arnostadt, Bologna und Rom zu pendeln. Danach lebte er – mit kurzen Unterbrechungen – bis zu seinem Tod in Rom.
In der Toskana begegnet man vor allem in Florenz Werken des großen Universalkünstlers, z. B. in der Galleria dell'Accademia, wo das Original des berühmten **»David«** steht, oder in den Uffizien, wo seine »Heilige Familie« zu bewundern ist.

Schöpfer ikonischer Frauenfiguren: Amedeo Modigliani

1884–1920
Zeichner, Maler und Bildhauer

Die Hafenstadt Livorno ist die Heimat des Malers und Bildhauers Modigliani. Nach einem Kunststudium in Florenz und Venedig lebte er ab 1906 überwiegend in Paris, wo er Picasso und andere zeitgenössische Maler kennenlernte. Durch die Bekanntschaft mit dem rumänischen Bildhauer Brancusi kam er zur Skulptur. **Seinen unverwechselbaren Stil** entwickelte er unter dem Einfluss des Kubismus. Charakteristisch sind seine Porträts mit ovalen Gesichtsformen, lang gestreckten Hälsen, leicht versetzten, leblosen Augen und in Extremhaltungen sich windenden Körpern. Wie viele seiner Künstlerkollegen lebte Modigliani ein Leben jenseits bürgerlicher Maßstäbe. Von Krankheit, Alkohol und Drogen gezeichnet, starb der Künstler im Alter von nur 35 Jahren am 25. Januar 1920 an einer Erkältung.

Italiens berühmteste »Rockröhre«: Gianna Nannini

geb. 1956
Sängerin

Gianna Nannini erblickte am 14. Juni 1956 in Siena das Licht der Welt. Ihre ersten Lieder schrieb sie bereits mit 14 Jahren. Mit 19 Jahren zog es sie nach Mailand, wo sie Komposition studierte und als Sängerin in Bars auftrat. Nur wenig später erhielt sie ihren ersten Schallplattenvertrag, 1976 erschien ihre erste LP. Ihr Durchbruch in ganz Europa folgte mit dem Riesenhit »America« von 1980.

Gianna Nanninis Markenzeichen ist bis heute ihre **kraftvolle Reibeisenstimme**, ihre musikalische Bandbreite reicht vom Hardrock über italienische Volkslieder bis hin zu einfühlsamen Balladen. Ihre nach wie vor große Popularität nutzte sie immer wieder, um für Menschenrechte, Solidarität und Freiheit einzutreten. Außerdem betätigt sie sich auf ihrem Weingut Certosa di Belriguardo, mitten im Chianti-Gebiet unweit von Siena gelegen, als Winzerin.

Wegbereiter des Humanismus: Francesco Petrarca

1304–1374
Humanist und Dichter

Francesco Petrarca, Dichter, Gelehrter, Erforscher der klassischen Antike und damit einer der Begründer des Humanismus, wirkte an der Schwelle vom Mittelalter zur Renaissance. Der Beruf des Vaters bestimmte den Aufenthaltsort der Familie in Avignon, der damaligen Papstresidenz. Ab 1316 studierte Francesco die Jurisprudenz in Montpellier und Bologna. Nachdem er früh Berühmtheit erlangt hatte, unternahm er Reisen und gewann als Freund des Kardinals Colonna an Einfluss. Ein Schlüsselerlebnis nicht nur für ihn, sondern für das Lebensgefühl einer ganzen Epoche war seine **Ersteigung des Mont Ventoux** 1336 – es war die erste bekannte Bergbesteigung um ihrer selbst willen in der Neuzeit. Später zog sich Petrarca auf sein Landgut bei Avignon zurück und widmete sich seinem literarischen Schaffen. In seinem Hauptwerk, dem **»Canzoniere«** (Liederbuch), besingt er in 366 Gedichten seine immer während Liebe zu seiner Muse Laura. Ab 1362 lebte er wieder in Italien.

Lebemann und Musiklegende: Giacomo Puccini

1858–1924
Komponist

Bereits zu Lebzeiten wurde der von Kritikern und Publikum gleichermaßen gefeierte Komponist zur Musiklegende, dessen stimmungsvolle Melodien für das Bürgertum der ausgehenden Belle Époque bis heute nichts von ihrer Faszination verloren haben. Als Sohn einer angesehenen Musikerfamilie aus Lucca übernahm er mit 14 Jahren

das Organistenamt für die Luccheser Kirchen. Als er 1876 in Pisa Verdis »Aida« erlebte, war ihm klar: Er wollte Opern komponieren. 1880 bestand er die Aufnahmeprüfung für das Konservatorium in Mailand, ab 1884 protegierte ihn der Verleger **Giulio Ricordi**. Sein Privatleben gestaltete sich komplizierter: Er verliebte sich in die verheiratete Luccheserin Elvira Gemignani, die ihm nach Mailand folgte. Erst 19 Jahre später konnte die Beziehung legalisiert werden.
Den Durchbruch als Komponist brachte 1893 die Oper »Manon Lescaut«, 1896 folgte »La Bohème«, 1900 »Tosca«. 1904 verhalf ihm schließlich die bewegende Liebesgeschichte der **»Madame Butterfly«** zu Weltruhm. Die meisten seiner Opern entstanden in seiner Villa in Torre del Lago (▶ S. 350). In der Kapelle neben dem Arbeitszimmer hat Puccini seine letzte Ruhe gefunden.

Der Erfinder des Reiseführers: Karl Baedeker

1801 – 1859
Verleger

Als Buchhändler kam Karl Baedeker viel herum, und überall ärgerte er sich über die »Lohnbedienten«, die die Neuankömmlinge gegen Trinkgeld in den erstbesten Gasthof schleppten. Nur: Wie sollte man sonst wissen, wo man übernachten könnte und was es anzuschauen gäbe? In seiner Buchhandlung hatte er zwar Fahrpläne, Reiseberichte und gelehrte Abhandlungen über Kunstsammlungen. Aber wollte man das mit sich herumschleppen? Wie wäre es denn, wenn man all das zusammenfasste?
Gedacht, getan: Zwar hatte er sein erstes Reisebuch, die 1832 erschienene »Rheinreise«, noch nicht einmal selbst geschrieben. Aber er entwickelte es von Auflage zu Auflage weiter. Mit der Einteilung in »Allgemein Wissenswertes«, »Praktisches« und »Beschreibung der Merk-(Sehens-)würdigkeiten« fand er die klassische Gliederung des Reiseführers, die bis heute ihre Gültigkeit hat. Bald waren immer mehr Menschen unterwegs mit seinen **»Handbüchlein für Reisende, die sich selbst leicht und schnell zurechtfinden wollen«**. Die Reisenden hatten sich befreit, und sie verdanken es bis heute Karl Baedeker. Die (Nord-)Toskana beschreibt er erstmals in der 4. Auflage des 1868 erschienenen »Baedeker's Ober-Italien«.

»

Von hier ging sowohl die Schöpfung der italienischen Sprache und Literatur aus, als die Blüthe der bildenden Künste.

«

Baedeker's Ober-Italien, 4. Auflage 1868 (über Florenz)

Begnadeter Komponist und Lebemann, Autonarr und Frauenheld – Giacomo Puccini genoss das Leben in vollen Zügen.

E

ERLEBEN & GENIESSEN

Überraschend, stimulierend, bereichernd

Mit unseren Ideen erleben und genießen Sie die Toskana.

Braucht es mehr? ►

BEWEGEN UND ENTSPANNEN

Ein Toskana-Urlaub muss nicht zwangsläufig (nur) eine Kulturreise sein. Die einmalig schöne Landschaft lädt zu Wanderungen, Spaziergängen und Radtouren ein, die Küste zum Wassersport. Man kann die Toskana auf Pilgerwegen durchwandern, mit dem Pferd an Weinstraßen entlangreiten, ganz klassisch mit der Vespa über sanfte Hügel und durch zauberhafte Zypressenalleen brausen oder sich in herrlichen Thermalorten und Spas Wellnessvergnügen hingeben.

Mit dem Rad durch die Toskana

Radfahren ist Volkssport Nummer eins in der Toskana. Kein Wochenende, an dem nicht Gruppen bestens ausstaffierter Amateurfahrer auf ihren Rennrädern zu langen Touren ausschwärmen. Berge und Hügelland sind ideales Terrain für angehende Talente, die in die Stap-

Abseits der Autobahnen und Schnellstraßen gibt es in der Toskana zahlreiche Landsträßchen, die unbeschwertes Radeln erlauben.

fen der großen Pedalhelden der Toskana treten oder einfach nur für ihre körperliche Fitness sorgen wollen. Berühmteste Radsportlegende der Toskana ist **Gino Bartali** (1914–2000), der zweimal die Tour de France und dreimal den Giro d'Italia gewann. 2006 wurde in Gino Bartalis Geburtsort Ponte a Ema bei Florenz ein **Fahrradmuseum** eröffnet, das auch den Radsport in der Toskana würdigt. Das Museum organisiert 60–110 km lange Tagestouren ins Chianti-Gebiet (http://musefirenze.it/en/musei/museo-del-ciclismo-gino-bartali).

Touren durch die Toskana

Natürlich kann man die Toskana gut auf Nebenstrecken entdecken, allein oder auf geführten Touren – Hauptstraßen (Via Aurelia, Via Cassia) sollten allerdings aus Sicherheitsgründen gemieden werden. Die Regione Toscana führt auf ihrer (italienischsprachigen) Website unter »Cicloturismo« mehrere Angebote auf: Touren für Sportliche und für Radsportler, Mountainbiketouren, Radtouren für Familien und Touren durch verschiedene Städte der Toskana (www.visittuscany.com).

Besonders attraktiv sind der zu den 50 Toptouren weltweit zählende Rundweg **L'Eroica** (www.eroica.it), der auf fünf unterschiedlich langen Kursen absolviert werden kann. Lohnend ist auch der **Sentiero della Bonifica**, der an trockengelegten Gebieten des Canale Maestro della Chiana in vier Etappen von Chiusi bis Arezzo verläuft (www.bicitalia.org/it/percorsi/108-sentiero-della-bonifica).

Mit dem **Parco Ciclistico del Chianti** ist das 400 km lange Wegenetz im Chianti ein Paradies auch für Mountainbiker. Großartig ist die Tour Chianti Classic. Außerdem hat die Provinz Siena ein komplettes Radwegenetz entwickelt (http://www.terresiena.it/bici). Und um Monteriggioni locken Tagestouren für Mountainbiker.

Die Etrusker-Riviera sowie die Region um Bolgheri und Paolo Bettinis Geburtsort Bibbona sind an Sommerwochenenden fest in der Hand von Radlern. Eine besondere Herausforderung bietet die Maremma mit der anspruchsvollen, 366 km langen **Grand Tour** (http://www.maremmainbicicletta.it/). Auch die Bergtouren in den Apuanischen Alpen und im Apennin werden vor allem Profis ansprechen. Und schließlich: Im Casentino locken mindestens sechs Touren (www.casentino.it).

Lucca

Bei deutschen Radurlaubern ist Lucca mit der angrenzenden Garfagnana besonders beliebt. Luccas Altstadt kann mit E-Bikes erradelt werden, die Nachfrage nach Mehrtagestouren übersteigt bisher das Angebot (Vorbereitung: www.luccatourist.it).

Florenz

Rund um Florenz verläuft der **Anello del Rinascimento**, der Valdarno und Valdisieve miteinschließt. Start/Ziel der 172 km langen, für Mountainbiker entwickelten zwei Varianten: Castello di Calenzano bei Prato (Planung: www.visittuscany.com).

Versilia-Küste Die Versilia-Küste zwischen Forte dei Marmi, Pietrasanta, Lido di Camaiore und Viareggio ist prima für Radler, hier gibt es teilweise sehr gut ausgebaute Radwege.

Wandern

Trekken und Pilgern Einen neuen Boom erleben Wander- und Trekkingangebote, nicht zuletzt aufgrund der Wiederbelebung der **Via Francigena**, deren nördlicher Abschnitt durch die ▶ Alpi Apuane verläuft. Der »Frankenweg« ist gut auch auf Einzeletappen sowie geführten Touren abzuwandern, etwa von San Miniato oder Monteriggioni bei Siena aus. In das 450 km lange Wegenetz der Via Francigena sind auch die beiden Varianten des alten Etruskerweges von Volterra nach Fiesole (Via Volterrana) integriert (www.viefrancigene.org, www.visittuscany.com).
Neben zahlreichen Rundwegen in den Apuanischen Alpen, im Apennin und am Monte Amiata ist der 2011 eröffnete **Pilgerweg auf den Spuren des Franz von Assisi** (▶ Casentino) interessant und gut mit Klosterbesuchen zu verbinden (www.camminodiassisi.it, www.caifirenze.it).
Heiß begehrt ist der sogenannte **Pilgerausweis** (carta credenziale) bzw. Pilgerbrief, in den an wichtigen Etappenpunkten (Pfarrhaus, Kloster, Rathaus etc.) eingestempelt wird. Anfragen für diese Pilgerhefte, auf Italienisch Modulo richiesta credenziali genannt, sind online bei der Assoziazione Via Francigena erhältlich. Nach Ankunft in Rom stellt das Pilgerbüro des Vatikan am Petersplatz (Opera Romana Pellegrinaggi) nach Vorlage des Ausweises eine Urkunde aus.
Informationen über größere Wandertouren (Trekking) gibt es beim Italienischen Alpenverein Club Alpino Italiano. Um 1985 wurde die zehn Etappen lange Rundroute **Garfagnana Trekking** mit Start/Ziel in Castelnuovo di Garfagnana ausgebaut (Infos/Wegverlauf: www.alpiapuane.com). Wandervorschläge, Mountainbike-Touren, Klettersteige und Reitwege auf Deutsch und Italienisch findet man unter www.parks.it/parco.alpi.apuane/Giti.html.
Übernachtungen in Biwaks und Berghütten (»rifugi«), in B & Bs oder Urlaub auf dem Bauernhof (agriturismo) werden in Zusammenarbeit mit dem italienischen Alpenverein CAI organisiert.

Urlaub am Wasser

Badestrände Die meisten toskanischen Mittelmeerstrände sind flach und feinsandig, felsige Küstenabschnitte gibt es nur bei Piombino und Populonia sowie im Bereich des Monte Argentario. Badeurlauber zieht es vor allem an die Strände der Versilia-Küste nach Forte dei Marmi, Lido di Camaiore und Viareggio. Ganz oben auf der Beliebtheitsskala stehen

»Typisch italienisch«: Die Strandbäder an der Riviera della Versilia sind im Juli und August fest in der Hand urlaubender Familien.

auch Elba und die Isola del Giglio, weniger stark frequentiert sind dagegen die Riviera degli Etruschi zwischen Livorno und Piombino sowie die Küste der Maremma, deren schönste Strände bei Punta Ala und auf der Meerseite des Monte Argentario liegen.

Wassersport

Das ganze Spektrum der Sportarten in und am Wasser wird auch entlang der toskanischen Festlandküste gepflegt: Baden, Beachvolleyball und Strandfußball, Badminton, Surfen, Kiten oder Schnorcheln sind zwischen Viareggio, Talamone und der Halbinsel Monte Argentario angesagt. Elba und die Isola del Giglio sind hingegen vor allem Hotspots für Segler und Taucher. Zahlreiche Segel- und Tauchschulen bieten auch deutschsprachigen Unterricht.

... und außerdem

Wellness

Etwa 30 Thermalorte machen die Toskana zur thermenreichsten Region in Italien. Schon die Etrusker haben die Quellen für sich entdeckt, seitdem werden die meisten ohne Unterbrechung bis heute zur Linderung diverser Beschwerden wie auch zum Relaxen und Entspannen genutzt (► S. 24). Berühmte Thermalorte der Toskana sind z. B. ► Montecatini Terme, Saturnia (► S. 289), Bagno Vignoni (► S. 346) oder Chianciano (► S. 248).

Vespa-Touren Wie könnte man klassischer durch die Toskana reisen als mit dem Motorroller? Und wenn schon, sollte es als fahrbarer Untersatz natürlich das Original sein, zumal die Vespa in der Toskana erfunden wurde (▶ S. 274). Die zeitlos schönen Zweiträder können vielerorts ausgeliehen werden.

Reiten Auf verschiedenen Reitwegen kann man die Toskana hoch zu Pferd erkunden. Am spektakulärsten sind die mindestens zehn Reitausflugsmöglichkeiten im Naturpark Maremma. Besonders empfehlenswert sind auch Mehrtagestouren zu Pferd an den 23 toskanischen Weinstraßen entlang sowie die Reitwege (ippovie) wie die über sechs Etappen führende, insgesamt 210 km lange **Via dei Cavalleggeri** durch die Provinzen Grosseto, Livorno und Pisa (http://eventi.intoscana.it/ippovie/scheda_Cavalleggeri.pdf). Auch der Monte Amiata kann auf dem oberen (L'Anello A – alto, 30 km lang) und auf dem unteren Reitweg (ippovia L'Anello B – basso, 80 km) umrundet werden (http://eventi.intoscana.it/ippovie/scheda_Amiata.pdf). Die **Ippovia di San Jacopo** führt durchs Pistoiese und ist mit der Via Francigena verbunden. Der Reitweg durch die Provinz Siena, die Ippovia Terre di Siena, ist insgesamt 175 km lang und auf drei verschiedenen Routen à 25, 60 bzw. 90 km Länge zu bewältigen (http://eventi.intoscana.it/ippovie/scheda_Siena.pdf).

SPORTANGEBOTE

WANDERN

CLUB ALPINO ITALIANO (CAI)
Via del Mezzetta 2/m, Florenz
Tel. 0556 12 04 67
www.caifirenze.it, www.cai.it

GOLF

FEDERAZIONE ITALIANA DI GOLF
Viale Tiziano 74, Rom
Tel. 063 23 18 25, www.federgolf.it

REITERHÖFE

ALBERESE NATURA SRL
Strada del Mare 25, Spergolaia
58010 Alberese, Tel. 0564 40 71 80
www.alberese.com

PIEVE A SALTI
Fattoria Pieve a Salti
53022 Buonconvento (Siena)
Tel. 0577 80 72 44
www.reiten-toskana.com

VESPA-TOUREN

ENJOY UNIQUE
Anbieter von organisierten Vespa-Rundreisen durch die Toskana.
Poelchaukamp 19
22301 Hamburg
Tel. 040 69 08 16 44
www.enjoyunique.de

VERSILIANA VIAGGI
Via P. E. Barsanti 63/65
Pietrasanta, Tel. 0584 3 65 41
www.versilianaviaggi.it

Eine Übersicht der Reitschulen und Reiterhöfe (Maneggi) gibt es unter www.visittuscany.com (Turismo equestre).

Golfen

Mit 39 **Golfplätzen** hat sich die Toskana fest als Topdestination im europäischen Golfsport etabliert. Ein Verzeichnis aller Plätze und eine Turnierübersicht hält der nationale Golfverband Federazione Italiana di Golf bereit.

ESSEN UND TRINKEN

Der weltweite Siegeszug der Cucina italiana hat dazu geführt, dass man heute fast überall italienisch essen gehen oder die Ingredienzien für ein italienisches Essen kaufen kann. Aber natürlich schmeckt es vor Ort, aus den Töpfen der heimischen Köche, immer noch am besten.

Deftige Landküche

In der Toskana hat sich eine eigenständige, historisch gewachsene Regionalküche entwickelt. Diese darf für sich in Anspruch nehmen, großen Anteil am weltweiten Erfolg der italienischen Kochkunst zu haben. Auch wenn sie auf Caterina de Medicis Etablierung der feinen französischen Küche Einfluss ausübte, ist sie doch ursprünglich keine höfische, sonder eher eine deftig bäuerliche Landküche. Sie lebt vor allem von frischen, hochwertigen lokalen Zutaten – von Gartengemüse, Kräutern, Hülsenfrüchten, auch Huhn, Kaninchen, Schwein, Fisch und Rind. Zahlreiche Rezepte haben sich über die Jahrhunderte erhalten.

Regionale Spezialitäten

Jede Provinz hat ihre lukullische Spezialität, ob nun Melonen oder Spinat im Val di Cornia, Zwiebeln rund um Certaldo, Pinienkerne in San Rossore, kleine Kichererbsen im Valdarno, Artischocken in Empoli und Livorno, rote Kartoffeln in Pratomagno (Casentino) oder Kirschen aus Lari (es gibt hier 19 Sorten!). Für ihren Käse berühmt sind Pienza, Heimat eines landesweit bekannten Pecorino, und die Ricotta-Hochburg Grosseto. Und toskanischer Schinken wäre ohne das Sieneser Schwein (Cinta Senese) undenkbar.

Toskanische Lebensmittel

Hoch geschätzt werden in der Toskana die heute häufig geschützten Zutaten, die oft rein biologisch angebaut, verarbeitet und vermarktet werden. Im Trend liegen inzwischen auch vegane Erzeugnisse. Produkte mit dem **Gütesiegel DOP** (Denominazione d'Origine Protetta) sind z. B. Safran aus San Gimignano, Honig aus der Lunigiana, toskanischer Schinken, die Salami alla Cacciatora (nach Jägerart) und die Pecorino-Käsesorten Romano und Toscano. Mit dem Zeichen IGP (Indicazione Geografica Protetta) sind Basisingredienzien wie der

OLIVENÖL – KULINARISCHE ESSENZ DER EXTRAKLASSE

BAEDEKER WISSEN

Geschmack und sensorische Vielfalt der toskanischen Küche wären undenkbar ohne den Olivenbaum und seine Früchte: Oliven wurden schon in der Antike in der Toskana geerntet, ihr Anbau erlebte ab dem 17. Jh. eine fulminante Renaissance. Heute prägen Olivenhaine die Landschaft der Toskana – und das Olio di Oliva Extravergine verwöhnt die Gaumen.

Es erstaunt vielleicht, aber für Toskaner ist Wein ein ganz normales Lebensmittel. Weit mehr bedeutet ihnen das Olivenöl. Man schätzt die Arbeit, die in einem Liter steckt, man weiß, wie wenig Ertrag ein Baum bringt und wie viele Jahre vergehen, bis er Früchte trägt. Jeder Toskaner hat »seine« Ölmühle (frantoio), wo er sich um die Weihnachtszeit seinen Jahresbedarf an Olivenöl besorgt. Und der Verbrauch ist hoch: Eine vierköpfige italienische Familie konsumiert gut und gern 1 l pro Woche.

Kleine Olivenöl-Kunde

Natürlich schmücken die grünen und schwarzen Oliven jederzeit ein frugales Mahl und sind auch aus der toskanischen Küche nicht wegzudenken. Doch meist stammen diese besonderen, für den direkten Verzehr bestimmten Olivensorten aus Italiens Süden, vor allem aus Apulien. Wie die meisten italienischen Regionen, allen voran Ligurien, setzen die zahlreichen Olivenbauern der Toskana auf das hochwertige Öl der Olive, das durch einfache, kalte Pressung gewonnen wird. Nach Spanien ist Italien heute weltweit zweitgrößter Olivenölproduzent. Und auf dem italienischen Stiefel gilt das flüssige Gold aus der Toskana neben den Produkten aus Ligurien und Apulien zu den besten Olivenölen überhaupt.

Dabei lohnt ein Blick auf die unterschiedlichen Qualitäten. Nicht ohne Grund unterscheidet die EU acht Güteklassen. Das hochwertigste Olivenöl findet sich in der Kategorie 1: Natives Olivenöl Extra wird direkt aus Oliven ausschließlich mit mechanischen Verfahren und ohne Wärmeeinwirkung (unter 40 °C) gewonnen, sein Säuregehalt liegt unter 0,8 %, es darf keine sensorischen Fehler enthalten und ist für den Verzehr geeignet. Neben diesem **Olio d'Oliva Extravergina** gelangen meist nur zwei weitere Güteklassen in den Einzelhandel: schlichteres Natives Olivenöl (Kategorie 2) und einfaches Olivenöl (Kategorie 5).

Die Olivenbauern der Toskana schützen heute ihre Ware durch IGP- und DOP-Siegel gegen Panscherei und Missbrauch. Eine große Produzentenvereinigung ist das toskanische Konsortium des Olivenöls IGP mit 11 000 Olivenbauern und 300 Ölmühlen. Die Qualitätsbewertung der gewonnen Olivenöle übernehmen Experten und neuerdings auch ausgebildete Olivenöl-Sommeliers: Denn gerade die sensorische Prüfung ist eine besondere Kunst!

Dabei übersteigen die gesundheitlichen Vorzüge des Olivenöls fast noch die geschmacklichen. Es ist leicht verdaulich, besitzt viel Vitamin E und vermindert zudem das Herzinfarktrisiko. Während nämlich mehrfach ungesättigte Fettsäuren in vielen Pflanzenölen im Blut den Gehalt von LDL- und HDL-Choles-

terin gleichermaßen verringern, senken **einfache ungesättigte Fettsäuren** wie die Säure des Olivenöls nur das schädliche LDL-Cholesterin.

Kostbares Gut

Unter den 300 in Italien angebauten Olivensorten sind vor allem diese fünf in der Toskana vertreten: Frantoio, auch Razzo genannt, Leccino, Morcone, Moraiolo und Ogliarola Seggianese. Entscheidend für höchste Qualität des Olivenöls ist die Reife der Früchte zum Zeitpunkt der Ernte, die in der Toskana meist erst Ende Oktober oder Anfang November erfolgt! Noch wichtiger sind aber das behutsame Abernten in Fangnetzen sowie die rasche Verfrachtung in eine der noch 400 in der gesamten Toskana angesiedelten Ölmühlen. Denn die Oliven sollten binnen 48 Stunden gewaschen, kalt gepresst und verarbeitet sein. Zum Einsatz kommen dabei meist stählerne Zentrifugalpressen, die nahezu überall herkömmliche Mühlsteine und Steinpressen abgelöst haben.
Bio-Olivenöl genießt natürlich besondere Wertschätzung, die Bioqualität hat aber auch Tücken. So sorgen seit 2013 die Olivenfliege und das von Insekten verbreitete »Feuerbakterium« Xylella fastidiosa für riesige Ernteausfälle. Der Absatz sank um 18 %, 1 Mio. Bäume mussten gefällt werden und das Extravergine-Olivenöl verteuerte sich bis 2016 um 21 %! Aber gerade das hochwertigste Öl mit intensiven Aromen verdient Höchstpreise! In der Küche sollte man sich indes von Elbas Alteingesessenen leiten lassen. Für Fisch setzen sie rigoros auf ligurisches, für alles andere auf Olivenöl von der »terra ferma«, dem toskanischen Festland.

Consorzio per la tutela dell'Olio Extravergine di Oliva Toscano IGP
Via della Villa Demidoff 64
50127 Firenze, Tel. 055 3 24 57 32
www.oliotoscanoigp.it

marmorweiße Speck Lardo di Collonata, Kastanien vom Monte Amiata oder auch die süßen Riccarelli aus Siena geschützt. Höchste Wertschätzung als Hauptbestandteil der Küche genießen derweil ganz ohne Siegel Brot und – im Salat wie in Topf und Pfanne – Olivenöl.

Ausgiebige Mahlzeiten

Morgens, mittags, abends

Das **italienische Frühstück** (Colazione) beschränkt sich normalerweise auf einen Cappuccino oder einen Caffè (Espresso), zu dem häufig ein Gebäck wie ein gefülltes »cornetto« (Hörnchen) gegessen wird. Oft wird es an der Theke (»al banco«) in einer Bar auf dem Weg zur Arbeit eingenommen. Die Hotels sind in der Regel aber auf ausländische Gäste eingestellt und bieten ein mehr oder weniger reichhaltiges Frühstücksbuffet an.

Das fröhlich familiäre, oft stundenlange Zusammensitzen bei einem opulenten **Mittagessen** (ab 12.30/13 Uhr) oder **Abendessen** (ab 20/20.30 Uhr) ist in der Toskana »heilig«. Diese bestehen immer aus mehreren Gängen: Vorspeise (»antipasto«), gefolgt von einem ersten Gang (»primo«) mit Teigwaren oder Suppe und einem zweiten Gang (»secondo«) mit einem Fleisch- oder Fischgericht. Gemüsebeilagen (»contorni«) und Salate werden extra dazubestellt. Viele Italiener starten auch mit Salaten. Zum Abschluss werden Käse (»formaggio«), Kuchen bzw. eine süße Spezialität (»dolce«), Halbgefrorenes (»semifreddo«) oder ein Eis (»gelato«) gereicht. Überhaupt: Die Toskana ist ein Paradies für Süßmäuler: kein Essen ohne einen süßen Höhepunkt, ehe Obst, Grappa oder Espresso rufen!

Restaurants, Cafés und Bars

Ausgedehnte Restaurantbesuche sind in der Toskana nie billig, oft werden aber Menüs, spezielle Lunch- oder Tagesgerichte günstig angeboten. Mehrwertsteuer (»iva«) ist stets, die Bedienung (»servizio compreso«) meistens inbegriffen. Oft wird eine Extragebühr für Brot und Gedeck (»pane e coperto«) fällig. Dazu kommt ein **Trinkgeld** – man rundet den Betrag auf oder gibt ca. 10 %. In Bars und Cafés beschleunigt eine Extramünze am Tresen den Service. Hier bezahlt man übrigens fast grundsätzlich mehr, wenn man Essen und Getränke am Tisch (»al tavolo«) und nicht an der Theke (»al banco«) konsumiert.

Von Antipasti bis Grappa

Antipasti

Toskanischer Schinken (Prosciutto toscano«) ist sehr schmackhaft und stärker gesalzen als Parmaschinken. Toskaner Salami (Salame toscano) wird kräftig gewürzt und mit großen Fettstücken und Pfefferkörnern zubereitet. Sehr beliebt sind auch **Crostini**, kleine geröstete Brotscheiben mit Belag – die klassische Variante ist eine köstli-

OBEN: Ob »dolce« oder »piccante« – toskanischer Käse deckt das komplette Geschmacksspektrum ab.

UNTEN: Knusprige Crostini mit Tomaten, Hühnerleberpastete oder Olivencreme sind beliebte Antipasti.

che, warme Paste aus Hühnerleber, Sardellen, Zwiebeln, Kräutern und Weißwein. Eine Finocchiona gleicht auf den ersten Blick einer großen Salami, ist aber jünger und vom Geschmack der eingearbeiteten Fenchelsamen geprägt.

Primo

Sehr beliebte Primi sind **Pappa al Pomodoro**, ein schmackhaftes Mus aus Brot und Tomaten, und **Panzanella**, ein fantastisches, kalt serviertes Sommergericht (► S. 425). **Ribollita** bezeichnet eine dicke, stundenlang und vor dem Servieren nochmals aufgekochte Suppe mit je nach Region variierendem Gemüse. Immer aber spielt der toskanische Schwarzkohl eine wichtige Rolle, und meist fehlen auch die weißen Bohnen nicht (Wintergericht). **Zuppa di Pane** oder **Pancotto** ist Brotsuppe mit Tomaten, Knoblauch, Basilikum und Olivenöl, **Farinata** ein Brei aus Kichererbsenmehl und Wasser. Dazu kommt eine reiche Vielfalt an verschiedenen Pastaformen und -rezepten, die sich von Ort zu Ort und je nach Jahreszeit ändern.

Contorni (Beilagen)

Fagioli (weiße, gekochte Bohnen) sind eine klassische Beilage und werden mit etwas Olivenöl und Pfeffer abgeschmeckt. **Fagioli all'uccelletto** heißt ein mit Salbei gewürzter Eintopf aus Bohnen und Tomaten. Am besten schmeckt frisches toskanisches Gemüse (Verdure) wie Spinaci (gekochte Spinatblätter), kurz in heißem Knob-

Ein perfektes Gespann: Zu einem geselligen Mahl gehört in der Toskana auch ein feiner Tropfen. Das weiß man auch auf dem Weingut Petra bei Suvereto.

lauch-Olivenöl gewendet, oder in Olivenöl angebratene Zucchini-Stückchen. Besonders lecker: **Fiori fritti** und **Carciofi fritti**, in Brotteig gehüllte und in Olivenöl ausgebackene Zucchiniblüten und Artischockenviertel.

Secondo

Arrosto misto ist meist eine eher trockene Angelegenheit, bei der auf einer Platte unterschiedliche gebratene Fleischstücke (Hähnchen, Kaninchen, Perlhuhn, Schweinekotelett, Rind etc.) serviert werden. Das berühmte Florentiner T-Bone-Steak, die **Bistecca alla fiorentina**, stammt heute in der Regel aus Argentinien, nur noch selten wird man mit einem echten, in der Toskana aufgezogenen Chianina-Rind beglückt (▶ S. 341). In Brotteig getunkte und in Olivenöl ausgebackene Kaninchenfleischstücke (Coniglio fritto) kommen häufig mit Carciofi fritti auf den Tisch. **Arista** heißt ein würziger, nach Rosmarin duftender Schweinebraten aus dem Ofen, **Cinghiale in dolce e forte** wird ein in Chianti gekochtes süßsaures Wildschweinragout genannt (▶ S. 425).

Käse (Formaggio)

Der beste toskanische Käse (Formaggio) ist der Schafskäse (Pecorino) aus der südlichen Toskana. Frischer (fresco) und abgelagerter (stagionato) Pecorino wird vor allem in den Läden von Asciano, Pienza, Montepulciano und Montalcino angeboten.

Brot (Pane)

Brot spielt bei fast jedem toskanischen Essen eine Rolle. Man isst es zum Schinken oder zum Käse, zum Antipasto, sogar zur Pasta, zum Fleisch, zum Gemüse – aber nicht zum Frühstück. Und: Dem Brot fehlt das Salz. Denn das **Pane toscano** wird – angeblich seit dem 12. Jh. als Ergebnis von Boykottquerelen zwischen Pisa und Florenz – ungesalzen gebacken, und schon Dante sagte: »Wie schmeckt das Brot der Fremde doch nach Salz.« Zum Glück haben die meisten Bäcker Mitgefühl mit den Fremden und backen auch ein Brot mit Salz (Pane salato). Besonderheiten sind das rechteckige Brot aus Prato (Bozza Pratese), die 2 kg schweren Brotlaibe aus Montegemoli (Provinz Pisa) oder das toskanische Fladenbrot (Castagnaccio toscano), das mit Kastanienmehl, Olivenöl, Rosinen und Pinienkernen zubereitet wird.

Süßes (Dolci)

Mandeln sind eines der wichtigsten gemeinsamen Elemente der toskanischen Süßbackwaren. Sie prägen auch das bekannteste Gebäck der Toskana, die **Cantuccini** von Prato, jene niedlichen Mandelkekse, von denen behauptet wird, sie schmeckten am besten, wenn man sie in Vin Santo tunkt. Ebenfalls aus Prato stammt das Mandelgebäck Bruti ma Buoni (Hässliche, aber Gute). Aus frischem, geröstetem Kastanienmehl wird der in der ganzen Toskana heimische Castagnaccio gebacken, ein wohlschmeckender Fladen. Fast in jedem Lokal und in jeder Konditorei (Pasticceria) erhält man die **Torta della Nonna** (Großmuttertorte) aus Mürbeteig, Vanillecreme, Pinienker-

TYPISCHE GERICHTE

Bistecca alla fiorentina: 830 Rezepte sollen zur Zubereitung des fulminant über den Tellerrand lappenden, bis 1,5 kg schweren Steaks aus dem Mittelrücken des Chianina-Rindes existieren. Drei Finger dick sollte die Bistecca sein, die ihren Namen dem englischen Beefsteak und den Medici-Festen zu Ehren San Lorenzos verdankt, an denen riesige gegrillte Fleischportionen ans Volk verteilt wurden. Auf Niedrigflamme bräunt es beidseitig je drei bis fünf Minuten. Fertig ist die Bistecca, sobald sie auf der schmalen Seite stehen kann! Diese Wackelprobe gehört einfach dazu. Traditionell wird sie innen noch blutig (al minuto) serviert. Gewürzt wird nie, doch frischer Zitronensaft darf nicht fehlen. Dazu werden Salat, manchmal auch Bohnen serviert. Und ein kräftiger Roter (Chianti, Morellino di Scansano) darf natürlich auch nicht fehlen.

Pappa al Pomodoro: Schlagerstar Rita Pavone machte diese Tomatensuppe bzw. das Tomatenmus, einen Klassiker der Cucina povera, in den 1960er-Jahren weltberühmt. Man benötigt altes, ungesalzenes toskanisches Brot, Olivenöl, selbstverständlich extravergine, Tomaten, ein wenig Knoblauch, Basilikum, Brühe, Salz und Pfeffer. Pappa al Pomodoro ist auch kalt sehr lecker!

Cinghiale in Umido: Wildschweinragout ist ein kulinarisches Muss, nicht nur im Casentino oder in der Maremma. Das Wildschweinfleisch wird zwei bis drei Tage in Karotten, Staudensellerie, Knoblauch, Rosmarin, Olivenöl und Weißweinessig mariniert, bevor es angebraten, mit der Marinade verfeinert und mit Weißwein abgelöscht wird. Tomatenmark und pürierte Tomaten werden dazugegeben. Im Chianti gibt es auch die süßsaure Variante: Ins Cinghiale in dolce e forte gehören neben den genannten Zutaten Pinienkerne und Rosinen.

Cacciucco alla Viareggina: In den Klassiker aus Viareggio, einen würzigen Fischeintopf, gehören Mittelmeerfisch, Tintenfisch, Muscheln, Olivenöl, Knoblauch, Chili, Weißwein, Tomaten, Weißbrotscheiben, Salz und Pfeffer. Die Kombination Fisch plus Koch-Tomate entdeckten zuerst Mitglieder der jüdischen Gemeinde in Livorno. Natürlich schmeckt ein frischer Cacciucco in Viareggio am besten!

Panzanella: Das kalt servierte einstige Arme-Leute-Gericht war früher nördlich der Linie Viareggio–Lucca–Florenz eher unbekannt. Altes, in Wasser eingeweichtes Brot (daher auch »Pan molle« genannt), rote Zwiebeln, Basilikum, Öl, Essig und Salz sind Hauptingredienzien des beliebten Dinnerstarters. Verfeinerungen des Weißbrotsalats mit Gurken, Minze, Tomaten, Rucola etc. sind keine Grenzen gesetzt.

Eine Tasse voll italienischem Lebensgefühl – der Cappuccino wird aber eigentlich nur vormittags getrunken.

nen und Mandeln. Jede größere Ortschaft hat jedoch ihr eigenes Dolce, auf das die Bewohner besonders stolz sind. Dazu gehören in Lucca **Buccellato** (Soldatenbrot), ein Eier-Hefegebäck mit Orangenschalen, Anis und Rosinen, in Volterra die **Cavallucci**, runde Honigkuchen mit Nüssen, kandierten Früchten und Anis, in Montalcino **Ossi di Morto** (Totenbeinchen), ein trockenes, flaches Gebäck aus Eischnee und Haselnüssen, in Poggibonsi **Pan co'Santi**, süßes Brot mit Sultaninen und Nüssen, in Lamporecchio (bei Vinci) die **Brigidini**, hauchdünne, knusprige Aniswaffeln, und in Siena das legendäre **Panforte**, ein lebkuchenartiges Gebäck mit Mandeln und kandierten Früchten.

Eis (Gelato)

Eis (gelato) ist nicht gleich Eis! Seit einigen Jahren werten traditionelle Eishersteller ihr aus besten heimischen Zutaten und in Eigenproduktion (produzione propria) gefertigtes Speiseeis als Gelato artigianale auf. Eine Liste guter Eisdielen der Toskana versammelt die Seite »Le Gelaterie del Territorio« (www.gelateriedelterritorio.it). Gourmets pilgern zudem in die Eisdielen (gelaterie) der Mitglieder der internationalen Vereinigung Maestri della Gelateria Italiana (www.maestridellagelateriaitaliana.it/maestri/).

Getränke

Zum Essen bestellt man Wein, Bier oder Mineralwasser. Am Ende einer Mahlzeit trinkt man überall in Italien einen **Caffè** (Espresso). Bei ausländischen Italienreisenden sehr beliebt ist der **Cappuccino**, ein starker Kaffee mit heißer Milch und Milchschaum. Aber Achtung: Wollen Sie nicht auf den ersten Blick als Tourist erkannt werden, dann ordern Sie nie einen Cappuccino nach dem Mittagessen! Genau genommen trinken Italiener Milchkaffee gar nur vormittags.

Grappa – ein idealer Digestif

Ein Grappa setzt einem reichen Mahl den gehörigen Schlusspunkt. Nach ihm kommt gar nichts mehr, höchstens die Zigarre. Ein Grappa muss stark sein und trocken und angenehm fruchtig riechen. Allerdings: Mit Ausnahme des weltweit geschätzten Grappa di Brunello aus Montalcino ist die Weintrester-Kultur eher in Norditalien beheimatet. Doch die Toskana kann immerhin mit einem Spitzen-Grappabrenner aufwarten: Giovacchino Nannoni in Paganico (nicht weit von Montalcino). Nannoni destilliert u. a. auch für zahlreiche Weinproduzenten im Chianti und in Montalcino.

Weinland Toskana

Überblick

In der Toskana ist ein opulentes Mahl ohne toskanischen Wein nahezu undenkbar! Toskanischer Wein boomt und ist überall auf der Welt der berühmteste und beste Botschafter der Region. Im Jahr 2016 erlösten die toskanischen Weinexporte 1 Mrd. €! Dies bedeutet eine Verdopplung in den letzten 15 Jahren – und nach Venetien Rang 2 in Italien! Enorme Einnahmen in Italien und natürlich in der Toskana selbst darf man hinzu addieren.

Für den Riesenerfolg bei ständig wachsender Nachfrage sorgen vor allem die **Rotweine**, die 87 % der Produktion ausmachen. Aber auch Weißwein (13 %) überzeugt mit hoher Qualität – und längerer Tradition. Denn ursprünglich wurde – auch aus dem Chianti – nur Weißwein exportiert. Der Weinexporthafen für Frankreich und England im 13. Jh. war das Dörfchen Vernazza in den ligurischen Cinque Terre nördlich von Carrara. Dorthin lieferten auch Winzer aus San Gimignano, und zwar nur beste Qualität. Ihre uralte Rebsorte Vernaccia wurde nach diesem Hafen benannt und schon 1276 in Steuerdokumenten erwähnt. Heute ist neben San Gimignano auch Montecarlo für seinen Weißen bekannt. Von der Küste bei Livorno und um Pisa stammt die heimische Sorte Vermentino. Zudem entdecken auch zahlreiche prominente toskanische Weingüter den Weißwein wieder und präsentieren Neukreationen, die meist auf den Rebsorten Sauvignon und Chardonnay basieren.

Hauptrebsorte für traditionelle Rotweine der Toskana ist der **Sangiovese** in seinen verschiedensten Varianten. Im Chianti wird häufig der intensives Bukett versprechende Canaiolo mitverwendet. Der Colorino sorgt für Farbe, die Malvasia-Nera-Traube für milden Geschmack. Nahe am Meer erzielt der Ciliegiolo eigenständig oder im Verschnitt mit Sangiovese bemerkenswerte Resultate. Dank der breiten Palette an Mikroklimata und der Experimentierfreude der Winzer werden seit drei Dekaden auch früher fremde Sorten wie Cabernet Sauvignon, Merlot, Blauburgunder und vor allem Syrah und der spätreife Petit Verdot (»Kleiner Grünling«) angebaut.

Wie beurteilen?

Italiens Weine unterliegen mehreren **Qualitätsstufen**. Den Sockel bilden die Tafelweine (Vino Rosso, Vino Bianco) ohne Jahrgangs- und Herkunftsangabe. Darüber folgen die Tafelweine mit Herkunftsbezeichnung (z. B. Vino Rosso Toscano). An der Spitze stehen die **DOC- und die DOCG-Weine**, also jene Tropfen mit kontrollierter und garantierter Ursprungsbezeichnung, die stets analytisch und degustatorisch geprüft sind. Gesetzlich neu, wenngleich bisher nur bruchstückhaft umgesetzt, ist auch die kontrollierte und gegebenenfalls garantierte Deklarierung von Unterzone, Gemeinde, Ortsteil, Mikrozone, Wein und Weinlage auf dem Etikett. 2015 wurden in der Toskana 2,82 Mio. Hektoliter Wein produziert, 62 % davon waren DOC und DOCG-Weine.

Die Super-Toskaner und der anhaltende Boom

Doch nicht alle Spitzenweine tragen auch ein DOC- oder DOCG-Prädikat – im Gegenteil! Seit den 1990er-Jahren sind die Super-Toskaner die eigentlichen Stars der Szene. Sie entstanden, als sich moderne Weindesigner für ihre neuen Kreationen über bestehende Regularien hinwegsetzten, die bei DOC-Weinen aus dem Chianti beispielsweise einen mindestens 70%igen Anteil der Sangiovese-Traube vorschreiben. Erste Designerweine waren der 1972 produzierte Sassicaia vom Gut Tenuta San Guido in Bolgheri und der 1971 produzierte Tignanello des Marchese Piero Antinori. Italiens Weingesetz von 1992 ermöglichte, für diese Weine nun auch die neue, schlichte Landwein-Bezeichnung **IGT** (Indicazione Geografica Tipica) zu nutzen. Diese wurde 2009 durch die EU-Weinmarktordnung vom Prädikat IGP (Indicazione Geografica Protetta, geschützte geografische Indikation) abgelöst, darf aber noch aus Traditionsgründen genutzt werden. Inzwischen wurde der Begriff »Super-Toskaner« verkaufsfördernd auch auf andere toskanische Spitzenweine oder -jahrgänge ausgedehnt. Er ist nicht geschützt, steht aber für herausragende Qualität. Dabei treibt der Hype um die Super-Toskaner mitunter seltsame Blüten: Wechseln schon »normale« 0,7-l-Flaschen der Weine Ornellaia bzw. Sassicaia für ca. 150–200 € den Besitzer, so kann ein Masseto gut und gern auch 700 € kosten. Und Sondereditionen erzielen bei gesonderten Auktionen auch für vier- oder fünfstellige Summen.
Ein Ende des Weinbooms ist derzeit nicht in Sicht! Mit dem Jahrhundertweinjahr 2015 steht das Nonplusultra der bisherigen toskanischen Weingeschichte wohl ab 2018 bereit! Nie zuvor konnten die

Start in den Abend: Enoteche haben oft auch einen Weinausschank und bieten Antipasti-Teller mit Wurst, Käse, Brot u. v. m. an.

morellino
di scansano
docg - dop

Weinexperten bessere Daten für einen Jahrgang ermitteln! Und auch das toskanische Weinjahr 2016 besitzt großartige Prognosen! Vielerorts werden zudem neue Bioweine kreiert, die mühelos den Handel erobern. Besondere Beachtung verdient dabei der Morellino di Scansano aus biologisch angebauten Trauben.

Wo einkaufen?

Vor allem im Chianti, aber auch in anderen Weinregionen der Toskana **verkaufen viele Weinerzeuger ihre Produkte direkt**. Lange suchen muss man meist nicht nach den Hinweisschildern, die zu Weingütern führen – »Cantina aperta« (offener Keller), »Degustazione Vini«(Weinverkostung), »Visita Cantina« (Kellerbesichtigung) oder »Vendita diretta« (Direktverkauf) weisen den Weg. Wer allerdings glaubt, der Direktverkauf sei auch in jedem Fall die günstigste Variante, irrt: Oft fallen die Preise in den Weingütern sogar höher aus als in den Weinläden (Enotece) der umliegenden Ortschaften!

Die klassischen Weingebiete

Die Toskana besitzt aktuell sieben DOCG-Gebiete sowie 39 Weinzonen mit DOC-Auszeichnung. Als DOCG firmieren der Brunello aus Montalcino, der Carmignano (Provinzen Prato und Florenz), der

Enoteche (hier in der Via delle Oche 27 in Florenz) bieten oft auch die Möglichkeit, feinere Tropfen vor dem Kauf zu verkosten.

Chianti (mit den Lokalgebieten Classico, Colli Aretini, Colli Fiorentini, Colli Senesi, Colline Pisane, Montalbano, Montespertoli, Rufina), der Montecucco Sangivoese und der Morellino di Scansano (beide Provinz Grosseto), der Vernaccia aus San Gimignano sowie der Vino Nobile aus Montepulciano. Wenn sich alljährlich im Februar die Weintester aus aller Welt zu den Anteprime di Toscana treffen, wollen bei diesem Neuntage-Marathon bis zu 1400 neue Topweine verkostet und bewertet sein! Hier ein Überblick über ausgewählte Anbaugebiete.

Chianti

▶ Baedeker Wissen, S. 98

Montalcino

Bereits in der Antike war Montalcino berühmt für Weißwein. Mitte des 19. Jh.s erkannte ein gewisser Clemente Santi die Vorzüge der toskanischen Sorte Sangiovese. Entgegen damaliger Gepflogenheit, verschiedene Traubensorten gemeinsam zu vinifizieren, baute sein Enkel Ferruccio Biondi-Santi den Sangiovese separat aus und nannte den kraftvollen, gerbstoffreichen Wein **Brunello**. Über 100 Jahre später avancierte der Brunello ab den 1970er-Jahren zum Modewein, der Spitzenpreise erzielt. Heute treffen sich 250 Brunello-Produzenten zur alljährlichen Pressekonferenz in Montalcinos ehrwürdiger Chiesa Sant'Agostino, um dem fast schon heiligen Wein zu huldigen. Auch brunello.tv ist da, internationale Preise werden verliehen. Einen nationalen Preis erhielt 2016 die Enoteca »Molesina«.
Stammt der Brunello aus tiefen Lagen im Süden Montalcinos, ist er schwer, dunkel und tanninreich, während sich die Weine aus hohen Lagen oder im Norden des Städtchens durch mittlere Farbdichte, Eleganz, eine hohe Säure und feine Frucht auszeichnen. Wer keine 50 € oder mehr für eine Flasche Brunello ausgeben möchte, greift zur preiswerteren Alternative: Der junge, etwas leichtere und rustikalere Rosso di Montalcino ist meist ein guter Kauf!

Brunello di Montalcino: DOCG | Rebsorte Sangiovese (auch Santo Grosso genannt) | vorgeschriebene Lagerzeit vier Jahre, davon drei im Holzfass, Riserva fünf Jahre

Rosso di Montalcino: DOC | Rebsorte Sangiovese | vorgeschriebene Lagerzeit ein Jahr, nicht zwingend im Holzfass

Montepulciano

Das Rotweingebiet um Montepulciano ist einiges älter als der Nachbar Montalcino. Ein guter **Vino Nobile** ist weder schlechter noch besser als ein Brunello oder ein Chianti Classico. Vielleicht ist er sogar der Zugänglichste der drei Sangiovese-Klassiker aus der Toskana: Meist ist seine Säure in ein fettes Fruchtpolster eingebettet, das Tannin kräftig. Zahlreiche kleinere Winzer und Abfüller offerien heute großartige, leckere Wein, oft schon in Bio-Qualität. Beim preiswerteren Rosso di Montepulciano greift man auf bekannte Namen zurück. Großartig ist hier auch der Vin Santo (Dessertwein).

Vino Nobile di Montepulciano: DOCG | Rebsorten Sangiovese (hier Prugnolo genannt), Canaiolo | vorgeschriebene Lagerzeit zwei Jahre im Holzfass, Riserva drei Jahre
Rosso di Montepulciano: DOC | Rebsorten wie Vino Nobile | vorgeschriebene Lagerzeit ein Jahr, nicht zwingend im Holzfass

Carmignano Das unscheinbare Dörfchen Carmignano thront westlich von Florenz auf dem Montalbano-Hügelzug, im direkten Einzugsgebiet der Stadt. Obgleich der Montalbano dem Weinbau aufgrund seiner Topografie keine großen zusammenhängenden Flächen zur Verfügung stellt, galt sein Rotwein schon im 14. Jh. als einer der besten und teuersten. Heute erlebt er unter Weinenthusiasten eine kleine Renaissance. Die Verehrer lieben vor allem seine Geschmeidigkeit und Eleganz.
Carmignano: DOCG | Rebsorten Sangiovese, Cabernet, Canaiolo | vorgeschriebene Lagerzeit 20 Monate, davon ein Jahr im Holzfass, Riserva zwei Jahre
Andere Weine: Chianti Montalbano DOCG, Vin Santo DOCG

Rufina und Pomino Im rauen, zerklüfteten Sieve-Tal östlich von Florenz entstehen Rotweine von Struktur. Die Rufina-Weine sind meist kraftvoll und mit stahliger Säure ausgestattet und werden für ihre Haltbarkeit geschätzt. Die Gegend geriet bis auf einige Qualitätserzeuger in Vergessenheit, ist aber stark im Kommen! Hoch über der Sieve, im Mini-Anbaugebiet Pomino (einziger Erzeuger ist Frescobaldi) entsteht auch ein außerordentlicher Weißwein.
Chianti Rufina: DOCG | Rebsorten Sangiovese, Canaiolo | vorgeschriebene Lagerzeit acht Monate, Riserva drei Jahre
Pomino Rosso: DOC | Rebsorten Sangiovese, Merlot, Cabernet, Canaiolo | vorgeschriebene Lagerzeit ein Jahr

Colli Fiorentini Zu den weniger bekannten Anbaugebieten gehören die Colli Fiorentini (Florentiner Hügel). Diese umschließen ein breites Gebiet im Süden und Osten von Florenz. Einige Winzer erzeugen sehr gute Rotweine, die als Chianti Colli Fiorentini DOCG oder Chianti DOCG vertrieben werden.

Montecarlo Dieser Wein mit dem klangvollen Namen stammt von den grünen Hügeln rund um Lucca. Das Anbaugebiet ist sehr klein. Seit einiger Zeit ist eine spannende Qualitätsentwicklung bei Rot- und Weißweinen zu verfolgen.

Küste südlich von Livorno California heißt ein Dörfchen an der Etruskerküste südlich von Livorno. Und an Kalifornien erinnert tatsächlich die Entwicklung der Weine im hügeligen Hinterland. Heute ist die Weinstraße nach Bolgheri Super-Toskaner-Land und Ziel von Weinenthusiasten aus aller Welt. Der Aufschwung begann mit dem berühmten Sassicaia des Marchese In-

WEINPROBE DE LUXE

Das gönn' ich mir! Teuer ist sie schon, die dreistündige Führung mit exquisiter Weinprobe im berühmten Supertoskaner-Weingut Ornellaia bei Bolgheri, aber auch ein Erlebnis der besonderen Art. Und wer noch eine Schippe drauflegen will: Zur Vendemmia d'artista, der »Künstlerlese«, fangen ausgewählte Künstler den Charakter eines jeden neuen Jahrgangs ein und entwerfen ein bei Sammlern begehrtes Etikett, das jeweils nur 111 Großflaschen ziert. (Località Ornellaia, 191, Bolgheri, Tel. 0565 71 811, nur n. V., Führung 60–80 €, www.ornellaia.com)

cisa, der heute unter dem Namen Bolgheri DOC Sassicaia firmiert. Das warme Küstenklima erweist sich für den Anbau vor allem von Cabernet und Merlot als bestens geeignet. Und die Karawane zieht bereits weiter: Die Liebhaber der Super-Toskaner schauen gebannt auf neueste Unternehmungen von Antinori in der wasserarmen Maremma.

Morellino di Scansano

Das Anbaugebiet des Morellino di Scansano ist seit 2007 DOCG-geschützt. Zwischen den Flüssen Ombrone und Albegna wurden 2014 auf nur 1315 ha Rebfläche über 77 000 Hektoliter Wein erzeugt. Dabei hat der Morellino in den letzten Jahren einen großartigen Wandel durchlebt. Das Gebiet wurde nicht nur eine Hochburg der Biowein-Produzenten, sondern brachte auch einen geschmeidigen, nicht zu starken Aperitifwein auf den Markt, der fast schon Kultstatus erlangte.

AUSGEWÄHLTE WINZER

CHIANTI: BARBERINO VAL D'ELSA

CASTELLO DI MONSANTO
Via Monsanto 8
Tel. 055 8 05 90 00
www.castellodimonsanto.it

CASA EMMA
San Donato in Poggio
Tel. 055 8 07 22 39
www.casaemma.com

LE FILIGARE
Via Sicelle 35, Tel. 055 8 07 27 96
www.lefiligare.it

CHIANTI: CASTELLINA IN CHIANTI

CASTELLARE DI CASTELLINA
Località Castellare
Tel. 0577 74 04 90
www.castellare.it

SAN FABIANO CALCINAIA
Località Cellole
Tel. 0577 97 92 32
www.sanfabianocalcinaia.com

CHIANTI: GAIOLE IN CHIANTI

BADIA A COLTIBUONO
Località Badia a Coltibuono
Tel. 0577 74 61 10
www.coltibuono.com

CAPANNELLE
Località Capannelle 13
Tel. 0577 7 45 11
www.capannelle.it

CASTELLO DI CACCHIANO
Località Monti in Chianti
Tel. 0577 74 70 18
www.castellodicacchiano.it

ROCCA DI MONTEGROSSI
Località Monti in Chianti
San Marcellino
Tel. 0577 74 79 77
www.roccadimontegrossi.it

CHIANTI: GREVE IN CHIANTI

CASTELLO DI QUERCETO
Via Alessandro François 2
Dudda, Tel. 055 8 59 21
www.castellodiquerceto.it

VITICCIO
Via San Cresci 12/A
Tel. 055 85 42 10 (Mo. - Fr.)
Tel. 36 65 66 29 37 (Sa., So. und Reservierung)
www.viticcio.com

MAREMMA

CASTELLO DI BOLGHERI
Via Lauretta 7b
Fraz. Bolgheri
Castagneto Carducci
Tel. 0565 76 21 10
www.castellodibolgheri.eu

PETRA
Località San Lorenzo Alto 131
Tel. 0565 84 53 08
www.petrawine.it

MONTALCINO

TENUTE SILVIO NARDI
Località Casale del Bosco
Tel. 0577 80 82 69
www.tenutenardi.com

SIRO PACENTI
Loc. Pelagrilli 1
Tel. 0577 84 86 62
www.siropacenti.it

MONTEPULCIANO

RENDOLA
Loc. Pian d'Asso, Torrenieri
Tel. 0571 40 97 50
www.rendola.com

MORELLINO DI SCANSANO

FATTORIA LE PUPILLE
Loc. Istia d'Ombrone
Piaggie del Maiano 92a, Grosseto
Tel. 0564 40 95 17
www.fattorialepupille.it

Vin Santo

Es war einmal ein kostbarer Wein, den die Bauern in nur geringen Mengen in kleinen Holzfässchen auf ihrem Dachboden fünf, acht, ja zehn Jahre lang lagerten. Der Wein war **sehr süß und stark** und wurde den Gästen als besondere Ehrerbietung kredenzt. Einflussreichen Leuten, auf deren Gunst man angewiesen war, ließ der Bauer an Festtagen eine Flasche des **»heiligen Weins«** bringen (tatsächlich leitet sich der Name von der griechischen Insel Santorin ab, in der Antike berühmter Herkunftsort von Süßwein). Niemals jedoch hätte man den Vin Santo gegen schnödes Geld verkauft. Die Zeiten haben sich geändert, und die einstige Kostbarkeit steht heute gar als Karikatur in jedem Supermarkt. Die Herstellung von echtem Vin Santo ist sehr aufwendig. Und wie könnte er, der aus getrockneten Trauben gepresst wird, jahrelang in kleinen Fässchen ruht und dabei seine Menge zu einem Bruchteil des ursprünglichen Volumens konzentriert, anders als enorm teuer sein (ca. 35 € für einen halben Liter)? Die Begegnung mit einem wirklich großen Vin Santo – und das ist selten – ist ein unvergessliches Erlebnis, kaum ein anderer Süßwein vermag diese Geschmacksvielfalt, diese Tiefe, diese Harmonie zu erreichen. Empfehlenswerte Erzeuger mit hoch konzentriertem, in manchen Jahrgängen unvergesslichem Vin Santo sind Avignonesi (Montepulciano), Capezzana (Carmignano), Isole e Olena (Barberino/Chianti Classico), Montellori (Fucecchio), Paterno & Corzano (San Casciano/Colli Fiorentini), Poliziano (Montepulciano), San Giusto a Rentennano (Gaiole/Chianti Classico) und Selvapiana (Rufina). Stark im Trend sind neue, weniger süße, eher trockene, sogar fruchtig herbe Vin Santi junger Nachwuchswinzer, die viele Liebhaber finden.

FEIERN

Attraktiver Höhepunkt jedes Toskana-Urlaubs ist die Teilnahme an einer der vielen Festivitäten. Der Veranstaltungskalender zwischen Arno und Monte Amiata ist prall mit religiösen historischen und kulinarischen Festen, aber auch spektakulären Musikfestivals und Opernevents gefüllt.

Mitte Juni verwandelt sich die Piazza Santa Croce in Florenz in einen mittelalterlichen Fußballplatz – beim Calcio Storico geht es hoch her!

Feste im Jahreslauf

Im Mittelpunkt vieler Feste stehen vor allem zwei Themen: der Glaube und das Essen. Kein noch so kleiner Flecken ist in der Toskana zu finden, der nicht das eine oder andere – meistens aber beides – ein- oder mehrmals im Jahr feiert. Neben den Weihnachts-, Oster- und Pfingstfeierlichkeiten haben Feste für die Nationalheiligen Franz von Assisi und Caterina von Siena große Bedeutung, zudem richtet jedes Dorf farbenfrohe Patronatsfeste für die **Ortsheiligen** aus. Angelehnt an den religiösen Kalender ist auch der Karneval in Viareggio, der beliebteste Karneval in der Toskana.

Die meisten und auch schönsten **Dorffeste** finden im Herbst statt: Traditionsreich sind die Erntedankfeste (sagre) mit Präsentationen lokaler Spezialitäten. Großartig sind die Olivenöl- und Weinfeste mit Verkostung, spektakulären Programmen und leckeren ortstypischen Speisen. So findet z. B. im September in Greve in Chianti die Expo del Chianti Classico (www.expochianticlassico.com) und in Panzano »Vino al Vino« (www.vinoalvinopanzano.com) statt; und auch bei den Weinfesten, den Feste dell'Uva, in Scansano (Provinz Grosseto), Chiusi (Siena) oder Impruneta (Florenz) geht es hoch her. Sehr beliebt sind auch Kastanienfeste (festa della castanga) wie in Caprese Michelangelo. Im November locken toskanische Trüffel (tartuffi).

Mittelalterfeste

Hoch im Kurs stehen die Mittelalterfeste, darunter weltberühmte wie der **Palio** in Siena (► S. 318). Auch der **Bravio delle botti** in Montepulciano bietet Spektakuläres: 80 kg schwere Weinfässer werden in einem Kräftemessen der Stadtviertel durch die Straßen gerollt. Bei der **Giostra del Saracino** in Arezzo wird hoch zu Pferd gegen den hölzernen Sarazenenkönig Buratto gekämpft. Auch in Pisa treten bei der **Regatta di San Ranieri** Stadtviertel gegeneinander an. Und beim **Gioco del Ponte** – ebenfalls in Pisa – sind Hunderte Kostümierte und zahlreiche Pferde zu bewundern.

Festspielsaison, Festivals und Events

Eine feste Institution sind die klassischen Musikfestivals, allen voran Italiens ältestes, der **Maggio Musicale**, der von April bis Juni in Florenz stattfindet. Sehr gut besucht sind im Juni der Estate Fiesolana in Fiesole oder die **Puccini-Festivals** in Torre del Lago und Lucca, eine Besonderheit die frühabendlichen Open-Air-Klassikkonzerte in der Abtei von San Galgano. Luccas Summer Festival ist quasi Pflicht für Liebhaber von Rock, Klassik und Jazz. Pistoia lockt im Juli mit Blues. Unter der großen Zahl neuer Toskana-Festivals feiern die Konzertreihen im Teatro del Silenzio in Lajatico (Juni/Juli) nahe Volterra sowie das Musikfestival von Bolgheri (Juli) mit vielen Weltstars Erfolge.
Sensationelle Besucherzahlen erzielt das **Comic-Festival** in Lucca (Ende Okt./Anf. Nov.) – Comic-Autoren und -Zeichner, die Comic-Leserschaft und Verlage drängen sich zu Tausenden in den Altstadtgassen.

Rodeos und Reiterfeste

Jedes Jahr am 1. Mai treffen sich die Maremma-Cowboys, die Butteri, in Alberese zum spektakulären **Torneo dei Butteri**, das auch Rodeo della Rosa genannt wird. Weitere spektakuläre, auch abendliche Butteri-Feste finden z. B. Ende Juli bis Anfang August in Capalbio statt. Beim Turnier in Alberese werden Geschicklichkeit, Kraft und Ausdauer von Reitern und Maremma-Pferden bei Reiterstafetten vorgeführt. Dabei halten die Butteri in ihrem typischen Maremma-Sattel, der Scafarda, mit einer Hand die Zügel, mit der anderen den »uncino«, einen bis zu zwei Meter langen Cowboystab aus Macchia-Holz. Höhepunkt ist der Kampf um die Rose: Zwei Reitteams – Rosa rossa (rote Rose) und Rosa gialla (gelbe Rose) – versuchen unter großem Hallo, sich die an den Schultern befestigten Rosen abzujagen. Mann gegen Mann wird geritten, oft mit direktem Körperkontakt. Siegreich ist die Mannschaft, die die meisten Rosen ergattert hat.
Spektakulär sind auch die klassischen **Rodeos**. Mannschaften aus je drei Reitern müssen mit dem Lasso ein in der Herde »abgetauchtes« Kalb einfangen, es zu Boden bringen und festbinden. Dabei flieht die gesamte Herde und die Cowboys nehmen die Verfolgung in wildem Galopp auf. Wird die vorgegebene Zeit, meist eine Minute, überschritten, darf das Kalb anderweitig festgesetzt werden (Informationen: Besucherzentrum Parco Naturale della Maremma, Tel. 0564 40 70 98).
Tipp: Von Mai bis Oktober veranstalten die acht Butteri der historischen Fattoria del Marruchetone (nun mit Bio-Agriturismo Corte

VERANSTALTUNGSKALENDER

FEIERTAGE

1. Januar:
Neujahr (Capodanno)
6. Januar:
Hl. Drei Könige (Epifania)
Ostersonntag, Ostermontag:
Pasqua, Lunedi dell' angelo
25. April:
Befreiung vom Nazifaschismus (Liberazione del nazifascismo)
1. Mai:
Tag der Arbeit (Festa del lavoro)
2. Juni:
Republikgründung (Festa della Repubblica)
15. August:
Mariä Himmelfahrt (Assunzione di Maria bzw. Ferragosto)
1. November:
Allerheiligen (Ognissanti)
8. Dezember:
Mariä Empfängnis (Immacolata Concezione)
25./26. Dezember:
Weihnachten (Natale)

FESTE UND EVENTS IM FEBRUAR/MÄRZ

KARNEVALSUMZÜGE

Hochburgen sind Pisa und Viareggio. Am Umzug in Viareggio, einem der größten in ganz Italien, nehmen aufwendig und fantasievoll gestaltete Festwagen teil.

MÄRZ/APRIL

OSTERN

Am Ostersonntag zieht in Florenz alles um 12 Uhr zum »Scoppio del Carro« auf den Domplatz. Dort wird ein Zünder in Form einer Taube vom Domaltar an einem Seil in einen festlich geschmückten Holzwagen geschossen, um ihn donnernd in Brand zu setzen – Osterfeuer alla fiorentina!

MAI

GIOSTRA DEL ARCHIDADO

Traditionelles Bogenschützenfest in historischen Kostümen. Ende Mai wetteifern Vertreter der Stadtteile in Cortona um einen 15 cm großen Würfel, den Dado.

RADDA IN BICCHIERE

Ende Mai verkostet man an den Ständen entlang der Hauptstraße von Radda in Chianti andächtig den neuen Weinjahrgang.

JUNI

GIOSTRA DEL SARACINO

Am dritten Sonntag im Juni stehen sich die vier Stadtteile von Arezzo beim Kampf gegen den symbolischen Sarazenenkönig Buratto gegenüber (► S. 57). Am ersten Sonntag im September findet ein zweiter Reiterkampf statt.

STADTFESTE IN PISA

Die Regatta di San Ranieri zwischen den vier Pisaner Stadtteilen findet stets am 17. Juni zu Ehren des Stadtpatrons auf dem Arno statt. Gerudert wird in historischen Kostümen. Am letzten Juni-Sonntag verwandelt sich der Ponte di Mezzo zum Schauplatz des Gioco del Ponte, einem farbenprächtigen Wettkampf zwischen Vertretern des Arno-Nord- und Südufers.

CALCIO IN COSTUME

Am Johannistag (24. Juni) steigt auf der Piazza Santa Croce in Florenz ein historisches Fußballspiel, das eher an Rugby ohne Regeln erinnert. Auch hier treten die Stadtviertel der Stadt gegeneinander an. Am Umzug zuvor nehmen Vertreter der Zünfte und die Fahnenschwinger der Uffizien teil.

JULI

PALIO DELLE CONTRADE
▶ S. 318

GIOSTRA DELL' ORSO
Am 25. Juli findet auf dem Domplatz in Pistoia das Fest zu Ehren des heiligen Jacopo statt. Beim Wettkampf hoch zu Pferd kämpfen Vertreter der Stadtviertel miteinander.

JAZZ AND WINE
Zu Jazzklängen und neuem Wein trifft man sich im Juli in Montalcino, im August in Montecarlo bei Lucca.

AUGUST

CALICE DI STELLE
Höhepunkt der Weinfeste ist die zehntätige Veranstaltung »Sternenkelch« rund um den 10. August: In der Nacht von San Lorenzo feiert die Toskana besonders aufwendig, so z. B. in Carmignano.

BRAVIO DELLE BOTTI
Der Bravio delle botti war wie Sienas Palio einst ein Pferderennen, das seit 1372 am 29. August zu Ehren des Schutzpatrons von Montepulciano, San Giovanni Decollati, ausgetragen wird. Heute rollen die Vertreter der Stadtteile 80 kg schwere Fässer über die Hauptstraße, ganz ohne Pferd. Ihnen voran geht ein bunter Umzug mit über 200 Rittern und Edelfräulein, Banner- und Waffenträgern in historischen Kostümen.

ERÖFFNUNG DER JAGDSAISON
Jedes Jahr am zweiten Sonntag im August wird in Montalcino die Jagdsaison eröffnet. Die besten Bogenschützen der Quartieri (Stadtviertel) treten gegeneinander an und geben einen Vorgeschmack auf die Sagra del Tordo, das größere Fest im Oktober.

SEPTEMBER

EXPO DEL CHIANTI CLASSICO
Greve in Chianti steht Mitte September vier Tage (Do.–So.) Kopf: mit Blasmusik und Prozession, Ständen, Essen, Weinverkostung, Gutsbesichtigungen und Kunsthandwerk.

OKTOBER

SAGRA DEL TORDO
Das Drosselfest in Montalcino stammt aus Zeiten der Drosseljagd. Festlich gekleidete Ritter und Burgfrauen ziehen zur Fortezza hinauf, wo sich die besten Bogenschützen der Quartieri (Viertel) messen. Krönung der Sagra del Tordo ist ein Festessen.

SAGRA DEL MARRONE
Das Maronenfest mit Maronentorten und -gerichten, Tanz und Musik findet an den Sonntagen des Monats in Palazzuolo sul Senio bei Florenz statt.

SAGRA DEL FUNGO PORCINO E DELLA BISTECCHA
Jedes Wochenende lädt Certaldo zu Steinpilzen und Steaks.

PISA FOOD & WINE FESTIVAL
Mediterrane Diät, neue Weine und Olivenöle und viel Kinderprogramm drumherum bietet dies Fest der Genüsse. Der Eintritt ist frei!

NOVEMBER

SAGRA DEL TARTUFO
Berühmt ist das Trüffelfest in San Miniato mit Trüffelmarkt an jedem Wochenende, in Volterra ist das Fest Volterragusto der Pflichttermin für Trüffelliebhaber. In San Giovanni d'Asso (Crete Senesi) ist am 2. Novemberwochenende Trüffelmarkt. Und in Montaione stehen am letzten Oktoberwochende ebenfalls die Edelpilze sowie Kastanien im Mittelpunkt.

degli Ulivi) Reitershows (Informationen: Strada dello Sbirro, Roselle, Tel. 335 6 51 17 74, www.cortedegliulivi.net).

Sport

Straßenfeger in der Toskana ist **Fußball**, egal ob am TV oder im Stadion. Besonders heißblütig geht es bei den Spielen der ersten italienischen Fußballliga (Serie A) zu, in der mit dem AC Florenz derzeit nur ein Team aus der Toskana vertreten ist.
Umjubelte Großereignisse bietet auch der **Motorsport**. Eine der modernsten Rennstrecken der Welt ist im Mugello, ca. 30 km nordöstlich von Florenz, beheimatet. Hier findet jährlich der **Große Preis von Italien** zur Motorrad-Weltmeisterschaft statt.

SHOPPEN

Die Toskana ist – wie ganz Italien – ein Dorado für Fans von Urlaubsmitbringseln. Ob Schuhe, Kleidung, Schmuck oder Nützliches für den Haushalt, Pasta, kulinarische Leckereien oder Wein – auf den Wochen- und Spezialmärkten, in den Ladenzeilen, Boutiquen und Enoteche der Ortszentren sowie in den außerhalb gelegenen Outlet-Centern gibt es alles, was das Herz begehrt. Und das meistens in hervorragender Qualität.

Kulinarische Souvenirs

Angesichts des riesigen Angebots an wohlschmeckenden Lebensmitteln und köstlichen landestypischen Produkten hat man überall in der Toskana die Qual der Wahl. Besonders gut einkaufen kann man Feinkost und andere frische Lebensmittel auf **Wochenmärkten**, die in der gesamten Region immer noch eine wichtige Institution des öffentlichen Lebens sind.
An erster Stelle stehen die toskanischen Weine und Liköre, allen voran die Super-Toskaner wie Ornellaia oder Sassicaia aus Bolgheri und traditionelle Spitzenweine wie Brunello di Montalcino oder Vino Nobile di Montepulciano (▶ S. 242). Berühmt und sehr hochwertig ist auch toskanisches Olivenöl (▶ S. 418). Käseliebhaber greifen am besten zu den meist würzigen Pecorino-Sorten, die auch eine längere Heimfahrt gut überstehen. Als Mitbringsel eignen sich zudem luftgetrockneter Wildschweinschinken, Salamis und andere Wurstwaren, Trüffel, getrocknete Steinpilze und feine Gewürzmischungen. Eiserne Disziplin ist allerdings das Gebot der Stunde, wenn die vielen Gebäckspezialitäten – Sienas Panforte, Kastanienbrot aus Lucca oder die süßen Verführungen aus dem Chocolate Valley (▶ S. 240) – nicht schon vor der Rückreise geschlemmt werden sollen. Übrigens: Viele Delikatessenhändler bieten auch die Zusendung per Post an, teils kann man auch online bestellen.

Die berühmten Designlabels sind in der Toskana genauso vertreten wie kleine Handwerksbetriebe, die Kleidung und Schuhe noch maßgefertigt herstellen.

Mode, Lederwaren, Accessoires

Die Toskana ist bekannt für exquisite Mode und herausragend verarbeitete Lederwaren wie Schuhe, Gürtel, Taschen, Geldbörsen und Handschuhe. Natürlich ist besonders oft das Logo der in der Toskana beheimateten Edelmarke Gucci (▶ S. 22) anzutreffen, aber auch andere weltberühmte Designerlabels sind mit feinen Boutiquen vor allem in Florenz, Lucca, Pisa und Siena vertreten. Ebenso lohnt es sich, die Sortimente hochwertiger Accessoires, Stoffe und Schmuckartikel zu durchstöbern.

Geradezu perfekt für eine Landpartie mit Einkaufsvergnügen und zudem schonend für den in der Toskana schnell strapazierten Geldbeutel sind die neuen **Outlet Center**, die vor allem Haute-Couture-Mode und Lederwaren günstig anbieten (▶ unten). Und noch einen Vorteil haben Schnäppchenjäger, die in Outlets und etwa nicht an Straßenstän-

AUSGEWÄHLTE OUTLET-CENTER

»THE MALL« LUXURY OUTLET

Mode von Armani bis Zegna, von Alexander McQueen bis Valentino. Rund 18 km von Florenz entfernt macht dieses riesige Outlet-Center Fans exklusiver Labels glücklich. Separat, doch direkt der Mall angeschlossen, öffnet auch der Gucci Oulet Store mit dem eleganten Rooftop-Caférestaurant seine Pforten. Perfekt ist die direkte Busverbindung ab/bis Florenz (deutschsprachige Infos auf der Website).
Via Europa 8, Leccio-Regello
Tel. 055 8 65 77 75, www.themall.it, Geschäfte tgl. 10 – 19, Juni bis Aug. bis 20 Uhr

BARBERINO DESIGNER OUTLET MCARTHER GLEN

Riesig, mit Cafés, Restaurants und 100 Läden führender Modemarken von Adidas über Calvin Klein bis Prada und noch dazu nahe Florenz.
Via Meucci, Ortsteil Scopicci, Barberino di Mugello
Tel. 055 84 21 61, tgl. 10 – 20 Uhr
www.mcarthurglen.com/it/barberino-designer-outlet/en

OUTLET DOLCE & GABBANA

Italiens zwei dauerrebellierende Top-Modestilisten findet man in diesem Outlet-Center, das ebenfalls nicht weit von Florenz entfernt ist.
Maddalena 49, Pian dell'Isola, Rignano sull'Arno, Tel. 055 8 33 11
Mo. – Sa. 9 – 19, So. 13 – 19 Uhr

OUTLET PRADA

Der Name ist Programm – Textilien, Lederwaren und Parfüm des berühmten Luxus-Labels gibt es hier.
Montevarchi, Tel. 055 9 19 65 28
Mo. – Sa. 9 – 18, So. 15 – 19.30 Uhr
www.montevarchi.tuscany.it/space-prada-outlet

OUTLET ROBERTO CAVALLI

Die Kreationen des italienischen Modeschöpfers gibt es in »The Mall« nahe Florenz (s.o.).
Via Europa, 8, 50060 Leccio Reggello, Tel. 055 8 33 09 12, Mo. – Sa. 10 – 19 Uhr

TUSCAN'S OUTLET

Das kleine, aber feine Outlet bietet Lederwaren mit Direktverkauf der Hersteller. Es liegt im Großraum Pisa.
Corridoni 20/22, Ponte a Egola, Tel. 0571 4 94 24, Mo. – Fr. 9 – 12 15 – 19, Sa. 9 – 13 Uhr
www.tuscans.it

den auf die Pirsch gehen: Hier muss man nicht in Sorge sein, einem-Verkäufer von Markenimitaten ins Netz zu gehen. Und das ganz durchaus teuer werden. Denn beim **Ankauf von »Fakes«** drohen in Italien Strafgelder – für den Käufer! Und die sind mit bis zu 10 000 € sehr hoch!

ÜBERNACHTEN

Darf's etwas mehr sein? Dann werden Sie in der Toskana mit ihren luxuriösen Stadthotels und Landvillen mit jedem erdenklichen Komfort sicher fündig. Es geht aber auch eine Nummer kleiner, ob nun in B & Bs mit Familienanschluss, auf rustikalen Agriturismo-Höfen oder gut ausgestatteten Campingplätzen. Eines ist jedenfalls sicher: Die über 18 000 Unterkünfte in der Toskana halten für jeden Reisenden das Passende bereit.

Teures Pflaster

Die große Beliebtheit der Ferienregion zeigt sich auch an den 58 Fünf-Sterne-Hotels – mehr gibt es in keiner anderen Region Italiens. In der Vor- und Nachsaison kann man vor allem an der Küste oft ganz passable Preise aushandeln, ansonsten liegen die Hotels, Ferienhäuser und Appartements der Toskana preislich im europäischen Vergleich eher am oberen Ende des Spektrums. In der Hauptsaison können die Preise für ein Ferienhaus auf 3000 € steigen, ein exklusiver Sarazenen-Wachtturm im Naturpark Maremma wird gar für 9000 € pro Woche angeboten (www.italhaus.com).

Übernachtungssteuer

In Florenz wird eine nach Hotelkategorie gestaffelte **Übernachtungssteuer** (tassa di soggiorno) erhoben, die nicht im Übernachtungspreis enthalten ist. Sie wird pro Person vor Ort fällig und an der Rezeption bezahlt. 2016 betrug sie zwischen 1,50 € und 5 € pro Nacht.

Buchung

Wer einen Aufenthalt über Feiertage, im Hochsommer und generell in Florenz, Siena, Lucca und Pisa plant, sollte frühzeitig eine Unterkunft reservieren (in den meisten anderen Städten ist dies nur zur Hauptreisezeit nötig). Hotels der oberen Preiskategorien bieten auf ihren Internetseiten oft tagesaktuell günstigere Tarife, Spezialangebote kann man mitunter auch direkt an der Rezeption aushandeln. Der Vergleich mit deutschsprachigen Hotelreservierungsseiten lohnt, oft bieten diese Sondertarife. Auch Reiseveranstalter haben oft günstige Hotelpreise, mit und ohne Pauschalangebot. In der Vor- und Nachsaison wird generell häufig Rabatt gewährt. Sparpotenzial ergibt sich manchmal auch durch die Frage nach Halb- oder Vollpension (mezza pensione, pensione completa).

Hotels und Alberghi Hotels und Alberghi (Albergo = Gasthof, Pension) sind in Italien amtlich in fünf Kategorien eingeteilt, vom Luxushotel mit fünf Sternen bis zur einfachen Unterkunft mit einem Stern. Neben diesen gibt es aber auch kleinere, nicht klassifizierte Unterkünfte, die durchaus akzeptabel sind. Und ohnehin gibt die Anzahl der Sterne nur bedingt Auskunft über den tatsächlichen Komfort eines Hauses und die Preise, die je nach Saison und Gegend sehr stark variieren können. So bezahlt man im Sommer an der Küste oder in Florenz für ein Doppelzimmer mitunter das Dreifache wie im Landesinnern. An der Küste sind viele Hotels nur zwischen April und Oktober geöffnet. Da die meisten Gäste hier länger als nur ein oder zwei Nächte bleiben, gibt es für einen Mindestaufenthalt von drei Tagen spezielle Konditionen und die Möglichkeit, Voll- (Pensione completa) oder Halbpension (Mezza pensione) zu buchen.

Albergo diffuso Unter einem Albergo diffuso versteht man eine Übernachtungsmöglichkeit, die von einer zentralen Rezeption aus verwaltet wird, in der man Schlüssel für Zimmer oder Apartments in Häusern in der Nähe erhält. Meist liegen diese günstigen Alberghi in abgelegenen, von Abwanderung bedrohten Bergdörfern und sind in ausgebauten historischen Häusern eingerichtet.

Bed & Breakfast Nicht nur in urbanen Zentren nehmen B & B-Angebote zu. Bed & Breakfast Italia vermittelt eine große Auswahl auf unterschiedlichstem Niveau und für diverse Zielgruppen – Zimmer mit Gemeinschaftsbädern, Unterkünfte in namhaften historischen Gebäuden, Zimmer mit höchstem Komfort, nur für Frauen oder auch mit Haustieren.

Agriturismo Ferien auf dem Land und in freier Natur stehen in der Toskana hoch im Kurs: Etwa ein Drittel aller Bettenangebote der Region stehen in einem Agriturismo. Die Erfolgsgeschichte des »Urlaubs auf dem Bauernhof« begann vor einem Vierteljahrhundert mit den ersten Angeboten südlich von Siena. Heute locken in der Toskana mehr als 4000 registrierte Fattorie, Poderi oder Landvillen mit gesunder Luft und gutem Schlaf für die gesamte Familie. Etwa 60 % aller Betriebe bieten mittlerweile auch ein angeschlossenes Restaurant bzw. Verpflegungsoptionen an, viele verleihen Räder oder Mountainbikes, veranstalten Ausflüge und Exkursionen in die Umgebung oder bieten auch Ausritte oder Reitstunden an. Häufig gibt es auch Swimmingpools auf dem Areal und neuerdings auch vielfältige Wellness-Angebote in Kooperation mit Spas und Thermalbädern – mancher Agriturismo hat sich längst zur Luxusoase im Grünen gemausert.
Das offizielle Klassifizierungssystem für Landurlaub in der Toskana vergibt maximal drei Ähren (spighe). Mehr Ähren bedeuten nicht mehr Komfort, eher bessere ländliche Qualität.

Campingplätze

Die meisten Campingplätze in der Toskana liegen an der Küste und auf den Inseln des toskanischen Archipels, vor allem auf Elba. Aber auch im Hinterland oder in der Umgebung großer Städte finden sich Anlagen für Camper und Wohnmobilisten. Allein auf Elba gibt es mehr als 30 zum Teil äußerst angenehme und schön gelegene Plätze. Das verhältnismäßig hohe Preisniveau für Unterkünfte in Italien macht aber auch vor Campingplätzen nicht Halt: Im Durchschnitt muss man für ein Zelt und zwei Personen mit ca. 20 € pro Nacht rechnen. Auskünfte gibt der ital. Campingverband (▶ unten).
Wildes Campen ist verboten. Wer allerdings mit dem Wohnmobil oder Wohnwagen reist, kann sich eine Nacht am Straßenrand, auf Park- oder Rastplätzen aufhalten, sofern dies nicht ausdrücklich untersagt ist.

Jugendherbergen

Jugendherbergen und Hostels sind eine einigermaßen preiswerte Alternative. Für Übernachtungen in Jugendherbergen braucht man einen internationalen Jugendherbergsausweis, eine Voranmeldung ist in der Saison unbedingt ratsam. Entlang alter Pilgerwege wie der Via Francigena, dem »Frankenweg« von Canterbury nach Rom, bieten religiöse und private Einrichtungen günstige, eher schlichte Unterkünfte.

Viele kleine B & Bs in der Toskana geben eine Bella Figura ab. Man sieht es im Anfiteatro (www.anfiteatrolucca.it) an der gleichnamigen Piazza in Lucca.

WICHTIGE ADRESSEN

ALBERGO DIFFUSO

ADI
www.alberghidiffusi.it

AGRITURISMO

AGRITURIST TOSCANA
Via Massetana Romana 50/A
I-53100 Siena
Tel. 0577 53 32 02
www.agriturist-tuscany.com/en

FEDERAZIONE COLDIRETTI TOSCANA / TERRANOSTRA
Via della Villa Demidoff 64/D
I-50127 Firenze
Tel. 055 3 24 56 55
www.toscana.coldiretti.it

TURISMO VERDE TOSCANA
www.turismoverde.it

BED & BREAKFAST

BED & BREAKFAST ITALIA
www.bbitalia.it

CAMPING

CONFEDERAZIONE ITALIANA CAMPEGGIATORI
Via Vittorio Emanuele II 11
I-50041 Calenzano / Firenze
Tel. 055 88 23 91
www.federcampeggio.it

JUGENDHERBERGEN

ASSOCIAZIONE ITALIANA ALBERGHI PER LA GIOVENTÙ
Viale Mazzini 88 Pal B int 1
I-00195 Roma
Tel. 06 98 26 14 62
www.aighostels.com

AUSGESUCHTE AGRITURISMO-BETRIEBE

Preiskategorien für ein Doppelzimmer

€€€€	über 150 €
€€€	100–150 €
€€	80–100 €
€	bis 80 €

AGRITURISMO I VERONI €€–€€€

Traum in Ocker! Vom luxuriös umgebauten Landgut (oberhalb von Pontassieve ausgeschildert) locken wunderbare Ausflüge ins Hinterland (vom Bahnhof in Pontassieve hat man auch Anschluss nach Florenz). Inmitten der Olivenbaumwiesen und Weinberge des Bio-Winzers I Veroni sind der schicke Pool und vor allem die Zimmer im Turm sehr zu empfehlen. Auf dem Bergkamm oberhalb thront die Gemeindekirche von San Martino a Quona, ein Wahrzeichen der Umgebung.
Via San Martino a Quona 67
Pontassieve (Prov. Florenz)
Tel. 055 8 36 88 86, www.iveroni.it

AGRITURISMO SANT'ANNA IN CAMPRENA €€–€€€

Neun Oscars und Lavendelduft! 6 km nördlich von Pienza drehte Anthony Minghella im einstigen Benediktinerkloster (1517) mit prächtigem Klostergarten Szenen des Blockbusters »Der englische Patient«. Eine Wand des Ristorante (Bio-Küche) ziert der Stammbaum der Papstfamilie Piccolomini (17. Jh.), das Refektorium schmückte Sodoma 1503 mit Fresken (Besichtigung Di.–So. 15.30–19 Uhr). Mal-, Zeichen- und Fotokurse in der Scuola Camprena (1 km entfernt).

Localitá Sant'Anna in Camprena Pienza, Tel. 0578 74 80 37, www.camprena.it, Nov. - März geschl.

FATTORIA AGLIONI €€-€€€

Authentischer Bilderbuch-Agriturismo! Claudia und Omero Weber-Saglam offerieren den Toskana-Urlaubstraum im alten Gutshaus und den umgebauten Wirtschaftsgebäuden ringsum. Sehr schön ist die Maisonette-Wohnung in der alten Schmiede, legendär das Vier-Gänge-Gourmetmenü an den langen Tischen auf der von der Abendsonne gefluteten Gutsterrasse, von der man bis nach Lucca und in die Alpi Apuane blickt. Die Gastgeberin ist anerkannte Olivenöl- und Weinexpertin. Im November veranstaltet sie auch Trüffel-Wochenenden!
Via Gello 12, San Miniato
Tel. 0571 40 80 41, www.aglioni.it

FATTORIA CASTELLO DI VOLPAIA €-€€€€

Volpaia authentisch erleben! Im Herzen des Chianti bieten die Apartments wie in der alten Ölmühle (mit Feuerstelle oder Garten!) die Möglichkeit, das Alltagsleben im alten Borgo zu erfahren –und zwar von kostengünstig bis luxuriös. Hochexklusiv sind natürlich die Villa Commenda (4 Schlafzimmer, 3 Bäder), etwas außerhalb die Villa Pozza mit Garten (11 Betten, 5 Bäder) oder die Casavecchia (8 Betten, 5 Bäder).
Localitá Volpaia, Radda in Chianti
Tel. 0577 73 80 66
www.castellodivolpaia.com/en

FATTORIA POGGIO ALLORO €€-€€€

Sarah Fiorini ist Eignerin, Chefin und Sommelier auf dem 100 ha großen Biogut 5 km von San Gimignano, das Agriturismo (mit Pool), B & B, Ristorante und Hofladen vereint. Wein-Liebhaber sollten den Vernaccia di San Gimignano »Il Nicchiaio« oder den Vernaccia »Le Mandorle« probieren, zudem kann man Bistecca Fiorentina vom Chianina-Rind, Olivenöl, Salamis und mindestens zwölf Monate gelagerte Schinken, Pasta, Safran und Wildblütenhonig kosten und kaufen.
Via Sant`Andrea 23
San Gimignano
Tel. 0577 95 01 53
www.fattoriapoggioalloro.com

P

PRAKTISCHE INFOS

Wichtig, hilfreich präzise

Unsere Praktischen Infos helfen in allen Situationen in der Toskana weiter.

Und noch ein Klassiker … ▶

FIAT
827 * SI

KURZ & BÜNDIG

ELEKTRIZITÄT
220 Volt/50 Hz.Im Allgemeinen ist ein Adapter (ital. adattatore) nötig. Europanorm-Gerätestecker sind nur verwendbar, wenn sie dünne Kontaktstifte besitzen.

GELD

WÄHRUNG
Italien gehört zur Eurozone; Wechselkurs für den Schweizer Franken: 1 € = 1,08 SFr / 1 SFr = 0,92 €.

BANKEN & GELDAUTOMATEN
Schalterstunden sind in der Regel Mo.–Fr. 8.30–13.00 Uhr; nachmittags variieren die Öffnungszeiten (ca. 14.30–15.30 Uhr). Am Geldautomat (bancomat) wird mit Kredit- und Bankkarte rund um die Uhr Geld abgehoben.

BARGELDLOSES ZAHLEN
Die meisten internationalen Kreditkarten werden von Banken, Hotels, Restaurants, Autovermietern und vielen Geschäften akzeptiert.

QUITTUNGEN
Beim Verlassen eines Geschäftes, eines Restaurants oder einer Bar unbedingt den Kassenbeleg (scontrino) aufbewahren. Bei Kontrollen muss man diesen vorzeigen können, andernfalls wird ein Bußgeld fällig.

SPERRNOTRUF
Unter folgender Nummer kann man Bank- und Kreditkarten, Handys und Krankenkassenkarten sperren lassen.
Tel. 116 116 (aus dem Ausland mit Vorwahl +49)
www.sperr-notruf.de

NOTRUFE

ALLGEMEINER NOTRUF
Tel. 112 (landesweit)

POLIZEI
Tel. 113 (landesweit)

FEUERWEHR
Tel. 115 (landesweit)

NOTARZT
Tel. 118 (landesweit)

PANNENHILFE DES ACI
Tel. 80 31 16
Tel. 800 11 68 00
(von ausländischen Mobiltel.)

ADAC NOTRUFZENTRALE MÜNCHEN
Tel. +49 89 22 22 22

ACE-NOTRUFZENTRALE STUTTGART
Tel. +49 711 5 30 34 35 36

DEUTSCHE RETTUNGSFLUGWACHT STUTTGART
Tel. +49 711 7 00 70

DRK-FLUGDIENST
Tel. +49 211 91 74 99 39

WAS KOSTET WIE VIEL?
Drei-Gänge-Menü 30–50 €
Einfache Mahlzeit 15–20 €
Espresso: ab 0,90 €
1 l Super-Benzin: ca. 1,55 €
Preise für Übernachten ► S. 117

ZEIT
In Italien gilt die Mitteleuropäische Zeit (MEZ), von Ende März bis Ende Oktober die Sommerzeit (MESZ = MEZ + 1 Stunde).

ANREISE · REISEVORBEREITUNG

Anreise

Maut in Österreich

Auf Österreichs Autobahnen und Schnellstraßen herrscht für Motorräder sowie PKW und Wohnmobile bis 3,5 t Vignettenpflicht (Jahres-, Zweimonats- und Zehn-Tages-Vignette); für Wohnmobile über 3,5 t wird eine sogenannte Go-Box benötigt, über die die Maut fahrleistungsabhängig abgerechnet wird. Auf mehreren Alpenquerungen wird eine Sondermaut fällig; Information: ASFiNAG (www.asfinag.at). Sondermaut und Vignetten können direkt, online und telefonisch erworben werden. Reisen ohne Zeitverlust beispielsweise über den Brenner erlaubt die Videomaut-Abfertigung, bei der das zuvor hinterlegte Autokennzeichen durch Kameras erfasst wird.

Maut in der Schweiz

Für die Schweiz benötigt man eine Jahresvignette, die vom 1. Dezember des Vor- bis zum 31. Januar des Folgejahres gültig ist; für Wohnmobile über 3,5 t wird zusätzlich eine Schwerverkehrsabgabe fällig. Vignetten kauft man an der Grenze, an grenznahen Tankstellen, online (www.tolltickets.com/country/swiss/vignette.aspx) oder bei Automobilklubs Sondermaut wird für den Großer St. Bernhard Tunnel und Munt la Schera erhoben.

Maut in Italien

Nahezu alle Autobahnen (autostrade) in Italien sind gebührenpflichtig (pedaggio). Die Autobahngebühr bezahlt man bar oder mit Kreditkarte (weiße Spur) oder per VIAcard (blaue Spur), einer Prepaid-Karte, die in Italien und bei einigen Autmobilklubs erhältlich ist. Für Vielfahrer eignet sich der Telepass (gelbe Spur), der neuerdings für alle europäischen Kraftfahrzeughalter erhältlich ist. Hierbei wird die Durchfahrt an Mautstellen mittels einer kleinen On-Board-Einheit registriert und die Gebühr nach einmaliger Anmeldung vom hinterlegten Bankkonto abgebucht.

Information: www.autostrade.it

Onlinebuchung: www.tolltickets.com/country/italy/telepass.aspx

Mit dem Bus

Eurolines (www.eurolines.de) fährt im Linienverkehr z. B. via München (Deutschland) nach Florenz (ca. 9 Std.). FlixBus (www.flixbus.de) bietet die Strecke Berlin – Florenz ab ca. 50 € an.

Mit der Bahn

Sehr gute internationale Bahnverbindungen bestehen nach Florenz (z. B. München – Florenz in ca. 8,5 Std.).

NÜTZLICHE ADRESSEN

BAHN

DEUTSCHE BAHN
Tel. 01806 99 66 33
Tel. 0800 1 50 70 90
(kostenfreie Fahrplanauskunft)
www.bahn.de
https://reiseauskunft.bahn.de

TRENITALIA
Tel. *89 20 21
(nur national)
Tel. +39 6 68 47 54 75
(aus dem Ausland)
www.trenitalia.com

ÖSTERREICHISCHE BUNDESBAHN
www.oebb.at

SCHWEIZERISCHE BUNDESBAHNEN
www.sbb.ch

BUS

EUROLINES – DEUTSCHE TOURING GMBH
Tel. 069 9 71 94 48 33
www.eurolines.de

FLUGGESELLSCHAFTEN

ALITALIA
Tel. 069 7 91 00 10 02
www.alitalia.com

LUFTHANSA
Tel. 08 99 19 80 00 (in Italien)
www.lufthansa.com

RYANAIR
Tel. 0180 6 67 78 88 (deutschsprachig)
Tel. 02 89 98 05 00 (in Italien, italienischsprachig)
www.ryanair.com

EUROWINGS
Tel. 01806 32 03 20
www.eurowings.com

AUSTRIAN
Tel. +43 (0) 5 17 66 10 00
www.austrian.com

SWISS
Tel. +41 (0)8 48 70 07 00
www.swiss.com

FLUGHÄFEN

AEROPORTO GALILEO GALILEI (PISA)
Tel. 050 84 93 00
www.pisa-airport.com

AEROPORTO AMERIGO VESPUCCI (FLORENZ)
Tel. 055 3 06 18 30 (Kundenservice), Tel. 055 31 58 74 (Touristeninformation)
www.aeroporto.firenze.it

Die schnellste Verbindung in Italien erlaubt der Hochgeschwindigkeitszug Pendolino der Bahngesellschaft Trenitalia, für den wie für Intercity, Eurocity und Eurostar eine Reservierung nötig ist und ein Zuschlag (supplemento) fällig wird.
Fahrkarten ohne Zugbindung gibt es für die einfache Strecke (andata) sowie für Hin- und Rückfahrt (andata e ritorno), jeweils in zwei Klassen (prima/seconda classe); sie müssen vor Fahrtantritt unbe-

dingt an den gelben Stempelautomaten am Bahnsteig **entwertet** werden! Internationale Fahrkarten sind ab Ausstellungsdatum zwei Monate gültig und können beliebig oft unterbrochen werden. In Italien gelöste Tickets gelten bei Entfernungen bis 200 km 6 Stunden, über 200 km Fahrtstrecke 24 bis 48 Stunden.
Zumindest einen Teil der Strecke kann man mit den **Autoreisezügen** Düsseldorf – Verona und Hamburg – Verona zurücklegen.
www.autoreisezug-planer.de/italien.htm

Mit dem Flugzeug

Wichtigster Flughafen der Toskana ist der Aeroporto Galileo Galilei 2 km außerhalb von **Pisa**. Er wird derzeit von Hamburg, Berlin, Düsseldorf-Weeze, Köln-Bonn, Frankfurt/Main, Frankfurt-Hahn, Stuttgart, München, Wien und Zürich direkt angeflogen. Direkt am Flughafen bietet der Bahnhof Pisa Aeroporto gute Verbindungen zum Hauptbahnhof Pisa Centrale und weiter nach Lucca, Pistoia, Montecatino, Empoli oder Viareggio sowie direkt nach Florenz (1 Std.). Auch Shuttlebusse pendeln nach Florenz. Die nächste Mietwagenstation ist 300 m entfernt.
Der Flughafen Amerigo Vespucci liegt 6 km außerhalb von **Florenz** in Peretola und wird – teils mit Zwischenstopp – z. B. von Berlin, Düsseldorf, Frankfurt/Main, München, Stuttgart, Wien, Genf und Zürich angeflogen. Shuttle-Busse (Volainbus; www.fsbusitalia.it; Ticket 6 €) fahren zum Hauptbahnhof von Florenz. Mit Autoverleih.

Ein- und Ausreisebestimmungen

Personalpapiere

Für Deutsche, Österreicher und Schweizer genügt der Personalausweis. Kinder bis zwölf Jahre benötigen einen Kinderreisepass mit biometriefähigem Lichtbild, dann Reisepass oder Personalausweis.

Fahrzeugpapiere

Autofahrer müssen Führerschein, Kfz-Schein und die Internationale Grüne Versicherungskarte dabeihaben. Kfz müssen das ovale Nationalitätskennzeichen haben, sofern sie kein EU-Kennzeichen tragen.

Haustiere

Haustiere müssen mit implantiertem Mikrochip und EU-Kleintierausweis samt Nachweis einer Tollwutimpfung reisen. Diese muss mindestens 30 Tage und maximal zwölf Monate vor der Einreise erfolgt sein. Maulkorb und Leine sind mitzuführen, an Stränden ist das Hundeverbot zu beachten.

Zollbestimmungen

Innerhalb der EU ist der Warenverkehr für private Zwecke weitgehend zollfrei. Für Reisende über 17 Jahre gelten als Richtwerte z. B. 800 Zigaretten, 10 l Spirituosen, 60 l Schaumwein, 110 l Bier oder 10 kg Kaffee.

Für Schweizer ab 17 Jahren gelten diese Freigrenzen: 250 Zigaretten oder 250 g Tabak, 5 l Getränke bis 18 % Alkoholgehalt, 1 l Alkoholisches ab 18 % Alkoholgehalt, 1 kg Fleisch. Zollfrei sind Waren im Gesamtwert von 300 SFr.

Krankenversicherung

Voraussetzung für eine ärztliche Leistung am Urlaubsort ist, dass dem behandelnden Arzt oder Krankenhaus die von der Krankenkasse ausgestellte **Europäische Krankenversicherungskarte** (European Health Insurance Card, EHIC) vorgelegt wird. Auch mit der Karte sind in vielen Fällen ein Teil der Behandlungskosten bzw. Ausgaben für Medikamente selbst zu tragen. Gegen Vorlage der Quittungen übernimmt die Krankenkasse zu Hause dann die Kosten – allerdings nicht für jede Behandlung. Schweizer müssen ärztliche Behandlungen und Medikamente selbst bezahlen.
Eine zusätzliche **private Reisekrankenversicherung**, die auch ggf. die Kosten eines Rücktransports in die Heimat übernimmt, hilft, unnötige Kosten zu vermeiden.

AUSKUNFT

AUSSERHALB ITALIENS

STAATLICHES ITALIENISCHES FREMDENVERKEHRSAMT (ENIT)

Barckhausstraße 10
60325 Frankfurt am Main
Tel. 069 23 74 34
www.enit.de, www.italia.it/de

ENIT IN ÖSTERREICH

Mariahilfer Str. 1b, A-1060 Wien
Tel. 01 5 05 16 39, www.enit.at

ENIT IN DER SCHWEIZ

c/o Italienisches Generalkonsulat
Todistrasse 65, CH-8002 Zürich
Tel. 044 5 44 07 97
www.enit.de/kontakt

IN DER TOSKANA

In allen größeren Gemeinden gibt es Touristeninformationen (► Ziele).

GUTE WEBSITES

WWW.VISITTUSCANY.COM/EN

Die offizielle Tourismus-Website gibt einen Überblick über die gesamte Region: Informationen zu Veranstaltungen, Ausflugszielen, Unterkünften und vieles mehr.

WWW.EMMETI.IT

Unterkünfte, Events, Museen, Wellness, Kirchen in den großen Toskana-Städten und in Italien.

WWW.TURISMOVERDE.IT

Viele Agriturismo-Adressen in der gesamten Toskana.

WWW.CHIANTI.IT

Alles rund um die Chianti-Region, Informationen zu allen Orten, viele Weinkellereien, Gastronomie, Unterkünfte und kulturelle Highlights.

HTTPS://DE.ESCAPIO.COM/HOTELS-TOSKANA
Ausgesuchte Übernachtungsadressen in der Toskana von Hotel bis Weingut

WWW.RIVIERATOSCANA.COM
Übersicht über die Sehenswürdigkeiten an der toskanischen Küste, dazu gibt es viele praktische Hinweise.

WWW.UFFIZI.BENICULTURALI.IT
Offizielle Website der Uffizien mit Link zum offiziellen und einzigen autorisierten Ticketverkauf.

WWW.FIRENZEMUSEI.IT
Übersicht zu allen staatlichen Museen in Florenz und Link zum offiziellen Ticketverkauf.

WWW.TOSKANAURLAUB.AT
Informationen auf Deutsch zu Städten und Sehenswürdigkeiten, außerdem Veranstaltungshinweise, dazu Unterkünfte, Kulinarisches, Landschaften und Natur.

WWW.TERRADITOSCANA.COM
Infos zur Toskana, auch zu verschiedenen Kochkursen.

BOTSCHAFTEN

DEUTSCHE BOTSCHAFT
Via San Martino della Battaglia 4
00185 Roma
Tel. 06 49 21 32 08
www.rom.diplo.de

ÖSTERREICHISCHE BOTSCHAFT
Via Pergolesi 3
00198 Roma
Tel. 06 8 44 01 41
www.bmeia.gv.at

SCHWEIZER BOTSCHAFT
Via Barnaba Oriani 61
00197 Roma
Tel. 06 80 95 71
www.eda.admin.ch/roma

MIT BEHINDERUNG IN DER TOSKANA

Turismo senza barriere

»Turismo senza barriere« (barrierefreier Tourismus) nennt sich ein ambitioniertes Projekt der Region Toskana, dem es u. a. zu verdanken ist, dass ein Großteil der toskanischen Museen über behindertengerechte Zugänge verfügt. Gemäß dem Slogan »Turismo per tutti« (Tourismus für alle) gibt es Tipps, Ideen, Urlaubs- und Übernachtungsvorschläge unter www.visittuscany.com/en/theme/accessible-tourism. Dazu zählen auch verbesserte Angebote in den Naturparks. So bieten der Parco Naturale della Maremma, der Parco Naturale delle Alpi Apuane, der Parco dell' Orecchiella, die L' oasi Lipu Massaciuccoli oder die Parks im Casentino spezielle Angebote für Behinderte an.

Zugang zu Stränden

Der barrierefreie Zugang zu Stränden und Strandeinrichtungen ist z. B. in Livorno möglich, so im Stabilmento balneare dei Tre Ponti, in Quercianella, in den Bagni Paolieri oder Bagni Cala Bianca.

ETIKETTE

La Bella Figura

La Bella Figura, der schöne äußere Schein, ist für die meisten Italienerinnen und Italiener ein inneres Bedürfnis. Ob nun bei der abendlichen **Passeggiata** (Bummel) auf dem Corso oder auch nur beim Gang zur Post – gerade die Damen der Schöpfung, aber auch die Herren von Welt, putzen sich gerne fein heraus. Im Zweifelsfall gibt man sein Geld eher für Mode (und gutes Essen) als für Möbel oder Fassadenanstriche aus. Wenig Verständnis existiert daher für Touristen, die mit Badeschlappen Kirchen betreten, in Shorts Gemäldegalerien besichtigen oder in Sandalen in Restaurants sitzen. Bei allzu regelwidrigem Auftreten verhängen manche Kommunen heute sogar Geldstrafen gegen »Il degrado«, den Niedergang der Sitten!

Barbesuche

Bella Figura heißt selbst frühmorgens die Pflichtübung für alle Hauptdarsteller in den Bars zwischen Carrara und Chianciano Terme: Die Baristi an ihren dampfenden Espressomaschinen tragen oft flotte Kellner-Jacketts über dem gestärkten Hemd und regieren souverän das vor ihnen stehende Publikum. Und nie fehlen Freundlichkeit und unnachahmliche Eleganz beim Aufschäumen des Cappuccino und Servieren frischgebackener Cornetti. Zum echten italienischen Frühstück, der Colazione all'italiana, gehört übrigens auch ein kleines **Trinkgeld** – das den Service noch beschleunigt.

Fotografieren

Die meisten Italiener freuen sich, wenn sie vor die Linse kommen, ihr Theaterblut gerät in Wallung. Nutzen Sie die Chance für ein Schwätzchen. Oft will die Nachbarin noch schnell mit aufs Bild, Kinder winken die ganze Schulklasse zum Fototermin, der Padrone besteht darauf, dass auch die Kellnerbrigade abgelichtet wird. Ein Foto ist immer ein öffentliches Ereignis, ein Moment der Lebensfreude.

Seit Juli 2014 ist es auch in Italiens **staatlichen Museen** erlaubt, Fotos zum privaten Gebrauch zu schießen. Doch gerade der neue Kult zum Selbstporträt, dem »Selfie al Museo«, führt zu Kontroversen. Einerseits veranstalten große Museen nun »Selfie Days«, um junges Publikum anzulocken, andererseits sind aber auch schon wertvolle Kunstwerke zu Bruch gegangen, wenn Selfie-Fans auf der Suche nach dem idealen Aufnahmeort rücklings über sie stolperten. Manch Florentiner Museumsdirektor wünscht sich schon den Bann von Smartphones und Selfie-Sticks, die auch Gemälde stark gefährden. Man nehme also besser Rücksicht – und suche die Bella Figura lieber auf der Piazza.

Im Straßenverkehr

Spontan ist man in Italien gern auch am Steuer. Doch geändertes Umweltbewusstsein sowie Kontrollen und drakonische Strafen haben heute selbst den unbekümmertsten Lebenskünstler gezähmt. Man ist also gut beraten, wenn man – wie auch die meisten Toskaner – die Regeln beherzigt und sich auf manch guten Rat und gekonnt freundliche Kavaliersgeste freut. Denn hilfsbereit sind die Menschen in der Toskana auch. Gelernt ist gelernt: Bei Nieselwetter heben die Florentiner auf den Bürgersteigen sogar elegant und mit Grandezza-Lächeln ihre Regenschirme für Sie an.

Arrangiarsi

Glücklich in der Toskana wird, wer durch ein Lächeln oder eine Geste Sympathie für sein Gegenüber auszudrücken vermag. Und gut beraten ist man, sich an manch ungeschriebene Regel zu halten und vor allem lächerliche Vorurteile bei Seite zu lassen. So gelten gerade die Toskaner, nicht etwa die Deutschen, als **superpünktlich** – und dies nicht nur bei geschäftlichen Anlässen. Und wenn tatsächlich mal etwas nicht klappen sollte, dann findet sich immer noch ein Weg zur Lösung. Ein verständnisvolles Kompliment führt bei Toskanern und Römern, bei Mailändern und Neapolitanern meist schneller zum Ziel als herrische Drohgebärden, die – Sie ahnen es schon – die Bella Figura beschädigen.

Rauchverbot

Italien bestraft seit 2016 die Missachtung des Rauchverbots in Restaurants, Bars, am Strand oder in öffentlichen Räumen mit einem Bußgeld von 27,50 bis 275 €. Wird das Rauchverbot in der Nähe von Minderjährigen unter 14 Jahren ignoriert, also auch vor Schulen oder Kindergärten, werden 55 bis 550 € fällig.

GESUNDHEIT

Medizinische Versorgung

Die medizinische Versorgung wird an vielen Orten durch die Guardia Medica gewährleistet. Den **ärztlichen Bereitschaftsdienst** in der Nacht (20 – 8 Uhr) und am Feiertag stellt die Guardia Medica notturna e festiva. Ärztlichen Notdienst bzw. erste Hilfe (Pronto soccorso) leisten außer Krankenhäusern (Ospedali) u. a. das Weiße Kreuz (Croce Bianca), das Grüne Kreuz (Croce Verde) und das Rote Kreuz (Croce Rossa Italiana). Wer einen Zahnarzt braucht, fragt nach einem »dentista«.

Apotheken

Apotheken (farmacie) haben in der Regel Mo.–Fr. 9–13 und 16–19.30 Uhr geöffnet. Sie schließen wechselweise mittwochs oder samstags. Verzeichnisse von Notapotheken, die nachts und feiertags geöffnet haben (Farmacie di turno), hängen in den Schaufenstern oder an den Apothekentüren aus.

MEDIZINISCHER NOTDIENST/ UNFALLAMBULANZ
Tel. 118

MEDICAL SERVICE FIRENZE (24 STD.)
Tel. 055 47 54 11
(auch deutschsprachig)
Klinik Sprechstunde:
Florenz,
Via Roma 4
Mo.–Fr. 11–12, 13–15, 17–18,
Sa. 11–12, 13–15 Uhr
www.medicalservice.firenze.it
Deutschsprachige Kinderärztin im Medical Service:
Dr. Hermione Silberhorn

OSPEDALE MEYER
Kinderkrankenhaus
Viale Pieraccini 24
Florenz
Tel. 055 5 66 21
www.meyer.it

Notruf ▶ S. 450

LESETIPPS

Belletristik

Roberto Benigni: Mein Dante. Sammlung Luchterhand 2010. Die großartig komische wie glühende Liebeserklärung des Oscar-Preisträgers entführt Sie in das Universum der »Göttlichen Komödie«. Das Vorwort stammt von Umberto Eco.

E. M. Forster: Zimmer mit Aussicht. Fischer Taschenbuch 2014. Florenz 1907: Eine Engländerin verliebt sich auf einer Bildungsreise in einen jungen Schöngeist. Zunächst leugnet sie ihre Gefühle, findet dann aber den Mut, sich entgegen aller Konventionen zu entscheiden.

France Mayes: Unter der Sonne der Toskana. Goldmann 2004. Romantische Love Story – wie auch ihr Roman »Das Paradies heißt Bramasole (Blessing 2002)«, aber vor allem auch eine große Liebeserklärung an die Toskana.

Magdalena Nabb: Tod eines Engländers. Diogenes 1991. Auftakt zur in Florenz spielenden Krimiserie, in dessen Mittelpunkt der etwas trottelige Kommissar Maresciallo Guarnaccia steht.

Weinführer

Steffen Maus: Italiens Weinwelten. PiBoox-Paulsen 2017. Alles über den Vino, nicht nur aus der Toskana, zusammengetragen vom fundierten Fachjournalisten Steffen Maus. Die vorherige Auflage wurde ausgezeichnet mit dem Gourmand World Cookbook Award als bestes Buch über europäischen Wein.

Bildmagazin

DuMont Bildatlas: Toskana. DuMont Reiseverlag 2020. Rita Henss führt ihre Leser mit den wunderschönen Fotos von Christina Anzenberger-Fink und Toni Anzenberger durch die uralte Kulturlandschaft.

REISEZEIT

Klima

Typisch für die Toskana sind trockene, heiße Sommer und feuchte, milde Winter. An den Küsten der Toskana sind die Temperaturen ausgeglichener als im Hinterland, d. h. im Winter etwas höher und im Sommer etwas niedriger. Der meiste Regen – über 2000 mm pro Jahr – fällt im Apennin und in den Apuanischen Alpen. An den Küsten liegt die Regenmenge unter 1000 mm, im tiefer gelegenen Landesinneren ist es am trockensten (Florenz 840 mm, Siena 860 mm pro Jahr).

Frühling und Herbst

Die beste Zeit für Wander- oder Kulturreisen in die Toskana sind die Monate April bis Juni sowie September und Oktober. Im April kann man den Beginn der Blüte erleben, wie im Herbst gibt es auch kühlere Tage mit Regen und Wind. Als ideale Reisezeit schlechthin gelten Mai und Juni – dann stehen Klatschmohn und Ginster in voller Blüte und die Temperaturen klettern an schönen Tagen schon so hoch, dass man genüsslich auf einer Piazza sitzen oder in freier Natur picknicken kann. In Florenz beispielsweise werden dann schon regelmäßig Tagestemperaturen von 20–22 °C gemessen. Für den Spätfrühling sprechen auch die vielen traditionellen Feste und Veranstaltungen, für den Herbst die zahlreichen Weinfeste im Chianti und anderswo.

Sommer

Von Juli bis September ist es meist trocken und sehr warm in der Toskana – die bevorzugte Zeit für einen Badeurlaub an der Küste oder auf einer der Inseln. In Florenz schwanken die Temperaturen im Juli zwischen 28 und 33 °C tagsüber und 18 – 20 °C nachts. In den erhöht liegenden Städten weht auch in den heißen Monaten oft ein Lüftchen, das die Hitze erträglich macht.

SPRACHE

Mit Ausnahme der Gebiete Massa-Carrara, Garfagnana und Alto Mugello ist der toskanische Dialekt (Dialetto toscano) besonders auf dem Lande noch stark präsent. So wird aus dem gesprochenen Kon-

sonanten »k« in »la casa« (= das Haus, sprich »la kasa«) in Siena, Florenz, Pistoia, Prato und Grosseto ein »h« (also »la hasa«), in Livorno und Pisa fällt er gar weg (»la asa«). Amüsant ist dann z. B. die Aussprache von »Coca Cola« oder »Cognac«. Gleichwohl bildet das Toskanische die Grundlage für die italienische Sprache und Schriftsprache.
Wer sich bemüht, wenigstens ein paar Brocken Italienisch zu sprechen – und seien sie grammatikalisch noch so unkorrekt –, erntet in Italien meistens viel Sympathie und wird mit einem ehrlich gemeinten »brava« bzw. »bravo« belohnt, was so viel wie »tüchtig« bedeutet.

KLEINER SPRACHFÜHRER ITALIENISCH

ZAHLEN

0	**zero**	18	**diciotto**
1	**uno**	19	**diciannove**
2	**due**	20	**venti**
3	**tre**	21	**ventuno**
4	**quattro**	30	**trenta**
5	**cinque**	40	**quaranta**
6	**sei**	50	**cinquanta**
7	**sette**	60	**sessanta**
8	**otto**	70	**settanta**
9	**nove**	80	**ottanta**
10	**dieci**	90	**novanta**
11	**undici**	100	**cento**
12	**dodici**	101	**centouno**
13	**tredici**	1000	**mille**
14	**quattordici**	2000	**duemila**
15	**quindici**	10000	**diecimila**
16	**sedici**	½	**un mezzo**
17	**diciassette**	¼	**un quarto**

AUF EINEN BLICK

Ja/Nein	**Sì/No**
Bitte/Danke	**Per favore/Grazie**
Gern geschehen	**Non c'è di che**
Entschuldigen Sie!	**Scusi!/Scusa!**
Wie bitte?	**Come dice?**
Ich verstehe Sie/dich nicht	**Non La/ti capisco**
Ich spreche nur wenig ...	**Parlo solo un po' di ...**
... italienisch	**... italiano**
Mi può aiutare, per favore?	**Können Sie mir bitte helfen?**
Ich möchte ...	**Vorrei ...**
Das gefällt mir (nicht)	**(Non) mi piace**
Haben Sie ...?	**Ha ...?**
Wie viel kostet?	**Quanto costa?**
Wie viel Uhr ist es?	**Che ore sono?/Che ora è?**

Wie geht es Ihnen/dir?	**Come sta?/Come stai?**
Danke. Und Ihnen/dir?	**Bene, grazie. E Lei/tu?**

UNTERWEGS

nach links/nach rechts/geradeaus	**a sinistra/a destra/diritto**
nah/fern	**vicino/lontano**
Wie weit (in Kilometern) ist das?	**Quanti chilometri sono?**
Ich möchte ... mieten	**Vorrei noleggiare ...**
... ein Auto	**... una macchina**
... ein Fahrrad	**... una bicicletta**
... ein Boot	**... una barca**
Bitte, wo ist ...?	**Scusi, dov'è ...?**
... der Hauptbahnhof	**... la stazione centrale**
... die U-Bahn	**... la metro(politana)**
... der Flughafen	**... l'aeroporto**
... das Hotel	**... l'albergo**
Ich habe eine Panne.	**Ho un guasto.**
Würden Sie mir einen Abschleppwagen schicken?	**Mi potrebbe mandare un carro-attrezzi?**
Gibt es hier eine Werkstatt?	**Scusi, c'è un'officina qui?**
Wo ist die nächste Tankstelle?	**Dov'è la prossima stazione di servizio?**
Normalbenzin	**benzina normale**
Super/Diesel	**super/gasolio**
Umleitung	**deviazione**
Einbahnstraße	**senso unico**
gesperrt	**sbarrato**
langsam fahren	**rallentare**
alle Richtungen	**tutti direzioni**
rechts fahren	**tenere la destra**
links fahren	**tenere la sinistra**
Hupverbot	**zona di silenzio**
Beginn der Parkverbotszone	**zona tutelata inizio**
Hilfe!	**Aiuto!**
Achtung!	**Attenzione!**
Rufen Sie schnell ...	**Chiami subito ...**
... einen Krankenwagen	**... un'autoambulanza**
... die Polizei	**... la polizia**

AUSGEHEN

Wo gibt es ...?	**Scusi, mi potrebbe indicare ...?**
... ein gutes Restaurant?	**... un buon ristorante?**
... ein typisches Restaurant?	**... un locale tipico?**
Gibt es hier eine Eisdiele?	**C'è una gelateria qui vicino?**
Kann ich für heute Abend einen Tisch für vier Personen reservieren?	**Può riservarci per stasera un tavolo per quattro persone?**
Auf Ihr Wohl!	**Alla Sua salute!**
Bezahlen, bitte.	**Il conto, per favore.**
Hat es geschmeckt?	**Andava bene?**

Das Essen war ausgezeichnet.	**Il pasto era eccelente.**
Haben Sie einen Veranstaltungs-kalender?	**Ha un programma delle manifestazioni?**

EINKAUFEN

Wo finde ich ...?	**Dov'è si può trovare ...?**
... eine Apotheke	**... una farmacia**
... eine Bäckerei	**... un panificio**
... ein Fotogeschäft	**... un negozio di articoli fotografici**
... ein Kaufhaus	**... un grande magazzino**
... ein Lebensmittelgeschäft	**... un negozio di generi alimentari**
... den Markt	**... il mercato**
... den Supermarkt	**... il supermercato**
... den Tabakladen	**... il tabaccaio**
... den Zeitungshändler	**... il giornalaio**

ÜBERNACHTEN

Können Sie mir ... empfehlen?	**Scusi, potrebbe consigliarmi ...?**
... ein Hotel	**... un albergo**
... eine Pension	**... una pensione**
Ich habe ein Zimmer reserviert.	**Ho prenotato una camera.**
Haben Sie noch ...?	**È libera ...?**
... ein Einzelzimmer	**... una singola**
... ein Zweibettzimmer	**... una doppia**
... mit Dusche/Bad	**... con doccia/bagno**
... für eine Nacht	**... per una notte**
... für eine Woche	**... per una settimana**
... mit Blick aufs Meer	**... con vista sul mare**
Was kostet das Zimmer ...?	**Quanto costa la camera ...?**
... mit Frühstück	**... con la prima colazione**
... mit Halbpension	**... a mezza pensione**

ARZT UND APOTHEKE

Können Sie mir einen guten Arzt empfehlen?	**Mi può consigliare un buon medico?**
Geben Sie mir bitte ein Medikament gegen ...	**Mi può dare una medicina per ...**
... Kopfschmerzen	**... mal di testa**
... Halsschmerzen	**... mal di gola**
... Zahnschmerzen	**... mal di denti**
... Grippe	**... influenza**
... Husten	**... tosse**
... Fieber.	**... la febbre**
... Sonnenbrand	**... scottatura solare**
... Verstopfung	**... costipazione**
Ich habe Durchfall.	**Soffro di diarrea.**
Ich habe Bauchschmerzen.	**Ho mal di pancia.**

SPEISEKARTE

prima colazione	**Frühstück**
caffè, espresso	kleiner Kaffee ohne Milch
caffè macchiato	kleiner Kaffee mit wenig Milch
caffè latte	Kaffee mit Milch
cappuccino	Kaffee mit aufgeschäumter Milch
tè al latte/al limone	Tee mit Milch/Zitrone
cioccolata	Schokolade
frittata	Omelett/Pfannkuchen
pane/panino	Brot/Brötchen
pane tostato	Toast
burro	Butter
salame	Wurst
prosciutto	Schinken
miele	Honig
marmellata	Marmelade
iogurt	Joghurt
antipasti	**Vorspeisen**
affettato misto	gemischter Aufschnitt
anguilla affumicata	Räucheraal
melone e prosciutto	Melone mit Schinken
vitello tonnato	kalter Kalbsbraten mit Thunfischsauce
primi piatti	**Nudel- und Reisgerichte, Suppen**
pasta	Nudeln
fettuccine/tagliatelle	Bandnudeln
gnocchi	kleine Kartoffelklößchen
polenta (alla valdostana)	Maisbrei (mit Käse)
vermicelli	Fadennudeln
minestrone	dicke Gemüsesuppe
pastina in brodo	Fleischbrühe mit feinen Nudeln
zuppa di pesce	Fischsuppe
carni e pesce	**Fleisch und Fisch**
agnello	Lamm
ai ferri/alla griglia	vom Grill
aragosta	Languste
brasato	Braten
coniglio	Kaninchen
cozze/vongole	Miesmuscheln/Venusmuscheln
fegato	Leber
fritto di pesce	gebackene Fische
gambero, granchio	Garnelen
maiale	Schweinefleisch
manzo/bue	Rind-/Ochsenfleisch
pesce spada	Schwertfisch
platessa	Scholle
pollo	Huhn
rognoni	Nieren

salmone	Lachs
scampi fritti	gebackene Langusten
sogliola	Seezunge
tonno	Thunfisch
trota	Forelle
vitello	Kalbfleisch
verdura	**Gemüse**
asparagi	Spargel
carciofi	Artischocken
carote	Karotten
cavolfiore	Blumenkohl
cavolo	Kohl
cicoria belga	Chicorée
cipolle	Zwiebeln
fagioli/fagiolini	weiße/güne Bohnen
finocchi	Fenchel
funghi	Pilze
insalata mista/verde	gemischter/grüner Salat
lenticchie	Linsen
melanzane	Auberginen
patate	Kartoffeln
patatine fritte	Pommes frites
peperoni	Paprika
pomodori	Tomaten
spinaci	Spinat
zucca	Kürbis
formaggi	**Käse**
parmigiano	Parmesan
pecorino	Schafskäse
ricotta	quarkähnlicher Frischkäse
dolci e frutta	**Nachspeisen und Obst**
cassata	Eisschnitte mit kandierten Früchten
coppa assortita	gemischter Eisbecher
coppa con panna	Eisbecher mit Sahne
tirami su	Löffelbiskuit mit Mascarponecreme
zabaione	Eierschaumcreme
zuppa inglese	likörgetränktes Biskuit mit Vanillecreme
bevande	**Getränke**
acqua minerale	Mineralwasser
aranciata	Orangeade
bibita	Erfrischungsgetränk
bicchiere	Glas
birra scura/chiara	dunkles/helles Bier
birra alla spina	Bier vom Fass
birra senza alcool	alkoholfreies Bier
bottiglia	Flasche

»Vorrei un bicchiere di vino rosso, per favore – Ich hätte gern ein Glas Rotwein, bitte.«

con ghiaccio	mit Eis
digestivo	Digestif
gassata/con gas	mit Kohlensäure
liscia/senza gas	ohne Kohlensäure
secco	trocken
spumante	Sekt
succo	Fruchtsaft
vino bianco/rosato/rosso	Weiß-/Rosé-/Rotwein
vino della casa	Hauswein

TELEKOMMUNIKATION · POST

Telefonieren

In Italien ist die Ortsvorwahl Teil der Rufnummer. Sie wird bei Telefonaten aus dem Ausland wie bei Ortsgesprächen stets samt »0« mitgewählt. Öffentliche Fernsprecher funktionieren mit der Telefonkarte (carta telefonica), die man an Kiosken oder in Tabakwarenläden kauft. Münztelefone sind rar.

Mobiltelefone Das Mobiltelefon (ital. telefono cellulare, auch telefonino) wählt sich automatisch via Roaming ins entsprechende italienische Partnernetz. **Roaming-Gebühren** fallen seit Juni 2017 auch für mobiles Internet bis zu einer bestimmten Obergrenze nicht mehr an.
Mobilfunknummern in Italien erkennt man an den dreistelligen Mobilfunkvorwahlen, die jeweils mit einer »3« beginnen. Gewählt wird ohne »0« vorweg.

Post Italienische Postfilialen sind für den Post- und Paketdienst und für die Geschäfte der Postbank zuständig. Sie sind Mo.–Fr. 8.25–13.45 und Sa. 8.25–12 Uhr geöffnet. Am Monatsletzten schließen alle Postämter um 12 Uhr.

Briefmarken Briefmarken (francobolli) kauft man in Postämtern oder in vielen Tabakwarenläden, die durch ein »T«-Schild (Tabacchi) gekennzeichnet sind. Ein Brief bis 20 g sowie eine Postkarte von Italien ins europäische Ausland kosten derzeit 1,15 €. Die aktuellen Tarife für Briefe und Pakete finden sich unter www.poste.it/prodotti/postamail-internazionale.html.

VERKEHR

Verkehrsvorschriften **Geschwindigkeitsbegrenzungen** für Pkws, Motorräder und Wohnmobile bis 3,5 t sind in Ortschaften 50 km/h, außerhalb von Ortschaften 90 km/h, auf Schnellstraßen 110 km/h und auf Autobahnen 130 km/h; für Wohnmobile über 3,5 t bzw. Pkws mit Anhänger gilt außerhalb von Ortschaften und auf Schnellstraßen ein Tempolimit von 80 km/h und auf Autobahnen von 100 km/h. Bei Regen sind auf Autobahnen maximal 110 km/h erlaubt! Wer auf Italiens Straßen zu schnell fährt und erwischt wird, muss mit hohen Geldstrafen rechnen. An Autobahnen, Landstraßen und in Ortschaften sind Hunderte von Messsäulen fest installiert. Mitunter weisen Schilder (»Controllo elettronico della velocita«) auf sie hin. Strafgebühren ab 60 € werden auch innerhalb der EU eingezogen.
Pkw müssen tagsüber auf Autobahnen und außerhalb von Ortschaften mit **Abblendlicht** fahren, Motorräder auf allen Straßen.
Die **Promillegrenze** liegt bei 0,5. Drakonische Strafen von direkt erhobener Geldstrafe über Fahrverbot, Autokonfiszierung bis hin zu Gefängnisstrafen drohen.
Telefonieren am Steuer ist nur mit Freisprecheinrichtung gestattet. Seit 2017 sind bei Zuwiderhandlung 650 Euro und bis zu zwei Monate Führerscheinentzug fällig.

Wer nicht mit dem eigenen Auto einreist, benötigt eine schriftliche Vollmacht in italienischer Sprache. Die Mitnahme der Grünen Versicherungskarte wird empfohlen, **Warndreieck, Verbandskasten und Warnweste** sind Pflicht.

Weitere Bestimmungen

Bei Totalschaden muss man den Zoll verständigen, da sonst eventuell für das Schadensfahrzeug Einfuhrzoll bezahlt werden muss. Privates Abschleppen auf Autobahnen ist verboten. Im Falle einer Panne werden ausländische Auto- oder Motorradfahrer vom Pannendienst des italienischen Automobilclubs zur nächsten Werkstatt geschleppt.
Auf Motorrädern über 50 ccm besteht **Helmpflicht**, Missachtung kann zur Konfiszierung der Maschine (bis 60 Tage) führen.

Autobahnen

Fast alle Autobahnen (autostrade) in Italien sind gebührenpflichtig (▶ S. 451).

Tankstellen

Die Einfuhr und der Transport von Benzin in Kanistern sind verboten. Es gibt bleifreies Superbenzin (97 Oktan; Super senza piombo) und

Mit der Vespa über Land: ein Vergnügen auf Straßen mit wenig Verkehr wie auf dieser Pinienallee in der Maremma.

Diesel (gasolio). Tankstellen öffnen in der Regel von 7 bis 12 und 14 bis 20 Uhr; an Autobahnen gibt es meist einen 24-Stunden-Service. An Wochenenden, oft auch während der Mittagspause und nachts, kann an vielen Tankstellen nur an automatischen Tanksäulen getankt werden.

Autodiebstahl Vor allem Kleinbusse und neue, hochwertige Autos werden häufig aufgebrochen oder gar gestohlen. Wichtigste Regel beim Abstellen von Fahrzeugen: Nichts im Auto liegen lassen, Handschuhfach leer räumen und offen lassen, Autoradio, wenn möglich, herausnehmen! Wer kann, sollte das Fahrzeug nachts auf einem abgeschlossenen Parkplatz oder in einer Garage parken. Ist ein Fahrzeug gestohlen worden, muss die Polizei benachrichtigt werden. Eine Bescheinigung der Polizei ist für die Schadensmeldung bei der Versicherung unbedingt erforderlich.

Verkehrsberuhigte Zonen und Parken Viele toskanische Städte haben verkehrsberuhigte Zentren. In einer solchen **ZTL (Zona Traffico Limitato)** ist nur Anliegerverkehr zu bestimmten Zeiten gestattet. Verkehrssünder erwarten happige Strafgebühren – die Hauptzufahrten sind videoüberwacht und erfassen sämtliche Autokennzeichen. Bußgelder ab 60 Euro werden auch nach dem Urlaub EU-weit am Heimatort eingetrieben.

Fast überall sind außerhalb der Altstädte **Parkplätze** ausgewiesen, von denen man rasch zu Fuß oder – seltener – per Bus ins Zentrum gelangt. Hoch gelegene Altstädte verfügen heute über Rolltreppensysteme (z. B. Arezzo, Siena). P & R-Angebote funktionieren gut, Busse pendeln in die historischen Stadtzentren (z. B. Pisa, Pistoia, Florenz).

An nicht markierten **Straßenrändern** ohne Halteverbotszeichen oder in weiß markierten Parkboxen ist Parken kostenfrei, mitunter braucht man eine Parkscheibe (Disco Orario). Blau markierte Flächen und Straßenränder sind kostenpflichtig, man zahlt am Parkautomaten. Grundsätzliches Parkverbot gilt bei gelb-schwarzer oder durchgehend gelber Bodenmarkierung am Straßenrand. Auch auf gelb markierten Flächen darf nicht geparkt werden. Vorsicht vor nicht autorisierten »Parkplatzwächtern« in Florenz! Falschparken kann teuer werden.

Mietwagen Wer in Italien ein Auto mieten möchte, muss mindestens 21 Jahre alt und Inhaber einer Kreditkarte sein und seinen Führerschein ein Jahr oder länger besitzen. Bei internationalen Autovermietern kann man von Deutschland aus in der Regel billiger und oft auch mit garantiertem Vollkaskoschutz buchen. Sie unterhalten Filialen an den Flughäfen Pisa und Florenz (tgl. 8.30–23 Uhr) und direkt in Florenz. Örtliche Autovermieter sind im Telefonbuch unter »Noleggio« bzw. »Autonoleggio« gelistet.

NÜTZLICHE ADRESSEN

MIETWAGEN

AVIS
Tel. 06171 68 12 83 (in Deutschland), www.avis.de

EUROPCAR
Tel. 040 5 20 18 80 00 (in Deutschland), www.europcar.de

HERTZ
Tel. *01806 33 35 35
(in Deutschland)
www.hertz.de

SIXT
Tel. 089 66 06 00 60
(in Deutschland)
www.sixt.de

AUTOMOBILCLUBS IN ITALIEN

AUTOMOBILE CLUB D'ITALIA (ACI)
Tel. 055 2 48 61
Tel. 80 31 16 (Pannendienst; gebührenfrei, von Festnetz und Mobiltelefon)
www.firenze.aci.it
www.aci.it

TOURING-CLUB ITALIANO (TCI)
Tel. 02 8 52 62 66 (Pronto Touring, italienweit)
www.touringclub.it

AUTOMOBILCLUBS IN DEUTSCHLAND

ADAC
Hansastr. 19
80686 München
Tel. 0800 5 10 11 12 (Infotelefon)
Tel. 00 49 89 22 22 22
(Pannendienst und Notruf)
Tel. +49 89 76 76 76
(bei Verletzung und Erkrankung)
www.adac.de

ACE
Schmidener Str. 227
70374 Stuttgart
Tel. 0711 530 33 66 77
www.ace-online.de

AUTOMOBILCLUBS IN ÖSTERREICH

ÖAMTC
Schubertring 1 – 3
1010 Wien
Tel. 01 71 19 91 02 00
Notruf: Tel. 120
www.oeamtc.at

AUTOMOBILCLUBS IN DER SCHWEIZ

ACS
Wasserwerkgasse 39
3000 Bern 13
Tel. 031 3 28 31 11
Tel. 044 2 83 33 77
(Pannendienst, landesweit)
www.acs.ch

TCS
Chemin de Blandonnet 4
1214 Vernier/Genf
Tel. 0844 88 81 11 (landesweit)
Tel. 0800 14 01 40 (Pannendienst)
Tel. 0041 58 8 27 22 20
(Hilfsanfragen aus dem Ausland)
www.tcs.ch

PANNENDIENST
▶ Notrufe, S. 450

REGISTER

M

N

O

P

T

U

V

BILDNACHWEIS

akg-images S. 164 (Rabatti & Domingie), 208 (Electa)
Anfiteatro Lucca: S. 445
DuMont Bildarchiv/Christina & Toni Anzenberger-Fink: S. 2, 3 u., 7, 14 u., 24/25, 29, 34, 40, 49, 52/53, 54, 60, 64, 67, 69, 98, 116, 121, 125, 129, 133, 134, 149, 153 u., 155, 159, 162/163, 166, 182, 205, 211, 212, 220, 231, 235, 236 © Niki Charitable Art Foundation/VG Bild-Kunst, Bonn 2017, 243, 248, 263, 267, 272, 275, 278, 283, 304, 308 u., 310, 315, 318, 319, 320, 331 o., 332, 340, 344, 353 o., 358, 361, 363, 365, 368, 383, 384, 391 o., 411, 412, 415, 421, 422, 429, 430, 441
DuMont Bildarchiv/Frank Heuer: S. 419
DuMont Bildarchiv/Thomas P. Widmann: S. 96, 177, 178, 181, 258/259, 294, 299, 316, 331 u., 346, 372, 387
fotolia: S. 424 o. (Comugnero Silvana), 424 u. (perbacco), 425 l. und r. o. (Comugnero Silvana), 425 r. u. (nikhensley90)
Gerth, Roland: S. 281
Getty Images S. 3 o. (Francesco Riccardo Iacomino), 8/9 (Julian Elliott Photography), 71 (Education Images), 75 (EyeEm/Fabio Nodari), 83 (Andrea Pucci), 105 (Otto Stadler), 109 (AFP/Vincenzo Pinto), 187 (Moment), 192 (Gianluca Federighi), 286 (UIG/Marka), 300 (Robert Alexander), 336 (Francesco Riccardo Iacomino), 396 (Electa/Mondadori Portfolio/ Sergio Anelli)
glowimages S. 123 (imagebroker)
huber-images S. 51 (Franco Cogoli), 88/89 (Guido Cozzi), 100 (Maurizio Rellini), 106 (Guido Cozzi), 115 (Gianni Iorio), 143 (Guido Cozzi), 146, 153 o., 200, 202/203 und 217 (Maurizio Rellini), 225 (Olimpio Fantuz), 247 (Jan Wlodarczyk), 256 (Gabriele Croppi), 270 (Kaos03), 290/291, 308 o. und 339 (Guido Cozzi), 343 (Kaos03), 389 (Hans-Peter Merten), U7 (Guido Cozzi)
iStockphoto/luca_coscarelli: S. 288
Kirchgessner, Markus: S. 353 u.
laif S. 11 (robertharding/Nico Tondini), 12/13 (Raffaele Celentano), 16/17 (Berthold Steinhilber), 20/21 (REA/Pascal Sittler), 26 (Jörg Modrow), 84 (robertharding/ Nico Tondini), 91 (Contrasto/ TerraProject/Michele Borzon), 92 (Andreas Hub), 156 (Günter Standl), 171 (Celentano), 175 (laif/Dorothea Schmid)« 240 (Anika Büssemeier), 433 (Contrasto/ TerraProject/Pietro Paolini), 436 (Le Figaro Magazine/Eric Vandeville), 449 (Loop Images/Julian Castle), 465 (Perkovic), 467 (Raffaele Celentano)
Lookphotos S. 57 (age fotostock), 76/77 (Jürgen Richter), 81 (Jürgen Richter), 110 (age fotostock), 195 (Daniel Schönen), 197 (SagaPhoto), 226 (Jürgen Richter), 426 (Jürgen Richter)
mauritius images S. 5 (Alamy/Universal Images Group North America LLC/ DeAgostini), 19 o. (Garden World Images/GWI/Martin Hughes-Jones), 27 (CuboImages/Claudio Beduschi), 127 (Alamy/Universal Images Group North America LLC/DeAgostini), 168 (age fotostock/Marco Brivio), 215, 251 (CuboImages), 335 (imagebroker/Otto Stadler), 351 (imagebroker/Movementway)

picture-alliance S. 19 u. (AP Photo/ Michelle Locke), 23 (Photoshot), 63 (CPA Media/David Henley), 255 (Arco Images), 399, 402, 407, 408
Renckhoff, Dirk: S. 228, 391 u.
Strüber, Reinhard: S. 377
vario images: S. 296 (imagebroker)
Visum: S. 14 o. (Bernd Roselieb)
Widmann, Thomas Peter: S. 379

Titelbild: mauritius images/Cultura/ Sofie Delauw

VERZEICHNIS DER KARTEN UND GRAFIKEN

IMPRESSUM

Ausstattung:
177 Abbildungen, 32 Karten und grafische Darstellungen, eine große Reisekarte

Text:
Jürgen Sorges, mit Beiträgen von Achim Bourmer, Frank Müller, Reinhard Strüber und Andrea Wurth

Bearbeitung:
Baedeker-Redaktion

Kartografie:
Franz Huber, München
Klaus-Peter Lawall, Unterensingen
MAIRDUMONT Ostfildern (Reisekarte)

3D-Illustrationen:
jangled nerves, Stuttgart

Infografiken:
Golden Section Graphics GmbH, Berlin

Gestalterisches Konzept:
RUPA GbR, München

Chefredaktion:
Rainer Eisenschmid, Baedeker Ostfildern

20. Auflage 2020

Trotz aller Sorgfalt von Redaktion und Autoren zeigt die Erfahrung, dass Fehler und Änderungen nach Drucklegung nicht ausgeschlossen werden können. Dafür kann der Verlag leider keine Haftung übernehmen.
Kritik, Berichtigungen und Verbesserungsvorschläge sind jederzeit willkommen. Schreiben Sie uns, mailen Sie oder rufen Sie an:

Baedeker-Redaktion
Postfach 3151
D-73751 Ostfildern
Tel. 0711 4502-262
info@baedeker.com
www.baedeker.com

Printed in China

FSC www.fsc.org MIX Papier aus verantwortungsvollen Quellen FSC® C124385

BAEDEKER VERLAGSPROGRAMM

Viele Baedeker-Titel sind als E-Book erhältlich.

A
Algarve
Allgäu
Amsterdam
Andalusien
Australien

B
Bali
Barcelona

Belgien
Berlin · Potsdam
Bodensee
Böhmen
Bretagne
Brüssel
Budapest
Burgund

C
China

D
Dänemark
Deutsche Nordseeküste
Deutschland
Dresden
Dubai · VAE

E
Elba
Elsass · Vogesen
England

F
Finnland
Florenz
Florida
Frankreich
Fuerteventura

G
Gardasee

Golf von Neapel
Gomera
Gran Canaria
Griechenland

H
Hamburg
Harz
Hongkong · Macao

I
Indien
Irland
Island
Israel · Palästina

Istanbul
Istrien · Kvarner Bucht
Italien

J
Japan

K
Kalifornien
Kanada · Osten

BAEDEKER
L
LONDON

BAEDEKER
N
NIEDER-
LANDE

BAEDEKER
U
USA
SÜDWESTEN

Meine persönlichen Notizen

Meine persönlichen Notizen

Genova
Rapallo
Chiavari
Levanto
La Spezia
Corniglio
Pontremoli
Castelnovo ne' Monti
Secchia
Pavullo nel Fri
Verg
Fivizzano
Aulla
Sarzana
Pievepelago
Fana
Appennino Tosc
Carrara
Massa
Castelnuovo di Garf.
Grotta del Vento
Pietrasanta
Riviera della Versilia
Pist
Lucca
Montecatini Terme
Cappanori
Vinci
Arno
Pisa
Cascina
Emp
San Miniato
Livorno
Colle-salvetti
Peccioli
Certald
Mar Ligure
I.di Gorgona
Rosignano Solvay
Rosignano Mar.
San Gimig
Volter
Cecina
Pomarance
Castagneto Carducci
Riviera degli Etruschi
San Vincenzo
Massa Marittima
Venturina
Populonia
Piombino
Follonica
Gavo
Castiglione de la Pescaia
Gross
I. di Capraia
Cap Corse
Rogliano
Stello
1307
Isola d'Elba
Porto-ferraio
1018
Bastia
St-Florent
Arcipelago Toscano
I. Pianosa
Casamozza
Ponte Lecchia
FRANCE
Corse
Corte
I. del Giglio
I. di Montecristo
Po S. St
Mar Tirreno
50 km
© BAEDEKER
586
225
523
A15
A12
63
12
486
445
1
64
A11
439
68
80
81
197
193
198